FEITAS PARA DURAR

PARA

Práticas bem-sucedidas de empresas visionárias

JIM COLLINS E **JERRY I. PORRAS**

PREFÁCIO DE JOSÉ SALIBI NETO

ALTA BOOKS
GRUPO EDITORIAL
Rio de Janeiro, 2020

CB007731

Produção Editorial	Produtor Editorial	Marketing Editorial	Vendas Atacado e Varejo	Ouvidoria
Editora Alta Books	Juliana de Oliveira	marketing@altabooks.com.br	Daniele Fonseca	ouvidoria@altabooks.com.br
	Thiê Alves		Viviane Paiva	
Gerência Editorial			comercial@altabooks.com.br	
Anderson Vieira	**Assistente Editorial**	**Editor de Aquisição**		
	Adriano Barros	José Rugeri		
		j.rugeri@altabooks.com.br		

	Bianca Teodoro	Keyciane Botelho	Livia Carvalho	Raquel Porto
Equipe Editorial	Carolinne Oliveira	Larissa Lima	Maria de Lourdes Borges	Thales Silva
	Ian Verçosa	Laryssa Gomes	Paulo Gomes	Thauan Gomes
	Illysabelle Trajano	Leandro Lacerda		

Tradução	Copidesque	Revisão Gramatical	Diagramação	Capa
Carolina Gaio	Wendy Campos	Thamiris Leiroza	Joyce Matos	Thauan Gomes

Dados Internacionais de Catalogação na Publicação (CIP) de acordo com ISBD

C712f	Collins, Jim
	Feitas para Durar: Práticas bem-sucedidas de empresas visionárias / Jim Collins ; traduzido por Carolina Gaio. - Rio de Janeiro : Alta Books, 2020.
	368 p. ; 17cm x 24cm.
	Inclui índice e apêndice.
	ISBN: 978-85-508-0858-1
	1. Administração. 2. Empresas. I. Gaio, Carolina. II. Título.
2019-1970	CDD 658
	CDU 65

Elaborado por Vagner Rodolfo da Silva - CRB-8/9410

Rua Viúva Cláudio, 291 — Bairro Industrial do Jacaré
CEP: 20.970-031 — Rio de Janeiro (RJ)
Tels.: (21) 3278-8069 / 3278-8419
www.altabooks.com.br — altabooks@altabooks.com.br
www.facebook.com/altabooks — www.instagram.com/altabooks

ALTA BOOKS
GRUPO EDITORIAL

ASSOCIADO

Para Joanne e Charlene

SUMÁRIO

AGRADECIMENTOS

Winston Churchill disse certa vez que a escrita de um livro passa por cinco fases. Na primeira, ele é como um brinquedo novo. Mas, na quinta, torna-se um tirano governando sua vida. E, quando você está quase acatando a submissão, aniquila o monstro e se aventura atirando-o para o público. Bem, sem as pessoas incríveis que nos ajudaram a dar vida a este livro, o monstro teria nos vencido — sem nenhuma dificuldade.

Nosso amigo e parceiro Morten Hansen merece uma menção especial por sua contribuição para esse projeto. Morten tirou licença de seu trabalho, no Boston Consulting Group, para integrar nossa equipe de pesquisa em Stanford, como bolsista Fulbright, por seis meses, nos quais exerceu uma função crucial na seleção e análise das empresas que serviriam de comparação para as visionárias. Depois que deixou o projeto, ele continuou acompanhando nosso trabalho de perto — compelindo-nos constantemente a nos libertar de ideias preconcebidas e a prestar atenção às provas concretas, mesmo quando destoavam das nossas suposições sobre o mundo. Morten é uma das pessoas mais insuspeitas que conhecemos e nunca nos deixou cair na armadilha de enxergar apenas o que queríamos. Conforme desenvolvíamos as últimas ideias, ele nos perguntava: "Está no 'Padrão de Qualidade Morten'?"

Darryl Roberts e Jose Vamos foram assistentes de pesquisa do projeto por anos durante sua graduação, em Stanford. Darryl codificou o background de inúmeras das principais empresas para nosso projeto, incluindo Merck, J&J, 3M e Philip Morris. Ele também desempenhou um papel fundamental na pesquisa original sobre CEO, selecionando empresas visionárias, e nos deu um feedback inestimável sobre as ideias que estávamos testando. A contribuição de Jose com as análises financeiras que respaldaram muitas de nossas descobertas foi incomensurável. Uma parte de sua função era fazer a análise financeira das demonstrações de renda e dos balanços patrimoniais de nossas empresas desde 1915 — um projeto *hercúleo*, que, sozinho, levou um ano. Darryl e Jose fizeram um trabalho excepcional.

Fomos abençoados com muitos outros assistentes dedicados — a maioria composta por estudantes de MBA e doutorado em Stanford — que integraram nossa equipe ano após ano. Especialmente, gostaríamos de agradecer a: Tom Bennett, Chidam Chidambaram, Rochard Crabb, Murali Dharan, Yolanda Alindor, Kim Graf, Debra Isserlis, Debbie Knox, Arnold Lee,

Kent Major, Diane Miller, Anne Robinson, Robert Silvers, Kevin Waddell, Vincent Yan e Bill Youstra.

Tivemos uma ajuda considerável da equipe da Jackson Library, de Stanford, incluindo Betty Burton, Sandra Leone, Janna Leffingwell e Suzanne Sweeney. Somos particularmente gratos ao bibliotecário Paul Reist por rastrear incontáveis referências escondidas de décadas atrás sobre nossas empresas. Carolyn Billheimer, da Dialog Information Services, Inc., dedicou amplamente sua experiência e seu tempo para nos ajudar a localizar artigos sobre as empresas visionárias. Linda Bethel, Peggy Crosby, Ellen DiNucci, Betty Gerhardt, Ellen Kitamura, Sylvia Lorton, Mark Shields, Karen Stock e Linda Taoka colaboraram com seu talento administrando tarefas em vários momentos do projeto. Ellen Kitamura acomodou os milhares de documentos em caixas e arquivos simpáticos e bem organizados — uma empreitada que nos economizou milhares de horas e frustração durante o projeto. Linda Taoka fez a tarefa impossível de gerir nossas agendas para que conseguíssemos trabalhar no projeto.

Estamos em dívida com quase todas as empresas de nosso estudo — tanto as visionárias quanto as que serviram para a comparação — por nos terem mandado materiais vigentes e arquivados. Duas se destacaram por sua ajuda inestimável. Karen Lewis, dos arquivos da Hewlett-Packard (HP), passou dias trabalhando com um de nossos assistentes de pesquisa para identificar e explicar centenas de documentos dos primórdios da HP. Sem sua ajuda, não teríamos compreendido a HP tão profundamente, o que se provou crucial para nossa reflexão. Jeff Sturchio, arquivista corporativo da Merck à época do projeto, nos forneceu materiais históricos por meio do boxload. Ele conseguiu, inclusive, as cópias originais — em um frágil pergaminho já desbotado — do primeiro discurso de George Merck, explicitando a visão da Merck. Nunca conseguiremos agradecer o bastante a Karen e Jeff.

Fomos extensivamente beneficiados por incontáveis indivíduos gentis e assertivos que teceram comentários sobre os rascunhos de nosso trabalho. Em particular, queremos agradecer a: Jim Adams, de Stanford; Les Denend, da Network General; Steve Denning, da General Atlantic; Bob Hass, da Levi Strauss; Bill Hannemann, da Giro Sport Design; Dave Heenan, da Theo Davies; Gary Hessenauer, da General Electric; Bob Joss, da Westpac Banking Corporation; Tom Kosnik, Edward Leland e Arjay Miller, de Stanford; Mads Øvlisen, da Novo Nordisk; Don Peterson, da Ford; Peter Robertson, da USC; T.J. Rodgers, da Cypress Semiconductor; Jim Rosse, da Freedom Communications; Ed Schein, do MIT; Harold Wagner, da Air Products; Dave Witherow, da PC Express; Bruce Woolpert, da Granite Rock; e John Young, da Hewlett-Packard. Nossas consultoras mais confiáveis — nossas esposas, Joanne Ernst e Charlene Porras —

revisaram e comentaram cada capítulo conforme saíam da impressora. Elas conviveram com este livro, nos ajudaram a escrevê-lo *e* continuaram casadas conosco enquanto encarávamos a batalha de meses de escrita. Sorte a nossa.

Virginia Smith, nossa editora, da HarperBusiness, esteve conosco desde o primeiro dia, revisando e comentando cada capítulo conforme os escrevíamos. Ela nos deu inúmeras dicas práticas e uma excelente orientação geral para aprimorar o manuscrito. Igualmente importante, acreditou no projeto e nos deu a motivação tão essencial a cada passo dessa trajetória. Não podíamos desapontá-la.

Por fim, nunca encontraríamos um consultor, aliado e amigo melhor do que nosso agente Peter Ginsberg, da Curtis Brown, Ltd. Peter, você acreditou em nosso trabalho antes de o articularmos. Você lutou por nós. Você nos motivou. Com toda a sinceridade, sem você, ele nunca teria se tornado real de modo tão perfeito. Seremos eternamente gratos.

PREFÁCIO À EDIÇÃO DE DÉCIMO ANIVERSÁRIO

A origem deste livro é dupla. Primeiro, veio — como a maior parte de nossos melhores trabalhos, de uma pergunta de um aluno. No começo de minha carreira docente, na Stanford Graduate School of Business, em 1989, enfrentei um grupo de estudantes céticos de MBA no meu curso sobre empreendedorismo e pequenas empresas. Uma aluna me colocou contra a parede com um problema: "Jim, vejo um problema no seu curso", falou. "Você diz que ele aborda a construção de empresas grandiosas e duradouras do nada, mas usa casos de exemplos de empresas novas, como, por exemplo, a Apple Computer."

"Nada contra a Apple", continuou, "mas não temos como saber se ela vai se tornar uma das empresas mais grandiosas e duradouras. Ela pode vir a ter uma história de sucesso estrondosa, mas é precipitado dizer que a Apple vai alcançar a representatividade duradoura de empresas como a IBM, GE ou Johnson & Johnson".

"Além disso", e, nessa hora, ela começou a tamborilar sobre a mesa, "como você sabe que as empresas alcançaram o sucesso por causa de algo que nos ensinou? A empresa pode simplesmente ter tido sorte. E, em última análise, se você considerar o lançamento do Apple II, em 1977, e do Macintosh, em 1984... bem, a empresa pode ter sido bem-sucedida não por suas práticas de gestão, mas *apesar* delas". Sua questão ficou no ar: o crescimento e o sucesso preliminar encobrem diversas falhas; talvez — involuntariamente — eu estivesse oferecendo cianureto aos meus alunos.

Assim que fui nomeado para a universidade, um colega de trabalho me aconselhou a responder a tais desafios com uma postura sábia. Mas eu só tinha 31 anos e parecia tão jovem quanto a maioria dos alunos. Por fim, depois de uma longa pausa, falei: "É uma excelente colocação. Vamos tratar dela no decorrer do curso." Eu não imaginava que precisaria de 6 anos de pesquisa e 325 páginas para cumprir minha promessa.

Aquela questão incendiou minha mente. A aluna estava certa: Como podemos saber *quais* fatores separam as poucas histórias de empreendedores de sucesso que se transformam nas empresas verdadeiramente representativas das outras? O que transformou a lojinha de quinquilharias de Sam Walton no Wal-Mart? Como o bando de empresários renegados da Masaru Ibuka, em um prédio bombardeado em Tóquio, em 1945 — com uma panela de arroz fracassada como seu primeiro produto —, tornou-se a Sony Corporation? Como o Sr. Thomas J. Watson conseguiu virar a International Business Machines Corporation, conhecida hoje como IBM? E, o mais importante, o que distingue esses casos de outros que tiveram a mesma sorte — talvez ainda mais — no início? Eu não tinha respostas satisfatórias.

Enquanto isso, no final do corredor, sem saber da minha existência, a segunda origem deste livro se estabelecia. Meu parceiro Jerry Porras passou os últimos 25 anos estudando como transformar as empresas para que se tornassem ambientes de trabalho mais saudáveis e mais profícuas em produzir resultados. Conforme montava o quebra-cabeça de sua vida profissional, percebeu que faltava uma peça importante: O que impulsiona as empresas para se tornarem saudáveis e atingirem um sucesso vitalício?

Se analisar 100 anos de história, você perceberá que as empresas mais bem administradas adotam os mesmos métodos e práticas básicos, e, ainda assim, poucas se tornam representativas. Você pode exportar as práticas dos governos democráticos por todo o mundo, mas permanece o fato de que algumas nações se tornaram expressivas e dominantes no curso da história, enquanto outras — também regidas por governos democráticos —, não. Muitas universidades implementam as mesmas práticas básicas — e aprendem umas com as outras —, mas poucas alçam a magnitude de Harvard, Stanford ou da Universidade da Califórnia, em Berkeley. A maioria dos grandes jornais tem acesso às mesmas práticas jornalísticas, mas ainda assim bem poucos atingem a potência icônica e influente do *New York Times* ou do *Wall Street Journal*. Não importa se tratamos da Mayo Clinic, United States Marine Corps, Habitat for Humanity ou Salvation Army — um grupo seletíssimo de organizações extrapola o mero "sucesso" e se entrelaça ao tecido social de modo a tornar impossível imaginar o mundo sem elas.

Com as empresas, vemos o mesmo padrão. Independentemente de considerarmos os princípios da administração científica, os fundamentos do controle estatístico de qualidade, da gestão por objetivos, seis sigma, descentralização, reengenharia, planejamento estratégico; ao longo do tempo, as melhores práticas tendem a se difundir pelas maiores empresas. E, ainda que algumas empresas se expandam significativamente, enquanto outras não, todas têm acesso equiparado a essas melhores práticas.

A pergunta óbvia é: Como?

Jerry passou a acreditar que as empresas verdadeiramente emblemáticas *entendem* a si mesmas de uma maneira fundamentalmente diferente de como as empresas medíocres o fazem. Ele percebeu que elas têm uma filosofia que as orienta, ou um tipo de aura, que as faz ir muito além das empresas prosaicas ou mercenárias. Jerry escolheu passar os últimos anos de sua carreira acadêmica aplicando o rigor metodológico para entender as variáveis indescritíveis, e, de alguma forma, extremamente importantes, que acabavam se perdendo em termos confusos e evasivos como "visão", "propósito", "valores" e "missão".

Então, como obra do acaso, Jerry encontrou um pequeno artigo que escrevi sobre o papel da missão na transformação de pequenos empreendimentos em grandes empresas. Ele me enviou uma mensagem de voz, dizendo algo do tipo: "Acho que temos interesses parecidos, e, como trabalhamos na mesma universidade, poderíamos nos encontrar para conversar."

Foi o que fizemos. Começamos com um debate acalorado sobre o que entendíamos por missão e propósito, se eram ideias teoricamente diferentes ou fundamentalmente iguais. Eu me concentrava na missão; Jerry, no propósito. O bate-bola que fazíamos parecia um comercial de cerveja: "Sabor incrível!" "Não pesa!" Assim, começamos uma parceria maravilhosa, que culminou em *Feitas para Durar*.

Com todo o mérito para Jerry, atuávamos como iguais, apesar das nossas duas décadas de diferença e de sua bagagem como professor titular de uma cátedra privilegiada e como ex-reitor acadêmico de Stanford. Tive a sorte de ter esse divisor de águas na minha carreira que foi ter Jerry como mentor e parceiro, já que ele se importava mais com o sucesso final do trabalho do que com quem receberia os maiores créditos ou um melhor faturamento. Quando chegou a hora de colocar nossos nomes no livro, listamo-nos em ordem alfabética — Collins e Porras — e não etária. Eu ainda fico maravilhado quando penso em tudo isso.

Jerry e eu lutamos para descobrir como conduzir uma pesquisa rigorosa. Como lidar com a questão da minha aluna sobre a "sorte"? Como conferir rigor metodológico a tópicos obscuros, como visão e valores? Como identificar as variáveis que distinguem o que define uma empresa realmente representativa? Como identificar os princípios que separam as instituições icônicas — aquelas que se entrelaçam ao tecido social e mudam nosso mundo — da massa de empreendimentos medíocres?

Foi quando Jerry teve duas sacadas geniais.

A primeira sacada consistia em aplicar a "genética dos gêmeos" aos sistemas sociais. A genética que estuda os gêmeos se debruça sobre aquelas pesquisas fascinantes nas quais você encontra gêmeos separados ao nascer, examina suas trajetórias de vida e, em seguida, usa esse material para discutir a dicotomia entre natureza e cultura. O nascimento da maioria dos segmentos de negócios resulta em pelo menos um par de "gêmeos", ou "pares equivalentes" — duas empresas nascidas na mesma época, com as mesmas oportunidades de mercado, enfrentando os mesmos dados demográficos, mudanças tecnológicas e tendências socioeconômicas. Mas, quando você avança rapidamente o filme da história para 25, 50 ou até 100 anos, algumas dessas empresas se tornaram grandiosas, embora suas gêmeas, não.

Considere a General Electric (GE) e a Westinghouse. Ambas surgiram na virada do século XX, na indústria em ascensão da energia elétrica. Ambas tiveram acesso a capital e se depararam com uma oportunidade gigantesca de disseminar o uso da energia elétrica para as massas. Porém no final do século XX, a GE e a Westinghouse se diferenciaram drasticamente. A General Electric se tornou um verdadeiro ícone, talvez a empresa mais amplamente admirada e influente dos fins do século XX. A Westinghouse, embora fosse uma empresa bem-sucedida, não conseguiu atingir o mesmo status. A sacada de Jerry era estudar um grupo de gêmeas de atividades (os pares equivalentes) rigorosamente escolhidas em um estudo retrospectivo e controlado.

A segunda sacada crítica de Jerry era que o tempo vence.

Você pode viver sem sorte por cinco ou dez anos, mas não por cinco ou dez décadas. É muito difícil argumentar que o sucesso da Johnson & Johnson (fundada em 1886), Procter & Gamble (fundada em 1837, mais de duas décadas antes da Guerra Civil Americana) ou do Citicorp (fundado em 1812, o mesmo ano em que Napoleão invadiu Moscou) deriva, sobretudo, da sorte. Além disso, ao longo do tempo é mais provável que você filtre os mentirosos e trapaceiros. Como mostram os escândalos contábeis e os colapsos corporativos de 2000 a 2004, você pode adotar uma postura desonesta para forjar representatividade no mercado por 5 ou 10 anos, mas não por 50 ou 100.

Baseados nessas duas sacadas metodológicas, optamos por estudar pares equivalentes por um longo período de tempo — para observar as empresas que conquistaram o porte icônico e o mantiveram por cinco, dez ou quinze décadas — e comparar sistematicamente suas histórias às de suas gêmeas de atividade a fim de determinar *os princípios atemporais* que separam o verdadeiramente relevante do medíocre. É exatamente essa a missão de *Feitas para Durar*.

Uma pergunta que temos feito repetidamente é como as empresas *Feitas para Durar* têm se saído desde que publicamos o livro. Certamente, algumas delas enfrentaram dificuldades nos últimos anos — especialmente Walt Disney, Boeing, HP e Sony —, mas outras — como a IBM, a Procter & Gamble, a Johnson & Johnson, a General Electric, a American Express e o Wal-Mart — tiveram um desempenho excepcionalmente bom. Felizmente, a maioria das empresas *Feitas para Durar* demonstrou um forte desempenho, e seu portfólio combinado superou o mercado (do mesmo jeito que fizeram nas últimas décadas, desde 1925), apesar de tudo o que aconteceu nos anos seguintes, da bolha pontocom ao 11 de Setembro.

Contudo, mesmo que esse não fosse o caso, o desempenho recente é irrelevante para o argumento geral deste livro. Por um lado, como escrevemos no Capítulo 1, a marca de uma instituição expressiva não é a ausência de obstáculos, mas a capacidade de voltar dos tempos difíceis mais forte do que antes. Quando publicamos *Feitas para Durar*, em 1994, a IBM se encontrava em uma reviravolta desesperadora, e fomos alvo de escárnio por tê-la incluído no livro. Dez anos depois, enquanto eu escrevia este prefácio, a IBM retornava como uma das empresas mais importantes do mundo. Resiliência (não perfeição) é a marca da grandeza, seja em uma pessoa, empresa ou nação. Além disso, *mesmo* que algumas de nossas empresas que estejam com problemas não recuperem a representatividade de outrora (o que, naturalmente, é possível), esse fato por si só não mina as ideias fundamentais provenientes de *Feitas para Durar*.

Pense nisso desta maneira: pressuponha que estudemos o considerável império de basquetebol da UCLA das décadas de 1960 e 1970, que ganhou 10 campeonatos da NCAA em 12 anos com o técnico John Wooden. Presuma também que comparemos os Bruins, da UCLA, coordenados por Wooden, a um par equivalente que não se tornou um grande império — digamos, o Golden Bears, da UC Berkeley — durante a mesma época. Além disso, suponha que façamos essa análise repetidamente com uma série de impérios esportivos da história (o Green Bay Packers, dos anos 1960, em contraste com o San Francisco 49ers, da mesma época; o New York Yankees com o Boston Red Sox e assim por diante) e criemos uma estrutura com os princípios que alicerçam a formação de um império ostensivo.

Agora, os Bruins são um grande império *hoje*? A resposta é não — não no mesmo nível das épocas anteriores. Esse fato nega os princípios que aprendemos estudando os Bruins em sua melhor fase? Não, claro que não! As práticas podem ter mudado, mas os princípios dos maiores impérios esportivos, que os tornaram definitivamente grandiosos em seus anos de glória, mantiveram-se, mesmo que os Bruins tenham deixado de vivê-los. Se estudássemos pessoas saudáveis em comparação às enfermas e postulássemos princípios sobre a saúde — como sono sadio, alimentação balanceada e exercícios regulares —, eles se invalidariam se, *mais tarde*, alguns dos indivíduos do estudo passassem a dormir pouco, comer mal e parassem de se exercitar? A resposta é, claramente, não. Tudo o que diríamos é que alguns membros do grupo original tinham deixado de viver os princípios que os tornaram saudáveis. Sono, dieta e exercício ainda são basilares para a saúde.

Fomos abençoados com uma fabulosa base de leitores que compreendem essa característica distintiva essencial dos princípios atemporais. E foi por isso que este livro teve um sucesso tão duradouro e uma repercussão extensiva, desfrutando de mais de seis anos na lista de best-sellers da *Bu-*

sinessWeek, traduzido em 23 idiomas e tendo vendido mais de um milhão de cópias. Mais do que jamais ousamos esperar, *Feitas para Durar* honrou o próprio nome.

Não podemos reivindicar nenhum crédito pelo título [o original, *Built to Last*]. A criatividade comumente brota da frustração, e, em 1944, nossos editores estavam frustrados ao extremo. À medida que o prazo da publicação se aproximava, continuávamos vetando os títulos sugeridos. Ao todo, algo por volta de 127 opções caiu no ostracismo, desde "Você É a Própria Concorrência" a "Resultados de uma Pesquisa sobre Empresas Visionárias".

"Não podemos publicar sem um título", insistia nosso editor.

"Não podemos publicar sem um título impactante", rebatíamos.

A situação acabou chegando ao editor-executivo da HarperCollins, que retornou na segunda-feira de manhã de um final de semana em casa com uma ideia. "Aqui", falou, jogando um bloquinho de anotações na mesa do nosso editor, "veja se eles gostam desse". Ali, ele tinha escrito a simples frase "Built to Last". E, então, nós tínhamos um título.

Há uma ironia aqui, porque, de certa forma, *Feitas para Durar* é um título equivocado. Não nos leve a mal; é um título fantástico e marcante, e nós o mantemos. Mas, considerando o que este livro aborda, ele não se aplica. *Feitas para Durar*, fundamentalmente, não trata de fazer uma empresa para durar. Afinal, as empresas que serviram de comparação também duraram. A Westinghouse durou tanto quanto a GE; a Burroughs, quase tanto quanto a IBM; e a Bristol-Myers teve uma longevidade semelhante à da Johnson & Johnson. E mesmo assim — enquanto duraram — a Westinghouse, a Burroughs e a Bristol-Myers não conseguiram atingir a mesma catadura icônica.

Então, a que *Feitas para Durar* se refere, se não sobre fazer uma empresa durar?

Feitas para Durar aborda fazer algo que *valha a pena* durar. Trata de construir uma empresa que produza um impacto tão distintivo no mundo, com tal excelência intrínseca, que deixaria um vazio — que não poderia ser facilmente preenchido por nenhuma outra instituição do planeta — se deixasse de existir. Se Walt Disney tivesse desaparecido na briga de aquisições do início dos anos 1980, ainda haveria parques temáticos, mas nenhum deles substituiria a Disneylândia.

Há uma questão muito simples implícita nas páginas de *Feitas para Durar*: Por que diabos você se contentaria em fazer algo medíocre, apenas para ganhar dinheiro, quando pode fazer algo notável, que também produza uma contribuição duradoura? Em última instância, como mostram as evidências de nossas pesquisas, aqueles que fazem uma contribuição duradoura também acabam fazendo mais dinheiro ao longo do tempo.

Um dos maiores equívocos sobre *Feitas para Durar* é que ele fala sobre como tornar as coisas permanentemente fixas no tempo e no espaço, imutáveis, estáticas. Nada poderia estar mais longe da verdade; *para ser feita para durar, uma empresa precisa ser feita para mudar*. O conceito fundamental de *Feitas para Durar* é a dinâmica yin-yang presente na dupla Preservação da Essência e Fomento do Progresso. A palavra-chave é E:

Continuidade E mudança

Valores essenciais E grandes objetivos audaciosos e arriscados (GOAA)

Estabilidade E descontinuidade

Cultura baseada em cultos E indivíduos com suas particularidades

Consistência E inovação

Disciplina E criatividade

Métodos sistemáticos E abordagens experimentais

Sentido E realização

Preservação da essência E fomento do progresso

Aqueles que não conseguem compreender esse E não entendem nosso trabalho. *Feitas para Durar* é basicamente o impulso implacável e criativo — a respeito de um incômodo perenemente azucrinante e inacessível, da necessidade de fazer algo inestimável e significativo pela simples razão de que é esse tipo de coisa que nos torna humanos. Em seu nível mais profundo, este não é um livro de negócios. Estamos interessados em sistemas sociais, e no que propicia a relevância vitalícia — e, por acaso, chegamos a alguns dos princípios cruciais através das lentes do estudo de empresas.

Por fim, aqueles que leram *Empresas Feitas para Vencer* podem se perguntar como esses dois livros se encaixam. Gosto de pensar em *Empresas Feitas para Vencer* como o prólogo de *Feitas para Durar*, apesar de termos publicado *Feitas para Durar* em 1994 e *Empresas Feitas para Vencer* somente em 2001. *Feitas para Durar*, cronologicamente, veio primeiro, e aborda como você transforma uma empresa com bons resultados em uma corporação expressiva e duradoura, que se torna um ícone. Em outras palavras, você deve primeiro fazer uma empresa para vencer e, depois, para durar.

Uma diferença importante entre as duas pesquisas foi a forma como selecionamos as empresas. Em *Empresas Feitas para Vencer*, escolhemos estritamente um padrão de retornos cumulativos dos investidores em relação ao mercado de ações em geral. Em *Feitas para Durar*, por outro lado, queríamos estudar empresas que transcenderam o sucesso financeiro para se tornar empresas que causaram um impacto distintivo e relevante no mundo, conquistaram o respeito e o apreço de críticos exigentes, e sustentaram sua grandiosidade não apenas por 15, mas por 50 ou até 100 anos. Para conseguir isso, usamos um modelo de seleção muito diferente do de *Empresas Feitas para Vencer*: pesquisamos uma amostra cuidadosamente selecionada de CEOs de grandes e pequenas empresas. Acreditamos que aqueles que devem competir com as empresas visionárias seriam os críticos mais meticulosos.

Um fato notável, olhando para trás após os quase 15 anos desde o começo da pesquisa, é quantas das empresas permanecem como instituições significativas. Algumas, podem estar em alta, e outras podem estar em baixa, mas não se pode negar que empresas como a IBM, a Sony, a General Electric, a Merck, a 3M, a Johnson & Johson, a Boeing, a Walt Disney e o Wal-Mart, mudaram para sempre o mundo em que vivemos. Esses arquitetos fundadores, que criaram e construíram essas empresas, deixaram um legado que poucos conseguirão equiparar.

Se fôssemos reescrever *Feitas para Durar* hoje, não alteraríamos nenhum de seus conceitos básicos. Certamente, sabemos mais sobre grandes corporações do que em 1994 e certamente há muito o que poderíamos acrescentar, mas nossa crença nas descobertas fundamentais não se desvanece. De fato, estamos mais convencidos do que nunca de que fazer com que uma empresa se torne expressiva e vitalícia — e que realmente mereça durar — é uma causa nobre.

Jim Collins
Boulder, Colorado
28 de agosto de 2004

PREFÁCIO
À PRIMEIRA EDIÇÃO

Pensamos que todos os CEOs, gestores e empresários do mundo devem ler este livro. E todos os membros de conselhos administrativos, consultores, investidores, jornalistas, estudantes de administração e todos que estiverem interessados em descobrir as particularidades das empresas mais duradouras e bem-sucedidas do mundo. Não destacamos isso porque escrevemos este livro, mas porque há muito o que aprender com essas organizações.

A fim de viabilizar as pesquisas e escrever este livro, fizemos algo que nunca foi feito antes, até onde sabemos. Reunimos empresas com desempenho extraordinário que resistiram ao tempo — tendo 1987 como data média de fundação — e as estudamos desde os primórdios, examinando todas as fases do seu desenvolvimento até hoje; e as *comparamos* a empresas que tiveram oportunidades similares, mas não chegaram ao mesmo patamar. Nós as avaliamos como startups. Avaliamos como empresas de médio porte. Avaliamos como grandes corporações. Observamos suas transações em meio às drásticas mudanças do mundo a nosso redor — guerras mundiais, depressões, tecnologias revolucionária e transformações culturais. E, enquanto isso, continuamos nos perguntando: "O que torna essas empresas indiscutivelmente representativas *diferentes* das outras?"

Nossa intenção foi derrubar a barreira inerente aos clichês de gestão e aos modismos. Dispusemo-nos a descobrir os princípios *atemporais* de administração que marcam essa cisão crítica entre as empresas que se destacam. Durante a pesquisa, percebemos que muitos dos métodos "inovadores" e "revolucionários" de gestão que usamos hoje não têm nada de novos. A maioria dos lugares-comuns a que nos rendemos atualmente — equipes autogerenciáveis, energização, melhoria contínua, TQM, visão comum, valores compartilhados e tantos outros — são praticamente versões repaginadas e atualizadas das práticas do século XVIII.

No entanto, nossas descobertas nos assombraram — e, em alguns momentos, algumas até nos desestabilizaram. Toda uma mitologia secular caiu por terra. Os alicerces tradicionais se deterioraram e foram demolidos. No decorrer do projeto, as evidências, que conflitavam com nossas ideias preconcebidas e "conhecimentos" arraigados, deixaram-nos perdidos. Precisamos desaprender para aprender. Tivemos que jogar fora conceitos ultrapassados e refazê-los, muitas vezes do zero. Tudo isso levou seis anos. Mas cada minuto valeu a pena.

Quando olhamos para trás e examinamos nossos achados, há uma conclusão que se destaca desmedidamente das outras: Praticamente *todos* podem ser o herói da formação de uma empresa representativa. Os ensinamentos provenientes dessas empresas podem ser aprendidos e aplicados por gestores de todos os níveis. O pensamento que, pelo menos sob nossa perspectiva, foi destituído é a ideia de que a trajetória empresarial é ditada por seus líderes, profissionais predestinados com características raras e inescrutáveis, inacessíveis aos meros mortais.

Esperamos que você colha inúmeros benefícios deste livro. Esperamos que as centenas de exemplos o motivem a fazer acontecer agora mesmo. Esperamos que você retenha os conceitos e as estruturas, e que eles orientem seus pensamentos. Esperamos que você tenha sacadas geniais e as transmita aos outros. Mas, acima de tudo, esperamos que este livro seja uma fonte de confiança e inspiração a partir de suas lições, que não são válidas apenas "para os outros". Você também vai aprendê-las. Você também vai criar uma empresa para durar.

JCC e JIP
Stanford, Califórnia
Março de 1994

PREFÁCIO À EDIÇÃO BRASILEIRA: O LEGADO DE JIM COLLINS

Gostaria de falar sobre a minha relação com Jim Collins, que começou graças ao nosso amigo em comum, Jorge Paulo Lemann. Quando eu tinha por volta de 35 anos, estava no comando da HSM há uns 5 anos. Durante essa época, costumava jogar tênis com o Jorge, geralmente duas ou três vezes por semana. Em uma conversa, ele disse que tinha um palestrante para me recomendar e que o nome deste era James Collins. Então perguntei para o Lemann de onde ele conhecia o Jim, disse que foi em um curso de educação executiva que fez em Stanford.

Disse também que tinha gostado muito do conteúdo, que Collins era realmente diferenciado no que fazia. Perguntei se Jim tinha algum livro, Lemann disse que não, que também não tinha PhD, só um MBA. Tivemos o primeiro impasse, já que só trabalhávamos na HSM com autores que já possuíam livros publicados e com PhD. Lemann disse que eu precisava conhecer Jim antes de ter uma opinião formada.

No fim das contas, fui aos Estados Unidos para conhecer Jim Collins. Na época, ele era apenas um guru com os seus 30 e poucos anos. Conversamos sobre as suas pesquisas sobre empresas que conseguem ter uma duração muito grande, fiquei interessado em saber o que elas fazem de diferente das outras. Durante uma de nossas conversas, ele me contou que estava escrevendo seu primeiro livro, *Feitas Para Durar*, sobre empresas com uma média de idade de 100 anos.

Jim tinha outro diferencial: conseguiu fazer parte do quadro de professores de Stanford sem ter um PhD, algo raríssimo. Percebi que sua pesquisa sobre empresas centenárias era realmente muito séria e profunda. Ele tinha uma equipe de pesquisadores para lhe dar suporte. Era perceptível que não estava escrevendo por meros insights, mas que estes vinham justamente pela profundidade das pesquisas que tinha realizado. E esse era o mantra de Jim Collins: embora não escreva muitos livros, os que escreve são sempre pautados em pesquisas sérias e com muita profundidade.

Sendo assim, nós o contratamos. Mesmo sem ter uma noção prévia do quanto este livro seria importante. O livro foi um sucesso mundial, vendeu em torno de 5 milhões de cópias. O que fez com que o autor tivesse uma projeção. No entanto, quando o contratamos, ninguém o conhecia. O livro vendeu muito bem por causa das pesquisas de Jim. Tenho muito orgulho de ter identificado o Jim Collins naquela época, tendo as suas pesquisas como base.

Assim nasceu a nossa amizade; nesta época, a HSM também era uma empresa jovem. E o Jim foi se desenvolvendo, ainda mantém a mesma humildade de ter Peter Drucker como mentor e referência, ao contrário de outros gurus, que sequer mencionam os autores que os influenciam. Jim, por outro lado, sempre reconheceu a importância de Peter Drucker em seu trabalho. Posso dizer até que Jim trouxe uma linguagem mais moderna para o que foi falado por Drucker sobre organizações e pessoas. Collins segue e tem uma admiração por Drucker, lê o conteúdo do autor até hoje. Para Collins, é "Peter acima de tudo, Drucker acima de todos".

A partir do momento que seu livro ficou muito famoso, Collins decide sair de Stanford. Criou-se um ambiente insustentável para ele, já que estava em um meio cheio de professores com PhD e ele, só com o seu MBA, escreveu um livro que teve 5 milhões de cópias vendidas. Nessa época, Jim me consultou bastante para poder orientá-lo, já que eu convivia em um ambiente com vários gurus e sabia como eles viviam. Tanto que me agradece até hoje por isso.

Jim, portanto, decide ir morar em Boulder, uma cidade no interior do Colorado, EUA. Uma cidade conhecida por ter muitas montanhas e muitos alpinistas. Poucas pessoas sabem, mas Jim não só é alpinista, como também é um dos melhores do mundo. O alpinismo e sua vida de pesquisa estão muito ligados, sempre com muitos desafios e conquistas. Optou por fugir do barulho das grandes cidades para poder desenvolver seu pensamento fresco. Fresco no sentido de uma cabeça sem influências. E tem dado certo. Ele viaja pouco, conseguiu moldar sua vida de modo que seus clientes vão até ele. Às vezes, até grupos inteiros. Junto com Warren Buffet, Jim Collins é o mentor principal do Jorge Paulo Lemann e de todas as suas empresas. Todas as decisões de Jorge Paulo e de seu grupo foram tomadas em Boulder, o que prova o quão antenado e estudioso é Collins.

Uma das grandes qualidades de Jim Collins, que também tem bastante a ver com a influência de Peter Drucker, é que ambos são grandes perguntadores. Todo o trabalho deles é baseado em grandes perguntas, é sobre achar a pergunta certa. A primeira pergunta foi: "O que leva uma empresa com uma idade média acima de 100 anos a ter tanto sucesso?" No fundo, essa foi a pergunta que serviu de base para ele escrever o *Feitas Para Durar*. A segunda pergunta, do *Empresas Feitas Para Vencer,* foi: "Por que empresas que tiveram um desempenho pífio ou medíocre durante anos de repente viram grandes empresas?" Assim, ele conseguiu identificar 18 empresas que conseguiram dar a volta por cima e o livro virou também outra referência, chegando a vender mais alguns milhões de exemplares no mundo inteiro.

Tais conquistas foram estabelecendo Jim Collins como possivelmente o principal pensador de gestão no mundo. Sempre baseado em grandes pesquisas, seus livros nunca são escritos por modismos. Sempre foi cético e esteve com um pé atrás com as empresas da moda, que conseguem ter uma avaliação em bilhões de dólares, mas que não conseguem ter lucro. Portanto, sempre teve cabeça e julgamento equilibrados.

Para conseguir fazer uma consultoria com ele, Jim liga previamente para o presidente da empresa para saber se este está alinhado com suas ideias, seus fundamentos e no que acredita. Caso o presidente da empresa não esteja alinhado com o pensamento de Jim, este simplesmente agradece e diz que não poderá fazer a consultoria. Enquanto alguns gurus aceitam dar consultoria para qualquer empresa, Jim tem valores muito fortes que o permitem fazer o que quer e sem grandes influências externas.

Tenho aprendido muito com ele. Inclusive, na última vez que estivemos juntos, convidou minha filha, Cristiana Salibi, para fazer parte do grupo de pesquisadores que atuará no próximo livro dele, que foi no verão passado, no entanto, infelizmente, ela não conseguiu participar. Jim já está trabalhando no seu próximo livro, que falará sobre inovação.

Jim Collins, como grande perguntador que é, sempre quer descobrir qual é a próxima pergunta. Quer construir uma carreira de conhecimento, dedicada ao estudo. Seu trabalho é uma contribuição, ele não pensa somente no dinheiro, pensa em contribuir para as grandes organizações. Tem uma iniciativa muito forte com as organizações sem fins lucrativos. Também trabalha de perto com o exército norte-americano na questão da liderança e ajuda escolas públicas a colocar os princípios de gestão de seus livros em prática. Jim pensa em escolas grandiosas, estados grandiosos, países grandiosos, líderes grandiosos.

Collins também estuda muito a questão pessoal. Quais habilidades que um líder precisa ter e o que eles têm em comum. Jim sempre elegeu pessoas com um pensamento muito equilibrado, sem modismos, que estão há décadas tendo sucesso nesse meio, como Jorge Paulo Lemann, Warren Buffet e Sam Walton.

Tem sido muito prazeroso poder participar da trajetória do Jim Collins. Quando eu estava na HSM, o trouxemos para Brasil duas vezes e uma vez para a Argentina, fizemos várias videoconferências, algo que ele faz tão bem que parece que está realmente no palco. É um homem que escolheu a maneira que quer viver e vive sem grandes influências externas, mas que usa muito bem os aprendizados externos.

José Salibi Neto
Referência no Brasil em Gestão, é Cofundador da HSM e coautor dos best-sellers *O que as Escolas de Negócios não Ensinam*, *Gestão do Amanhã* e *O Novo Código da Cultura*

INTRODUÇÃO

Em 14 de março de 1994, enviamos a versão final de *Feitas para Durar* para publicação. Como todos os autores, nutríamos expectativas e planos a respeito do livro, mas não ousamos tratar esses desejos como previsões. Sabíamos muito bem que para cada livro arrasa-quarteirão, dez ou vinte equivalentes (ou até melhores) ficam às margens. Dois anos mais tarde, enquanto eu escrevia esta introdução, estávamos perplexos com o sucesso que o livro conquistara: mais de 40 tiragens por todo o mundo; traduzido para mais de 13 línguas; best-seller na América do Norte e do Sul, Japão e em alguns países europeus.

Há muitas formas de avaliar o sucesso de um livro; mas, para nós, a qualidade dos leitores está no topo da lista. Inicialmente difundido por uma cobertura favorável em uma ampla gama de revistas e periódicos, o livro rapidamente encontrou um público-alvo e desencadeou um boca a boca irrefreável entre os leitores criteriosos. Para nós, esta é a palavra-chave: leitores. Qual é o valor real de um livro? Não é o seu preço de capa. Para uma pessoa ocupada, o custo de um livro não é nada se comparado às horas que sua leitura e compreensão demandam, especialmente um trabalho baseado em uma pesquisa fomentada por uma ideia, como o nosso. A maioria das pessoas não lê os livros que compra ou, pelo menos, nem todos eles. Fomos agradavelmente surpreendidos não apenas pela quantidade de pessoas que compraram o livro, mas por quantas realmente o *leram*. De CEOs e executivos seniores a aspirantes a empreendedores, líderes de organizações sem fins lucrativos, investidores, jornalistas e gerentes no início de suas carreiras, inúmeras pessoas ocupadas investiram seu ativo mais precioso em *Feitas para Durar* — seu tempo.

Atribuímos essa forte propagação entre os leitores a quatro fatores principais. *Primeiro, a perspectiva de construir uma empresa expressiva, feita para durar, inspira as pessoas.* Conhecemos executivos em todo o mundo que desejam criar algo maior e mais duradouro do que eles mesmos — uma empresa perene, alicerçada em valores atemporais, que tem um propósito muito maior do que simplesmente fazer dinheiro e que resiste ao tempo pela capacidade de se renovar de dentro para fora.

Vimos essa motivação não só naqueles que assumem a responsabilidade por administrar grandes empresas, mas — e, talvez, especialmente — também nos empresários e líderes de organizações pequenas e médias. Os exemplos de pessoas como David Packard, George Merck, Walt Disney, Masaru Ibuka, Paul Gavin e William McKnight — os Thomas Jeffersons e James Madisons dos negócios — estabeleceram um alto padrão de valores e desempenho que muitos se sentem compelidos a seguir. Packard e outros grandes fundadores não começaram como corporações gigantescas; mas como empreendedores e pequenos empresários. Eles transformaram pequenos empreendimentos desvalidos em algumas das empresas mais duradouras e bem-sucedidas do mundo. Um executivo de um pequeno empreendimento me disse: "Saber que eles fizeram isso nos deu confiança e um modelo a seguir."

Segundo, as pessoas engenhosas almejam postular princípios atemporais; elas estão fartas dos ciclos de "modismos" na filosofia de gestão. Sim, o mundo se transforma — e permanece se transformando em um ritmo acelerado —, mas isso *não* significa que devemos abandonar a busca pelos conceitos fundamentais que sobreviveram ao tempo. Pelo contrário, precisamos deles mais do que nunca! Sem dúvidas, precisamos sempre desenvolver novas ideias e soluções — as invenções e descobertas fazem a humanidade progredir —, mas o maior problema que as empresas enfrentam atualmente não provém de uma suposta escassez de ideias sobre gestão (estamos inundados nelas), mas principalmente da incompreensão de seus fundamentos básicos e, ainda mais problemático, de sua má implementação. A maior parte dos executivos contribuiria muito mais para suas empresas se concentrando no básico em vez de se enganar com a aventura fugaz que são esses modismos de gestão chamativos e bem apresentados.

O terceiro fator é que os executivos das empresas que se encontram em transição acham os conceitos de Feitas para Durar *úteis para promover uma mudança produtiva sem destruir a base fundamental de uma grande empresa (ou, em alguns casos, ao mesmo tempo em que constrói essa base).* Indo de encontro ao senso comum, a primeira reação adequada a se ter em um mundo em constante transformação *não* é perguntar: "Como devemos mudar?", mas, antes, perguntar: "O que defendemos e por que existimos?" Isso nunca deve mudar. *Depois* de ter essa certeza, fique à vontade para mudar todo o resto. Em outras palavras, as empresas visionárias distinguem seus valores atemporais e seu propósito permanente (que nunca podem mudar) de suas práticas operacionais e estratégias de negócios (que devem mudar constantemente em resposta à mutabilidade do mundo). Essa distinção se mostrou profundamente útil para as empresas em meio às drásticas transformações da sociedade — companhias de defesa, como a Rockwell, enfrentando o fim da Guerra Fria; de serviços públicos, como a Southern, enfrentando uma acelerada desregulamentação; de tabaco, como a UST, enfrentando um mundo cada vez mais hostil; familiares, como a Cargill, enfrentando a primeira geração de liderança não familiar; e empresas com fundadores visionários, como a Advanced Micro Devices e a Microsoft, enfrentando a necessidade de se emanciparem de seus fundadores.

Figura I.A

Continuidade e Mudança em Empresas Visionárias

Mesmo as empresas visionárias estudadas em *Feitas para Durar* precisam lembrar-se continuamente dessa distinção fundamental entre essencial e dispensável, entre o que nunca deve mudar e o que deve se manter suscetível à transformação, entre o que é inviolável e o que não é. Os executivos da Hewlett-Packard, por exemplo, falam frequentemente sobre essa distinção fundamental, para que seus colaboradores não entendam essa "mudança" em práticas de operação, diretrizes culturais e estratégias de negócios como uma perda da alma do Estilo da HP. Comparando a empresa a um giroscópio, o relatório anual de 1995 da HP destacava esta ideia central: "Os giroscópios têm sido usados há quase um século para guiar navios, aviões e satélites. Eles atuam por meio da combinação da estabilidade de seu volante interior com o movimento livre da estrutura giratória exterior. De maneira análoga, o caráter imutável da HP orienta a empresa à medida que lideramos e nos adaptamos à evolução da tecnologia e dos mercados." A Johnson & Johnson usou o conceito para revolucionar toda a estrutura da empresa e renovar seus processos mantendo os ideais essenciais pregados por seu lema. A 3M vendeu setores inteiros que se mostravam pouco viáveis para a inovação — uma atitude categórica que surpreendeu a imprensa corporativa — a fim de se concentrar em seu propósito duradouro de resolver problemas pendentes de forma inovadora. De fato, se existe algum "segredo" para uma empresa se tornar representativa e duradoura, é sua capacidade de administrar a continuidade e a mudança — uma disciplina que deve ser praticada deliberadamente, mesmo pelas empresas mais visionárias.

Por último, o quarto fator é que há muitas empresas visionárias por aí, e elas descobriram que este livro é uma confirmação bem-vinda da forma como abordam os negócios. As empresas de nosso estudo representam apenas uma pequena parte do cenário de empresas visionárias, que variam amplamente: empresas de grande e pequeno porte, públicas e privadas, famosas e anônimas, matrizes e subsidiárias. Empresas renomadas que não estão em nosso estudo original, como Coca-Cola, L.L. Bean, Levi Strauss, McDonald's, Mc-

Kinsey e State Farm, qualificam-se como visionárias, e outras, como a Nike — que ainda não têm idade suficiente —, provavelmente integrarão o grupo. Mas há também um grande número de empresas visionárias menos conhecidas, muitas privadas e um tanto isoladas. Algumas são mais antigas e consolidadas, como a Cargill, a Edward D. Jones, a Fannie Mae, a Granite Rock, a Molex e a Telecare. Outras são empresas promissoras, como a Bonneville International, a Cypress, a GSD&M, a Landmark Communications, a Manco, a MBNA, a Taylor Corporation, a Sunrise Medical e a WL Gore. A imprensa corporativa desvia nossa atenção para as empresas que vivem o paradoxo de Ícaro — empresas prestigiadas em ascensão ou declínio. Contatamos regularmente empresas muito diferentes — sólidas, focadas nos fundamentos, evitando os holofotes, criando empregos, gerando riqueza e contribuindo de forma geral para a sociedade. Ficamos muito otimistas quando vemos essas empresas — e há muitas delas — deixarem sua marca no mundo.

FEITAS PARA DURAR EM UM MUNDO GLOBALIZADO E MULTICULTURAL

Como 17 das 18 empresas estudadas em *Feitas para Durar* são sediadas nos Estados Unidos, não estamos certos de como seus conceitos básicos funcionam no restante do mundo. No entanto, desde sua publicação descobrimos que eles se aplicam a todo o mundo, em suas culturas e ambientes multiculturais. Na mesma situação, viajamos para todos os continentes, exceto a Antártida, ministrando seminários e palestras e trabalhando com empresas. Trabalhamos em uma ampla variedade de países com culturas distintas, incluindo Argentina, Austrália, Brasil, Chile, Colômbia, Dinamarca, Finlândia, Alemanha, Holanda, Israel, Itália, México, Nova Zelândia, Filipinas, Singapura, África do Sul, Suíça, Tailândia e Venezuela. E, embora ainda não tenhamos viajado extensivamente a todas as partes da Ásia, o livro teve uma forte recepção lá, tendo sido traduzido em chinês, coreano e japonês.

A aspiração de construir uma grande empresa duradoura não é exclusivamente norte-americana; conhecemos gente que faz a hora em todas as culturas. Líderes empresariais esclarecidos de todo o mundo compreendem intuitivamente a importância de valores atemporais e de um propósito que transcende a perspectiva de apenas ganhar dinheiro. Eles também exibem o mesmo impulso implacável para atingir o progresso que encontramos naqueles que construíram as empresas visionárias norte-americanas. Vimos empresas com GOAAs no Brasil, de culturas sólidas na Escandinávia, de estratégias do tipo "teste tudo e implemente o que der certo" em Israel, e de aperfeiçoamento contínuo na África do Sul. E as melhores empresas de todos os lugares prestam muita atenção à coerência e ao equilíbrio.

Termos estudado principalmente empresas sediadas nos EUA para o *Feitas para Durar* reflete mais nossa metodologia de pesquisa do que o panorama corporativo global (elaboramos a lista de empresas visionárias pesquisando 700 CEOs de empresas sediadas nos Estados Unidos). Em muitos países há empresas visionárias consolidadas e promissoras— a FEMSA, do México; a Husky, do Canadá; a Sun International, da Inglaterra; a Honda, do Japão, para citar algumas. Em uma nova iniciativa de pesquisa pensada para replicar a análise de *Feitas para Durar* e testar sistematicamente suas ideias na Europa, Jerry (junto com a OCC, empresa europeia de consultoria) identificou 18 empresas visionárias da Europa: ABB, BMW, Carrefour, Daimler Benz, Deutsche Bank, Ericsson, Fiat, Glaxo, ING, L'Oréal, Marks & Spencer, Nestlé, Nokia, Philips, Roche, Shell, Siemens e Unilever.

Também vimos como os conceitos se aplicam a empresas multinacionais ou globais, que possuem muitas culturas conforme suas divisões. Uma empresa visionária global separa as práticas operacionais e estratégias de negócios (que variam conforme o país) dos valores e propósitos essenciais (que devem ser universais e duradouros dentro da empresa, não importa onde faça negócios). Uma empresa visionária adota seus principais valores e propósitos em todas as suas operações em todos os países, mas adapta as práticas e estratégias às diretrizes culturais locais e às condições de mercado. Por exemplo, o Wal-Mart deve aplicar seu valor essencial de priorizar o cliente em todas as suas operações no exterior, mas não necessariamente fazer o Wal-Mart cheer (uma mera prática cultural, que consiste em simular líderes de torcida, para reforçar o valor essencial).

Em nosso trabalho de consultoria, ajudamos multinacionais a descobrir e articular uma ideologia estrutural unificadora e global. Em uma empresa que operava em 28 países, a maioria dos executivos — um grupo cético — simplesmente não acreditava ser possível chegar a valores essenciais e a um propósito comum que fossem globais e significativos. A partir de um intenso processo de introspecção, que começou com os executivos pensando nos valores essenciais que eles, particularmente, levavam para o seu trabalho, o grupo acabou descobrindo e articulando uma ideologia estrutural compartilhada. Eles também deliberaram a respeito de etapas específicas de implementação para promover o equilíbrio e dar vida a esses valores de forma homogênea em todos os 28 países. Os executivos não *definiram* novos valores e objetivos fundamentais; mas *descobriram* as ideias centrais que já tinham em comum, mas que haviam sido perdidas nas assimetrias e em função da ausência de diálogo. "Pela primeira vez em meus 15 anos aqui", disse um executivo, "sinto que temos uma identidade comum. É bom saber que meus colegas a meio mundo de distância cultivam os mesmos ideais e princípios fundamentais, mesmo que adotem operações e estratégias distintas. A diversidade é uma força, especialmente quando compartilhamos o entendimento do que defendemos e de nossos propósitos. Agora, precisamos garantir que essa filosofia permeie toda a instituição e perdure".

Quando operam no auge de seu desempenho (o que nem sempre fazem), as empresas grandes e duradouras não abandonam seus valores fundamentais e padrões de desempenho ao negociar em diferentes culturas. Como o CEO de uma empresa privada multibilionária visionária de mais de 100 anos explicou: "Pode levar mais tempo para nos estabelecermos em uma nova cultura, especialmente porque é difícil encontrar pessoas que se alinhem com nosso sistema de valores. Peguemos a China e a Rússia como exemplos, onde a corrupção e a desonestidade andam desenfreadas. Nessas situações, agimos com calma, e a velocidade de nosso crescimento depende de encontrarmos pessoas que preservem nossos padrões. E estamos dispostos a renunciar a oportunidades de negócios que nos forçariam a abandonar nossos princípios. Ainda estamos aqui depois de 100 anos, dobrando de tamanho a cada seis ou sete anos, quando a maioria de nossos concorrentes de 50 anos atrás já não existe. Como? Mantendo o compromisso de não relegar nossos padrões em prol da conveniência. Em tudo o que fazemos, seguimos a visão de longo prazo. Sempre."

FEITAS PARA DURAR FORA DAS CORPORAÇÕES

Como limitamos a pesquisa original a organizações com fins lucrativos, não sabíamos na época de que forma nossas descobertas atrairiam pessoas alheias ao mundo corporativo. Desde a publicação, entendemos que, em última análise, *Feitas para Durar* não é um livro sobre negócios, mas sobre construir instituições humanas significativas e vitalícias de *todos* os tipos. Pessoas em uma ampla gama de situações não corporativas, como a American Cancer Society, focada em um propósito social, relataram que acharam seus conceitos valiosos para distritos escolares, faculdades, universidades, igrejas, equipes, governos e até mesmo famílias e indivíduos.

Inúmeras empresas voltadas para os cuidados com a saúde descobriram que a ideia de distinguir seus valores essenciais de suas práticas e estratégias é essencial para manter seu senso de missão social, ao mesmo tempo em que se adapta às mudanças dramáticas e aumenta a competitividade do mundo em torno delas. Um membro do conselho de administração de uma grande universidade usou a mesma ideia para distinguir o valor essencial atemporal da liberdade intelectual da prática operacional da posse acadêmica. "Esta distinção provou-se inestimável em me ajudar a facilitar as mudanças necessárias em um sistema de posse cada vez mais arcaico, sem perder de vista um ideal nuclear muito importante", explicou.

Aplicar a ideia de "fazer a hora" a uma organização de cultura baseada em cultos que procura ir além das ideias dos fundadores visionários ajudou diversas organizações voltadas a causas sociais. Uma dessas entidades é a City Year, um programa de serviço comunitário que inspira centenas de jovens universitários a se dedicar a um ano de trabalhos sociais em projetos beneficentes às cidades do interior dos Estados Unidos — como um "Peace Corps" doméstico. Assim como muitas organizações sociais, as raízes da City Year projetam uma imagem de fundadores inspirados, visionários e com grande senso dos propósitos sociais. Alan Khazei, um dos fundadores, desejava que sua visão e o zelo que possuía pela empresa se tornassem características intrínsecas à organização independentemente do líder, ainda que fosse ele. Então decidiu usar seus ideais sociais para construir uma organização de propósito social duradouro — a mudança de deixar de ser alguém que marca o tempo para se tornar alguém que faz a hora. Organizações com propósitos sociais geralmente surgem em resposta a um problema específico, assim como muitas empresas surgem em função de grandes ideias ou oportunidades de mercado. Porém, assim como qualquer ideia ou oportunidade pode se tornar obsoleta, o objetivo original de uma organização social pode ser realizado ou se tornar irrelevante. Focar um objetivo mais elevado e perdurável que ultrapassa o conceito fundador, portanto, é de suma importância à construção de uma organização duradoura.

Em termos simbólicos, vemos poucas diferenças entre empresas visionárias que buscam o lucro e as que não o fazem. Ambas enfrentam a necessidade de superar a dependência de qualquer grande líder ou ideia. Ambas dependem de valores fundamentais e de um propósito contínuo que se sobreponha ao lucro. Ambas necessitam se adaptar em resposta a um mundo de mudanças constantes enquanto preservam seus valores e propósitos fundamentais. Ambas se beneficiam de culturas sólidas e planos de sucessão. Ambas necessitam de mecanismos orientados ao progresso, sejam eles Grandes Objetivos Audaciosos e Arriscados (GOAAs), experimentalismo e empreendedorismo ou melhorias internas. Ambas devem desenvolver um equilíbrio consistente para preservar seus valores e propósitos fundamentais e fomentar o progresso. Certamente as estruturas, estratégias, dinâmicas competitivas e a economia variam entre instituições que visam o lucro e as que não visam. Mas a essência do que torna uma instituição grandiosa e duradoura não varia.

Começamos a ver também como os conceitos de *Feitas para Durar* podem ser aplicados às esferas social e governamental. Japão e Israel, por exemplo, cultivaram sociedades coesas em função de fortes ideais, mecanismos de equilíbrio e GOAAs nacionais. Como a historiadora Barbara Tuchman observou em seu livro *Practicing History* ["Praticando a História", em tradução livre]: "Com todos os problemas, Israel possui uma grande vantagem: o senso de propósito. Os israelenses podem não ter riquezas ou uma vida sossegada. Mas possuem o que as riquezas tendem a ofuscar: um motivo." Esse motivo não depende da presença de um líder visionário carismático; está arraigado às estruturas mais profundas da sociedade israelense, reforçado por mecanismos de equilíbrio como o serviço militar obrigatório. Como um importante jornalista israelita descreveu: "Diferentemente da maioria das nações, nós temos um propósito imperecível que todo israelita conhece: prover um lugar na Terra para que os Judeus vivam em segurança."

Nos Estados Unidos, há um conjunto de valores nacionais basilares bem consistentes, impecavelmente articulados na Declaração da Independência e no Discurso de Gettysburg, mas é necessário que melhoremos nossa compreensão acerca de nossos principais objetivos. Ao passo que a grande maioria de cidadãos israelenses sabe porque Israel existe, duvido que encontraríamos a mesma convicção atualmente no país. A maioria dos cidadãos estadunidenses parece confuso a respeito de como nossos principais valores atemporais se diferem de estruturas, práticas e estratégias. A ausência do controle de armas é um valor fundamental ou uma prática? As ações afirmativas são um valor ou uma estratégia? No âmbito nacional, nós nos beneficiaríamos da aplicação rigorosa do conceito de "preservação da essência e fomento do progresso" para separar os valores das práticas e estratégias, assim como para trazer mudanças positivas enquanto preservamos nossos ideais nacionais.

Finalmente, o mais intrigante é que uma quantidade significativa de pessoas tem nos dito que encontraram os conceitos fundamentais de ordem prática em suas vidas pessoais. Muitos aplicaram o conceito do yin e yang da "preservação da essência e fomento do progresso" a questões humanas essenciais de identidade e renovação. "Quem sou eu? O que represento? Qual é meu propósito? Como preservar a consciência do meu eu nesse mundo caótico e imprevisível? Como posso encontrar sentido em minha vida e em meu trabalho? Como posso me manter engajado e incentivado?" Essas perguntas nos desafiam, hoje mais do que nunca. Com a decadência do mito do emprego estável, o ritmo de mudanças acelerado e a crescente ambiguidade e complexidade do mundo moderno, pessoas que dependem de estruturas externas para ter estabilidade correm o sério risco de ter o tapete puxado. A única fonte de estabilidade realmente confiável é uma essência fortificada e a prontidão para adaptar tudo, menos essa essência. Não é possível prever para onde estamos indo e como nossas vidas se desdobrarão, principalmente no mundo atual. Os criadores de empresas visionárias compreenderam sabiamente que é melhor entender quem você é do que para onde está indo — pois esse último provavelmente mudará. Essa é uma lição tão importante para nossas vidas quanto para empresas visionárias aspirantes.

APRENDIZADO CONSTANTE E FUTUROS TRABALHOS

Aprendemos muito desde a publicação deste livro e temos muito mais a aprender. Aprendemos que aqueles que marcam o tempo podem se tornar pessoas que fazem a hora e estamos aprendendo como ajudá-los a fazer essa transição. Aprendemos que, no mínimo, subestimamos a importância do equilíbrio e estamos aprendendo muito sobre como criá-lo dentro das organizações. Aprendemos que o propósito — quando adequadamente concebido — tem um impacto desmedido sobre a organização, além do que os valores essenciais têm, e que as empresas precisam se esforçar mais para identificar seu propósito. Aprendemos que as fusões e aquisições representam problemas especiais para empresas visionárias e aprendemos como ajudá-las a pensar nessas situações dentro do arcabouço de *Feitas para Durar*. Aprendemos muito a respeito da implementação de ideias em culturas e em configurações não empresariais. Aprendemos que as grandes empresas duradouras do século XXI precisarão adotar estruturas, estratégias, práticas e mecanismos radicalmente diferentes das do século XX; no entanto, os conceitos fundamentais que apresentamos em *Feitas para Durar* se tornarão, se ainda não aconteceu, mais importantes do que nunca como o alicerce para fundamentar as organizações do futuro.

Temos uma motivação intrínseca para aprender e ensinar, e ela não acaba com este livro; é apenas o começo. Continuamos nossa busca para ter novas sacadas, desenvolver novos conceitos e ideias e criar ferramentas de práticas significativas. Jim montou um laboratório de aprendizado em Boulder, Colorado, para manter pesquisas contínuas na Escola de Pós-Graduação em Administração da Universidade de Stanford, onde criou um curso sobre empresas visionárias. Como parte dessa nossa busca constante, gostaríamos de ouvir nossos leitores sobre suas experiências e observações ao trabalhar com o material de *Feitas para Durar*, ou para levantar questões, desafios e problemas que deveríamos considerar em futuros trabalhos. Esperamos ouvir você.

Jim Collins
Boulder, Colorado
E-mail: jcc512@aol.com

Jerry Porras
Stanford, Califórnia
E-mail: porras_jerry@gsb.stanford.edu

capítulo 1 | A NATA DA NATA

O que mais me deixa orgulhoso ao olhar para trás e avaliar minhas realizações é a criação de uma empresa que impactou expressivamente a gestão empresarial em todo o mundo, em função de seus valores, práticas e sucesso. E, mais ainda, saber que deixo para a posteridade uma empresa que permanecerá sendo um modelo mesmo depois que eu partir.

WILLIAM R. HEWLETT, COFUNDADOR
DA HEWLETT-PACKARD, 1990

Estamos engajados em manter a vitalidade da empresa — sua expansão tanto física quanto simbólica —, enquanto instituição, para que ela dure mais outros 150 anos. Para que perdure através dos séculos.

JOHN G. SMALE, EX-CEO DA PROCTER & GAMBLE,
COMEMORAÇÃO DO 150º ANIVERSÁRIO DA P&G, 1986

Este livro não é do tipo que se concentra em líderes visionários e carismáticos. Não aborda conceitos a respeito de corporações ou produtos visionários baseados no mercado. Nem aborda como se ter uma perspectiva corporativa.

Este livro se concentra em algo vital, muito mais duradouro e substancial. Seu foco são as **empresas visionárias**.

O que são empresas visionárias? São corporações líderes — a nata — em seu mercado, que inspiram as outras e impactam significativamente o mundo. A característica crucial de uma empresa visionária é ser uma *organização* — uma instituição. *Todo* líder, não importa o quão carismático e visionário seja, morrerá um dia; e todos os produtos e serviços visionários — todas as "ideias revolucionárias" — serão superados. Na verdade, setores inteiros se tornarão obsoletos e se extinguirão. Contudo, as *empresas* visionárias prosperam por um tempo desmedido, superando as incontáveis gerações de líderes e os ciclos de vida de seus produtos.

Considere por um momento as empresas que você julga visionárias; pense em cinco a dez que obedeçam a estes critérios:

- É uma organização líder no setor
- É muito admirada por empresários entendidos da área
- Marcou o mundo de forma inextinguível
- Teve diversas gerações de bons líderes
- Passou por muitos ciclos de vida de produtos (ou serviços)
- Foi fundada até 1950*

Analise as empresas que listou. Quais de seus aspectos particularmente o impressionam? Observou algo em comum? O que explicaria sua essência e produtividade vitalícias? Como diferem de outras empresas que tiveram as mesmas oportunidades, mas não atingiram o mesmo status?

Em um levantamento que durou seis anos, identificamos e pesquisamos sistematicamente o desenvolvimento histórico de algumas empresas visionárias, para descobrir o que as destaca de um grupo minuciosamente selecionado de empresas de comparação e quais fatores estruturais as fizeram perdurar por tanto tempo. Este livro apresenta nossas descobertas e suas implicações práticas.

De antemão, precisamos esclarecer que essas "empresas de comparação" não são abacaxis [segundo a matriz BCG, empresas abacaxi, *dog companies*, no original, têm participação muito baixa no mercado, sendo passíveis de sucumbir], muito menos *não* visionárias. Na verdade, são empresas relevantes, que, em sua maioria, resistiram tanto quanto as visionárias e, como você verá, superaram outras no mercado financeiro. Porém, não atendem à classificação geral de empresas visionárias de nosso estudo. Na maior parte dos casos, você pode pensar na empresa visionária como uma campeã olímpica e na de comparação como medalhista de prata ou bronze.

Usamos "visionárias" em vez de "bem-sucedidas" ou somente "duradouras" para representar o destaque que têm em meio a empresas de alta classe e muito especiais. Essas empresas são *mais* do que bem-sucedidas. Elas são *mais* do que duradouras. Em geral, elas são a nata da nata em seu setor e assim se mantiveram por décadas. Muitas delas se tornaram padrão — para ser mais exato, ícones — de gestão a nível mundial. (A Tabela 1.1 traz as empresas que integram nosso estudo. Que fique claro que essas empresas elencadas não são as *únicas* visionárias. Explicamos em breve como chegamos especificamente a elas.)

---

* 1950 foi a data de corte para nossa pesquisa. Sua data de corte pode ser qualquer uma anterior a pelo menos 15 anos atrás.)

Ainda que excepcionais, as empresas visionárias não têm registros impecáveis e imaculados. (Observe sua lista de empresas visionárias. Apostamos que a maioria — se não todas — já passou por pelo menos um problema grave, provavelmente inúmeras vezes.) A Walt Disney enfrentou uma complexa crise de fluxo de caixa em 1939 que a obrigou a abrir o capital; depois, no começo da década de 1980, quase perdeu status de entidade independente, com especuladores atraídos pelos valores decrépitos de suas ações. A Boeing teve sérias dificuldades em meados da década de 1930, no fim da de 1940 e novamente no começo da de 1970, quando teve que demitir mais de 60 mil funcionários. A 3M já começou fracassada e quase saiu do mercado no início dos anos 1900.

A Hewlett-Packard sofreu grandes retrocessos em 1945; em 1990, suas ações caíram abaixo do valor contábil. Nos cinco primeiros anos da Sony (l945-1950), vários de seus produtos fracassaram, e, na década de 1970, seu formato Beta perdeu o domínio de mercado para o VHS. A Ford registrou

Tabela 1.1

Empresas que Pesquisamos

Empresas Visionárias	Empresas de Comparação
3M	Norton
American Express	Wells Fargo
Boeing	McDonnell Douglas
Citicorp	Chase Manhattan
Ford	GM
General Electric	Westinghouse
Hewlett-Packard	Texas Instruments
IBM Burroughs	Burroughs
Johnson & Johnson	Bristol-Myers Squibb
Marriott	Howard Johnson
Merck	Pfizer
Motorola	Zenith
Nordstrom	Melville
Philip Morris	RJR Nabisco
Procter & Gamble	Colgate
Sony	Kenwood
Wal-Mart	Ames
Walt Disney	Columbia

uma das maiores perdas na história corporativa dos EUA (US\$3,3 bilhões em três anos) no início da década de 1980, antes de sofrer uma reviravolta notável e uma revitalização que há muito precisava. O Citicorp (fundado em 1812, ano em que Napoleão invadiu Moscou) se abateu no fim do século XIX, durante a depressão da década de 1930 e no fim da década de 1980, lutando com seu portfólio de empréstimos globais. A IBM quase faliu em 1914, em 1921, e se deparou novamente com problemas no começo da década de 1990.

Obviamente, todas as empresas visionárias que estudamos passaram por contratempos e cometeram erros em algum momento, e algumas estão enfrentando problemas enquanto escrevemos este livro. Contudo — e isto é crucial —, as empresas visionárias têm uma *capacidade de recuperação* fora do normal e saem triunfantes das adversidades.

Em decorrência, as empresas visionárias obtêm um desempenho de *longo prazo* descomunal. Suponha que, em 10/01/1926, você tenha investido US\$1 em um fundo de ações do mercado geral, em um de uma empresa de comparação e em um de uma empresa visionária.[3] Se reinvestisse todos os dividendos e ajustasse os valores com base na época em que as ações ficaram disponíveis na Bolsa de Valores (consideramos empresas com índices do mercado geral até entrarem no mercado), aquele US\$1 teria virado US\$415 em 31 de dezembro de 1990 — um valor razoável. O US\$1 investido nas empresas de comparação teriam se tornado US\$955 — mais que o dobro do valor do mercado geral. No entanto, o US\$1 investido nas empresas visionárias teria se transformado em US\$6.356 — mais de seis vezes o valor retornado pelas empresas de comparação e mais de quinze do mercado geral. (O Gráfico l.A mostra os retornos cumulativos das ações de 1926 a 1990; e o Gráfico l.B, a proporção entre as empresas visionárias e as de comparação em relação ao mercado geral.)

No entanto, as empresas visionárias fizeram mais do que gerar retornos financeiros de longo prazo; elas se tornaram a estrutura da sociedade. Imagine como o mundo seria diferente sem a fita adesiva ou os Post-its, da 3M; o Modelo T e o Mustang, da Ford; o Boeing 707 e 747; o sabão em pó Tide e o sabonete Ivory; os cartões de crédito e cheques de viagem da American Express; os caixas eletrônicos lançados, majoritariamente, pelo Citicorp; os Band-Aids e o Tylenol, da Johnson & Johnson; as lâmpadas e os utensílios da General Electric; as calculadoras e impressoras a laser da Hewlett-Packard; os computadores 360 e as máquinas de escrever Selectric, da IBM, a cadeia de hotéis Marriott; a medicação para o colesterol Mevacor, da Merck; os telefones celulares e os pagers da Motorola; a revolução no atendimento ao cliente proporcionada pela Nordstrom; e as TVs Trinitron e os Walkmans portáteis da Sony. Pense em quantas crianças (e adultos) cresceram com a Disneylândia, o Mickey Mouse, o Pato Donald e a Branca de Neve. Imagine uma rua sem as propagandas em outdoors do Marlboro ou sem as lojas do Wal-Mart nas áreas mais afastadas. Positiva ou negativamente, essas empresas deixaram uma marca irreversível no mundo.

Gráfico 1.A

Retornos Acumulados do US$1 Investido em Ações
De 1º de Janeiro de 1926 a 31 de Dezembro de 1990 (em US$)

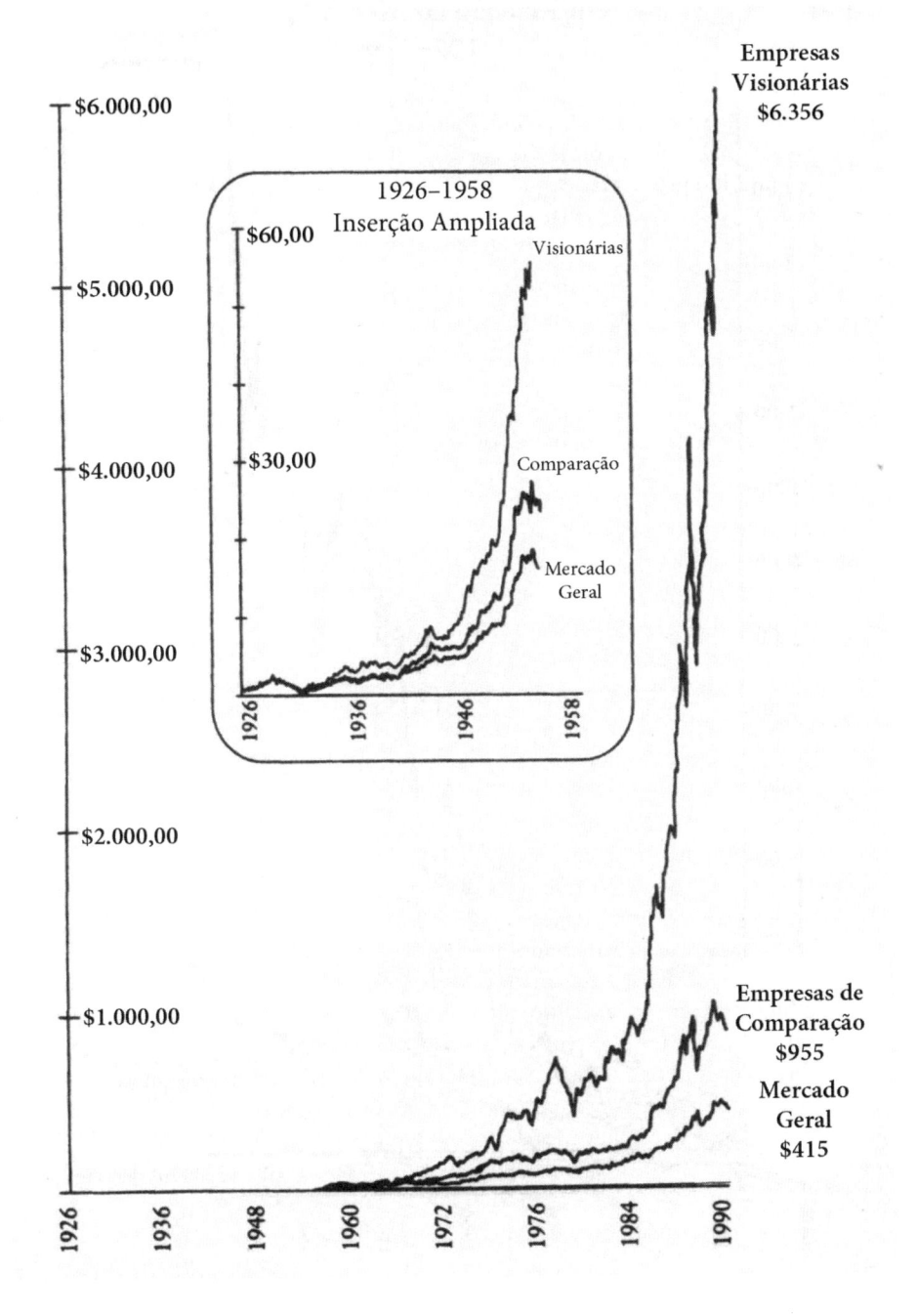

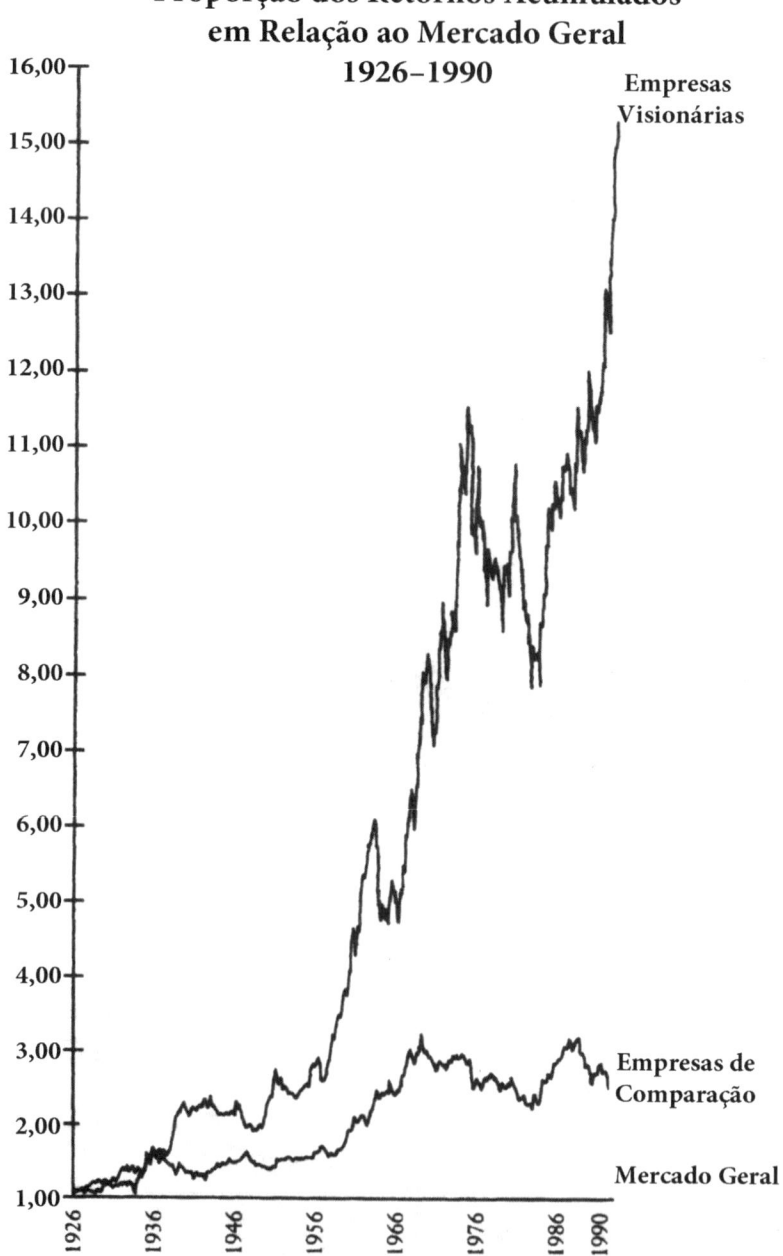

Gráfico 1.B
**Proporção dos Retornos Acumulados
em Relação ao Mercado Geral
1926–1990**

A parte mais empolgante nessa história é descobrir *por que* essas empresas se destacaram a ponto de alçar essa classificação de altamente visionária. Como essas empresas começaram? Como administraram as complexas etapas de sua evolução de startup a instituição global? E, depois de terem crescido, quais características em comum as distinguiram das outras grandes corporações? O que aprendemos com seu desenvolvimento que pode ser aplicado à criação, elaboração e manutenção de empresas do mesmo porte? Convidamos você a iniciar a jornada deste livro que o conduzirá às respostas dessas perguntas.

A partir do Capítulo 2, apresentamos nossas descobertas, que incluem inúmeros achados surpreendentes e controversos. Dedicamos esta segunda metade do capítulo à descrição da metodologia que utilizamos; mas, antes, apresentamos uma prévia das conclusões de nossa pesquisa, 12 mitos comuns que derrubamos.

DOZE MITOS QUE CAÍRAM POR TERRA

Mito 1:   É preciso uma grande ideia para fundar uma grande empresa.

Realidade: Fundar uma empresa com base em uma "grande ideia" pode ser uma péssima ideia. Poucas empresas visionárias começaram assim. Na verdade, algumas começaram sem *nenhuma ideia* específica e outras, até com ideias completamente erradas. Além disso, em geral, independentemente do conceito em que se baseavam, as empresas visionárias tinham *menos* chances de serem bem-sucedidas do que as de comparação que estudamos. As empresas visionárias normalmente são uma alegoria da fábula da lebre e da tartaruga, elas começam devagar, mas vencem a longa corrida.

Mito 2:   As empresas visionárias precisam de líderes representativos e carismáticos.

Realidade: As empresas visionárias definitivamente *não precisam* desse tipo de líder, que, na verdade, nem é conveniente para seus planos de longo prazo. Alguns dos CEOs que foram mais relevantes para as empresas visionárias não se enquadravam nesse estereótipo do líder expansivo e carismático — alguns estavam completamente à margem desse padrão. Como os fundadores dos Estados Unidos, na Convenção Constitucional, seu foco era coletivo, instituir uma entidade duradoura, não individual, ser um grande líder. Eles eram pessoas que faziam a hora, não que marcavam o tempo; algo que sabiam fazer melhor do que os CEOs das empresas de comparação.

Mito 3:   As organizações profícuas se concentram prioritária e majoritariamente em maximizar os lucros.

Realidade:	Diferente do que a doutrina acadêmica de administração prega, a "maximização da riqueza dos acionistas" ou a "maximização dos lucros" não foi a principal força propulsora nem o objetivo maior na história das empresas visionárias. As empresas visionárias buscam alguns objetivos, e lucrar é apenas um — não necessariamente o principal. Sim, elas buscam o lucro, mas se orientam por um fundo ideológico — valores essenciais e um senso de propósito que vai além da ideia de ganhar dinheiro. Paradoxalmente, apesar disso, as empresas visionárias ganham mais dinheiro do que as de comparação, que tendem a ser mais focadas nos lucros.
Mito 4:	As empresas visionárias consideram "corretos" os mesmos valores essenciais.
Realidade:	Não há valores "corretos", que propiciem a uma empresa se tornar visionária. Duas empresas visionárias podem ter ideologias radicalmente diferentes. Em uma empresa visionária, os valores essenciais nem mesmo precisam ser "elevados" nem "humanitários", apesar de normalmente o serem. A variável vital não é a ideologia em si de uma empresa, mas o quanto ela *acredita* na ideologia que adota e como a vive, respira e expressa de forma coerente com suas ações. As empresas visionárias não se questionam: "O que deveríamos valorizar?", mas "O que *realmente* valorizamos, de forma integral?".
Mito 5:	A mudança é a única certeza.
Realidade:	Uma empresa visionária preserva ardentemente a ideologia que a orienta — adaptando-a muito pouco, se for o caso. Seus valores essenciais são uma base sólida, e elas não se perdem em tendências e modismos; em alguns casos, os valores essenciais permanecem inalterados por mais de 100 anos. E o objetivo fundamental de uma empresa visionária — sua razão de ser — pode orientá-la por muitos séculos, como uma estrela no horizonte que não se desvanece. Porém, enquanto preserva a ideologia que a alimenta, a empresa visionária tem um impulso inexplicável para o progresso que lhe permite se transformar e se adaptar sem abrir mão de sua essência.
Mito 6:	As empresas expressivas não se arriscam.
Realidade:	As empresas visionárias parecem rígidas e conservadoras para quem está de fora, mas não têm medo de se comprometer com os "grandes objetivos audaciosos e arriscados" (GOAA). Como escalar uma grande montanha ou ir à lua, um GOAA pode ser intimidador e até arriscado; mas a aventura, a empolgação e o desafio proporcionados conquistam as pessoas, as motivam e criam um impulso desmedido em prol do progresso. As empresas visionárias usaram os GOAAs com

sabedoria para fomentar a evolução, ultrapassando as empresas de comparação em pontos críticos da história.

Mito 7: As empresas visionárias são ótimas para qualquer tipo de pessoa trabalhar.

Realidade: Somente os que se "adaptam" perfeitamente à ideologia estrutural e aos padrões exigentes de uma empresa visionária a considerarão um ótimo local de trabalho. Se você for trabalhar em uma empresa visionária, ou se adaptará e crescerá — provavelmente mais feliz do que nunca — ou será limado como um corpo estranho. É uma situação binária. Não há meio-termo. É quase como uma religião. As empresas visionárias têm tanta certeza do que representam e de suas metas que simplesmente não dão margem para pessoas indispostas ou inábeis se adequarem a seus padrões exigentes.

Mito 8: As empresas altamente bem-sucedidas têm um planejamento estratégico brilhante e complexo.

Realidade: As empresas visionárias fazem muitas de suas melhores jogadas baseadas em experiência, tentativa e erro, oportunismo e — às vezes, literalmente — em acidentes. Atitudes que, *avaliadas em retrospectiva,* parecem planejadas e brilhantemente previstas, resultaram da ideia de: "Vamos experimentar algumas abordagens e implementar as que funcionarem." Dessa forma, as empresas visionárias imitam a evolução biológica das espécies. Descobrimos que as ideias presentes em *Origem das Espécies,* de Charles Darwin, são mais úteis para replicar o sucesso de certas empresas visionárias do que qualquer material sobre planejamento estratégico corporativo.

Mito 9: As empresas precisam contratar CEOs externos para fomentar as transformações fundamentais.

Realidade: Em *1700 anos* de existência de todas as empresas visionárias juntas, houve somente *quatro* incidentes que demandaram o apoio de CEOs externos — apenas em duas empresas. As práticas de gestão elaboradas com a prata da casa ditam as regras nas empresas visionárias de forma muito mais expressiva do que nas de comparação (por um fator de seis). Novamente, elas destituem o pressuposto de que as grandes transformações e as novas ideias não podem se originar internamente.

Mito 10: As empresas mais bem-sucedidas se concentram principalmente em superar a concorrência.

Realidade: As empresas visionárias se concentram principalmente em se superarem. Para elas, o sucesso e a superação da concorrência não são a meta final, mas o *resultado* residual de incessantemente se questionarem: "Como podemos nos desenvolver para que nosso desempenho futuro se aprimore?" E elas se fazem essa pergunta todos os dias — como um *modus operandi* disciplinado —, algumas, há mais de 150 anos. Não importa o quanto conquistem nem se dispararam à frente da concorrência — elas nunca aceitam o "suficiente".

Mito 11:   Não se pode ter tudo.

Realidade: As empresas visionárias não se torturam com a "ditadura do OU" — a perspectiva pretensamente lógica segundo a qual só se pode ter A ou B, nunca ambos. Elas se negam a escolher entre estabilidade OU descontinuidade; cultura sólida OU respeitar as particularidades dos indivíduos; gestores treinados internamente OU mudanças vitais; métodos tradicionais OU Grandes Objetivos Audaciosos e Arriscados; ganhar dinheiro OU seguir seus valores e metas. Bem diferente disso, elas adotam a "filosofia do E" — a perspectiva paradoxal que lhes permite ir à luta para ter A E B simultaneamente.

Mito 12:   A "declaração de visão" é a responsável por tornar empresas visionárias.

Realidade: As empresas visionárias não atingiram esse status em função de uma declaração de visão (embora muitas as tenham elaborado). Nem se desenvolveram por terem feito declarações de visão, valores, objetivo, missão ou meta de gestão que acabaram se popularizando (mesmo que a elaboração desse tipo de postulado seja mais frequente para elas do que para as empresas de comparação e que tenham adotado essa prática muito antes de virar um modismo). Criar essas declarações é uma *etapa* útil no processo interminável para tornar uma empresa visionária, mas é somente uma entre as milhares de etapas que instituem as características cruciais que identificamos nas empresas visionárias.

A METODOLOGIA DA PESQUISA

Raízes: Quem É o Líder Visionário da 3M?

Em 1988, a ideia de "visão" corporativa começou a nos instigar: isso realmente existe? Se sim, a que exatamente se refere? Qual é sua origem? Como as empresas conseguem implementar práticas visionárias? O conceito de visão chamou muita atenção da imprensa especializada e de teóricos de gestão, mas o que líamos não nos satisfazia.

Por um lado, o termo "visão" foi debatido por tantos estudiosos e usado em tantos contextos diferentes que acabou ficando mais confuso. Alguns consideravam a visão como uma bola de cristal que leria o futuro do mercado. Outros a entendiam no âmbito da tecnologia ou do produto, como o computador Macintosh. Outros se concentravam na filosofia da empresa — entendendo visão como o conjunto de valores, objetivo, missão e metas; uma idealização local de trabalho. Que caos! Não surpreende que muitos empresários mais inflexíveis e pragmáticos fossem amplamente céticos com a ideia de visão; parecia algo extremamente — bem... — caótico, confuso e inoportuno.

Além disso — o que mais nos perturbava —, a ideia comumente forjada do "líder visionário" (alguém carismático e popular) permeava praticamente todas as discussões e artigos sobre o tema. No entanto, nos perguntávamos: Se essa "liderança visionária" é vital para a construção de empresas extraordinárias, quem *é o líder visionário carismático* da 3M? Não sabíamos. Você sabe? A 3M é uma empresa amplamente admirada — venerada — há décadas, mas poucos sabem o nome de qualquer um de seus presidentes.

A 3M é uma empresa que muitas pessoas entendem como visionária, mesmo que não pareça ter (nem ter tido) um líder prototípico, popular, carismático e visionário. Esmiuçamos a história da 3M e descobrimos que foi fundada em 1902; portanto, ainda que no passado a empresa tenha contado com um líder visionário, ele certamente já morreu há bastante tempo. (Na realidade, só até 1994, dez gerações de presidentes passaram pela 3M.) Com base em nossa pesquisa, também ficou claro que a 3M não fez seu nome exclusivamente por causa de um conceito visionário de produto, sacada genial de mercado nem mera sorte; nada disso sustentaria seus quase 100 anos de bom desempenho.

Acabamos percebendo que a 3M estava além de liderança, sacadas de mercado, declarações inspiradoras de visão e produtos visionários. A 3M, concluímos, seria mais bem descrita como uma *empresa* visionária.

Então, iniciamos o hercúleo projeto de pesquisa que originou este livro. Grosso modo, a pesquisa teve dois principais objetivos:

1. Identificar os aspectos e processos subjacentes que as empresas altamente visionárias têm em comum (e que as separam das outras) e materializar essas descobertas em um quadro conceitual prático.
2. Difundir amplamente os achados e conceitos de forma que repercutam nas práticas de gestão e auxiliem aqueles que desejam idealizar, fundar e manter empresas visionárias.

Passo 1: Quais Organizações Deveríamos Pesquisar?

Pare e pense um pouco. Suponha que você queira listar empresas visionárias para estudá-las. A literatura da área não conta com nenhuma lista do tipo; o conceito é novo e nunca foi testado. Como você formularia essa lista?

Investigamos essa questão a fundo e chegamos à conclusão de que não deveríamos formular a lista. Como indivíduos, temos ideias preconcebidas que acabariam favorecendo certas empresas em detrimento de outras. Talvez nosso entendimento do cenário corporativo fosse superficial. Talvez favorecêssemos empresas que nos são mais familiares, como as sediadas na Califórnia ou voltadas para a tecnologia.

Para reduzir essas preconcepções individuais, escolhemos alguns CEOs das principais empresas de setores, proporções, localizações e tipos variados e lhes pedimos para nos ajudar a elaborar a lista. Acreditamos que, devido a sua posição exclusiva como profissionais responsáveis por empresas líderes, eles seriam mais criteriosos e experientes para selecionar as empresas a serem estudadas. Confiamos mais em suas informações do que nas dos acadêmicos porque os CEOs mantêm um contato intermitente com os desafios pragmáticos e a realidade, como um todo, da formação e gestão de empresas. Consideramos que esses CEOs teriam um conhecimento empírico profundo tanto das organizações de seu setor como daquelas em setores análogos. Também entendemos que um bom CEO acompanha de perto todas as concorrentes bem como aquelas com as quais sua empresa faz negócios.

Em agosto de 1989, selecionamos minuciosamente uma amostra expressiva de 700 CEOs das empresas integrantes dos seguintes grupos:

- 500 empresas industriais da *Fortune*
- 500 empresas de serviços da *Fortune*
- 500 empresas privadas da *Inc.*
- 100 empresas públicas da *Inc.*

Para nos assegurar de que teríamos uma amostra relevante de cada setor, escolhemos CEOs de todos os setores elencados na *Fortune 500*, entre empresas de serviços e industriais (250 de cada). As listagens da *Inc.* forneceram uma boa representação das organizações menores, públicas e privadas (pesquisamos a expressiva amostra de 200 empresas, de ambos os grupos). Solicitamos a cada CEO para indicar até cinco empresas que consideravam "fortemente visionárias". Enfatizamos que eles precisam responder *pessoalmente*, sem delegar a tarefa a ninguém da empresa.

Tivemos uma taxa de resposta de 23,5% (165 fichas) e uma média de 3,2 empresas citadas em cada ficha. Implementamos inúmeras análises estatísticas para nos certificar de que nenhum grupo ficou de fora. Resumindo, não houve nenhum grupo de CEOS que predominasse nos dados finais da pesquisa; nosso levantamento estatístico abarcou todas as regiões do país e todos os tipos e portes de empresas.

A partir dos dados da pesquisa, elencamos as 20 empresas visionárias com base nas mais citadas pelos CEOs. Eliminamos as empresas fundadas após 1950, porque, segundo nossa linha de raciocínio, as empresas fundadas antes dessa data não teriam como ter se valido de um único líder ou ideia. Condensamos a lista definitiva para 18 empresas, seguindo esse critério pré-1950. As empresas mais jovens de nossa pesquisa foram fundadas em 1945 e as mais antigas, em 1812. À época, as empresas batiam uma média de 92 anos, com a data média de fundação sendo 1897 e a mediana, 1902. (Veja as datas de fundação na Tabela 1.2.)

Passo 2: Evitando a Armadilha da "Conclusão do Escritório" (As Empresas de Comparação)

Seria possível nós apenas encurralarmos as empresas visionárias, analisá-las e nos perguntar: "Quais são os aspectos que elas compartilham?" No entanto, esse tipo de abordagem tem uma lacuna considerável.

Se buscássemos apenas esses "aspectos compartilhados", descobriríamos, dando um exemplo extremo, que todas as 18 empresas têm escritório! É exatamente isto: chegaríamos a uma simetria entre a empresa ser visionária e ter escritórios. Além disso, concluiríamos também que todas as empresas visionárias têm mesas, sistemas de pagamento e de contabilidade, conselhos diretores e... bom, você já entendeu. Entendemos que postular que o ponto-chave para uma empresa ser visionária é ter escritórios é completamente absurdo; portanto, essa informação é totalmente irrelevante.

Não interprete errado nossos motivos para reforçar esses conceitos. Não estamos tentando enfatizar algo óbvio, que lhe parece tão objetivo e óbvio quanto para nós. Nossa ênfase se dá em função de muitos trabalhos da área caírem na armadilha da "conclusão do escritório". Suponha que você pesquise algumas empresas bem-sucedidas e conclua que se concentram no cliente, no aprimoramento da qualidade ou na autonomia; como você pode garantir que simplesmente não descobriu o equivalente a ter escritórios no que tange às práticas de gestão? Como tem certeza de que encontrou o fator que as *distingue* das outras? Você não consegue saber, porque *não é possível* — a menos que estabeleça um grupo de controle, ou de comparação.

A pergunta determinante não é: "O que é comum a certas empresas?" Mas as seguintes: "O que nelas é fundamentalmente *diferente*? O que as *distingue* das outras?" Dessa forma, chegamos à conclusão de que só seria possível avaliar as visionárias em comparação às empresas que se iniciaram de forma similar.

Atribuímos sistemática e meticulosamente uma empresa de comparação a cada visionária (veja os pares comparativos na Tabela 1.1), que foram selecionadas com base nestes requisitos:

- *Fundação na mesma época.* Encontramos empresas de comparação fundadas na mesma época das visionárias. Sua data média de fundação é 1892, enquanto a das visionárias, 1897.

- *Produtos e mercados similares quando da fundação.* As empresas de comparação que utilizamos tinham produtos, serviços e mercados análogos em seus primórdios. Porém, não obrigatoriamente mantiveram-se no mesmo setor no decorrer de sua história; buscamos empresas que começaram no mesmo ramo, mas algumas tomaram outros rumos. Por exemplo, a Motorola, uma empresa visionária, expandiu-se para além de aparelhos eletrônicos, diferente de sua empresa de comparação, a Zenith; buscamos entender o que levou a esses resultados tão díspares, mesmo nos casos em que as empresas começaram equiparadas.

- *Menos citadas pelos CEOs.* Utilizamos empresas que foram expressivamente menos mencionadas pelos CEOs do que as visionárias na pesquisa. Confiamos neles da mesma forma na hora de selecionar ambos os grupos de empresas.

Tabela 1.2

Datas de Fundação

1812	Citicorp
1837	Procter & Gamble
1847	Philip Morris
1850	American Express
1886	Johnson & Johnson
1891	Merck
1892	General Electric
1901	Nordstrom
Mediana: 1902	3M
1903	Ford
1911	IBM
1915	Boeing
1923	Walt Disney
1927	Marriott
1928	Motorola
1938	Hewlett-Packard
1945	Sony
1945	Wal-Mart

- *Que não fossem dog companies.* Não faria sentido compararmos as empresas visionárias a empresas decadentes nem que tiveram um parco desempenho. Entendemos que uma comparação mais equilibrada (entre boas empresas) daria credibilidade e valorizaria as conclusões a que chegássemos. Se usássemos empresas fracassadas a título de comparação, obviamente encontraríamos grandes diferenças, mas nada relevante. Pense em equiparar equipes campeãs olímpicas a escolares, haverá diferenças entre elas, mas serão relevantes? Essas diferenças fariam uma contribuição significativa? Não, obviamente. Mas se compararmos campeões olímpicos a medalhistas de prata e bronze, possivelmente conseguiremos tirar conclusões substanciais e plausíveis. *Quando possível, nossas comparações foram feitas entre empresas ouro e aquelas prata e bronze, para chegar a conclusões reais e relevantes.*

Passo 3: Histórico e Desenvolvimento

Encaramos a desafiadora empreitada de avaliar as empresas ao longo de toda sua história. Não nos contentamos com a pergunta: "Quais são os atributos dessas empresas *atualmente*?" Começamos pensando nas seguintes questões: "Como foi o início dessas empresas? Como foi sua evolução? Como superaram a falta de dinheiro e o porte pequeno? Como passaram dessa fase inicial para se tornarem uma organização consolidada? Como geriram a transição da gestão inicial para a geração seguinte? Como sobreviveram a eventos históricos, como guerras e depressões? Como abordaram a invenção de tecnologias revolucionárias?"

Optamos por uma análise histórica por três razões. Primeira, queríamos reunir sacadas relevantes não apenas para os leitores das grandes corporações, mas também para aqueles advindos das pequenas e médias empresas. Temos conhecimento da prática e da teoria da área como um todo — desde o empreendedorismo e a formação de pequenas empresas à transformação organizacional planejada em grandes corporações — e queríamos apresentar conhecimentos e recursos úteis baseados nas duas perspectivas.

Segunda, e principal, entendemos que somente uma perspectiva diacrônica nos faria entender a dinâmica crucial subjacente às empresas visionária; assim como é possível entender completamente os Estados Unidos sem considerar sua história — a Guerra da Revolução; os ideais e compromissos da Convenção Constitucional; a Guerra Civil; a expansão para o Oeste; a depressão da década de 1930; a influência de Jefferson, Lincoln e Roosevelt; e muitos outros fatores históricos. Pensamos nas empresas como nações, pois retratam todos os eventos históricos e a força adaptativa da genética proveniente das gerações anteriores.

Não é possível compreender o que a Merck representa hoje sem avaliarmos as raízes do arcabouço teórico postulado por George Merck, na década de 1920: "A finalidade dos remédios é atender aos pacientes; não gerar lucros."

Os lucros são uma consequência." Como compreenderíamos a 3M desconsiderando que ela praticamente começou como uma mina falida? Como compreenderíamos a General Electric liderada por Jack Welch sem observar seus processos de seleção e desenvolvimento sistemáticos de líderes que datam dos primórdios do século? Como compreenderíamos a reação da Johnson & Johnson à crise do Tylenol, na década de 1980, sem saber as origens do Credo J&J (escrito em 1943), que guiava o posicionamento da empresa em momentos de crise? Simplesmente, não seria possível.

A terceira razão é que consideramos que uma análise comparativa é muito mais eficiente se for baseada em uma perspectiva diacrônica. Avaliar as empresas visionárias com base nas de comparação no atual contexto equivale a assistir aos últimos 30 segundos de uma maratona. Você saberia quem levou a medalha de ouro, é claro, mas não compreenderia os *motivos*. É preciso assistir à maratona completa para entender perfeitamente seu desfecho, entendendo quais eventos levaram a ele — assistir ao treinamento dos corredores, sua preparação, seu desempenho nos primeiros quilômetros, e assim por diante. De forma análoga, voltamos no tempo para descobrir as respostas a estas curiosas perguntas:

- Como a Motorola passou de uma despretensiosa atividade de conserto de baterias para uma empresa profícua de rádios para carros, televisores, semicondutores, circuitos integrados e comunicação celular, enquanto a Zenith — fundada na mesma época com recursos similares — tornou-se líder somente em televisores?

- Como a Procter & Gamble prosperou por 150 anos após ser fundada, enquanto a maior parte das empresas tem que se considerar sortudas se sobreviver 15 anos? E como, tendo começado bem atrás da rival Colgate, a P&G conseguiu imperar como a melhor organização do setor?

- Como a Hewlett-Packard permaneceu frutífera e dinâmica após Bill Hewlett e Dave Packard saírem, enquanto a Texas Instruments — outrora queridinha de Wall Street — praticamente implodiu após a saída de Pat Haggerty?

- Por que a Walt Disney Company se tornou um ícone norte-americano, sobrevivendo e prosperando apesar das hostis tentativas de apropriação, enquanto a Columbia Pictures paulatinamente perdeu espaço, nunca se tornou icônica e acabou sendo vendida para uma empresa japonesa?

- Como a Boeing surgiu das trevas no mercado de aeronaves comerciais e desbancou a McDonnell Douglas, tornando-se a principal empresa do setor a nível global? O que a Boeing tinha, nos anos 1950, que faltou à McDonnell Douglas?

DESCOBRINDO PRINCÍPIOS ATEMPORAIS Será que uma análise diacrônica do que as empresas fizeram nos últimos 10, 30, 50 ou 100 anos nos proporciona conclusões factíveis? Aprendemos algo de interessante com essa análise? Obviamente, o mundo sofreu transformações consideráveis — e elas não vão parar. A metodologia particular outrora aplicada por essas empresas pode não funcionar no futuro. Sabemos disso. Contudo, durante nossa pesquisa, procuramos padrões e *valores essenciais* estruturais e atemporais, aplicáveis a qualquer contexto temporal. Por exemplo, os métodos que as empresas visionárias adotam para "preservar a essência e fomentar o progresso" (um princípio-chave discutido neste livro) evoluem, mas a ideia subjacente é eterna — igualmente válida e essencial em 1850, 1900, 1950 e 2050. Nosso objetivo foi, a partir da história corporativa, compreender e desenvolver conceitos e recursos práticos para elaborar organizações que serão visionárias do século XXI em diante.

NA VERDADE, se tivéssemos que apontar uma característica deste livro que o distingue dos outros livros sobre gestão, destacaríamos o fato de que avaliamos toda a história das empresas equiparando-as às outras. Essa tática se provou um método crucial para destrincharmos mitos profundamente arraigados e discernirmos os princípios essenciais aplicáveis em longo prazo a uma série de mercados.

Passo 4: Pilhas de Dados, Meses Codificando e "Perseguição às Tartarugas"

Após escolhermos as empresas e optarmos pelo método diacrônico e comparativista, deparamo-nos com outro problema complexo: *o que* exatamente deveríamos avaliar na história das empresas? Sua estratégia corporativa? Estrutura organizacional? Gestão? Cultura? Valores? Sistemas? Linhas de produto? Condições do mercado? Como não daria para prever quais aspectos explicariam o caráter duradouro das empresas visionárias, não poderíamos restringir a pesquisa; tínhamos que buscar evidências em uma ampla gama de áreas.

Durante a pesquisa, mantivemos em mente a viagem de Charles Darwin por cinco anos no navio real *Beagle*, explorando as Ilhas Galápagos e se defrontando com enormes tartarugas (entre outras espécies), que variavam conforme a ilha em que estavam. Esses imprevistos estimularam suas reflexões no caminho para casa, no *Beagle*, e durante seus trabalhos subsequentes, na Inglaterra. Em parte devido às observações inesperadas, Darwin tirou conclusões novas. Ele não estava exatamente buscando espécies distintas de tartarugas, no entanto, lá estavam elas — tartarugas enormes, claudicantes e esquisitas passeando pelas ilhas, sem se enquadrarem em nenhuma suposição sobre espécies.[6] Nós também queríamos esbarrar em algumas tartarugas imprevisíveis e bizarras, que atiçassem nossas reflexões.

Naturalmente, buscávamos uma abordagem muito mais metódica do que ficar vagando sem estipular um objetivo, esperando esbarrar em alguma tartaruga. Para assegurar que a coleta e a classificação dos dados seria esquemática e abrangente, a estrutura que utilizamos era baseada na técnica de "Análise do Fluxo Organizacional".[7] Com essa estrutura, nossa equipe reuniu e investigou nove categorias de informações durante a história das empresas (veja a Tabela A.1, do Apêndice 3). Tais categorias abarcam quase todos os aspectos de uma empresa, como organização, estratégia de negócios, produtos e serviços, tecnologia, gestão, estrutura de propriedade, cultura, valores, políticas e o ambiente externo. Como parte desse esforço, avaliamos sistematicamente as demonstrações financeiras anuais desde 1915 e os retornos acionários mensais desde 1926. Ademais, destrinchamos a história geral e corporativa dos Estados Unidos de 1800 a 1990, além da história de todos os mercados de nosso levantamento, representados pelas empresas elencadas.

Para reunir dados de mais de 90 anos de 36 empresas, investigamos por volta de 100 livros e mais de 3 mil documentos (artigos, estudos de caso, materiais de arquivos, publicações corporativas, gravações em vídeo). Estimamos que consultamos mais de 60 mil páginas de documentos (o número exato chega à casa das 100 mil). Os documentos que utilizamos para esta pesquisa, entre dados e demonstrações financeiras, ocuparam 3 arquivos grandes, 4 estantes e 20 megabytes de espaço de armazenamento (veja um resumo das fontes utilizadas na Tabela A.2, do Apêndice 3).

Passo 5: O Pote de Ouro no Final do Arco-íris

A etapa seguinte foi a mais complicada do processo. Pegamos a quantidade avassaladora de informações (muitas delas, qualitativas) e a resumimos em poucos conceitos críticos que relacionamos em uma estrutura de ganchos conceituais nos quais distribuímos e organizamos os detalhes e as evidências que obtivemos. Buscávamos padrões repetidos e identificamos tendências e forças subjacentes; nossa meta era descobrir conceitos que explicassem a saga das empresas visionárias e orientassem os gerentes de forma prática a formar as empresas do século XXI.

Estruturamos as conclusões a que chegamos a partir das análises comparativas. Durante a pesquisa, sempre voltávamos à questão crucial: "O que *diferenciou* as empresas visionárias das de comparação no decorrer da história?" Ao longo deste livro, você encontrará referências a tabelas do Apêndice 3, nas quais comparamos sistematicamente aspectos específicos das empresas visionárias com os das outras.

Também unimos uma abordagem criativa ao processo comparativo. O quanto fosse possível, pretendíamos romper com os dogmas castradores dos cursos de administração e da imprensa especializada. Em particular, alimentamos nossa reflexão com ideias que, a princípio, não se relacionavam a administração, mesclando-as com observações feitas durante o estudo. Em função disso, lemos muitos materiais sobre outras disciplinas: biologia (principalmente a teoria da evolução), genética, psicologia, psicologia social, sociologia, filosofia, ciências políticas, história e antropologia cultural.

Passo 6: Testes de campo e aplicação ao mundo real

Ao longo da pesquisa, averiguamos constantemente a validade de nossas descobertas e dos conceitos que postulamos, atirando-os nas garras do mundo real por meio de serviços de consultoria e conselhos administrativos. Até escrevermos estas páginas, aplicamos pessoalmente as estruturas e ferramentas elaboradas a partir de nossas pesquisas em mais de 30 empresas, desde as jovens, com menos de US$10 milhões em receita, até as multibilionárias da lista da *Fortune 500* em uma série de setores, incluindo computação, saúde, farmácia, biotecnologia, construção, varejo, entregas, artigos esportivos, dispositivos eletrônicos, semicondutores, softwares, cinema, engenharia ambiental, produtos químicos e bancos. Atuando com a alta gerência, a pedido do CEO, na maior parte das vezes, pudemos expor nossas ideias para algumas das pessoas mais assertivas, pragmáticas, perfeccionistas e exigentes do mundo corporativo.

Essa "prova de fogo" nos deu um retorno inestimável, que nos possibilitou aprimorar nossos conceitos incessantemente enquanto avançávamos com o estudo. Por exemplo, em uma incursão em uma empresa farmacêutica, um executivo nos questionou: "Existem valores essenciais 'certos' e 'errados'? Quero dizer, o que vale mais, o *conteúdo* dos valores ou sua *autenticidade e coerência* — independentemente do conteúdo? Há valores específicos presentes em todas as empresas visionárias?" Recorremos aos dados da pesquisa e respondemos de forma esquemática a todas essas dúvidas (veja o Capítulo 3), concluindo as idas e vindas na teoria e na prática. Esse ciclo ocorreu inúmeras vezes pautado por uma série de questões ao longo dos cinco anos de pesquisa e contribuiu imensamente para este livro.

NÃO DISFARCE AS EVIDÊNCIAS

Todos os projetos de pesquisa em ciências sociais têm limitações e dificuldades intrínsecas, e o nosso não foi exceção. Por um lado, não há como fazermos experimentos controlados e replicáveis se não tivermos uma constante variável crítica para que vários resultados possam ser analisados por meio dela. Seria perfeito se pudéssemos colocar as empresas em placas de Petri, mas não dá; precisamos nos contentar com o que a história nos deu e usar esse histórico da melhor forma que conseguirmos. No Apêndice I, no final do livro, elencamos uma série de questionamentos — e nossas respostas a eles — que podem ser feitos pelos leitores mais críticos em relação a nossa metodologia.

No entanto, mesmo considerando esses questionamentos, a grande quantidade de informações que avaliamos, combinada às idas e vindas entre prática e teoria, nos assegura da credibilidade de que nossas conclusões são razoáveis e — talvez o principal — de que são *úteis* para a construção de empresas excepcionais. Não reivindicamos a descoberta da Verdade, com V maiúsculo. Ninguém pode alegar isso em nossa área. Mas garantimos que este estudo nos deu uma ampla compreensão de empresas e um arcabouço conceitual melhor do que tínhamos para a elaboração de empresas notáveis.

A partir de agora, compartilhamos nossos achados. Esperamos que você mergulhe neste livro, pois as histórias das empresas de que falamos nos ensina muito. Ao mesmo tempo, esperamos que avalie tudo o que ler de forma crítica e objetiva; preferimos que você reflita, julgue e rejeite nossas conclusões do que as aceite sem as questionar. Deixe as evidências falarem. O veredito é seu.

Figura 1.A
Ciclo do Feedback

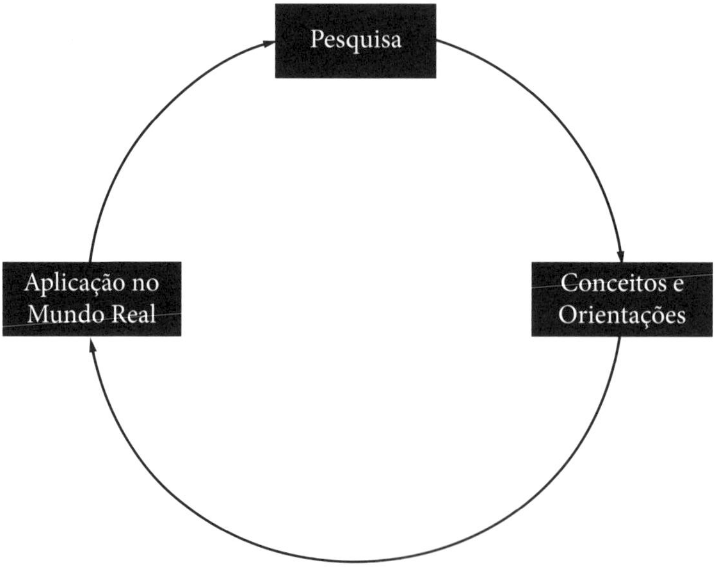

capítulo 2

FAZER A HORA EM VEZ DE MARCAR O TEMPO

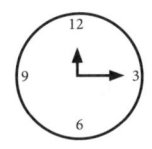

> A capacidade de continuar construindo — a instituição — se sobrepunha a tudo. Sem parar, sem olhar para trás, sem se dissolver. Em última análise, a maior criação de Walt Disney foi a própria Disney.
>
> RICHARD SCHICKEL, *THE DISNEY VERSION*[1]

> Meu único foco sempre foi construir a melhor empresa de varejo possível. Ponto-final.
> Acumular uma grande fortuna nunca foi um dos meus objetivos particulares.
>
> SAM WALTON, FUNDADOR DO WAL-MART[2]

Imagine que você conhecesse alguém com a impressionante habilidade de olhar para o sol ou as estrelas em qualquer momento do dia ou da noite e informar a data e hora com precisão: "Hoje é 23 de abril de 1401. São duas horas, 36 minutos e 12 segundos." Essa pessoa seria alguém que só marca o tempo, e nós provavelmente a reverenciaríamos por sua habilidade. Contudo, não seria ainda mais incrível se, em vez de informar a data e hora exatas, ele ou ela *construísse um mecanismo* que fizesse o mesmo para sempre?[3]

Ter uma grande ideia ou ser um líder carismático e visionário é "marcar o tempo". Construir uma empresa que prospere por meio dos ciclos de duração de múltiplos produtos sem a necessidade de um grande líder é "fazer a hora". A base de nossas descobertas — e assunto deste capítulo — aponta como os fundadores de empresas visionárias tendem a fazer a hora e não a marcar o tempo. O foco desses líderes se baseia fundamentalmente em construir uma grande corporação — fazer a hora — em vez de apenas conquistar uma fatia de mercado com um produto arrebatador e "surfar" na crista da curva de crescimento de seu ciclo de vida. E em vez de se concentrarem em adquirir as características pessoais de um líder visionário, recorrem a uma abordagem mais ampla e se concentram em desenvolver as qualidades de empresas visionárias. O primeiro resultado de seus esforços não é a implementação tangível de uma grande ideia, a expressão da personalidade carismática, a exaltação do ego ou o acúmulo de riquezas pessoais. Seu maior feito é *a companhia em si* e a ênfase no verdadeiro propósito.

Chegamos a essa conclusão quando as evidências de nossa pesquisa desmistificaram duas crenças amplamente aceitas que dominaram o pensamento popular e a escola de negócios por anos: o mito da grande ideia e o mito do líder carismático. Em uma das mais importantes e fascinantes conclusões da pesquisa, descobrimos que para construir uma companhia visionária *não* é necessário nenhum dos dois. Na verdade, encontramos provas de que grandes ideias sugeridas por líderes carismáticos geralmente são *negativamente correlacionadas* à construção de uma empresa visionária. Essas descobertas surpreendentes nos forçaram a analisar o sucesso corporativo sob um ângulo completamente diferente do que havíamos utilizado. Elas também possuem implicações que são tão libertadoras para gerentes quanto para empreendedores corporativos.

O MITO DA "GRANDE IDEIA"

Em 23 de agosto de 1937, dois jovens engenheiros recentemente formados sem nenhuma experiência significativa em negócios se encontraram para conversar a respeito de fundar uma nova companhia. Contudo, não faziam ideia do que a companhia faria.* Eles sabiam apenas que desejavam fundar uma empresa juntos e que atuasse na área ampla e bem definida da engenharia eletrônica. Pensaram em inúmeras ideias a respeito de produtos e mercados para começar, mas não tiveram nenhuma "grande ideia" convincente que inspirasse a fundação da nova companhia.

Bill Hewlett e David Packard decidiram então iniciar a empresa e só *depois* descobrir o que fariam. Eles começaram apenas dando os primeiros passos, tentando qualquer coisa que os tirasse da garagem e os ajudasse a pagar as contas. De acordo com Bill Hewlett:

---

* O encontro ocorreu em 1937. A inauguração oficial aconteceu no início de 1938.

Quando me dirijo a escolas de negócios, os professores de gestão ficam pasmos quando digo que não tínhamos um plano ao começarmos — buscávamos oportunidades. Fazíamos qualquer coisa que rendesse algum dinheiro. Tínhamos um indicador de extremidade para boliche, um clock drive para telescópios, um mecanismo de descarga automática e uma máquina de choque para queimar calorias. E lá estávamos nós, com um capital em torno de US$500, tentando tudo que poderíamos fazer.[4]

O indicador de extremidade para boliche não foi uma revolução mercadológica. A descarga automática e a máquina de choque que queimava calorias também não foram a lugar algum. Na verdade, a companhia continuou a tropeçar por quase um ano até conseguir a primeira grande venda — oito osciloscópios para a Walt Disney para o filme *Fantasia*. Ainda assim, a Hewlett-Packard seguiu por caminhos tortuosos, cuspindo diversos produtos e os adaptando, até que, por meio de contratos motivados pela guerra no início dos anos 1940, conseguiu progredir.

A Texas Instruments, em contrapartida, tem suas raízes em um conceito inicial muito bem-sucedido. As atividades da TI começam nos anos 1930 com o nome de Geophysical Service, Inc.: "A primeira empresa independente a inspecionar potenciais campos petrolíferos com a sísmica de reflexão, e seus laboratórios no Texas desenvolveram e produziram ferramentas para a tarefa."[5] Os fundadores da TI, diferentemente de Hewlett e Packard, fundaram a empresa para explorar uma oportunidade tecno e mercadológica.[6] A Texas Instruments começou a partir de uma grande ideia. A Hewlett-Packard, não.

Tampouco o fez a Sony. Quando Masaru Ibuka fundou a companhia em agosto de 1945, não tinha nenhuma ideia específica de produto. Na verdade, Ibuka e seus sete colaboradores iniciais tiveram um encontro para discutir ideias — *depois* de fundada a empresa — e discutir quais produtos fabricar. Segundo Akio Morita, que entrou logo após a fundação: "O pequeno grupo se reuniu e, durante semanas, tentou descobrir em que tipo de negócio poderia participar para obter dinheiro e funcionar."[7] Consideraram uma ampla gama de possibilidades, como sopa de feijão doce, equipamento de golfe em miniatura e réguas de cálculo.[8] Não fosse surpreendente o bastante, a primeira tentativa da Sony (uma simples panela de arroz) não funcionava bem e seu primeiro produto significativo (um gravador de fitas) não fez sucesso no mercado. Durante os primeiros dias, a companhia se sustentava costurando linha em tecido para fabricar almofadas de aquecimento sem acabamento.[9] Por outro lado, o fundador da Kenwood, diferentemente de Ibuka na Sony, parecia ter uma categoria específica de produtos em mente. Ele nomeou sua companhia de "Kasuga Wireless Electric Firm" em 1946 e, segundo o *Japan Electronics Almanac*: "Desde sua inauguração, a Kenwood tem sido pioneira em tecnologia de áudio."[10]

Assim como os lendários Ibuka e Hewlett, Sam Walton também começou sem uma grande ideia. Ele entrou no mundo dos negócios com nada além da vontade de trabalhar para si e um pouco de conhecimento (e muita paixão) de varejo. Ele não acordou um dia e disse: "Vou abrir uma empresa com essa grande ideia que tive." Walton começou em 1945 com uma franquia da Ben Franklin — uma loja de abordagem similar às de 1,99 — na pequena cidade de Newport, no Arkansas. "Eu não tinha visão alguma do escopo do que eu começaria", comentou Walton em uma entrevista para o *New York Times*, "mas sempre acreditei que se fizéssemos nosso trabalho bem-feito e fôssemos bons para nossos clientes, nada nos limitaria".[11] Walton construiu aos poucos, um passo de cada vez, daquela única loja até a "grande ideia" do desconto popular surgir como uma etapa evolutiva natural quase duas décadas depois de começar sua companhia. Ele escreveu em *Made in America*:

> De alguma forma, ao longo dos anos, as pessoas tiveram a impressão de que o Wal-Mart foi algo com que sonhei aleatoriamente já durante a meia idade, e que essa foi a grande ideia que se tornou um sucesso da noite para o dia. Porém, nossa primeira loja Wal-Mart foi o resultado de tudo que temos feito desde 1945 — outro exemplo de não conseguir me sair bem o suficiente sozinho, outro experimento. E como a maioria dos casos de sucesso repentinos, os preparativos levaram cerca de 20 anos.[12]

Em uma reviravolta da ironia corporativa, a Ames Stores (comparada ao Wal-Mart em nossa pesquisa) começou quatro anos antes da companhia de Sam Walton a implementar o desconto popular no varejo. Na verdade, Milton e Irving Gilman fundaram a Ames em 1958 com o objetivo de buscar a "grande ideia" do desconto popular. Eles acreditavam que "lojas populares fariam sucesso em pequenas cidades", e a companhia conseguiu US$1 milhão em vendas no primeiro ano de atividades.[13] (Sam Walton não abriu sua primeira loja popular até 1962. Até aí, ele apenas administrou algumas pequenas lojas variedades bem situadas.)[14] Tampouco foi a Ames a única companhia que saiu na frente de Walton. Segundo o biógrafo de Walton, Vance Trimble: "Outros varejistas tentavam copiar [em 1962] o que ele estava fazendo. Mas ele fez melhor do que todo mundo."[15]

A HP, a Sony e o Wal-Mart desmistificaram a crença amplamente aceita da origem das corporações — mitologia que descreve o cenário de um empreendedor perspicaz que funda a própria companhia para capitalizar uma ideia de produto ideal ou sacada mercadológica. Esse mito sustenta a concepção de que os fundadores de companhias altamente bem-sucedidas começam imprescindivelmente com uma ideia brilhante (tecnologia, produto, potencial mercadológico) e "surfam" na crista da curva de crescimento de um produto com ciclo de vida atrativo. Além do mais, esse mito — que limita e generaliza — não é padrão na fundação de companhias visionárias.

De fato, poucas das empresas visionárias analisadas em nossa pesquisa têm suas raízes atreladas a uma grande ideia ou a um produto inovador. J. Willard Marriott desejava autonomia, mas não fazia ideia de que ramo exploraria. Então, finalmente decidiu começar com a única ideia viável que teve: obter uma licença de franquia e abrir uma pequena loja da A&W para comercializar cerveja de raiz em Washington, D.C.[16] A Nordstrom começou como uma pequena loja de calçados no subúrbio de Seattle (quando John Nordstrom havia acabado de voltar da Corrida de Ouro do Alasca e não sabia o que fazer com sua vida).[17] A Merck começou como uma simples importadora de produtos químicos da Alemanha.[18] A Procter & Gamble era uma fabricante de sopa e velas — uma das 18 empresas em Cincinnati em 1837.[19] A Motorola começou seus dias como uma esforçada empresa de reparo de eliminador de baterias de rádios da Sears.[20] A Philip Morris, no início, era apenas uma loja varejista de tabaco na Bond Street, em Londres.[21]

Ademais, algumas das empresas consideradas começaram suas atividades assim como a Sony — com verdadeiros fracassos. A 3M estreou com uma mina de coríndon malsucedida, levando seus investidores a negociar "duas ações por uma dose de uísque barato".[22] Sem saber o que fazer, a empresa começou a fabricar lixas. A 3M teve um começo tão difícil que o segundo presidente não teve salário pelos primeiros 11 anos de mandato. Em contrapartida, a Norton Corporation, comparada à 3M no estudo, começou suas atividades com produtos inovadores em um mercado que se expandia rapidamente, pagando dividendos anuais estáveis em cada um dos 15 primeiros anos de atuação e multiplicando em 15 vezes seu capital durante o mesmo período.[23]

O primeiro avião de Bill Boeing fracassou ("um hidroavião rudimentar, feito à mão, copiado de um hidromodelo Martin", reprovado em testes da marinha), e sua companhia passou por dias tão ruins durante os primeiros anos que precisou comercializar móveis para se manter![24] Por outro lado, o sucesso do primeiro aeromodelo da Douglas Aircraft foi magnífico. Projetado para ser o primeiro avião a atravessar um oceano e a transportar uma carga superior ao próprio peso, Douglas modificou o projeto para fazer um torpedeiro, que vendeu em grande quantidade para a marinha.[25] Diferentemente de Boeing, Douglas nunca precisou vender móveis para manter a companhia.[26]

A primeira série de desenhos animados da Disney, *Alice in Cartoon Land* (já ouviu falar deles?), foi um fracasso nos cinemas. O biógrafo de Walt Disney, Richard Schickel, disse a respeito: "De modo geral, um empreendimento fraco, maçante e cheio de clichês. A única coisa que se pode dizer a respeito dele é que foi uma história em quadrinhos bem comum animada por meio de truques fotográficos."[27] A Columbia Pictures, ao contrário da Disney, fez muito sucesso ao estrear nos cinemas. O filme *More to Be Pitied Than Scorned* (1922) custou apenas US$20 mil e gerou uma renda de US$130 mil, impulsionando as atividades da empresa, que financiou a produção de mais dez filmes lucrativos em menos de dois anos.[28]

ESPERAR A "GRANDE IDEIA" PODE SER UMA PÉSSIMA IDEIA

De todas, *apenas três* das grandes empresas começaram com a vantagem de um produto ou serviço específico, inovador e altamente bem-sucedido — ou uma "grande ideia": Johnson & Johnson, General Electric e Ford. E mesmo nos casos da GE e Ford, houve algumas exceções na teoria da grande ideia. Na GE, a ideia de Edison acabou se mostrando inferior à de Westinghouse. Edison desenvolveu sistemas baseados em corrente contínua (DC) enquanto Westinghouse promoveu sistemas de corrente alternada (AC), que predominaram no mercado norte-americano.[29] No caso da Ford, ao contrário do que diz o senso comum, Henry Ford não teve a ideia do Model T e *depois* criou a empresa em função dela. Foi o contrário. A Ford pôde se beneficiar do conceito do Model T porque seu proprietário já possuía uma empresa como plataforma de lançamento. Em 1903, usou a Ford Motor Company para capitalizar seu talento como engenheiro automobilístico — sua terceira empresa em muitos anos — e apresentou cinco modelos (Models A, B, C, F e K) antes de lançar o famoso Model T em outubro de 1908.[30] De fato, a Ford foi uma das 502 montadoras fundadas nos Estados Unidos entre 1900 e 1908 — o que não era exclusividade da época. Para contrastar com as empresas visionárias, nós comparamos os alicerces de 11 empresas mais próximas do modelo da grande ideia: Ames, Burroughs, Colgate, Kenwood, McDonnell Douglas, Norton, Pfizer, R.J. Reynolds, Texas Instruments, Westinghouse e Zenith.

Em outras palavras, percebemos que as empresas visionárias eram muito menos propensas a começar com uma "grande ideia" do que as empresas de comparação da pesquisa. Ademais, qualquer que fosse o conceito inicial, descobrimos que as empresas visionárias estavam menos propensas a ter sucesso empreendedor inicial do que as empresas de comparação. Em apenas 3 dos 18 pares a empresa visionária teve sucesso inicial superior ao da empresa de comparação, enquanto em 10 casos, a empresa de comparação foi mais bem-sucedida inicialmente do que a empresa visionária. Cinco dos casos são indiscutíveis. *Em resumo, encontramos uma correlação negativa entre o sucesso empreendedor inicial e a formação de uma empresa visionária.* Em longo prazo, a vitória é da tartaruga, não da lebre.

No Apêndice 2, descrevemos com mais detalhes as raízes fundadoras de todas as empresas visionárias e de comparação. (Ainda que estejam no apêndice — dividimos a informação para não prejudicar a leitura do texto — aconselhamos que você dê uma olhada nelas.)

Se você tem vontade de empreender e deseja fundar e desenvolver uma empresa visionária, mas ainda não se entregou a causa por não ter uma "grande ideia", nós o encorajamos a tirar dos ombros o fardo do mito da grande ideia. Na verdade, as evidências sugerem que é melhor *não* perseguir uma grande ideia antes de começar uma empresa. Por quê? Porque a abordagem da grande ideia o afasta de enxergar a companhia como sua criação soberana.

A COMPANHIA EM SI É A CRIAÇÃO SOBERANA

Em cursos de gestão estratégica e empreendedorismo, as escolas de negócios ensinam a importância de começar primeiro e, antes de mais nada, com uma boa ideia e uma estratégia de produto/mercado bem desenvolvida, para *só então* pular pela janela da oportunidade, antes que feche. Mas as pessoas que construíram as empresas visionárias, em sua maioria, não pensaram ou agiram dessa forma. Em grande parte dos casos, suas decisões surpreenderam as teorias ensinadas nas escolas de negócios.

Portanto, logo no início da pesquisa, precisamos rejeitar a grande ideia e a estratégia brilhante como opções para explicar o sucesso corporativo e considerar um outro ponto de vista. Tivemos que colocar uma outra lente para ler o mundo de trás para frente. Precisamos *deixar de entender a companhia como veículo para o produto e começar a entender o produto como veículo para a companhia*. Abraçamos a diferença crucial entre marcar o tempo e fazer a hora.

Para compreender facilmente a diferença entre fazer a hora e marcar o tempo, compare a GE e a Westinghouse em seus primórdios. George Westinghouse foi um brilhante visionário de produtos e inventor prolífico que fundou 59 outras empresas filiadas à Westinghouse.[31] Além disso, ele teve a sacada de que o sistema de AC deveria ser implementado mundialmente, em contraponto ao DC de Edison, o que, de fato, aconteceu.[32] Agora compare George Westinghouse a Charles Coffin, o primeiro presidente da GE. Coffin não inventou apenas um produto, ele difundiu uma inovação muito significativa: fundou o *General Electric Research Lab*, conhecido por ser o "primeiro laboratório de pesquisa industrial dos Estados Unidos". George Westinghouse marcou o tempo, Charles Coffin fez a hora. A maior criação de Westinghouse foi o sistema de energia AC, enquanto a maior criação de Coffin foi a General Electric Company.

A sorte favorece os persistentes. Essa simples afirmação é um dos principais pilares de empresários bem-sucedidos. Os desenvolvedores de empresas visionárias foram muito persistentes, vivendo o lema: Nunca, nunca, *nunca* desistir. Mas *em que* exatamente persistir? A resposta: Na companhia. *Esteja preparado para matar, adaptar ou evoluir uma ideia* (a GE desistiu do sistema DC original e abraçou o sistema AC), *mas nunca desista da companhia*. Se você comparar o sucesso da companhia ao sucesso de uma ideia específica — como fazem muitos no meio dos negócios — é mais provável que você desista da companhia caso a ideia fracasse. Se a ideia tiver êxito, é bem capaz que se apaixone e se apegue a ela por tempo demais, enquanto a companhia deveria caminhar em outras direções. Porém, se você considerar a companhia como a criação soberana e não a execução de uma ideia específica ou a capitalização no momento em que ocorrer uma oportunidade mercadológica, será capaz de desenvolver uma ideia — boa ou ruim — e avançar, o que caracteriza uma grande e duradoura instituição.

Por exemplo, a HP aprendeu cedo o valor da modéstia, devido a uma consecutividade de produtos falhos e de sucesso moderado. Ambos continuaram ajustando, persistindo, tentando e experimentando até que descobrissem como desenvolver uma companhia inovadora que expressasse seus valores fundamentais e que obtivesse e mantivesse uma boa reputação com seus produtos. Preparados para ser engenheiros, eles poderiam ter buscado seus objetivos *sendo* engenheiros. Mas não o fizeram. Em vez disso, adaptaram sua visão de projetar produtos para projetar uma organização — um ambiente — conducente à elaboração de grandes produtos. Já em meados de 1950, Bill Hewlett deixou evidente uma perspectiva de fazer a hora em um discurso interno:

> Nossa equipe de engenheiros permaneceu estável. E não por acaso, mas intencionalmente. Engenheiros são pessoas criativas, logo, antes de contratarmos um, procuramos garantir que ele trabalhe em um ambiente estável e seguro. Nos certificamos também de que cada um deles tenha uma série de oportunidades de trabalhar em vários projetos. Outro detalhe, nós adequamos a supervisão para que os engenheiros trabalhem satisfeitos e produzam ao máximo... *A engenharia é um de nossos produtos mais importantes.* Nós estamos prestes a desenvolver o melhor programa de engenharia que já foi visto. Se você acha que acertamos até aqui, aguarde mais dois ou três anos quando teremos todos do novo laboratório produzindo e os supervisores em êxito. Então você verá o verdadeiro progresso![34]

David Packard transmitiu a orientação de fazer a hora em um discurso em 1964: "A questão é, como é possível desenvolver um ambiente em que os indivíduos possam usar sua criatividade? Acredito que se deve pensar muito a respeito da estrutura organizacional para criar esse ambiente."[35] Em 1973, um entrevistador perguntou a Packard quais decisões acerca do *produto* especificamente ele considerava mais importantes para o crescimento da companhia. Na resposta de Packard não havia sequer uma decisão voltada ao produto. Ele respondeu inteiramente em termos de decisões organizacionais: criar uma equipe de engenheiros, implementar uma política de pagamento baseada nos retornos para impor a disciplina fiscal e um programa de participação nos lucros, políticas de RH e gerenciamento, a filosofia de gestão exclusiva da HP e assim por diante. O entrevistador atribuiu ao artigo um título sensacionalista: "Presidente da Hewlett-Packard projetou a companhia e criou a calculadora por acaso."

> A **INVENÇÃO** mais importante de Bill Hewlett e David Packard não foi o osciloscópio ou a calculadora de bolso. Foi a companhia Hewlett-Packard e seu modelo.

De maneira similar, o maior "produto" de Masaru Ibuka não foi o Walkman ou o Trinitron, e sim a própria Sony e seus propósitos. A maior criação da Disney não foi o filme *Fantasia,* nem *Branca de Neve,* ou tampouco a Disneylândia, mas a Walt Disney Company e seu misterioso potencial de deixar as pessoas felizes. A maior invenção de San Walton não foi o padrão Wal-Mart, mas a Wal-Mart Corporation em si — uma organização capaz de implementar conceitos varejistas em grande escala melhor do que qualquer outra no mundo. A genialidade de Paul Galvin não residiu em ser um engenheiro ou inventor (na verdade, ele era um homem de negócios autodidata, que fracassou duas vezes, e não possuía nenhuma formação tecnológica),[37] mas na construção e adaptação de uma organização que nós viríamos a conhecer como Motorola. A contribuição mais significativa de William Procter e James Gamble não foi a produção de sabão, óleo para lamparinas nem velas — pois esses se tornariam obsoletos mais tarde — sua principal contribuição foi algo que nunca se tornará obsoleto: uma organização altamente adaptável com um "patrimônio espiritual" de valores fundamentais profundamente arraigados, transferidos de geração em geração entre os funcionários da P&G.

Pedimos que você implemente essa importantíssima mudança de pensamento — que passe a conceber a empresa em si como a invenção mais importante. Se você estiver desenvolvendo ou administrando uma companhia, essa mudança influencia diretamente a forma como deve usar o tempo. Isso significa passar menos tempo pensando em linhas de produtos específicas e estratégias de marketing e gastar mais tempo pensando no design organizacional. Isso significa passar menos tempo pensando como George Westinghouse, e mais tempo pensando como Charles Coffin, David Packard e Paul Galvin. Isso significa passar menos tempo marcando o tempo e mais fazendo a hora.

Nós não queremos sugerir que empresas visionárias nunca têm produtos excelentes ou boas ideias, o que certamente acontece. E, assim como veremos mais adiante neste livro, a maioria delas desenvolve seus produtos e serviços para contribuir para a vida do cliente de maneira proveitosa. Entretanto, essas empresas não existem apenas para "serem empresas": elas existem para fazer algo proveitoso. Mas sugerimos que *o fluxo contínuo de excelentes produtos e serviços de empresas altamente visionárias se origina de organizações notáveis, e não o contrário.* Tenha em mente que todo produto, serviço e grande ideia, seja o quão visionário for, em algum momento se torna obsoleto. Mas uma empresa visionária não necessariamente se torna obsoleta, não se tiver a habilidade organizacional de mudar e evoluir por meio dos ciclos de vida dos produtos. (Nos capítulos seguintes, explicaremos como as empresas visionárias conseguem o fazer.)

De maneira similar, líderes, não importando o quão carismáticos ou visionários, não vivem para sempre. Mas uma empresa visionária não necessariamente morre, não se tiver a força organizacional para transcender qualquer liderança e permanecer visionária e ressonante década após década, por diversas gerações.

O que nos leva a um segundo grande mito.

O MITO DO GRANDE E CARISMÁTICO LÍDER

Quando pedimos a executivos e estudantes de administração que especulem a respeito de variáveis distintas — as principais razões — que levam empresas visionárias ao sucesso, muitos mencionam uma "grande liderança". Citam nomes como George W. Merck, Sam Walton, William Procter, James Gamble, William E. Boeing, R.W. Johnson, Paul Galvin, Bill Hewlett, David Packard, Charles Coffin, Walt Disney, J. Willard Marriott, Thomas J. Watson e John Nordstrom. Eles argumentam que esses CEOs foram persistentes, superaram grandes obstáculos, recrutaram pessoas dedicadas, motivaram equipes em prol de objetivos e exerceram papéis de suma importância ao conduzir suas companhias por episódios marcantes da história.

Contudo — e esse é o ponto principal — também o fizeram os líderes das empresas de comparação! Charles Pfizer, os irmãos Gilman (Ames), William Colgate, Donald Douglas, William Bristol, John Myers, o comandante Eugene F. McDonald (Zenith), Pat Haggarty (TI), George Westinghouse, Harry Cohn, Howard Johnson, Frank Melville — essas pessoas *também* foram persistentes. Eles *também* superaram grandes obstáculos. Eles *também* recrutaram pessoas dedicadas. Eles *também* motivaram equipes em prol de objetivos. Eles *também* exerceram papéis de suma importância ao conduzir suas companhias por episódios marcantes da história. Uma análise sistemática mostrou que as empresas de comparação estavam tão propícias a ter uma "liderança" sólida durante os anos de formação quanto as empresas visionárias. (Veja a Tabela A.3, no Apêndice 3.)

Em resumo, não encontramos evidências que fundamentam a hipótese de que a grande liderança é o fator crucial durante as fundamentais etapas de formação das empresas visionárias. Logo, ao avançarmos na pesquisa, tivemos que rejeitar a teoria do grande líder. Ela simplesmente não explica, de maneira adequada, as *diferenças* entre as empresas visionárias e as de comparação.

Carisma Desnecessário

Antes de descrevermos o que entendemos como a diferença mais importante entre os fundadores de empresas visionárias versus os fundadores de empresas de comparação (pois achamos que há uma diferença crucial), gostaríamos de compartilhar um corolário interessante: um estilo carismático e popular é completamente desnecessário para criar uma empresa visionária bem-sucedida. Na verdade, descobrimos que alguns dos principais CEOs mais importantes da história das empresas visionárias não tinham os traços de personalidade do arquétipo de líder carismático e popular.

Tome como exemplo William McKnight. Você sabe quem ele é? Lembra dele como referência de grandes líderes empresariais do século XX? Consegue descrever seu estilo de liderança? Você já leu sua biografia? Se é como a maioria das pessoas, sabe pouco ou nada sobre William McKnight. Até 1993, ele ainda não havia entrado para a Calçada da Fama dos Negócios, da revista Fortune.[39] Poucos artigos foram escritos sobre ele. Seu nome não aparece no livro de bolso da Hoover.[40] Quando começamos a pesquisa, ficamos com vergonha de dizer que nem reconhecíamos o nome dele. No entanto, a empresa que McKnight dirigiu por 52 anos (como gerente-geral de 1914 a 1929, chefe-executivo de 1929 a 1949 e presidente de 1949 a 1966), ganhou fama e admiração junto a empresários de todo o mundo. Ela leva o nome reverenciado Minnesota, Mining e Manufacturing (ou 3M, abreviado). A 3M é famosa. McKnight, não. Nós suspeitamos que ele tenha planejado isso.

McKnight começou a trabalhar em 1907 como assistente de contabilidade e passou a contador e gerente de vendas antes de se tornar gerente-geral. Não encontramos evidências de que ele tivesse um estilo de liderança carismático. Das quase 50 referências a McKnight na história que sua própria empresa publicou, apenas uma se refere à sua personalidade, o descrevendo como "um homem gentil e de fala mansa".[41] Seu biógrafo o descreve como "um bom ouvinte", "humilde", "modesto", "de postura ligeiramente curvada", "discreto, com voz suave", "quieto, pensativo e sério".[42]

McKnight não é o único executivo-chefe de destaque na história das empresas visionárias que quebra o modelo arquetípico do líder visionário carismático. Masaru Ibuka, da Sony, tinha a reputação de ser reservado, pensativo e introspectivo.[43] Bill Hewlett lembra um fazendeiro amistoso, prático e realista de Iowa. Os senhores Procter e Gamble eram dignos, sinceros e reservados — até inexpressivos.[44] Bill Allen — CEO mais importante da história da Boeing — era um advogado pragmático, "de aparência gentil e com um sorriso tímido e pouco frequente".[45] George W. Merck era "a incorporação das 'restrições da Merck'."[46]

Trabalhamos com vários gerentes que se sentiram frustrados com todos os livros e artigos sobre liderança empresarial carismática e que fizeram a pergunta sensata: "E se a liderança carismática e popular simplesmente não for o meu estilo?" Nossa resposta: tentar copiar esse estilo é desperdiçar energia. Por um lado, evidências psicológicas indicam que os traços de personalidade são definidos relativamente cedo na vida por meio de uma combinação de genética e experiência, e há poucas evidências que sugerem que, quando você assume um cargo gerencial, pode fazer algo para mudar a base do seu estilo de personalidade.[47] Por outro lado — e ainda mais importante — nossa pesquisa indica que você não precisa desse estilo de qualquer maneira.

> **SE** você é um líder carismático e popular, ótimo. Mas caso não seja, tudo bem, pois você está em boa companhia, junto com aqueles que construíram empresas como a 3M, P&G, Sony, Boeing, HP e Merck. Nada mal.

Por favor, não entenda errado. Não estamos dizendo que os arquitetos dessas empresas visionárias foram líderes menos capazes. Estamos apenas mostrando que um estilo carismático e popular é claramente desnecessário para construir uma empresa visionária. (Na verdade, especulamos que o estilo altamente carismático sugere uma ligeira correlação negativa com a construção de uma empresa visionária, mas os dados sobre estilo são muito irregulares e simplórios para chegar a uma conclusão precisa.) Estamos apontando também que — e este é o ponto crucial desta seção — *ambos* os grupos de empresas tiveram líderes fortes o suficiente em estágios de formação e que uma grande liderança, seja ou não carismática, não explica os resultados superiores das empresas visionárias em relação às empresas de comparação.

Não negamos que as empresas visionárias tiveram excelentes indivíduos no topo da organização durante as fases críticas de sua história. Na maioria das vezes, elas tiveram. Além disso, achamos improvável que uma empresa permaneça altamente visionária com uma cadeia de pessoas medíocres no topo. Na verdade, como será abordado em um capítulo adiante, descobrimos que as empresas visionárias fizeram um trabalho melhor do que as de comparação no desenvolvimento e promoção de talentos gerenciais altamente competentes internos e, assim, *mantiveram* a excelência da gestão durante várias gerações. Mas, assim como acontece com excelentes produtos, talvez *a permanência de indivíduos talentosos em empresas visionárias se deva ao fato de que as empresas são excelentes, e não o contrário.*

Considere Jack Welch, o famoso CEO da General Electric durante os anos 1980 e início dos anos 1990. Não podemos negar que Welch desempenhou um papel fundamental na revitalização da GE ou que trouxe consigo uma intensa energia, um impulso e uma personalidade magnética para o cargo. Mas a obsessão pelo estilo de liderança de Welch desvia nossa atenção de um ponto importante: Welch cresceu na GE. Ele é fruto da empresa tanto quanto o contrário. De certa forma, a empresa teve a capacidade de atrair, selecionar, manter e desenvolver o líder Welch. A GE prosperou desde muito antes dele e provavelmente prosperará muito depois. Afinal, Welch não foi o primeiro excelente CEO da história da empresa e provavelmente não será o último. O papel de Welch não foi insignificante, mas foi apenas uma pequena fatia de toda a renomada história da General Electric Company. A seleção de Welch resultou de uma boa arquitetura corporativa — uma que remonta a pessoas como Charles Coffin, que, ao contrário de George Westinghouse, adotou uma abordagem arquitetônica para construir a empresa. (abordamos Welch e a GE com mais detalhes no Capítulo 8.)

UMA ABORDAGEM ARQUITETÔNICA: QUEM FAZ A HORA EM AÇÃO

Como no caso de Charles Coffin versus George Westinghouse, vimos diferenças entre os dois grupos de primeiros formadores na pesquisa, mas as diferenças eram mais sutis do que o contraste entre "grande líder" versus "não grande líder". A principal diferença, acreditamos, é a orientação — as evidências sugerem que as principais pessoas durante os estágios de formação das empresas visionárias tinham uma orientação organizacional mais forte do que nas empresas de comparação, independentemente de seu estilo pessoal de liderança. Contudo, à medida que o estudo avançou, ficamos cada vez mais desconfortáveis com o termo "líder" e começamos a empregar o termo "arquiteto" ou "quem faz a hora". (Uma segunda diferença crucial diz respeito ao tipo de relógio que construíram — assunto de capítulos mais adiante). As comparações a seguir mostram com mais precisão o que entendemos por uma abordagem arquitetônica ou de fazer a hora.

Citicorp versus Chase

James Stillman, presidente do Citicorp de 1891 a 1909 e líder do conselho administrativo até 1918, concentrou-se no desenvolvimento organizacional em busca de seu objetivo de construir um grande banco nacional.[48] Ele transformou o banco de uma pequena empresa paroquial em uma "corporação completamente moderna".[49] Supervisionou o banco quando abriu novos escritórios, instituiu uma estrutura multidivisional descentralizada, formou um poderoso conselho de administração composto de CEOs líderes e estabeleceu programas de treinamento e recrutamento gerencial (instituídos três décadas antes do Chase).[50] O livro *Citibank 1812–1970*, descreve como Stillman procurou arquitetar uma instituição que prosperaria muito além da própria vida:

> Stillman pretendia que o National City (precursor do Citicorp) mantivesse sua posição (como maior e mais presente banco dos Estados Unidos) mesmo depois de sua morte, e para garantir isso encheu o novo prédio de pessoas que compartilhavam da própria visão e espírito empreendedor, pessoas que construiriam uma organização. Ele se afastaria e deixaria que administrassem o banco.[51]

Stillman escreveu em uma carta para sua mãe sobre a decisão de se afastar para o cargo de líder do conselho administrativo, para que a empresa não dependesse dele para crescer:

> Tenho me preparado, durante os últimos dois anos, para assumir uma posição consultiva no Banco e para recusar a reeleição a diretor oficial. Sei que é uma decisão sábia e não apenas me liberta da responsabilidade de detalhes,

mas confere aos meus associados uma oportunidade de fazer os próprios nomes e estabelecer uma base para possibilidades ilimitadas, até maiores do que as conquistas do passado.[52]

Albert Wiggin, o correspondente de Stillman no Chase (presidente de 1911 a 1929), não delegou nada. Decisivo, sisudo e ambicioso, a principal preocupação de Wiggin parecia ser o próprio engrandecimento. Ele se sentou nos conselhos de 50 outras empresas e administrou o Chase com uma mão controladora tão forte e centralizada que a *Business Week* escreveu: "O Chase Bank é o próprio Wiggin, e Wiggin é o próprio Chase Bank."[53]

Wal-Mart versus Ames

Sem dúvida, Sam Walton tinha as características da personalidade de um líder carismático e ambicioso. Não podemos deixar de pensar em seu Wall Street dançante de saias havaianas e cordões de flores, acompanhado por uma banda de dançarinos de hula (para cumprir uma promessa aos empregados de superar os 8% de lucro), ou seus pulos em balcões das lojas, levando centenas de funcionários a clamar pelo Wal-Mart Cheer. Sim, Walton tinha uma personalidade única e poderosa, *assim como milhares de outras pessoas que não construíram uma empresa como o Wal-Mart.*

De fato, a principal diferença entre Sam Walton e os líderes da Ames não é o carisma, mas o fato de que ele era muito mais alguém que faz a hora — um arquiteto. Aos 20 e poucos anos, Walton já havia se ajustado ao seu estilo de personalidade: ele passou a maior parte de sua vida em uma busca incansável por construir e desenvolver as capacidades da organização Wal-Mart, não em uma missão para desenvolver sua personalidade de liderança.[54] Isso estava claro até mesmo para ele, como escreveu em *Made in America*:

> O que ninguém percebeu, incluindo alguns dos meus gerentes na época, é que estávamos tentando de verdade, desde o começo, nos tornar os melhores operadores — os gestores mais profissionais — que podíamos. Não há dúvida de que tenho uma personalidade de promotor, mas além dessa personalidade, sempre tive a alma de um operador, alguém que quer fazer tudo funcionar bem para então melhorar mais e chegar ao melhor possível. Nunca pensei pequeno. Sempre quis construir uma organização de varejo tão boa quanto fosse possível.[55]

Por exemplo, Walton valorizou a mudança, a experimentação e a melhoria constantes. Porém, ele não apenas pregou esses valores, mas instituiu mecanismos organizacionais concretos para estimular a mudança e a melhoria. Usando um conceito chamado "a loja dentro de uma loja", Walton deu aos gerentes de departamento autoridade e liberdade de administrar cada departamento como se fossem donos do negócio.[56] Ele instituiu prêmios em dinheiro e reconhecimento público para associados que contribuíssem com a economia de custos e/ou aprimorassem ideias de melhorias que pudessem ser reproduzidas em outras lojas. Ele criou os "Concursos VPI (Item de Produção de Volume)" para incentivar os associados a tentar experimentos criativos.[57] Ele instituiu reuniões para discutir mercadorias e experimentos que deveriam ser selecionados para uso em toda a cadeia, e reuniões aos sábados de manhã, que, com frequência, mostravam um colaborador que havia tentado inovar e obteve sucesso. As participações nos lucros e acionária dos colaboradores produziram um incentivo direto para que apresentassem novas ideias, de modo a beneficiar toda a empresa. Dicas e ideias sugeridas por associados foram publicadas na revista interna do Wal-Mart.[58] A empresa investiu até mesmo em um sistema de comunicação por satélite, visando "comunicar os pequenos detalhes pela empresa o mais rápido possível".[59] Em 1985, o analista de ações A.G. Edwards descreveu o funcionamento do Wal-Mart:

> As pessoas trabalham em um ambiente em que a mudança é incentivada. Por exemplo, se um associado fizer sugestões sobre ideias (para merchandising ou redução de custos), elas são rapidamente divulgadas. Multiplique cada sugestão por mais de 750 lojas e por mais de 80 mil funcionários (que também podem fazer sugestões) e os resultados serão ganhos substanciais em vendas, redução de custos e maior produtividade.[60]

Enquanto Walton se concentrava em criar uma organização que evoluísse e mudasse por conta própria, os líderes da Ames ditaram todas as mudanças e detalharam em um livro os passos precisos que um gerente deve seguir, impossibilitando qualquer iniciativa.[61] Enquanto Walton preparava um sucessor capaz de assumir a empresa após sua morte (David Glass), os Gilman não tinham essa pessoa no local, deixando a empresa para pessoas de fora que discordavam de sua filosofia.[62] Considerando que Walton orientou seu sucessor sobre como fazer a hora, os CEOs sucessores dos fundadores da Ames buscaram, de forma imprudente, aquisições desastrosas em uma busca cega e obsessiva pelo crescimento bruto em prol unicamente desse crescimento, engolindo 388 lojas Zayre de uma única vez. Ao descrever o principal ingrediente do Wal-Mart para um futuro bem-sucedido, David Glass disse que "os associados da empresa encontrarão um caminho" e que "nossa gente é implacável".[63] O CEO da Ames, contemporâneo a Glass, disse: "A verdadeira e única questão é a participação de mercado."[64]

Em uma triste observação, um artigo de 1990 da *Forbes* sobre a Ames afirmou: "O cofundador, Herbert Gilman, viu sua criação destruída."[65] A observação que podemos fazer de Walton é mais bem-afortunada: ele morreu com sua criação intacta e a crença de que poderia prosperar muito além dele, mais forte do que nunca. Ele sabia que provavelmente não viveria até o ano 2000, mas pouco antes de morrer, em 1992, estabeleceu metas audaciosas para a empresa até o ano em questão, demonstrando uma profunda confiança no que a companhia poderia alcançar independente de sua presença.[66]

Motorola versus Zenith

O fundador da Motorola, Paul Galvin, sonhava antes de mais nada com a construção de uma grande e duradoura companhia.[67] Galvin, arquiteto de uma das empresas de tecnologia de maior sucesso da história, não tinha formação em engenharia, mas contratou excelentes engenheiros. Incentivou a dissidência, discussão e discordância e deu aos indivíduos a "liberdade para mostrar o que poderiam fazer por conta própria".[68] Estabeleceu desafios e atribuiu imensa responsabilidade às pessoas, de modo a estimular a organização e seus colaboradores a crescer e aprender, muitas vezes com erros e fracassos.[69] O biógrafo de Galvin resumiu: "Ele não era um inventor, mas um construtor cujas plantas eram as pessoas."[70] De acordo com seu filho, Robert W. Galvin: "Meu pai nos encorajou a alcançar, antes de mais nada, as pessoas — a todas as pessoas — por sua contribuição para a liderança. Sim, sua contribuição criativa para a liderança. Desde sempre, ele era obcecado pela sucessão administrativa. *Ironicamente, ele não temeu a própria morte. Sua preocupação era com a empresa.*" [grifo nosso][71]

Em contrapartida, o fundador da Zenith, o comandante Eugene F. McDonald Jr., não tinha plano de sucessão, deixando assim um vazio de talentos no topo após sua morte inesperada, em 1958.[72] McDonald foi um líder tremendamente carismático que impulsionou a empresa principalmente pela força de sua personalidade gigantesca. Descrito como o "mentor volátil e opinativo da Zenith", McDonald tinha uma "autoconfiança colossal, baseada em uma opinião muito determinada, oriunda do próprio julgamento".[73] Ele esperava que todos, exceto seus amigos mais próximos, se dirigissem a ele como "comandante". Um inventor e experimentador brilhante que impulsionou muitas das próprias invenções e ideias, tinha uma atitude rígida que quase fez com que a empresa Zenith sumisse da TV.[74] Uma história da empresa afirma que:

> O estilo inconstante de McDonald ecoava por meio dos métodos dramáticos de publicidade da empresa e esse estilo, somado a um gênio inovador e à capacidade de sentir mudanças nos gostos do público, fez com que, por mais de três décadas, o público entendesse McDonald *como a própria* Zenith.[75]

Dois anos e meio após a morte de McDonald, a revista *Fortune* comentou: "(A Zenith) ainda cresce e obtém lucros com o impulso e a imaginação de seu falecido fundador. A personalidade poderosa de McDonald continua sendo uma influência palpável na empresa. Mas o futuro da Zenith agora depende de sua capacidade e de um novo dirigente para atender às condições que McDonald nunca previu."[76] Um concorrente comentou: "Com o passar do tempo, a Zenith sentirá falta de McDonald cada vez mais."[77]

Galvin e McDonald morreram com 18 meses de diferença entre si.[78] A Motorola navegou com sucesso por novos caminhos, nunca sonhados por Galvin. A Zenith definhou e, a partir de 1993, nunca recuperou a energia e o potencial inovador que teve durante a era McDonald.

Walt Disney versus Columbia Pictures

Rápido, pare e pense: Disney. O que lhe vem à mente? Você consegue criar uma imagem clara ou um conjunto de imagens que associa à Disney? Agora faça o mesmo com a Columbia Pictures. O que lhe vem à mente? Consegue visualizar imagens distintas e claras? Se você é como a maioria das pessoas, consegue evocar imagens do que a Disney significa, mas provavelmente teve problemas com a Columbia Pictures.

No caso de Walt Disney, é claro que ele trouxe muito de sua imensa imaginação e talento para a elaboração da Disney. Ele mesmo originou muitas das melhores criações da Disney, como a Branca de Neve (o primeiro longa-metragem de animação do mundo), o personagem Mickey Mouse, o Mickey Mouse Club, a Disneylândia e o EPCOT Center. É inegável que ele foi um magnífico marcador do tempo. Mas, ainda assim, em comparação com Harry Cohn — o equivalente da Disney na Columbia Pictures —, a abordagem de Walt estava muito mais para quem faz a hora.

Cohn "cultivou sua imagem como um tirano. Mantinha um chicote perto de sua mesa que de vez em quando fazia estalar para dar ênfase à ideia. A Columbia teve uma reviravolta criativa maior do que qualquer grande estúdio devido em grande parte aos métodos de Cohn".[79] Um observador de seu funeral em 1958 comentou que os 1.300 participantes "não foram se despedir, mas para ter certeza de que ele estava realmente morto".[80] Não conseguimos encontrar nenhuma evidência de qualquer preocupação entre os colaboradores de Cohn. Também não encontramos nenhuma evidência de que ele tenha tomado medidas para desenvolver as capacidades de longo prazo ou a identidade própria distinta da Columbia Pictures como instituição.

A evidência sugere que Cohn se preocupou em primeiro lugar em se tornar um magnata do cinema e exercer um imenso poder pessoal sobre Hollywood (ele se tornou a primeira pessoa em Hollywood a assumir os títulos de presidente e produtor) e pouco ou nada se importava com as qualidades e identidade da Columbia Pictures, que poderiam continuar além de sua vida.[81] O propósito pessoal de Cohn impulsionou a Columbia Pictures durante anos, mas tal ideologia pessoal e egocêntrica não poderia orientar e inspirar uma empresa após a morte do fundador. Após o falecimento de Cohn, a empresa caiu em desordem, teve que ser resgatada em 1973 e acabou sendo vendida para a Coca-Cola.

Walt Elias Disney, por outro lado, passou o dia antes de morrer em uma cama de hospital pensando em como trazer melhorias à Disney World, na Flórida.[82] Walt faleceu, mas a capacidade da Disney de fazer as pessoas felizes, levar alegria às crianças e promover risos e lágrimas, não. Ao longo de sua vida, Walt Disney prestou mais atenção ao desenvolvimento de sua empresa e de suas capacidades do que Cohn, da Columbia. No final dos anos 1920, ele pagava mais para a equipe de criatividade do que a ele próprio.[83] No início dos anos 1930, desenvolveu aulas de arte para todos os animadores, instalou um pequeno zoológico no local para fornecer criaturas vivas para ajudar a melhorar a capacidade de desenhar animais, inventou novos processos para a equipe de animação (como storyboards) e investiu constantemente nas mais avançadas tecnologias de animação.[84] No final da década de 1930, ele implementou o primeiro sistema de bônus do setor de animação para atrair e recompensar bons talentos.[85] Na década de 1950, instituiu programas de treinamento para funcionários, chamados "Você Gera Felicidade" e, na década de 1960, fundou a Disney University para orientar, treinar e ensinar a funcionários da Disney.[86] Harry Cohn não tomou nenhuma dessas iniciativas.

É verdade que Walt não fez a hora tão bem quanto alguns dos outros arquitetos de nosso estudo, e o estúdio de cinema da Disney padeceu por quase 15 anos após sua morte, enquanto os colaboradores, perdidos, se perguntavam: "O que Walt faria?"[87] Mas o fato é que Walt, ao contrário de Cohn, criou uma instituição muito maior do que ele, uma instituição que ainda poderia levar a "Magia da Disney" a crianças na Disneylândia, décadas após sua morte. Durante o mesmo período em que a Columbia deixou de existir como uma entidade independente, a Walt Disney enfrentou uma luta épica (e bem-sucedida) para impedir uma aquisição hostil. E os executivos e a família de Disney, que poderiam ter obtido lucros multimilionários sobre suas ações se os compradores tivessem obtido sucesso, optaram por preservar a empresa como uma entidade independente, *porque era a* Disney. No prefácio de seu livro, *Storming the Magic Kingdom*, em um excelente relato da tentativa de aquisição da Disney, John Taylor escreveu:

> Aceitar (a proposta) era impensável. A Walt Disney Productions não era apenas mais uma entidade corporativa que precisava ser racionalizada pela liquidação de seus ativos para atingir o valor máximo para seus acionistas. A Disney também não era apenas outra marca. Os executivos da empresa viam a Disney como uma força que molda a vida imaginativa de crianças em todo o mundo. Ela foi entrelaçada no próprio tecido da cultura estadunidense. De fato, sua missão — e eles acreditavam que tinham essa missão, tão importante quanto ganhar dinheiro para os acionistas — era celebrar os valores norte-americanos.[88]

A Disney prosseguiu aos anos 1980 e 1990, e reavivou a herança deixada por Walt décadas antes. Em contrapartida, a empresa de Cohn tinha pouco para salvar ou reavivar. Ninguém sentiu que a Columbia precisava ser preservada como uma entidade independente: se os acionistas obteriam mais dinheiro a vendendo, então que assim fosse.

MENSAGEM PARA OS CEOS, GESTORES E EMPRESÁRIOS

Um dos passos mais importantes que você pode dar para construir uma empresa visionária não é uma ação, mas uma mudança de perspectiva. Haverá muitas descobertas orientadas para a ação nos capítulos seguintes. Mas, para fazer bom uso delas, é necessário, antes de mais nada, adquirir o estado de espírito correto. E esse é o ponto deste capítulo. Não estamos fazendo nada mais do que pedir que você faça uma mudança de perspectiva, tão fundamental quanto aqueles que precederam a revolução newtoniana, a revolução darwiniana e a fundação dos Estados Unidos.

Antes da revolução newtoniana, as pessoas explicavam o mundo à sua volta principalmente em termos de um Deus que tomava decisões específicas. Uma criança caía e quebrava o braço: isso era um ato de Deus. As colheitas falharam: foi um ato de Deus. As pessoas pensavam em um Deus onipotente que fazia com que cada evento específico acontecesse. Então, em 1600, as pessoas disseram: "Não, não é isso! O que Deus fez foi estabelecer um universo com certos princípios, e o que precisamos fazer é descobrir como esses princípios funcionam. Deus não toma todas as decisões. Ele apenas estabeleceu processos e princípios."[89] A partir daí, as pessoas começaram a procurar por dinâmicas e princípios subjacentes básicos de todo o sistema. Foi disso que se tratou a revolução newtoniana.

Da mesma forma, a revolução darwinista causou uma mudança drástica no pensamento sobre espécies biológicas e história natural — uma mudança de pensamento que fornece analogias frutíferas para o que vimos nas empresas visionárias. Antes da revolução darwiniana, as pessoas presumiam que Deus havia criado todas as espécies perfeitas e para um papel específico no mundo natural: os ursos polares são brancos porque Deus os criou dessa maneira, os gatos ronronam porque Deus os criou dessa maneira, robins têm o peito vermelho porque Deus os criou assim. Nós, seres humanos, temos uma grande necessidade de explicar o mundo ao nosso redor, presumindo que alguém ou alguma coisa compreende tudo — alguém deve ter dito: "Precisamos de robins com peitos vermelhos para se encaixar aqui no ecossistema." Mas, se os biólogos estão certos, não funciona assim. Em vez de saltar diretamente para robins de peito vermelho (marcar o tempo), temos um *processo subjacente* de evolução (o código genético, DNA, variação genética e mutação, seleção natural) que às vezes produz robins de peito vermelho que parecem se encaixar perfeitamente no ecossistema.[90] A beleza e a funcionalidade do mundo natural surgem do sucesso de seus intrincados processos e mecanismos subjacentes em um maravilhoso relógio "em funcionamento perfeito".

Da mesma forma, estamos pedindo a você que enxergue o sucesso de empresas visionárias — ou pelo menos parte dele — como proveniente de processos subjacentes e dinâmicas fundamentais incorporadas na organização e não primariamente como o resultado de uma única grande ideia ou de algum grande e onisciente visionário divino que tomou grandes decisões, tinha grande carisma e liderava com grande autoridade. Se você está envolvido na construção e no gerenciamento de uma empresa, estamos pedindo para você pensar menos em termos de um produto visionário brilhante ou buscando as características de personalidade da liderança carismática, e pensar mais em termos de ser um visionário *organizacional* e desenvolver as características de uma empresa visionária.

Na verdade, estamos pedindo que você considere uma mudança de pensamento análoga à que foi necessária para fundar os Estados Unidos, em 1700. Antes das drásticas revoluções no pensamento político dos séculos XVII e XVIII, a prosperidade de um reino ou país europeu dependia, em sua maioria, da qualidade do reinado (ou, no caso da Inglaterra, talvez da rainha). Se você tivesse um bom rei, então você teria um bom reino. Se o rei fosse um grande e sábio líder, então o reino prosperaria.

Agora compare o referencial dos bons reis com a abordagem adotada na fundação dos Estados Unidos. A questão principal na Convenção Constitucional de 1787 não era "Quem deveria ser o presidente? Quem deve nos liderar? Quem é o mais sábio entre nós? Quem seria o melhor rei?" Não, os fundadores do país concentraram-se em questões como "Que *processos* podemos criar que nos darão bons presidentes muito depois de termos morrido? Que tipo de país duradouro queremos construir? Sobre quais princípios? Como deve funcionar? Quais diretrizes e mecanismos devemos elaborar que nos darão o tipo de país que imaginamos?".

Thomas Jefferson, James Madison e John Adams não foram líderes visionários carismáticos no modo "tudo depende de mim".[91] Não, eles foram visionários organizacionais. Criaram uma constituição para a qual eles e todos os futuros líderes seriam subservientes. Se concentraram na construção de um país. Rejeitaram o modelo do bom rei. Adotaram uma abordagem arquitetônica. Eles tiveram uma postura de quem faz a hora!

Contudo, observe que no caso dos Estados Unidos, não se trata de um mecânico e frio relógio newtoniano ou darwiniano. Trata-se de um relógio baseado em ideais e valores humanos. É um relógio construído sobre as necessidades e aspirações humanas. É um relógio com *espírito*.

E isso nos leva ao segundo pilar de nossas descobertas: não se trata apenas de construir qualquer relógio aleatório. Trata-se de construir *um tipo específico de relógio*. Embora as formas, tamanhos, mecanismos, estilos, idades e outros atributos variem entre as empresas visionárias, descobrimos que compartilham um conjunto subjacente de características fundamentais. Nos capítulos seguintes, descrevemos essas características. Por enquanto, o importante a se ter em mente é que, uma vez que deixe de marcar o tempo para construir o relógio, a maior parte do que é necessário para construir uma empresa visionária *pode ser aprendido*. Você não precisa ficar sentado esperando pela sorte de ter uma ótima ideia. Você não precisa aceitar a falsa opinião de que, até sua empresa ter um líder visionário carismático, não se tornará uma empresa visionária. Não há qualidade misteriosa ou mágica indescritível. Na verdade, uma vez que aprenda os fundamentos, você — e todos os que estiverem à sua volta — podem se dedicar à difícil missão de tornar sua companhia uma companhia visionária.

NÃO À "DITADURA DO OU"

(ABRACE A "FILOSOFIA DO E")

Você notará em todo o restante deste livro que usamos o símbolo yin/yang da filosofia dualista chinesa. Nós o selecionamos para representar um aspecto muito importante das empresas altamente visionárias: elas não se oprimem pelo que chamamos de "Ditadura do OU" — a visão racional que não aceita o paradoxo, que não coexiste com dois conceitos, forças ou ideias contraditórias. A "Ditadura do OU" leva as pessoas a acreditar que a resposta deve ser A *OU* B, e *nunca os dois*. Ela contrapõe:

- "Mudança *OU* estabilidade."
- "Preservação *OU* audácia."
- "Baixos custos *OU* alta qualidade."
- "Autonomia criativa *OU* consistência e controle".
- "Visar o futuro *OU* o curto prazo."

- "Planejamento metódico *OU* busca pelas oportunidades."
- "Multiplicar o lucro dos acionistas *OU* fazer o bem para o mundo."
- "Ser idealista (orientado por valores) *OU* pragmático (orientado pelo lucro)."

Em vez de serem oprimidas pela "Ditadura do OU", as empresas amplamente visionárias se libertam por meio da "Filosofia do E" — a capacidade de agregar ambos os extremos de várias dimensões ao mesmo tempo. Em vez de escolher entre A *OU* B, buscam uma maneira de ter A *E* B.

À medida que avançamos para os detalhes dos próximos capítulos, você encontra, assim como encontramos em nossa pesquisa, uma série desses paradoxos — aparentes contradições para muitas das empresas visionárias, como por exemplo:

De um lado:		E do outro lado:
Propósitos acima dos lucros	E	Pragmatismo lucrativo
Ideologia estrutural centralizada	E	Mudanças constantes
Preservação dos valores principais	E	Ações ousadas e arriscadas
Visão e senso de direção claros	E	Experimentos em função das oportunidades
Grandes Objetivos Audaciosos e Arriscados	E	Progresso regular
Gestores orientados pelos valores fundamentais	E	Gestores que implementam mudanças
Orientação ideológica	E	Autonomia operacional
Cultura firme (quase sólida)	E	Mudança e adaptação
Planejamentos de longo prazo	E	Planejamentos de curto prazo
Orientações filosóficas, visionárias e futurísticas	E	Atividades rotineiras excelentes, "mão na massa"
Alinhamento com a ideologia estrutural	E	Adaptação ao ambiente

Não estamos falando sobre um simples equilíbrio aqui. O "equilíbrio" sugere uma média, 50 e 50, metade e metade. Uma empresa visionária não busca equilíbrio entre curto e longo prazo, por exemplo, mas busca a excelência em *ambos*. Uma empresa visionária não busca um equilíbrio entre idealismo e lucratividade, mas procura ser idealista *e* lucrativa. Uma empresa visionária não procura equilíbrio entre preservar uma ideologia estrutural consistente e estimular grandes ações e mudanças, mas leva *ambos* ao extremo. Em suma, uma empresa altamente visionária não deseja misturar yin e yang em um círculo cinza, indistinguível, que não é muito yin nem muito yang, mas visa ser distintamente yin *e* yang — *ambos*, o tempo todo.

Irracional? Talvez. Raro? Sim. Difícil? Com certeza. Mas como F. Scott Fitzgerald disse: "O que avalia a inteligência definida como superior é a capacidade de lidar com duas ideias opostas simultaneamente e manter a funcionalidade."[1] É exatamente isso que as empresas visionárias fazem.

capítulo 3

OS LUCROS NÃO RESUMEM A ÓPERA

Nossos princípios fundamentais permaneceram inalterados desde que nossos fundadores os postularam. Diferenciamos valores essenciais e práticas essenciais; os valores não se alteram, mas as práticas, sim. Para nós, é óbvio que o lucro — embora seja importante em si — não é o que *impulsiona* a Hewlett-Packard; a empresa se concentra em objetivos mais profundos.

JOHN YOUNG, EX-DIRETOR EXECUTIVO DA HEWLETT-PACKARD, 1992[1]

Nossa atividade é preservar e melhorar a vida dos seres humanos. Tudo o que fazemos deve ser avaliado com base no quanto alcançamos esse objetivo.

MERCK & COMPANY. GUIA INTERNO DE GERENCIAMENTO, 1989[2]

Classificar lucros após pessoas e produtos foi uma atitude mágica adotada pela Ford.

DON PETERSEN. EX-DIRETOR EXECUTIVO DA FORD, 1994[3]

Quando a Merck & Company chegou a 100 anos, publicou o livro *Values and Visions: A Merck Century* ["Valores e Visões: Um século de Merck", em tradução livre]. Percebeu algo? O título sequer cita seu ramo de atividades. Ele poderia ser *De Produtos Químicos a Farmacêuticos: Um Século de Merck*, ou *100 Anos de Sucesso Financeiro da Merck*. Mas esse título não cabia. A Merck optou por destacar que em toda sua história foi uma empresa orientada e inspirada por ideais. Em 1935 (décadas antes de o conceito de "declarações de valor" se popularizar), George Merck manifestou esses ideais: "Trabalhamos em um setor legitimamente inspirado pelos ideais de progresso da medicina, a serviço da humanidade."[4] Em 1991 — após 56 anos e 3 gerações de líderes —, P. Roy Vagelos, então diretor executivo da Merck, mantinha o tom idealista: "Sobretudo, lembremos que o sucesso no nosso setor representa combater doenças e ajudar a humanidade."[5]

Baseando-se nesses ideais, não surpreende que a Merck tenha escolhido desenvolver e distribuir o Mectizan, um medicamento para curar a "oncocercíase", um parasita que contagiou mais de um milhão de pessoas no Terceiro Mundo, que se difundia pelos tecidos do corpo, podendo chegar aos olhos, o que acarretava uma cegueira dolorosa. Um milhão de clientes é um bom tamanho de mercado, porém, esses clientes não possuíam recursos para adquirir o medicamento. Embora a empresa soubesse que o projeto não teria um retorno do investimento expressivo — se tivesse retorno —, prosseguiu acreditando que alguns órgãos governamentais ou terceiros o adquiririam e distribuiriam quando fosse lançado no mercado. Sem ter tido essa sorte, a Merck decidiu distribui-lo gratuitamente para as pessoas que precisavam.[6] A Merck tomou a frente da distribuição — arcando com os custos — para assegurar que o medicamento chegasse às milhões de pessoas em risco de desenvolver a doença.

Quando perguntaram a Vagelos por que a Merck tomou essa atitude, ele disse que fracassar com esse produto desmoralizaria seus cientistas, que trabalhavam para uma empresa que declarava como seu objetivo "preservar e melhorar a vida dos seres humanos". Ele acrescentou:

> Quando conheci o Japão, 15 anos atrás, empresários japoneses contaram-me que foi a Merck que levou estreptomicina ao Japão após a Segunda Guerra Mundial, para erradicar a tuberculose, que dizimava a sociedade. Nós fizemos isso. Nós não ganhamos dinheiro algum. Mas a Merck, hoje, ser a maior empresa farmacêutica norte-americana no Japão não é algo acidental. Os desdobramentos perenes dessas atitudes nem sempre são óbvios; mas, de alguma forma, acredito que sempre valem a pena.[7]

UTOPIA DE ORDEM PRÁTICA (FORA A "DITADURA DO OU")

Será que a decisão da Merck quanto ao Mectizan se baseou em seus ideais — que definiam sua identidade desde o fim da década de 1920 — ou em motivos de ordem mais prática — bons negócios de longo prazo e estratégia de relações públicas? Nossa resposta é: *ambas as opções*. Os ideais da Merck foram determinantes e as evidências sugerem que ela levaria o projeto adiante *independentemente de haver benefícios corporativos em longo prazo*. No entanto, há evidências de que a Merck supôs que esses atos "de algum jeito… dariam retorno". Esse caso é um exemplo clássico da "Filosofia do E" prevalecendo sobre a "Ditadura do OU". A Merck, em toda sua história, mostrou ter ideais nobres e interesses objetivos. Em 1950, George Merck II definiu esse paradoxo:

> Quero expressar os princípios que todos nós da empresa nos dedicamos a honrar. Eles se resumem na ideia de que os medicamentos são para os pacientes. Mantemos sempre em mente que eles são para pessoas, não para gerar lucros. Lucros são consequência, e, se nunca nos esquecermos disso, eles também sempre virão. Quanto mais nos concentrávamos nessa certeza, maiores os lucros se tornavam.[8]

A Merck é uma boa representante da essência idealista — a utopia de ordem prática — das empresas fortemente visionárias. Nosso estudo mostrou que um elemento fundamental para quem "faz a hora" em uma empresa visionária é a *ideologia* — valores e objetivos que estão além do puro lucro — que orienta e inspira todos na empresa e não se altera por longos períodos. Neste capítulo, vamos descrever, corroborar e exemplificar esse fator crítico, um tanto paradoxal se considerarmos o quanto as empresas visionárias são altamente lucrativas.

Agora, talvez você pense: "É muito *fácil* para uma empresa como a Merck promover e buscar ideais inspiradores — eles fazem medicamentos que salvam vidas, curam doenças e minimizam o sofrimento." É um bom ponto, e nós concordamos. Mas quando a contrapomos à Pfizer, sua empresa de comparação, que atua no mesmo setor, produz medicamentos que salvam vidas, cura doenças e minimiza o sofrimento, descobrimos que a Merck seguiu um caminho mais idealista.

Enquanto a Merck intitulou sua história como *Valores e Visões*, o livro que narra a trajetória da Pfizer se chama *Pfizer… Uma história informal*. A Merck expôs ideais nobres e coesos por quatro gerações, enquanto que, na Pfizer, não achamos nenhuma evidência de que houve discussões semelhantes até o fim da década de 1980. Nem achamos em sua trajetória qualquer acontecimento similar aos casos da Merck com o Mectiza e a estreptomicina.

Enquanto George Merck tinha uma visão nitidamente paradoxal dos lucros ("os medicamentos são para os pacientes... os lucros são consequência"), John McKeen, então presidente da Pfizer, contemporâneo de George Merck, adotou uma perspectiva mais parcial: "Sendo o mais humanos possível, objetivamos lucrar com tudo o que fizermos."[9] De acordo com um artigo da *Forbes*, McKeen acreditava que "dinheiro parado é um patrimônio tão improdutivo que chega a ser heresia". Enquanto a Merck economizava para investir em pesquisas e no desenvolvimento de medicamentos, McKeen adotou um processo frenético de aquisições, comprando 14 empresas em 4 anos e diversificando os negócios para produtos rurais, cosméticos, produtos de barbear e tinturas. Por quê? Para lucrar no máximo de frentes de negócios possível. "Prefiro lucrar 5% sobre vendas de US$1 bilhão do que 10% sobre US$300 milhões [com medicamentos éticos]", disse McKeen. Isso não significa que estejamos equiparando as estratégias (diversificação por meio de *aquisições* versus concentração em atividades de inovação por meio de P&D); mas tudo indica que a Pfizer, durante esse período, tinha uma orientação mais voltada aos lucros do que a Merck.

Obviamente, uma organização do porte da Merck conseguia *bancar* seus ideais nobres. Em 1925, quando George Merck II sucedeu o pai na presidência, a empresa já tinha uma trajetória substancial de sucesso nos negócios e um fundo de reserva expressivo. Será então que ideais nobres são um luxo que apenas empresas tão bem-sucedidas quanto a Merck têm condições de adotar? Não. Descobrimos que ideais nobres — uma ideologia unificadora — sempre existiram nas empresas visionárias desde quando lutavam para sobreviver. Analisemos os dois exemplos seguintes: a fundação da Sony e a reviravolta de 1983 pela qual a Ford passou.

Em 1945, quando Masaru Ibuka fundou a Sony, nos destroços de *um* Japão derrotado e devastado, ele alugou uma sala de telefonia abandonada no que restou de uma velha loja de departamentos bombardeada e incendiada no centro de Tóquio e, com sete colaboradores e US$1.600 advindos de suas economias pessoais, começou os trabalhos.[10] Quais foram suas prioridades iniciais? Como ele deveria começar a trabalhar naquele cenário devastado deprimente? Gerar fluxo de caixa? Decidir quais seriam suas atividades? Lançar produtos? Angariar clientes?

Ibuka começou a executar essas tarefas (lembre-se da panela elétrica para fazer arroz, da sopa de creme de feijão doce e das almofadas elétricas grosseiras do Capítulo 2), mas também fez algo notável para um empresário que enfrentava problemas cotidianos corriqueiros, criou uma ideologia para a empresa que recém-fundara. Em 7 de maio de 1946, menos de 10 meses após se mudar para Tóquio — bem antes de conseguir fazer o fluxo de caixa ficar positivo —, criou um "prospecto" para a empresa que incluía (a tradução a seguir é parcial, considerada a ampla extensão do documento):[11]

Se for possível estabelecer as condições para que as pessoas se unam com um forte espírito de equipe e exerçam suas habilidades de tecnologia com toda sua alma... essa empresa proporcionará alegrias e benefícios inexprimíveis... Pessoas com filosofias parecidas tendem a se juntar para embarcar nesses ideais.

PROPÓSITOS DA EMPRESA

- Criar um local de trabalho em que os engenheiros possam sentir a alegria da inovação tecnológica, estejam conscientes da sua missão perante a sociedade e trabalhem felizes.
- Implementar atividades dinâmicas no ramo tecnológico e de produção para reconstruir o Japão e reerguer sua cultura.
- Levar a tecnologia avançada para o cotidiano do público em geral.

ORIENTAÇÕES PARA A GESTÃO

- Combater a busca descabida por lucros, insistir no trabalho substancial e essencial e buscar mais do que o simples crescimento.
- Entender que as dificuldades técnicas também podem ser benéficas e nos concentrar em produtos técnicos altamente sofisticados de grande utilidade para a sociedade, independentemente da quantidade necessária.
- Valorizar principalmente a capacidade, o desempenho e o caráter para que todas as pessoas deem o melhor de si no que tange a sua capacidade e habilidade.

Pense um pouco nisso. Quantas empresas que incorporaram sentimentos idealistas em seus documentos fundadores você conhece? De quantos fundadores com valores e objetivos tão nobres, enquanto ainda suavam para ganhar dinheiro suficiente até para manter as portas abertas, você ouviu falar? Quantas empresas já viu com uma ideologia tão clara desde o começo, mesmo sem nem ter definido os produtos que elaboraria? (Um adendo: se você estiver começando a desenvolver uma empresa e estiver pensando em adiar a definição da ideologia até que ela se torne bem-sucedida, leve em conta o exemplo da Sony. A ideologia que Ibuka definiu tão cedo teve um papel crucial no direcionamento de sua evolução.)

Em 1976, Nick Lyons observou em seu livro *The Sony Vision* que os ideais escritos no prospecto foram "uma força guia para a empresa nos últimos 30 anos, tendo sofrido ligeiras modificações conforme a Sony se desenvolveu a uma velocidade fora do comum". Quarenta anos após Ibuka ter redigido o prospecto, Akio Morita, então diretor executivo da Sony, reformulou a ideologia da empresa na simples e refinada declaração "A Filosofia Precursora da Sony":

A Sony foi precursora no setor e nunca pretendeu seguir ninguém. A Sony quer servir ao mundo inteiro por meio do progresso. Ela sempre desbravará o desconhecido... Um dos princípios da Sony é respeitar e fomentar as capacidades dos indivíduos... e ela sempre tenta tirar o melhor de todos. Essa é sua força vital.[13]

Em oposição à Sony, está sua empresa de comparação, a Kenwood. Pedimos à própria Kenwood qualquer documento que descrevesse sua filosofia, valores, visões e ideais da empresa. Sua resposta foi que eles não tinham esse tipo de prospecto, e nos enviaram simplesmente os últimos relatórios anuais, uma documentação corriqueira. Buscamos externamente materiais desse tipo, mas não achamos nada. Talvez a Kenwood tivesse uma ideologia sólida e generalizada desde sua fundação, mas não conseguimos encontrar nenhuma evidência de algo nessa linha. Em contrapartida, enquanto encontramos facilmente inúmeros livros, artigos e documentos — internos e externos — sobre a ideologia da Sony, não achamos nada análogo da Kenwood.

Ademais, encontramos evidências significativas de que a ideologia da Sony era concretizada em aspectos e práticas, uma cultura que valorizava o indivíduo, com uma estrutura descentralizada (em relação às outras empresas japonesas) e práticas de desenvolvimento de produtos diametralmente opostas à pesquisa tradicional de mercado. "Queremos liderar o mercado com novos produtos, não perguntar quais tipos de produtos que as pessoas querem... Em vez de fazer um levantamento herculeo, aprimoramos um produto... e criamos um mercado para ele formando o público e nos comunicando com ele."[14] A partir dessa materialização da ideologia em práticas, tomaram-se inúmeras decisões a fim de lançar produtos para os quais não havia uma demanda comprovada, incluindo o primeiro toca-fitas magnético do Japão (1950), o primeiro rádio transistorizado (1955), o primeiro rádio de bolso (1957), o primeiro videocassete doméstico (1964) e o Walkman Sony (1979).[15]

É claro que a Sony queria lançar produtos de sucesso; ela não queria ser precursora do fracasso. Porém, seus ideais de pioneirismo se originam no nascimento da empresa, muito antes de ela se tornar lucrativa, e seus fundamentos permaneceram os mesmos por quase 50 anos. Sim, a Sony fez almofadas elétricas grosseiras e sopa de creme de feijão doce para se sustentar (o viés prático), mas manteve seus sonhos e a busca pelas contribuições pioneiras (o viés idealista).

Vamos agora avaliar uma empresa na outra extremidade do espectro — uma gigante já anciã que passava por uma crise desesperadora. No início da década de 1980, a Ford Motor Company estava mal das pernas, sangrando as feridas das repetidas surras dadas pelos concorrentes japoneses. Pense um pouco e se coloque no lugar da alta gerência da Ford — uma equipe comandando uma empresa que vinha sofrendo prejuízos líquidos na casa dos US$3,3 *bilhões* (43% de seu patrimônio líquido) há três anos. O que eles poderiam fazer? Quais deveriam ser suas grandes prioridades?

Obviamente, a equipe da Ford tomou uma série de medidas emergenciais para estancar o sangramento e manter a empresa respirando. Mas ela foi além — fez algo atípico para uma equipe que confrontara uma crise tão profunda: deu uma pausa para esclarecer os princípios que a orientavam. Segundo Robert Schook, que estudou e escreveu um livro sobre a reviravolta de 1980 da Ford: "O objetivo era criar uma declaração que esclarecesse os ideais defendidos pela Ford Motor Company. Algumas discussões... mais pareciam uma aula de filosofia do que uma reunião de negócios."[16] (Não achamos evidências de que a General Motors, que enfrentou a mesma crise e também estava tendo prejuízos, tivesse parado como a Ford, em 1983, para discutir sobre princípios filosóficos.) A partir desse processo, surgiu a declaração de "Missão, Valores e Princípios Orientadores" da Ford. Don Petersen, ex-diretor executivo da Ford, declarou:

> Houve boas discussões sobre nossas prioridades, entre os 3 P's, pessoas, produtos e poder, representado pelos lucros. Definitivamente, as pessoas têm que estar em primeiro lugar [com os produtos em segundo e, só depois, os lucros].[17]

Se está familiarizado com a história da Ford, pode não acreditar nessa atitude. Não nos entenda mal. Não entendemos a Ford como uma empresa exemplar quanto às relações trabalhistas e à qualidade dos produtos. As lutas sangrentas e brutais contra o sindicalismo no início da década de 1930 e o Ford Pinto na década de 1970, que vivia explodindo, sujaram a imagem da empresa. Contudo, há evidências de que as deliberações da equipe da Ford sobre pessoas, produtos e lucros revisitaram a ideologia defendida por Henry Ford assim que a fundou. A equipe que promoveu a reviravolta nos anos 1980 não inventou valores do zero, ela na verdade reanimou ideais há muito adormecidos. Henry Ford descreveu a relação entre pessoas, produtos e lucros, no começo da empresa, em 1916, assim:

> Não acredito que devemos lucrar desmedidamente com nossos carros. Ter lucros razoáveis é o certo, nada exagerado. Prefiro vender uma boa quantidade de carros com lucros relativamente pequenos... Defendo essa postura porque assim muitas pessoas poderão comprar carros e desfrutar deles, e porque isso viabiliza empregabilidade a mais pessoas e bons salários. São esses meus dois objetivos de vida.[18]

Verborragia utópica? Pronunciamentos dissimulados para aplacar o público? Talvez. Mas tenha em mente que a Ford transformou o estilo de vida norte-americano de 15 milhões de pessoas com o Modelo T (o famoso "carro popular"), principalmente devido à redução de 58% nos preços, de 1908 a 1916. À época, a Ford recebia mais pedidos do que conseguia atender e poderia ter *aumentado* os preços. Contudo, o Sr. Ford continuou os reduzindo, mesmo após os acionistas entrarem com um processo.[19] E, na mesma época, ele ousou aumentar o pagamento para "US$5 por dia" para os funcionários, que, por ser equivalente a duas vezes mais do que os valores praticados pelo setor, chocou e revoltou o mundo industrial (segundo Robert Lacy, em *Ford*):

> O *Wall Street Journal* acusou Henry Ford de ter cometido "erros econômicos consideráveis, se não crimes" que em algum momento "voltariam como pragas para atacá-lo, ao setor que representa e à sociedade como um todo". Desejando o progresso social de forma um tanto ingênua, declarou o jornal, Ford incorporara "princípios espirituais em uma área em que não cabiam" — um crime hediondo — e os líderes do setor se alinharam para condenar "a atitude mais estúpida já sugerida no universo industrial".[20]

É interessante considerar que, de algum jeito, Henry Ford adotou a "atitude mais estúpida já sugerida no universo industrial" por influência do filósofo altamente idealista Ralph Waldo Emerson e, principalmente, por causa de seu ensaio "Compensação".[21] Porém, sem se limitar pela "Ditadura do OU", Ford optou por essa abordagem consciente de que pagar US$5 por dia aos funcionários e reduzir os preços dos carros acarretaria mais vendas de Modelos T. Postura prática? Idealista? Sim para ambos.

Novamente, não pretendemos equiparar ideologicamente a Ford à Merck e à Sony; nesse sentido, sua história não é tão ilibada. Mas, se comparada à GM, a Ford adotou uma abordagem mais ideológica. Na verdade, a GM é um caso fascinante que comprova como simplesmente dar uma orientação do tipo fazer a hora não é suficiente. A abordagem de Alfred R Sloan, arquiteto-chefe da GM, era fortemente alguém que fazia a hora. Mas as de Sloan não tinham alma; eram frias, impessoais, desumanas, puramente voltadas para os negócios e totalmente funcionais. Peter F. Drucker, que estudou minuciosamente a GM e Alfred Sloan para seu livro *The Concept of the Corporation*, resumiu esse ponto assim:

> O fracasso da GM como empresa — assim entendido — deve-se majoritariamente à filiação "tecnocrata"... mais bem descrita no livro de

Alfred P. Sloan *My Years with General Motors*, focado em políticas, decisões de negócios e estrutura. Esse talvez seja o livro de memórias mais impessoal já escrito — e isso foi claramente intencional. O livro de Sloan... é unidimensional: a de gerir um negócio para que ele possa produzir de forma profícua, gerar empregos, criar mercados, vender e gerar lucros. Negócios na sociedade; negócios como alma, em vez de um mero meio de sustento; negócios como vizinhança e como centro de poder — nada disso existe no universo de Sloan.[22]

No livro *Management: Tasks, Responsibilities, Practices*, Drucker acrescentou: "A General Motors herdou o legado de Sloan. E, nos termos de Sloan, se deu muito bem. Mas também fracassou horrivelmente."[23]

IDEOLOGIA CENTRAL: DESMISTIFICANDO O LUCRO

A Merck, a Sony e a Ford são faces distintas de um padrão geral: a existência de uma ideologia estrutural como elemento principal no desenvolvimento diacrônico das empresas visionárias. Assim como os ideais fundamentais de uma grande nação, igreja, escola ou qualquer outra instituição duradoura, a ideologia estrutural de uma empresa visionária são os preceitos básicos que alicerçam sua estrutura: "Quem somos, o que representamos, o que nos interessa." Como os princípios incorporados na Declaração de Independência dos Estados Unidos ("Consideramos manifestos os fatos de que...") e repetidos 87 anos depois no Discurso de Gettysburg ("... um país concebido em Liberdade e dedicado à proposta de que todos os homens são criados iguais"), a ideologia estrutural é tão crucial para a empresa que raramente é alterada, se for.

Em casos como o da Sony, a ideologia é a mesma desde o início. Em outros, como o da Merck, origina-se na segunda geração. Há casos como o da Ford, nos quais a ideologia adormece e é recuperada posteriormente. Mas em quase todos os casos, percebemos que havia uma ideologia estrutural que era aplicada de forma prática, como uma força vital para a construção da empresa. Nas próximas páginas, esmiuçamos as nuanças da ideologia estrutural e das duas partes que a compõem, os valores essenciais e o objetivo; mas antes, expomos uma de nossos achados mais intrigantes.

Diferente da doutrina de administração pregada pela academia, *não vimos a "maximização da riqueza dos acionistas" nem a "maximização dos lucros" atuando como força impulsionadora dominante nem objetivo precípuo no histórico da maioria das empresas visionárias.* A tendência da maioria era adotar um grupo de objetivos, dos quais lucrar era apenas um — e não necessariamente o principal. Realmente, para muitas empresas visionárias, negócios não se resumem a uma atividade econômica, sua atividade é mais do que uma fonte de renda. Na história da maioria das empresas visioná-rias, encontramos uma ideologia estrutural que extrapolava as metas es-tritamente econômicas. E — esta é a questão — encontramos evidências da presença de uma ideologia estrutural muito mais frequentemente nas empresas visionárias *do que nas de comparação*.

Uma comparação minuciosa mostrou que as empresas visionárias são mais voltadas para a questão simbólica e se preocupam menos com os lucros como um fim em si mesmos do que as empresas de comparação em 17 dos 18 pares. (Veja a Tabela A.4, no Apêndice 3.) Esta é uma das diferenças mais claras que encontramos entre as empresas visionárias e as de comparação.

Claro que isso não significa que as empresas visionárias são indiferentes aos lucros ou à riqueza de longo prazo dos acionistas (observe que dissemos "*mais* que"). Sim, elas se interessam por lucros. E também buscam ideais mais amplos e significativos. A maximização dos lucros não dita as regras, mas as empresas visionárias buscam atingir suas metas de maneira lucrati-va. Elas atuam *nas duas frentes*.

A **LUCRATIVIDADE** é uma condição necessária para a existência e um meio de conquistar objetivos vitais, mas não é o objetivo em si para a maioria das empresas visionárias. Os lucros são o que o oxigênio, a comida, a água e o sangue representam para o corpo; sem eles não há vida, mas eles que lhe dão *sentido*.

Aqui estão alguns exemplos críticos de como as empresas visionárias adotaram a "Filosofia do E" — idealismo E lucros — melhor do que as de comparação em alguns setores que estudamos.

Hewlett-Packard versus Texas Instruments

Imagine-se no lugar de David Packard em 8 de março de 1960. Há três anos, sua empresa vendeu ações para o público pela primeira vez. A revolução tec-nológica impulsionou vertiginosamente seu crescimento. Você está enfren-tando todos os desafios do crescimento rápido, mas está particularmente preocupado com a capacidade da HP de desenvolver internamente talentos de alta competência para gerir (você acredita na promoção interna como um elemento crítico para o funcionamento perfeito de sua empresa). Para isso, você instituiu um programa de desenvolvimento gerencial na HP — que entende como essencial para o desenvolvimento da empresa — e está prestes a começar um pronunciamento para os funcionários da empresa responsáveis pelo programa. Você quer incutir em suas mentes uma mensagem que as guie no desenvolvimento de programas para socializar e treinar todas as futuras gerações de gerentes da HP. Qual deve ser o tema do pronunciamento? Qual é a mensagem que deseja incutir nas mentes desses treinadores?

Após rápidas boas-vindas, Packard começou seu pronunciamento:

> Minha intenção é discutir os *objetivos* [grifo do autor] de uma empresa. Em outras palavras, por que estamos aqui? Imagino que muitas pessoas suponham, de forma equivocada, que uma empresa existe simplesmente para ganhar dinheiro. Apesar de esse ser um resultado importante para uma empresa, temos que ir mais fundo e descobrir quais são os verdadeiros motivos para estarmos aqui. Ao investigar isso, inevitavelmente concluiremos que um grupo de pessoas se une e passa a existir como corpo empresarial a fim de atingir alguma meta comum, que não conseguiria fazer de forma isolada — essas pessoas fazem uma contribuição para a sociedade mais ampla, uma ideia que parece clichê, mas é vital... Se procurar a seu redor [no universo corporativo em geral], verá pessoas interessadas apenas em dinheiro, mas os impulsos subjacentes se originam basicamente de um desejo de fazer algo mais que um produto —, de servir — fazer algo significativo. Portanto, com isso em mente, vamos discutir por que a Hewlett-Packard Company está aqui... Nosso propósito maior é oferecer algo singular, que contribua de alguma forma para a sociedade.[24]

Aqueles que trabalharam com David Packard descrevem seu estilo de gestão como prático, direto e proativo, com uma catadura de quem "faz acontecer". Mesmo tendo se graduado como engenheiro, não filósofo, vemos David Packard refletindo sobre um existencialismo corporativo, ponderando sobre as "razões de ser" da empresa, de cunho "não econômico". Segundo ele: "Lucros não são o objetivo nem a meta ideal para a gerência — são o que torna o objetivo e a meta ideais possíveis."[25]

David Packard foi um exemplo perfeito da "Filosofia do E" por unir deliberadamente a tensão entre lucros e objetivos diversos. Por um lado, esclareceu que a Hewlett-Packard Company deveria ser gerida de um jeito que primeiramente "contribua de alguma forma para a sociedade"[26] e que "nossa principal atividade é projetar, desenvolver e fabricar os melhores [equipamentos] eletrônicos para o progresso da ciência e o bem-estar mundial".[27] Por outro lado, fez questão de enfatizar que, como os lucros permitem que a HP busque essas metas maiores, "qualquer um que não os aceite como um dos grandes objetivos dessa empresa não tem lugar nem agora nem no futuro na equipe de gestão".[28]

Ele foi além e *institucionalizou* esse ponto de vista, passando-o para John Young (diretor executivo da HP de 1976 a 1992), que nos contou em uma entrevista:

> Amplificar a riqueza de nossos acionistas nunca foi prioridade. Claro, os lucros são a pedra angular do que fazemos —uma medida de nossa contribuição e uma forma de financiar nosso próprio crescimento —, mas nunca foram *um fim em si mesmos*. Na verdade, a grande questão é *vencer*, e a vitória é julgada pelo cliente e pelo orgulho que sentimos do que fazemos. Há bastante lógica nisso. Se deixarmos o cliente realmente satisfeito, nós vamos lucrar.[29]

Para comparar a Texas Instruments com a Hewlett-Packard, destrinchamos mais de 40 artigos e estudos de caso de toda a história, e não encontramos nada que afirmasse um propósito para a existência da TI além da questão financeira. Pode ser que algum postulado desse tipo exista, mas não o encontramos. Em vez disso, a TI se descreve em termos de suas proporções, crescimento e lucratividade — e muito pouco se relaciona com o que David Packard considerava como "o *objetivo* do negócio". Em 1949, Pat Haggarty, então presidente da TI, deu seu "veredito" para a empresa: "Somos bons, mas somos uma pequena empresa. Agora vamos nos tornar bons como uma *grande* empresa."[30] Esse foco obcecado pelo porte e desenvolvimento — e quase inexistente quanto aos motivos de sua existência — acompanhou toda a trajetória da TI. Observamos, por exemplo, que todos os seus objetivos, diferentemente dos da HP, eram puramente voltados para a expansão financeira:

PRINCIPAIS OBJETIVOS DA TEXAS INSTRUMENTS

- Ultrapassar US$200 milhões em vendas (estabelecida em 1949).[31]
- Ultrapassar US$1 bilhão em vendas (estabelecida em 1961).[32]
- Ultrapassar US$3 bilhões em vendas (estabelecida em 1966).[33]
- Ultrapassar US$10 bilhões em vendas (estabelecida em 1973).[34]
- Ultrapassar US$15 bilhões em vendas (estabelecida em 1980).[35]

Para sermos justos, achamos objetivos financeiros similares nos documentos de algumas empresas visionárias, em particular o Wal-Mart. Mas a TI, diferentemente da maioria das empresas visionárias — e certamente da HP — parecia usar esse tipo de objetivo como força impulsionadora, concentrando-se muito menos no "porquê" de tudo isso. Para a TI, quanto maior, melhor e ponto-final, mesmo que seus produtos fossem de baixa qualidade ou não fizessem nenhuma contribuição técnica relevante. Para a HP, quanto maior, melhor, é claro, mas *desde que algum tipo de contribuição estivesse sendo feita.*[36] A TI, por exemplo, na década de 1970, começou a fabricar calculadoras de bolso baratas e relógios digitais descartáveis de US$10 em uma clara concretização dessa abordagem de "quanto mais, melhor"; enfrentando as mesmas oportunidades de mercado, a HP preferiu não embarcar no modismo do "barato e de baixa qualidade", porque isso não era uma contribuição técnica.[37]

Johnson & Johnson versus Bristol-Myers

Tal qual a HP, a Johnson & Johnson coloca seus ideais acima dos lucros e destaca sua importância no contexto desses ideais. Em 1886, quando Robert W. Johnson fundou a empresa, sua meta idealista era "atenuar a dor e as doenças".[38] Em 1908, ele a havia transformado em uma ideologia corporativa que priorizava o serviço ao cliente e a preocupação com os funcionários em detrimento dos retornos dos acionistas.[39] No começo do século XX, Fred Kilmer, um dos primeiros gerentes de pesquisas da J&J, explicitou como essa filosofia orientava seu departamento:

> O departamento não é orientado por uma visão comercial restritiva... nem é mantido para pagar dividendos ou simplesmente em prol de alguma vantagem financeira para a Johnson & Johnson, mas com o objetivo de fazer a arte da cura se alavancar.[40]

Em 1935, Robert W. Johnson Jr. aplicou esses sentimentos a uma filosofia que chamou de "interesse particular iluminado", segundo o qual o "serviço aos *clientes* [grifo do autor] é a prioridade, seguida do serviço aos *funcionários* e à *gerência*, com o serviço aos *acionistas* por último".[41] Em 1943, ele acrescentou o serviço à comunidade à lista (antes dos acionistas) e imprimiu, em um papel similar a um pergaminho, com a mesma fonte usada na Declaração de Independência dos Estados Unidos, um postulado baseado na ideologia da J&J, que chamou de "Nosso Credo". "Quando toda a lista tiver sido atendida, os acionistas terão o retorno merecido", escreveu.[42] Apesar da redação do credo ser revisto periodicamente desde 1943, a ideologia fundamental — a hierarquia de responsabilidades, dos clientes aos acionistas, e o destaque para um retorno *merecido*, e não máximo — permanece inalterada.[43]

Nosso Credo

ACREDITAMOS QUE NOSSA PRINCIPAL RESPONSABILIDADE É ATENDER
A MÉDICOS, ENFERMEIRAS, HOSPITAIS, MÃES E TODOS QUE USAREM NOSSOS
PRODUTOS. NOSSOS PRODUTOS SEMPRE TERÃO QUE TER A MAIS ALTA
QUALIDADE. TEMOS QUE PERMANECER BUSCANDO A REDUÇÃO DO CUSTO
DESSES PRODUTOS. OS PEDIDOS QUE NOS FIZEREM PRECISAM SER ATENDIDOS NO
PRAZO EXATO. NOSSOS REVENDEDORES PRECISAM OBTER O LUCRO MERECIDO.

NOSSA SEGUNDA RESPONSABILIDADE É ATENDER AOS QUE TRABALHAM
CONOSCO — OS HOMENS E MULHERES EM NOSSAS FÁBRICAS E ESCRITÓRIOS. ELES
PRECISAM SENTIR QUE ESTÃO SEGUROS EM SEUS EMPREGOS. OS SALÁRIOS TÊM
QUE SER JUSTOS E ADEQUADOS; A GERÊNCIA, IMPARCIAL; AS HORAS DE TRABALHO,
RAZOÁVEIS; E O LOCAL DE TRABALHO, LIMPO E ORGANIZADO. OS FUNCIONÁRIOS
PRECISAM DE UM SISTEMA ORGANIZADO PELO QUAL FAÇAM SUGESTÕES E
RECLAMAÇÕES. OS SUPERVISORES E CHEFES DOS DEPARTAMENTOS DEVEM SER
QUALIFICADOS E JUSTOS. É PRECISO QUE HAJA OPORTUNIDADE DE CRESCIMENTO
PARA TODOS QUE ESTIVEREM QUALIFICADOS PARA TAL E TODOS SERÃO
RESPEITADOS ENQUANTO INDIVÍDUOS COM A PRÓPRIA DIGNIDADE E MÉRITO.

NOSSA TERCEIRA RESPONSABILIDADE É ATENDER A NOSSA GERÊNCIA.
OS EXECUTIVOS QUE A INTEGRARÃO TÊM QUE TER TALENTO, EDUCAÇÃO,
EXPERIÊNCIA E CAPACIDADE. ELES PRECISAM SER PESSOAS DE BOM SENSO E
COMPREENSIVAS.

NOSSA QUARTA RESPONSABILIDADE É ATENDER ÀS COMUNIDADES EM QUE
VIVEMOS. TEMOS QUE SER BONS CIDADÃOS — AJUDAR OBRAS DE CARIDADE
E PAGAR NOSSO PARTE NOS IMPOSTOS. TEMOS QUE MANTER EM ORDEM A
PROPRIEDADE QUE TEMOS O PRIVILÉGIO DE USAR. TEMOS QUE AJUDAR A
PROMOVER O PROGRESSO CÍVICO, A SAÚDE, A EDUCAÇÃO E OS BONS GOVERNOS,
INFORMANDO SEMPRE NOSSA ATIVIDADES À COMUNIDADE.

NOSSA QUINTA E ÚLTIMA RESPONSABILIDADE É ATENDER A NOSSOS
ACIONISTAS. OS NEGÓCIOS PRECISAM APRESENTAR LUCROS ESTÁVEIS. É PRECISO
CRIAR RESERVAS, FAZER PESQUISAS, IMPLEMENTAR PROGRAMAS OUSADOS E
ARCAR COM OS ERROS. TEMOS QUE ESTAR PREPARADOS PARA ADVERSIDADES,
PAGAR OS IMPOSTOS DEVIDOS, COMPRAR NOVAS MÁQUINAS, CONSTRUIR
NOVAS FÁBRICAS, LANÇAR NOVOS PRODUTOS E DESENVOLVER NOVOS PLANOS
DE VENDAS. TEMOS QUE FAZER TENTATIVAS COM NOVAS IDEIAS. QUANDO
TODA A LISTA TIVER SIDO ATENDIDA, OS ACIONISTAS TERÃO O RETORNO
MERECIDO. COM A GRAÇA DE DEUS, ESTAMOS DETERMINADOS A CUMPRIR ESSAS
OBRIGAÇÕES DANDO NOSSO MELHOR.

Essa é a tradução do texto original do Credo, redigido em 1943 por R.
W. Johnson Jr.

No início da década de 1980, Jim Burke, então diretor executivo que calculou ter passado 40% do tempo nesse cargo difundindo o credo na empresa,[44] descreveu a relação entre o credo e os lucros:

Toda a nossa gerência é orientada a lucrar diariamente. Isso é inerente ao negócio. Mas frequentemente em qualquer setor, as pessoas tendem a pensar: "É melhor fazermos isso porque, se não o fizermos, as cifras de curto prazo mostrarão." Esse documento [o Credo] lhe possibilita dizer: "Espere um pouco. Nós não *temos* que fazer isso." A gerência disse-me que lhe interessa que eu aja conforme esses princípios, por isso não o farei.[45]

Na Bristol-Myers, vemos uma empresa muito menos orientada pela ideologia do que a Johnson & Johnson. Enquanto a J&J oficializou e publicou seu credo no início da década de 1940 e estava bem familiarizada com sua ideologia, advinda do início do século XX, não achamos evidências de que tenha havido algo similar ao credo na Bristol-Myers antes de 1987, quando publicou o "Juramento Bristol-Myers" (estranhamente parecido com o Credo da J&J). Também não encontramos nada referente a uma divulgação do juramento como uma orientação para a Bristol-Myers. Enquanto os funcionários da J&J falavam abertamente sobre a relação entre o credo e suas decisões mais importantes, não achamos nada do tipo na Bristol-Myers.[46]

A Faculdade de Administração de Harvard fez um estudo de caso completo sobre a forma como a J&J vivenciou seu credo — aplicando-o à estrutura organizacional, aos processos de planejamento interno, sistemas de compensação, decisões estratégicas de negócios e a uma orientação tangível para épocas de crise. O credo da J&J foi seu guia para saber como reagir à crise do Tylenol em 1982, quando a morte de sete pessoas revelou que alguém — que não era funcionário — havia envenenado frascos de Tylenol com cianeto. A J&J no ato recolheu todas as cápsulas de Tylenol do mercado norte-americano — apesar de as mortes terem ocorrido apenas nas redondezas de Chicago — incorrendo em um custo estimado em US$100 milhões e encarregou 2.500 pessoas de alertar as pessoas e lidar com o problema. O *Washington Post* escreveu sobre a crise: "A Johnson & Johnson conseguiu se mostrar ao público como uma empresa empenhada a fazer o que é certo, independentemente do custo."[47]

Poucos dias após a crise do Tylenol, a Bristol-Myers deparou-se com um problema similar: os comprimidos de Excedrin foram adulterados nas redondezas de Denver. Em vez de seguir o exemplo da J&J, a Bristol-Myers recolheu somente os comprimidos do Colorado, não de todo o mercado, e sequer lançou qualquer tipo de campanha como alerta para o público. O então presidente da Bristol-Myers, Richard Gelb, que se considerava "um gestor cauteloso, que conferia os mínimos detalhes", foi rápido em reforçar na *Business Month* que o incidente do Excedrin "teria um efeito irrisório nos ganhos da Bristol-Myers".[48] A J&J tinha um respaldo simbólico que a guiaria (na situação que fosse) em um momento de crise, como o fez, enquanto que, somos levados a acreditar, a Bristol-Myers carecia de tal arcabouço.

Boeing versus McDonnell Douglas

Desproporcionalmente mais do que a McDonnell Douglas, a Boeing tomou decisões estratégicas vitais durante sua trajetória tanto por causa de sua visão idealizada de sua identidade como por estratégias de ordem prática. Especificamente, a Boeing tem um extenso histórico de fazer grandes apostas para construir aeronaves maiores e mais avançadas. Essas apostas valeram a pena, tornando a Boeing uma empresa altamente lucrativa (mais do que a McDonnell Douglas) —, portanto, atitudes mais práticas. Contudo, há evidências de que a Boeing não se preocupa essencialmente com os *lucros*, de longo prazo ou não.[49] O principal objetivo da Boeing é ser pioneira no setor de aviação — construir aeronaves grandes, rápidas, avançadas e com alto desempenho; ser pioneira em tecnologia aérea; viver aventuras, desafios, sucessos e contribuições; ou seja, fazer o que tem que ser feito. Não tem como a Boeing atingir esses objetivos sem lucrar; mas os lucros não são o "porquê" de tudo — como Chuck Yeager pilotando jatos de teste só pelo dinheiro. Bill Allen, seu diretor executivo de 1945 a 1968, falou sobre os objetivos da empresa:

> A Boeing está sempre concentrada no futuro. Só conseguimos isso com pessoas que vivem, respiram, comem e dormem o que fazem... Estou associado a um grande grupo de pessoas inteligentes e dedicadas que comem, respiram e dormem no universo da aeronáutica... O objetivo das pessoas deveria ser realizar grandes feitos e aprimorar os serviços. O maior prazer que a vida oferece é a satisfação de participarmos de empreitadas complexas e construtivas.

Vejamos o exemplo da decisão da Boeing de construir o 747. É claro que a Boeing tinha razões de ordem econômica; mas também tinha outras, não financeiras. A Boeing construiu o 747 não só buscando lucros, mas também como parte da formação de sua identidade — porque acreditava que deveria liderar o setor de transportes aéreos, ponto-final. Por que construir o 747? "Porque somos a *Boeing*!" Quando Crawford Greenwalt, então diretor da empresa, perguntou a um membro da alta gerência qual era a projeção de retorno dos investimentos do 747, ele respondeu que eles tinham estudado o projeto, mas ainda não estimavam os retornos. Em *Legend and Legacy*, Robert Serling escreveu: "Greenwalt apoiou a cabeça na mesa e lamentou: 'Senhor, esse povo não sabe nem qual será o retorno sobre o investimento dessa coisa.'"[51]

Motorola versus Zenith

Paul Galvin, fundador da Motorola, entendia os lucros como um instrumento necessário para conquistar os objetivos da empresa, mas não como seu propósito final. Claro, ele continuamente incentivava seus engenheiros a cortarem os custos enquanto aprimoravam a qualidade, para promover uma boa base lucrativa para a empresa. E, sim, ele acreditava que um empresário precisa lucrar para sentir que sua dedicação foi recompensada. Porém, ele nunca admitiu que os lucros se tornassem o objetivo primordial e derradeiro — e achava que nenhuma empresa deveria fazer isso.[52] Durante a depressão da década de 1930, a Motorola — então uma jovem empresa lutando por seu lugar ao sol — deparou-se com a prática comum no setor de deturpar a saúde financeira da empresa e os benefícios do produto para os distribuidores. Pressionado para seguir o fluxo, Paul Galvin respondeu que não estava nem aí para as práticas do setor. "Seja transparente", dizia ele, "primeiro, porque é o certo e, segundo, porque a verdade sempre aparece".[53] A resposta de Galvin mostra mais uma vez a natureza dualista — o idealismo de ordem prática — de muitas das empresas visionárias que pesquisamos. Elas não são exclusivamente idealistas nem objetivas, mas incorporam as duas abordagens.

> **EMPRESAS VISIONÁRIAS**, como a Motorola, não percebem a questão como uma escolha excludente entre seguir seus valores e agir de forma prática; elas consideram um desafio encontrar soluções pragmáticas e agir de acordo com seus valores essenciais.

Além disso, Paul Galvin oficializou esse ponto de vista paradoxal na Motorola como uma força para guiar as gerações futuras. Em 1991, Robert W. Galvin (filho e sucessor de Paul), escreveu uma série de trabalhos para os funcionários sobre "quem somos e por que estamos aqui". Em 31 ensaios, abordou a importância de aspectos como criatividade, renovação, satisfação completa do cliente, qualidade, ética, inovação e outros tópicos análogos; ele *sequer* mencionou a maximização dos lucros, nem deixou implícito que esse seria o objetivo subjacente — o "porquê" da existência da empresa.[54] Sendo coerente com tais ensaios, a declaração oficial de propósitos da Motorola (parte da publicação interna "Por que Estamos Aqui: Uma Declaração de Propósitos, Princípios e Ética") apresentou a relação, mais ampla, entre lucros e objetivos, com a busca por lucros apropriados (*em vez de* uma busca pelo máximo lucro possível) atuando em segundo plano:

O propósito da Motorola é servir honrosamente à comunidade por meio de produtos e serviços de alta qualidade a um preço justo para os consumidores; devemos agir assim a fim de obter os lucros *apropriados* necessários para que a empresa cresça, possibilitando aos nossos colaboradores e acionistas alcançarem seus objetivos pessoais *razoáveis* [grifo nosso].[55]

Em contrapartida, na Zenith, o fundador, Comandante Eugene F. McDonald não difundiu uma ideologia perene para a empresa. O objetivo da Zenith durante a era McDonald parece ter sido basicamente servir de experimento e base para o fundador. Depois de sua morte, a empresa definhou, ficando com pouca diretriz ou inspiração de qualquer ordem, e acabou se rendendo à abordagem tradicional de se concentrar apenas nos lucros. Conferindo documentos sobre a Motorola e a Zenith, percebemos que os materiais sobre a Motorola frequentemente destacavam aspectos simbólicos da empresa — sua informalidade, igualitarismo, motivação tecnológica e seu sentimento otimista de crescer — enquanto os artigos sobre a Zenith, após a morte de McDonald, destacavam condições financeiras, participação no mercado e outros aspectos exclusivamente financeiros. Não achamos nada similar ao "Por que Estamos Aqui" da Motorola na Zenith. Na verdade, não encontramos evidências de que houvesse alguma ideologia acima da busca por uma maior participação de mercado e pela maximização dos lucros na Zenith após a morte de McDonald, em 1958.

Marriott versus Howard Johnson

A Marriott Corporation, como a Motorola e a HP, abraçou expressamente o paradoxo do idealismo de ordem prática. Quando perguntaram a J. Willard Marriott Sr. se ele tinha fundado a empresa para ganhar um milhão de dólares ou para construir um império, ele respondeu:

Não, não é nada disso. Eu tinha três ideias gerais em mente, todas de valor equivalente. A primeira era prestar um bom serviço aos hóspedes. A segunda, fornecer comida de qualidade a preços justos. A terceira era trabalhar o máximo que eu pudesse, dia e noite, para obter lucros. Eu queria colher os frutos do crescimento: empregar mais gente, ter dinheiro para cuidar da minha família e contribuir para causas nobres.[56] A atividade de prestação de serviços é muito recompensadora; sua contribuição à sociedade é incomensurável. Uma boa refeição longe de casa, uma cama confortável, um tratamento amistoso… É importante fazer com que as pessoas que estão longe de suas casas sintam que estão entre amigos e que são queridas.[57]

Como nos exemplos citados, Marriott institucionalizou essa perspectiva para que ela permanecesse viva muito tempo depois de sua morte. Ele elaborou processos complexos de seleção e treinamento para os colaboradores a fim de reforçar sua concepção de que eles vinham em primeiro lugar e depois os clientes, seus hóspedes, e de criação de programas para desenvolver a gerência a fim de garantir a disponibilidade contínua de gerentes treinados com base nos valores da empresa. Ele preparou cuidadosamente seu filho, J. Willard Marriott Jr., como seu sucessor, não só em termos dos detalhes práticos ligados à direção da empresa, mas também para levar seus valores adiante. Um artigo de 1991 relatava: "Com uma certa solenidade, os executivos da Marriott seguem as 'Orientações de Gestão' que J. Willard deixou em uma carta para seu filho quando se tornou vice-presidente executivo, em 1964."[58] Encontramos uma cópia dessa extensa carta e reparamos em uma semelhança considerável entre essas diretrizes e as que seu filho adotou duas décadas depois (veja a seguir).

De forma coerente com os princípios orientadores que seu pai postulara anos antes, Marriott Jr. comentou que a motivação da empresa "não era o dinheiro", mas o orgulho e a realização resultantes de se fazer um trabalho bem-feito.[61] Ele observou que, quando os funcionários são muito bem tratados e os clientes valorizados (tratando-os como convidados), os retornos "interessantes" (não "máximos") para os acionistas acabam sendo um resultado natural.[62]

Apesar de todas as evidências indicarem que Sr. Howard Johnson também tinha uma boa base ideológica (que enfatizava a consistência e a qualidade), não encontramos indícios de que ele a tenha repassado para seu filho (e sucessor) nem a infundido de alguma forma na empresa sob a forma de princípios vitalícios. Não há registros de que se passaram para a segunda geração quaisquer orientações ideológicas nem do desenvolvimento de processos de seleção e treinamento pautados nos valores da empresa como no caso da Marriott. Em meados da década de 1970, Howard Johnson Jr. conduzia a empresa baseados em princípios exclusivamente financeiros (crescimento das vendas e retorno sobre os investimentos), com pouca ou nenhuma ênfase nos clientes ou colaboradores. Segundo dois artigos da *Business Week* e um da *Forbes*, Howard Johnson cobrava preços altos de clientes que estavam de passagem por uma comida sem graça, acomodações duvidosas e um atendimento demorado e cheio de má vontade.[63] Johnson Jr. acabou vendendo a empresa para um investidor britânico por 18 vezes o valor de sua receita.[64]

Philip Morris versus R.J. Reynolds

Na Philip Morris (em comparação à R.J. Reynolds), encontramos evidências de que a empresa orientava seu trabalho por uma ideologia, não simplesmente visando à ampliação da riqueza dos acionistas. Em 1979, Ross Millhiser, então vice-presidente, falou:

> Amo cigarros. São uma das coisas que fazem a vida valer a pena. Os cigarros suprem um desejo, um aspecto da equação fundamental do ser humano, que está sempre tentando chegar a um equilíbrio. E os cigarros têm um tipo de função nisso.[65]

Ideologia ou ilusão? Apenas uma boa estratégia de relações públicas? É impossível dizer. Mas vimos na Philip Morris um espírito corporativo e um senso de propósito compartilhado que simplesmente não encontramos nos últimos 30 anos na R.J. Reynolds. Os executivos da Philip Morris se mostraram muito mais apaixonados por cigarros do que os da R.J. Reynolds, e também, muito mais resistência quanto à ideologia pró-fumo, enquanto que os da RJR, depois da década de 1960, pareciam se importar com os produtos somente em relação ao lucro. Segundo o presidente da R.J. Reynolds, em 1971, se a empresa conseguisse ganhar mais dinheiro para os acionistas em outro mercado que não fosse o de cigarros, ótimo. Diferente de Millhiser, ele não tinha nenhuma ligação simbólica com o fumo.[66]

1964	1984
Sr. J. Willard Marriott[59]	**J. Wiliard Marriott Jr.**[60]
As pessoas vêm em primeiro lugar — seu desenvolvimento, sua lealdade, seus interesses, seu espírito de equipe. Seu desenvolvimento é nossa responsabilidade precípua. Ver suas qualidades e tentar desenvolvê-las.	O foco de nossa atividade são as pessoas... treine-as, ajude-as e cuide delas. Dê-lhes oportunidades justas. Dê-lhes as táticas, ajude-as a obter sucesso, faça-as vencer.
Delegue o comando e responsabilize as pessoas pelos resultados. Se... um colaborador for comprovadamente incapaz de realizar uma tarefa, encontre algo de que ele consiga dar conta. Não espere.	Encontre pessoas capacitadas e acredite que terão um bom desempenho. Mande-as ir embora de forma rápida e justa se tiver feito uma escolha ruim.
Administre seu tempo... faça com que cada minuto de trabalho seja produtivo... Mantenha o senso de humor. Torne o trabalho divertido para você e para os outros.	Dedique-se, mas se divirta. É divertido terminar o que você começa. O segredo é nunca parar.

Em contrapartida, os executivos da Philip Morris davam uma conotação moral aos cigarros: "Nós temos o *direito* de fumar; é uma questão de livre--arbítrio. Não tire nossos cigarros. Não venham com ladainha!" Na análise que fizemos dos artigos sobre a Philip Morris, observamos em várias fotos que seus executivos ostentavam uma postura rebelde — cigarros em punho — olhando para a câmera, como se dissessem: "Nem mesmo *pense* em me pedir para apagar o cigarro!" Um artigo da *Fortune* observou:

> Uma cultura, diria afrontosa, de fumantes está entranhada nos andares executivos, em que os colaboradores sacam maços de cigarros dos bolsos, os acendem e jogam os maços em cima das mesas para que todos vejam.[67]

É como se eles se considerassem o caubói solitário, audacioso e indomável dos outdoors da Marlboro. Um ex-colaborador da empresa descreveu o cotidiano como "devoção ao fumo" e disse que a empresa obrigava todos os funcionários a levarem pacotes de cigarros para casa junto com os contracheques. Um membro da diretoria da Philip Morris nos disse (enquanto brincava com um maço de cigarros nas mãos): "Amo integrar a diretoria da Philip Morris. É uma empresa incrível; realmente *incrível*. É como integrar algo muito especial — é uma empresa que tem um propósito, e da qual podemos nos orgulhar em fazer parte."[68] Em 1971, um artigo da *Forbes* disse o seguinte sobre Joseph Cullman, então presidente da empresa:

> Um bom número de pessoas se ofende com a forma enfática que Cullman defende o tabagismo. Em vez de se desculpar pelos cigarros, ele indica os "efeitos benéficos" que o cigarro tem na saúde mental.

Não nos entenda mal; não estamos sugerindo que a Philip Morris faz um trabalho altruísta em prol do bem da humanidade. Sua ideologia se relaciona basicamente ao livre-arbítrio pessoal, à iniciativa individual, ao trabalho árduo, à meritocracia, às vitórias e ao desenvolvimento pessoal ininterrupto — o orgulho de ser muito bom em seu setor e cada vez mais fundamental para a empresa. Michael Miles, que virou diretor executivo da empresa em 1991, foi pintado pela *Fortune* como "um viciado em trabalho... pragmático, implacável, obstinado e sangue-frio",[70] que "pensa em trabalho 24 horas por dia",[71] se pronunciou assim: "Não vejo nada de moralmente errado no mercado de cigarros. Não vejo nada de errado em vender às pessoas produtos de que não precisam."[72] Esses não são valores exatamente "indulgentes" nem "humanitários". E, acima de tudo, os cigarros não curam a oncocercíase.

No entanto — e, como nós, você pode se surpreender — descobrimos que a Philip Morris compartilha com a Merck o espírito corporativo associado a valores simbólicos arraigados. É claro que a ideologia da Philip Morris é completamente diferente daquela da Merck, mas as duas empresas estão acima das respectivas de comparação por serem guiadas por uma contraparte simbólica. Nesse aspecto crucial, nos últimos 40 anos, a Philip Morris vem mostrando mais semelhanças com a Merck do que com a R.J. Reynolds; e a Merck, mais com a Philip Morris do que com a Pfizer.

EXISTEM VALORES "CORRETOS"?

Pensar que a Merck e a Philip Morris — empresas visionárias diametralmente opostas no sentido de como seus produtos atuam na saúde das pessoas — são embasadas em ideologias sólidas e radicalmente diferentes suscita algumas perguntas interessantes. Existem valores "corretos" para tornar uma empresa visionária? O conteúdo da ideologia é relevante? Há fatores comuns ou padronizados que prevalecem nas ideologias estruturais das empresas visionárias?

Na Tabela 3.1, resumimos as ideologias estruturais das empresas visionárias que pesquisamos e concluímos que, apesar de alguns tópicos serem abordados em diversas empresas visionárias (contribuição, integridade, respeito pelos colaboradores, satisfação do cliente, criatividade, liderança, responsabilidade social), *nenhum tema em particular é reincidente, de forma relevante, em todas elas.*

- Há empresas, como a Johnson & Johnson e o Wal-Mart, que concentram sua ideologia nos *clientes*; já outras, como a Sony e a Ford, não.
- Há empresas, como a HP e a Marriott, que concentram sua ideologia nos *colaboradores*; já outras, como a Nordstrom e a Disney, não.
- Há empresas, como a Ford e a Disney, que concentram sua ideologia nos *produtos* ou *serviços*; já outras, como a IBM e o Citicorp, não.
- Há empresas, como a Sony e a Boeing, que concentram sua ideologia em *assumir riscos*; já outras, como a HP e a Nordstrom, não.
- Há empresas, como a Motorola e a 3M, que concentram sua ideologia na *inovação*; já outras, como a P&G e a American Express, não.

> **EM** suma, não achamos uma substância ideológica particular que torne uma empresa visionária. Nossos estudos demonstraram que a *autenticidade* da ideologia e o quanto a organização se atém a ela valem mais do que o *conteúdo* da ideologia em si.

Simplificando, só faz diferença você gostar e/ou concorda com a ideologia da Philip Morris se trabalhar lá. Também é irrelevante se as pessoas de fora concordam com a ideologia da Merck, da Marriott, da Motorola, da Disney ou da HP. Concluímos que o ponto crucial não é a ideologia estrutural da empresa ser "correta" ou "estimável", mas sua existência, que — controversa ou não — orienta e motiva quem *trabalha dentro da empresa.*

Tabela 3.1

Ideologias Estruturais das Empresas Visionárias

3M[74]	• Inovação: "Nunca se deve tolher ideias para novos produtos" • Integridade • Respeito pela iniciativa individual e pelo crescimento pessoal • Tolerância a erros justificáveis • Qualidade e confiabilidade nos produtos • "Nossa verdadeira atividade é solucionar problemas"
American Express[75]	• Atendimento nobre ao cliente • Credibilidade dos serviços a nível mundial • Fomento da iniciativa individual
Boeing[76]	• Liderança e pioneirismo no setor aeronáutico • Desafios e riscos incomensuráveis • Segurança e qualidade dos produtos • Integridade e ética corporativa • "Comer, respirar e dormir o universo da aviação"
Citicorp[77]	• Expansionismo — quanto ao porte, serviços oferecidos, ocupação de espaço • Pioneirismo — ser o maior, melhor, mais inovador, mais lucrativo • Autonomia e espírito empreendedor (por meio da descentralização) • Meritocracia • Postura arrojada e autoconfiante

Tabela 3.1 *(continuação)*

Ideologias Estruturais das Empresas Visionárias

Ford[78]	• Inspiração em pessoas • Produtos como "resultado de nossa dedicação" (os carros são nossa *essência*) • Lucros como meio e critérios necessários ao sucesso • Honestidade e integridade básicas • (NOTA: Essa é a ordem do documento MVGP da Ford de 1980, que, ao longo de sua trajetória, obteve diferentes versões.)
General Electric[79]	• Aprimoramento da qualidade de vida por meio de tecnologia e inovação • Equilíbrio interdependente entre responsabilidade com os consumidores, os colaboradores, a sociedade e os acionistas (não há uma hierarquia categórica) • Responsabilidades e oportunidades individuais • Honestidade e integridade
Hewlett-Packard[80]	• Contribuição técnica a nosso setor de atuação ("Contribuição é o norte da nossa organização") • Respeito e oportunidade para o pessoal da HP, incluindo o compartilhamento do sucesso da empresa • Contribuição e responsabilidade nas comunidades de atuação • Qualidade acessível para os clientes da HP • Lucros e crescimento como possibilitadores de todos os outros valores e objetivos possíveis
IBM[81]	• Respeito integral a cada colaborador • Uso do tempo em prol da felicidade dos clientes • Busca irrestrita pelo que é certo e pela superioridade em todas as atividades

Johnson & Johnson[82]	• O propósito da empresa é "atenuar a dor e a doença"
	• "Temos uma hierarquia de responsabilidades: clientes em primeiro lugar, colaboradores em segundo, a sociedade como um todo em terceiro e os acionistas em quarto lugar" (veja o credo, reproduzido neste capítulo)
	• Oportunidades para os indivíduos e recompensas baseadas em méritos
	• Descentralização = Criatividade = Produtividade
Marriott[83]	• Serviços acolhedores e alta valorização (os clientes são convidados); "É importante fazer com que as pessoas que estão longe de suas casas sintam que estão entre amigos e que são queridas"
	• As pessoas vêm em primeiro lugar — trate-as bem, espere muito e o restante é consequência
	• Trabalho árduo, mas com o cuidado de que seja divertido
	• Aprimoramento constante
	• Superação dos obstáculos em prol da construção do caráter
Merck[84]	• "Nossa atividade é preservar e melhorar a vida dos seres humanos. Tudo o que fazemos deve ser avaliado com base no quanto alcançamos esse objetivo."
	• Honestidade e integridade
	• Responsabilidade social corporativa
	• Inovação baseada em ciência, não em mímese
	• Excelência inquestionável em *todos* os aspectos da empresa
	• Lucros, mas decorrentes de uma atividade que beneficia a humanidade

Tabela 3.1 *(continuação)*

Ideologias Estruturais das Empresas Visionárias

Motorola[85]	• O propósito da empresa é "servir honrosamente à comunidade por meio de produtos e serviços de alta qualidade a um preço justo" • Revitalização ininterrupta • Extração do "poder criativo latente que há dentro de nós" • Melhoria constante em todas as atividades da empresa — no que tange a ideias, qualidade, satisfação do cliente • Tratamento digno a todos os colaboradores, enquanto indivíduos • Honestidade, integridade e ética em todos os aspectos corporativos
Nordstrom[86]	• Bom atendimento ao cliente acima de tudo • Trabalho árduo e produtividade • Aprimoramento constante, nunca supor que fizemos o suficiente • Excelente reputação; integrar algo especial
Philip Morris[87]	• Defesa do livre-arbítrio (fumar, comprar o que quiser) • Conquista — ser a melhor e vencer as outras • Fomento da iniciativa individual • Meritocracia • Trabalho árduo e aperfeiçoamento ininterrupto
Procter & Gamble[88]	• Excelência nos produtos • Aprimoramento constante • Honestidade e justiça • Respeito e preocupação com o indivíduo
Sony[89]	• Vivência da felicidade desmedida decorrente do avanço, da implementação e da inovação das tecnologias, o que beneficia o público em geral • Valorização da cultura e do status nacional do Japão • Pioneirismo — não seguir os outros, mas fazer o impossível • Respeito e fomento da capacidade e criatividade individuais

Wal-Mart[90]	• "Nosso objetivo é ampliar o valor da vida de nossos clientes e melhorá-las, por meio de preços mais baixos e opções melhores; todo o resto é secundário"
	• Postura revolucionária, opondo-se ao senso comum
	• Parceria com os colaboradores
	• Trabalho com paixão, dedicação e entusiasmo
	• Apoio aos outros
	• Busca de objetivos cada vez maiores
Walt Disney[91]	• Ações por interesse completamente vetadas
	• Perfeccionismo com a coerência e os detalhes
	• Progresso constante por meio da criatividade, sonhos e imaginação
	• Controle e preservação rigorosos da aura "mágica" da Disney
	• "Levar a felicidade a milhões de pessoas" e celebrar, fomentar e promover "valores norte-americanos salutares"

*Essa tabela contém apenas os valores mais coerentes, em termos históricos, de cada empresa visionária pesquisada. *Não* fizemos paráfrases das declarações de valor, missão, visão ou objetivos atuais (nos casos em que havia atualização) das empresas nem jamais nos baseamos em uma fonte única; procuramos uma *coerência histórica* nas múltiplas gerações de diretores executivos.

Verborragia ou Ações?

Como podemos garantir que as ideologias estruturais das empresas fortemente visionárias simbolizem mais do que uma verborragia eloquente — palavras vazias, palavras destinadas apenas a agradar, manipular ou até induzir ao erro? Temos duas hipóteses. Em primeiro lugar, estudos da psicologia social indicam que, quando pessoas adotam publicamente um ponto de vista, é muito mais provável que elas ajam de maneira coerente com ele, *mesmo que não o tivessem antes.*[92] Ou seja, simplesmente declarar uma ideologia estrutural (o que as empresas visionárias fizeram muito mais do que as de comparação) já influencia o comportamento das pessoas em relação à coerência com os valores que apregoa.

Segundo — e o principal —, as empresas visionárias não anunciam uma ideologia da boca para fora; elas tomam medidas para que ela se difunda por toda a organização e transcenda qualquer líder em particular. Como descrevemos nos próximos capítulos:

- As empresas visionárias condicionam meticulosamente seus colaboradores na ideologia estrutural, muito mais do que as de comparação, promovendo culturas tão fortes que criam verdadeiros cultos em torno da ideologia da organização.
- As empresas visionárias treinam e escolhem os integrantes da alta gerência com mais cautela do que as de comparação, baseando-se em seu alinhamento com a ideologia estrutural.
- As empresas visionárias mantêm-se mais fiéis à ideologia estrutural — em termos de metas, estratégia, tática e projeto da empresa — do que as de comparação.

Obviamente, nem sempre foi fácil para as empresas visionárias manter e seguir suas crenças. Jack Welch, da GE, descreveu como é difícil conviver com a tensão entre aspectos materiais e simbólicos, o que ele define como "números e valores":

Números e valores. Não chegamos a uma solução — pelo menos, não eu. As pessoas que sabem lidar com os números e comungar nossos valores, progridem e avançam. As que vacilam com os números, mas comungam de nossos valores, têm uma segunda chance. Aquelas que não frutificam em nenhum dos dois campos — resposta óbvia. O problema está com aquelas pessoas que são boas com os números, mas não se alinham a nossos valores. Tentamos persuadi-las; lutamos por elas, sofremos em ter que tomar a decisão.[93]

O que acontece é que descobrimos que as empresas visionárias nem sempre foram exemplares perfeitos de seus valores. Por exemplo, a GE incorreu em inúmeras transgressões éticas e legais nas décadas de 1950 e 1960, incluindo conspiração em um esquema escandaloso de manipulação de licitações com diversas empresas de serviços públicos em 1955. Em 1991, a P&G valeu-se de uma iniciativa pérfida para se apossar das gravações telefônicas de Cincinnati na tentativa de descobrir (e, presumivelmente, penalizar) fontes internas que vazaram informações para um repórter do *Wall Street Journal*[94], em um ultraje nítido do preceito tão promovido por eles sobre "respeitar as pessoas". Até a Johnson & Johnson, com o afamado credo, sofreu em alguns momentos para sustentar seus valores como uma força transformadora. Em 1979, 36 anos depois de Robert W. Johnson escrever o credo, a J&J passou por um processo profundo de busca de sua essência no tocante ao credo. Segundo o então diretor executivo Jim Burke:

> Pessoas como meus antecessores acreditavam no Credo com a força de sua alma, mas, em 1979, os gerentes de operação não estavam totalmente comprometidos com ele. Então convoquei uma reunião com cerca de 20 dos principais executivos e os confrontei. Falei: "Este é o Credo. Se não formos segui-lo, vamos tirá-lo da parede. Ou vivemos conforme seus preceitos ou nos livramos dele." Mais para o fim da reunião, os gerentes começaram a compreender a ideia do nosso Credo e ficaram empolgados. Logo em seguida nos reunimos com pequenos grupos de gerentes da J&J de todo o mundo para desafiar o Credo.[95]

As empresas visionárias não são perfeitas desde sempre. Mas, como essa iniciativa da J&J de restaurar a vivência dos valores do credo e o tormento da GE com a questão dos números e valores mostram, as empresas visionárias, em geral, valorizam a existência de uma ideologia estrutural e se dedicam de forma ferrenha para preservá-la como uma força motriz vital. E — novamente, o ponto principal — elas agiram assim mais frequentemente do que as empresas de comparação.

ORIENTAÇÕES PARA CEOS, GESTORES E EMPRESÁRIOS

Um passo crucial na construção de empresas visionárias é amarrar uma ideologia estrutural. Baseados no que percebemos nas empresas visionárias, criamos uma definição prática de duas partes do que é ideologia estrutural. As empresas com que trabalhamos acharam essa definição útil para elaborar suas ideologias.

$$\text{Ideologia Estrutural} = \frac{\text{Valores Essenciais}}{+} \text{Propósito}$$

Valores Essenciais	=	Os pilares fundamentais e perenes da organização — uma pequena reunião de preceitos orientadores; não devem ser confundidos com práticas culturais nem operacionais determinadas; não devem ser negligenciados em prol de ganhos financeiros nem conveniências de curto prazo de outra ordem.
Propósito	=	As razões mais profundas para uma empresa existir, além da simples ideia de ganhar dinheiro — o norte permanente no horizonte; não deve ser confundido com estratégias corporativas nem objetivos determinados.

Valores Essenciais

Os valores essenciais são os pilares fundamentais e perenes da organização, que não devem ser negligenciados em prol de ganhos financeiros nem conveniências de curto prazo de outra ordem. O ex-diretor executivo da IBM, Thomas J. Watson Jr., falou sobre o papel dos valores essenciais (que chama de crenças) em seu livreto de 1963, *A Business and Its Beliefs*:

Acredito que, em geral, as origens da verdadeira diferença entre o êxito e o fracasso residem no modo como a empresa consegue extrair o melhor de seus colaboradores. O que ela faz para que eles descubram uma causa comum em prol da qual lutar? E como a empresa respalda essa causa e o senso de orientação através das gerações que acabam ocasionando inúmeras transformações? [Acho que a resposta está] na força do que entendemos como *crenças* e no encanto que elas exercem nos colaboradores. Acredito piamente que toda empresa, visando sua sobrevivência e sucesso, precisa de um arcabouço sólido de crenças que norteiem todas as suas políticas e práticas. Depois de estabelecidas, acredito que o principal fator isolado para o êxito de uma empresa seja a aderência fiel a essas crenças. *As crenças têm sempre que anteceder as diretrizes, ações e os objetivos. É preciso alterá-los se ficarem em desacordo com as crenças basilares.* [grifo nosso][96]

Em geral, os valores essenciais se reduzem à orientação fundamental para a empresa. Repare em como Sam Walton captou a essência dos valores substanciais do Wal-Mart: "Para nós, a prioridade é o cliente. Se você não lhe servir nem o auxiliar no quer que seja, você não é necessário."[97] Observe como James Gamble simplificou elegantemente os valores essenciais da P&G a respeito da qualidade dos produtos e da transparência nos negócios: "Se você não for capaz de produzir mercadorias de alta qualidade, altamente úteis, faça qualquer coisa digna, mesmo que seja quebrar pedras."[98] Note o ex-diretor executivo da HP John Young definiu a simplicidade do Estilo da HP: "O Estilo da HP se baseia no respeito e na consideração com o ser humano; ele prega fazer com os outros o que você gostaria que fizessem com você." Os valores essenciais podem ser estabelecidos de inúmeras formas, mas devem sempre manter-se simples, claros, objetivos e poderosos.

As empresas visionárias costumam ter poucos valores essenciais, comumente entre três e seis. Com efeito, nenhuma delas tinha mais de seis, e, a maioria, menos. E isso não nos deve surpreender, considerando que apenas poucos valores podem ser de fato *essenciais* — tão fundamentais e profundamente seguidos que dificilmente são transformados ou lesados, isso se o forem.

Isso tem consequências significativas ao articular os valores essenciais em sua empresa. Se você listar mais de seis valores, pode não absorver os realmente essenciais. Se já tem uma declaração de valores para a empresa ou se está criando uma, questione-se: "Quais destes valores nos esforçaríamos para seguir durante 100 anos *independentemente* das mudanças contextuais — *mesmo* se o ambiente externo parasse de nos recompensar por eles e, talvez, até nos penalizasse? De forma diametralmente oposta, quais deles alteraríamos ou abandonaríamos se o contexto não mais nos favorecesse?" Essas são perguntas que ajudam a identificar os valores essenciais autênticos.

Um adendo crucial: cuidado para não cair na armadilha de adotar os valores essenciais das empresas visionárias (elencados na Tabela 3.1) como base para estabelecer os de sua empresa. A ideologia estrutural não é uma réplica da postulada por outra empresa, mesmo que seja altamente visionária; não se baseia em ditames de pessoas alheias a sua organização; não provém da leitura de livros de administração; nem de uma atividade intelectual hermética que "calcula" quais valores são os mais objetivos, populares ou lucrativos. Ao elaborar e instituir a ideologia estrutural, o principal a fazer é condensar os valores em que você acredita profundamente, não aqueles definidos por outras empresas nem os que o mundo ao seu redor lhe impõe.

Entender que a ideologia estrutural é um fator *interno*, independente em relação ao contexto, é fundamental. De forma análoga, pense nos fundadores dos Estados Unidos, que não postularam a ideologia estrutural do país baseada em liberdade e igualdade por uma exigência do ambiente externo, assim como não achavam que o país abandonaria esses para ceder a aspectos alheios. Eles entendiam a liberdade e a igualdade como ideais perenes, independentes do ambiente ("Consideramos que esses princípios são óbvios...") — ideais em prol dos quais se dedicar continuamente, que serviriam de guia e inspiração para todas as futuras gerações. O mesmo ocorre com as empresas visionárias.

EM UMA empresa visionária, os valores estruturais não precisam de justificativas lógicas nem externas. Não precisam se basear em modismos. Nem se alteraram conforme as oscilações do mercado.

Robert W. Johnson Jr. não escreveu o credo com base em uma teoria abstrata que associava suas crenças aos lucros nem por tê-lo lido em algum trabalho da área. Ele simplesmente o escreveu porque havia crenças religiosamente seguidas pela empresa, as quais ele quis preservar para as futuras gerações. George Merck II *acreditava* profundamente que as medicações devem ser feitas se pensando nos pacientes, e queria que todos os colaboradores da empresa pensassem do mesmo jeito. Thomas J. Watson Jr. disse que os valores essenciais da IBM eram algo que seu pai já seguia pessoalmente: "De seu ponto de vista, esses valores deveriam orientar a própria vida — e precisavam ser preservados a qualquer custo, aconselhados aos outros e seguidos deliberadamente na vida profissional de todos."[100]

O estilo da HP não foi "planejado" por David Packard e Bill Hewlett, nem o *"objetivo* de sua atividade"; eles apenas implementaram as sólidas certezas que mantinham a respeito da *criação* de uma empresa e as difundiram de forma que fossem preservadas e seguidas. Eles acreditavam nelas *independentemente* das táticas de gestão em voga. Ao avaliar os arquivos da Hewlett-Packard, achamos esta declaração de David Packard:

> Em 1949, reuni-me com líderes empresariais para reforçar que a responsabilidade da alta gerência não se restringia a fazer seus acionistas lucrarem. Falei que tínhamos a responsabilidade perante nossos colaboradores de reconhecer sua dignidade individual e assegurar que tivessem acesso ao sucesso decorrente de seu trabalho. Destaquei, também, que tínhamos uma responsabilidade perante nossos clientes e a sociedade mais ampla. Fiquei perplexo, e até chocado, ao perceber que ninguém me dava razão. Eles discordaram educadamente, mas foi notável que não me consideravam um deles nem uma pessoa minimamente qualificada para gerir uma empresa expressiva.[101]

Hewlett, Packard, Merck, Johnson e Watson não se perderam em dúvidas como: "Quais valores ampliariam nossa riqueza?", "Quais filosofias ficariam bonitas em um papel laminado?" nem "Quais crenças agradariam o universo financeiro?". De jeito nenhum! Eles postularam seus valores pessoais — advindos do âmago de sua alma, algo que lhes era tão natural quanto respirar. O ponto, entretanto, não era suas crenças, mas *o quanto acreditavam nelas* (e como a empresa as viveria de forma coerente). Novamente, o segredo é a *autenticidade*. Sem nenhuma superficialidade. Sem firulas. Somente 100% de autenticidade legítima.

Propósito

O propósito reúne as razões mais básicas para a empresa existir, além de lucrar. As empresas visionárias o definem por meio de perguntas similares às que David Packard propôs, que expomos no começo deste capítulo. ("Minha intenção é discutir os *objetivos* de uma empresa. Em outras palavras, por que estamos aqui? Imagino que muitas pessoas suponham, de forma equivocada, que uma empresa existe simplesmente para ganhar dinheiro. Apesar de esse ser um resultado importante para uma empresa, temos que ir mais fundo e descobrir quais são os verdadeiros motivos para estarmos aqui.")

O propósito não precisa ser único. Duas empresas podem estabelecer propósitos semelhantes, assim como ambas podem acreditar piamente em um valor essencial como a integridade. Precipuamente, um propósito existe para nortear e inspirar, não necessariamente diferenciar. Um exemplo é o propósito da HP, que se pauta em contribuir com a sociedade por meio de equipamentos eletrônicos para o avanço da ciência e o bem-estar, que poderia ser compartilhado por outras empresas. O ponto é: será que todas as empresas acreditariam tão piamente e se guiaram por essa ideia tão coerentemente quanto a HP? Como no caso dos valores essenciais, a autenticidade é a palavra de ordem, não a originalidade.

Quando é apropriadamente estipulado, o propósito é amplo, basilar e perene; precisa orientar e inspirar a empresa por muitos anos, um século ou até mais. Roy Vagelos — vislumbrando *100 anos* no futuro, quando deu esta declaração — descreveu o papel duradouro do propósito da Merck & Company:

Imaginem que fôssemos transportados para 2091. A maior parte de nossas táticas e práticas teria sofrido alterações em prol de um progresso imprevisível. No entanto, salvo essas transformações, o espírito de nossos colaboradores, o fator crucial, em nada se teria alterado. Acredito que, daqui a um século, teremos o mesmo espírito corporativo. Acima de tudo, acredito nisso por causa da nobreza da dedicação da Merck em combater doenças, aliviar sofrimento e auxiliar as pessoas — isso inspira todos a sonharem com a realização de grandes feitos. É uma causa perene, que levará todos os colaboradores da Merck a implementar ações grandiosas nos próximos 100 anos.[102]

Uma empresa visionária, na realidade, sempre busca seu propósito, mas nunca o atinge nem conclui — essa busca é como correr até o horizonte ou seguir uma estrela-guia. Walt Disney condensou essa essência vitalícia e sempre incompleta do propósito quando disse:

Enquanto houver imaginação no mundo, a Disney nunca estará terminada.[103]

A Boeing sempre inovará o setor de transportes aéreos com tecnologia; o mundo sempre precisará de um Chuck Yeager dos negócios. A HP nunca estará em uma situação que lhe permita dizer: "Não há mais nada que possamos fazer." A GE nunca vai parar de melhorar a qualidade de vida por meio da tecnologia e inovação.

Por mais que a Marriott evolua — de barracas de cerveja a cadeias de alimentação, do fornecimento de refeições ao transporte aéreo, a hotéis e a só Deus sabe no século XXI — nunca vai superar seu propósito basilar de "fazer com que as pessoas que estão longe de suas casas sintam que estão entre amigos e que são queridas".

A Motorola pode se desenvolver — de eliminadores de bateria para rádios domésticos, a rádios para carros, a aparelhos de TV, a semicondutores, a circuitos integrados, a comunicação celular, a sistemas de satélite e a quem sabe mais o que no século XXI —, mas nada a fará superar a busca fundamental pelo propósito de "servir honrosamente à comunidade por meio de produtos e serviços de alta qualidade a um preço justo para os consumidores".

A Disney pode evoluir — de desenhos animados simplórios, a desenhos animados em longa-metragem, ao clube do Mickey Mouse, à Disneylândia, a sucessos de bilheteria, à EuroDisney e a tudo o que o século XXI permitir — e seu propósito fundamental de "levar alegria a milhões de pessoas" se manterá intocado.

A Sony pode progredir — de panelas elétricas para cozinhar arroz a almofadas elétricas grosseiras, a toca-fitas, a rádios transistorizados, a TVs em cores Trinitron, a videocassetes, a Walkmans, a sistemas automatizados e a mercados inimagináveis no século XXI — e nunca terminará sua busca por seu propósito fundamental de "sentir a alegria da inovação tecnológica" a fim de "elevar a cultura e o status nacional do Japão".

Resumindo, por mais que uma empresa visionária evolua, o que é um processo natural, encontrado novos mercados de atuação, por exemplo, continuará sendo guiada por seu propósito fundamental.

Em decorrência, se você estiver desenvolvendo o propósito de sua empresa, sugerimos que não redija apenas uma descrição específica de suas linhas de produtos nem segmentos de clientes ("Nosso objetivo é fazer os produtos X para os clientes Y"). Por exemplo: "Estamos aqui para fazer desenhos animados para crianças" seria uma declaração péssima para a Disney, sem nenhum apelo nem versatilidade para durar 100 anos. Mas "levar felicidade para milhões de pessoas por meio da nossa imaginação" tem toda condição de durar 100 anos, sendo um propósito com apelo para tal. O principal passo é encontrar os motivos mais profundos e fundamentais para sua empresa existir. Uma forma eficaz de se chegar ao propósito é perguntar: "Por que simplesmente não encerramos as atividades desta empresa, pegamos o dinheiro e vendemos todos os bens?" e avaliar se a resposta será possivelmente tão válida hoje quanto daqui a 100 anos.

Precisamos deixar claro: não achamos declarações oficiais de propósito em todas as empresas visionárias. Em algumas situações, sua declaração era tácita ou informal. Ainda assim, como existe um abismo entre propósito e valores essenciais (que encontramos de forma expressa em *todas* as 18 empresas) — e como 13 tiveram declarações de propósito (formais/expressas, ou informais/tácitas) em algum momento de sua trajetória —, entendemos que separar o propósito da ideologia estrutural é interessante.[104] Concluímos que as empresas se beneficiam da combinação de valores essenciais e propósito na ideologia estrutural, e, dessa forma, incentivamos você a adotar essa postura.

Uma Observação Fundamental para Quem Não É CEO

Escrevemos este capítulo pensando na empresa como um todo porque concluímos que essas ideias são aplicáveis a gestores de *todos* os níveis. Não há nada que justifique a não implementação de uma ideologia estrutural a um grupo de trabalho, departamento ou divisão. Se sua empresa tiver uma ideologia geral forte, é natural que ela suplante a ideologia de grupos menores — principalmente quanto aos valores essenciais. Ainda assim é possível estabelecer a própria ideologia, desde que esteja alinhada ao propósito da suborganização. Qual é sua razão de existir? O que seria perdido se ela fosse extirpada?

E se sua empresa não tiver uma ideologia geral, estabeleça uma para sua divisão — nesse caso, você provavelmente terá mais liberdade para instituí-la. A empresa não manter uma ideologia expressa unificada não representa um impedimento para seu grupo! Além disso, você pode vir a ter um papel importante ao incentivar a empresa a postular a própria ideologia geral ao estabelecer a de seu nível e possibilitar que sirva de modelo. Já vimos sub-grupos pressionarem positivamente a empresa geral como modelos para ela.

Uma Observação Fundamental para Empreendedores e Gestores de Pequenas Empresas

Nem todas as empresas visionárias foram fundadas já com uma ideologia estrutural instituída. Robert W. Johnson sempre soube qual era o propósito da J&J ("atenuar a dor e as doenças").[105] Tal qual Masaru Ibuka, da Sony, ao redigir seu prospecto em 1946. Porém, outras empresas, como a HP e a Motorola, não a estabeleceram até que a empresa tivesse conseguido supe-rar os primeiros estágios de desenvolvimento, cerca de uma década após a fundação (mas comumente ainda antes de virarem grandes corporações). Nos primeiros anos, a maioria das empresas visionárias basicamente só ten-tava manter-se de pé e ter um bom desempenho, somente esclarecendo suas ideologias no decorrer da evolução das empresas. Portanto, se você ainda não tiver postulado sua ideologia estrutural por ainda estar lutando para consolidar sua empresa, não se desespere. Mas saiba que quanto antes, me-lhor. Na realidade, se você arranjou tempo para ler este livro, nós o incenti-vamos a reservar um tempo para postular sua ideologia *agora*.

capítulo **4**

PRESERVE A ESSÊNCIA/ FOMENTE O PROGRESSO

Paul Galvin nos impulsionou a seguir em frente, a sermos movidos pela ação... Ele nos pediu renovação contínua... A mudança em si é essencial. Mas, de forma isolada, é limitada. Sim, renovação é mudança. Ele exige que "façamos de maneira diferente". Isso requer disposição para substituir e refazer. Mas sem desprezar os princípios básicos comprovados.[1]

ROBERT W. GALVIN, EX-CEO DA MOTOROLA, 1991

É a coerência dos princípios... que nos orienta... Certos princípios têm sido característicos da P&G desde nossa fundação, em 1837. Embora a empresa esteja voltada para o progresso e o crescimento, é vital que os colaboradores compreendam que ela não está preocupada somente com os resultados, mas com a forma como são obtidos.[2]

ED HARNESS, EX-PRESIDENTE DA PROCTER & GAMBLE, 1971

No capítulo anterior, apresentamos a ideologia estrutural como um componente essencial de uma empresa visionária. Mas a ideologia estrutural, por si só, por mais importante que seja, *não* torna uma empresa visionária. Uma empresa pode ter a ideologia estrutural mais profundamente estimada e significativa do mundo, mas, se ficar estagnada ou se recusar a mudar, o mundo a atropelará. Como Sam Walton salientou: "Você não pode continuar fazendo o que funcionou uma vez, porque tudo ao seu redor está sempre mudando. Para ter sucesso, você precisa sair na frente e dominar essa mudança."[3]

Da mesma forma, Thomas J. Watson, Jr. incorporou uma enorme ressalva em seu livreto *A Business and Its Beliefs*:

> Se uma organização se deparar com os desafios de um mundo *em constante transformação, ela precisa estar preparada para mudar tudo em si mesma, exceto as crenças básicas, à medida que se desenvolver. A única característica intocável em uma organização deve ser sua filosofia básica a respeito de se fazer negócios.* [grifo nosso][4]

Acreditamos que a IBM começou a perder sua estatura de empresa visionária no final dos anos 1980 e início dos anos 1990, em parte porque perdeu de vista a advertência incisiva de Watson. Em nenhuma parte das "três crenças básicas"* da IBM vemos algo sobre camisas brancas, trajes azuis, políticas específicas, procedimentos específicos, hierarquias organizacionais, computadores mainframe — ou computadores, em geral. Trajes azuis e camisas brancas não são valores essenciais. Computadores de mainframe não são valores essenciais. Políticas, procedimentos e práticas específicas não são valores essenciais. A IBM deveria ter mudado muito mais vigorosamente tudo sobre si, exceto seus valores essenciais. Em vez disso, sobrou muito tempo para práticas estratégicas e operacionais e manifestações culturais dos valores essenciais.

Descobrimos que as empresas enfrentam problemas confundindo a ideologia estrutural com práticas específicas e supérfluas. Ao confundir esses dois aspectos, as empresas tendem a se agarrar demais a itens que não são essenciais — coisas que devem ser alteradas para que a empresa se adapte e siga em frente. Isso nos leva a um ponto crucial: uma empresa visionária preserva e resguarda cautelosamente sua ideologia estrutural, mas todas as suas manifestações específicas mantêm-se abertas à mudança e à evolução. Por exemplo:

- "O respeito e a preocupação para com os colaboradores" pregados pela HP é uma parte permanente e imutável de sua ideologia estrutural; servir frutas e rosquinhas para todos os colaboradores todos os dias às 10h é uma prática supérflua, que pode mudar.
- A abordagem do Wal-Mart de "superar as expectativas dos clientes" é uma parte permanente e imutável de sua ideologia estrutural; recepcionistas na porta da frente para atender aos clientes é uma prática supérflua, que pode mudar.
- O propósito da Boeing de "estar na linha de frente do setor de aviação e ser pioneira" é uma parte permanente e imutável de sua ideologia estrutural; o compromisso com a construção de jumbo jets faz parte de uma estratégia supérflua, que pode mudar.
- O "respeito pela iniciativa individual" da 3M é uma parte permanente e imutável de sua ideologia estrutural; a regra dos 15% (em que os colaboradores técnicos podem gastar 15% do seu tempo em projetos de sua escolha) é uma prática supérflua, que pode mudar.
- O "bom atendimento ao cliente acima de tudo" da Nordstrom é uma parte permanente e imutável de sua ideologia estrutural; foco geográfico regional, pianistas no lobby e gerenciamento de estoque sobrecarregado são práticas supérfluas, que podem mudar.
- A proposta de "estar no setor de preservar e melhorar a vida humana" da Merck é uma parte permanente e imutável de sua ideologia estrutural; seu compromisso com a pesquisa direcionada a doenças específicas faz parte de uma estratégia supérflua, que pode mudar.

É absolutamente crucial não confundir ideologia estrutural com cultura, estratégia, táticas, operações, políticas ou outras práticas supérfluas. Com o tempo, as normas culturais, a estratégia, as linhas de produtos, as metas, as competências, as políticas administrativas, a estrutura organizacional e os sistemas de recompensa devem mudar. Em última análise, a única coisa que uma empresa não deve mudar com o tempo é sua ideologia estrutural — isto é, se ela quiser ser uma empresa visionária.

Isso nos leva ao conceito central deste livro: a dinâmica subjacente à ideia de "preservar a essência e fomentar o progresso", que é a essência de uma empresa visionária. Este capítulo apresenta brevemente este conceito fundamental e traz uma estrutura organizacional que serve de pano de fundo para as dezenas de histórias detalhadas e os exemplos específicos que ocupam os capítulos restantes.

IMPULSO PARA O PROGRESSO

A ideologia estrutural de uma empresa visionária trabalha de mãos dadas com um impulso implacável para o progresso que impulsiona a mudança e o avanço em tudo o que não faz parte da ideologia estrutural. O impulso para o progresso surge de um profundo desejo humano de explorar, criar, descobrir, alcançar, mudar e melhorar. Ele não é um reconhecimento estéril e intelectual de que "o progresso é saudável em um mundo em mudança", que "organizações saudáveis devem mudar e melhorar" ou que "devemos ter metas"; pelo contrário, é um impulso profundo, interior e obstinado — quase primitivo.

É esse o tipo de impulso que levou Sam Walton a passar os preciosos últimos dias de sua vida discutindo os números de vendas da semana com um gerente de loja local que passou pelo seu quarto no hospital — um impulso compartilhado por J. Willard Marriott, que viveu movido pelo lema: "Continue sendo construtivo e tomando atitudes construtivas, até que seja hora de morrer... faça cada dia valer a pena, até o fim."[5]

Foi impulso o que fez o Citicorp objetivar se tornar a maior instituição financeira do mundo, quando ainda era pequena o suficiente para que tal objetivo audacioso parecesse ridículo, se não imprudente. Foi impulso o que levou Walt Disney a apostar sua reputação na Disneylândia, sem dados de mercado para indicar a demanda por um sonho tão incomensurável. Foi impulso o que levou a Ford a apostar seu futuro no objetivo audacioso de "democratizar o automóvel" e, assim, deixar uma marca indelével no mundo.

Foi esse tipo de impulso que incentivou a Motorola a viver de acordo com o lema "Seja movido pelo movimento!" e alavancou a empresa de eliminadores de baterias e rádios para automóveis a televisores, microprocessadores, comunicações celulares, satélites circulando a Terra e perseguindo o desanimador padrão de qualidade "seis sigma" (apenas 3,4 defeitos por milhão). Robert Galvin usou o termo "renovação" para descrever o impulso interno da Motorola para o progresso:

> Renovação é o que realmente impulsiona esta empresa. No dia seguinte à fundação da empresa, pelo meu pai, para produzir eliminadores de baterias B, em 1928, ele teve que iniciar a busca por um produto de substituição porque o eliminador previsivelmente estaria obsoleto em 1930. Ele nunca parou de se renovar. Nem nós... Somente aqueles incutidos com o espírito indescritível da renovação, que obriga a proliferação de ideias novas e criativas... e uma dedicação incansável a se comprometer com o risco e com a promessa de concretizar aquelas ideias nunca antes exploradas, prosperarão.[6]

Foi o impulso para o progresso que levou a 3M a experimentar continuamente novas ideias e a resolver problemas que outras empresas ainda não haviam reconhecido como problemas, resultando em inovações tão difundidas como lixa à prova d'água, fita adesiva e Post-its. Ela obrigou a Procter & Gamble a adotar programas de participação nos lucros e de participação acionária na década de 1880, muito antes de tais medidas se tornarem moda, e incitou a Sony a provar a possibilidade de comercializar produtos baseados em transistores no início dos anos 1950, quando nenhuma outra empresa o tinha feito. Foi esse o impulso que levou a Boeing a empreender algumas das mais ousadas apostas na história dos negócios, incluindo a decisão de construir o B-747, apesar da demanda de mercado altamente incerta — uma iniciativa articulada por William E. Boeing durante os primórdios da empresa:

> Não cabe a ninguém o direito de rejeitar uma ideia nova sob o pretexto de que: "É impossível." Nosso trabalho é manter a pesquisa e a experimentação incansavelmente, adaptar nossos laboratórios à produção o mais rápido possível, para não deixar nenhuma nova melhoria nos voos e equipamentos de voo passar por nós.[7]

De fato, a busca pelo progresso nunca é satisfeita com o *status quo*, mesmo quando ele funciona bem. Como uma persistente e incurável motivação, a busca pelo progresso de uma empresa altamente visionária nunca é satisfeita por quaisquer condições, mesmo que a empresa tenha sucesso: "Podemos sempre fazer melhor; podemos sempre ir mais longe; sempre podemos encontrar novas possibilidades." Como Henry Ford disse: "Você tem que se manter agindo e seguindo."[8]

O Impulso Interior

Como a ideologia estrutural, o impulso para o progresso é uma força interior. O impulso para o progresso não espera que o mundo externo diga: "Está na hora de mudar", "É hora de melhorar", ou, "É hora de inventar algo novo". Não, como o impulso dentro de um grande artista ou inventor prolífico, ele simplesmente está lá, fazendo-o se expandir e seguir. Você não cria a Disneylândia, constrói o 747, persegue a qualidade seis sigma, inventa notas Post-its, institui a posse de ações dos colaboradores na década de 1880 nem se encontra com um gerente de loja em seu leito de morte porque o ambiente externo exige isso. Essas coisas surgem de um anseio interior por progresso. Em uma empresa visionária, o impulso de ir além, de fazer melhor, de criar novas possibilidades não precisa de justificação externa.

Por meio da busca pelo progresso, uma empresa altamente visionária exibe uma mistura poderosa de autoconfiança e autocrítica. A autoconfiança possibilita às empresas visionárias estabelecerem metas audaciosas e tomarem atitudes corajosas e ousadas, às vezes, contrariando o senso comum do setor ou da prudência estratégica; simplesmente nunca ocorre a uma empresa altamente visionária que ela não pode vencer as dificuldades, alcançar grandes feitos ou se tornar realmente extraordinária. A autocrítica, por outro lado, exige mudanças e melhorias autoinfligidas antes que o mundo exterior imponha a necessidade de mudança e melhoria; uma empresa visionária torna-se, assim, a própria crítica mais severa. Como tal, o impulso para o progresso a move a partir de dentro para uma mudança contínua e um movimento de avanço em tudo o que não faz parte da ideologia estrutural.

Observe a implacável disciplina autoimposta que se percebe na resposta de Bruce Nordstrom à bajulação que a empresa havia alcançado por seus padrões de atendimento ao cliente: "Não queremos falar sobre nosso serviço. Não somos tão bons quanto nossa reputação. Isso é muito frágil. Você tem que agir de determinada maneira todas as vezes, todos os dias."[9] Observe o impulso interior descrito por um gerente de marketing da Hewlett-Packard que nunca deixou seu pessoal descansar nem em seus momentos de glória:

> Ficamos orgulhosos de nossos sucessos e os celebramos. Mas a verdadeira emoção vem de descobrir como podemos fazer ainda melhor no futuro. É um processo interminável de ver até onde podemos ir. Não há meta final à qual poderemos dizer que "chegamos". Não quero que fiquemos satisfeitos nunca com nosso sucesso, pois aí começaremos a declinar.[10]

PRESERVAR A ESSÊNCIA E FOMENTAR O PROGRESSO

Observe a interação dinâmica entre a ideologia estrutural e o impulso para o progresso:

Ideologia estrutural	Impulso para o progresso
Promover continuidade e estabilidade	Urgência em fomentar a mudança contínua (novas direções, métodos, estratégias etc.)
Fincar alicerces relativamente estáticos no solo	Impulsionar o movimento constante (em direção a metas, melhoria, postura visionária, etc.)

Limitar possibilidades e rumos para a empresa (para aqueles alinhados com o conteúdo da ideologia)	Expandir o número e a variedade de possibilidades que a empresa pode considerar
Esclarecer os conceitos ("Esta é nossa ideologia estrutural e não a violaremos")	Tornar o conteúdo livre ("Qualquer progresso é bom, desde que seja consistente com nossos valores")
Instituir uma ideologia estrutural é, por sua própria natureza, um ato conservador	Expressar o impulso para o progresso pode levar a mudanças drásticas, radicais e revolucionárias

A interação entre os valores e o progresso é uma das descobertas mais importantes do nosso trabalho. No espírito da "Filosofia do E", uma empresa visionária não busca o mero equilíbrio entre os valores e o progresso; procura ser ao mesmo tempo altamente ideológica e altamente progressivista o tempo todo. De fato, a ideologia estrutural e o impulso para o progresso existem juntos em uma empresa visionária como o yin e yang da filosofia dualista chinesa; cada elemento viabiliza, complementa e reforça o outro:

- A ideologia estrutural possibilita o progresso fornecendo uma base de continuidade sobre a qual uma empresa visionária pode evoluir, fazer experimentações e mudar. Por esclarecer o que é essencial (e, portanto, relativamente estável), uma empresa consegue mais facilmente buscar distinção e avanço em tudo o que é supérfluo.

- O impulso para o progresso viabiliza a ideologia estrutural, pois sem mudança contínua e avanço, a empresa — detentora dos valores — ficará para trás em um mundo em constante mudança e deixará de ser forte, ou talvez até mesmo de existir.

Embora a ideologia estrutural e o impulso para o progresso costumem traçar suas raízes para indivíduos específicos, uma empresa altamente visionária os institucionaliza — tecendo-os na própria estrutura da organização. Esses elementos não existem apenas como um *éthos* ou "cultura" predominante. Uma empresa altamente visionária não tem simplesmente um conjunto vago de intenções ou zelo apaixonado em torno dos valores e do progresso. Com certeza, uma empresa altamente visionária tem essas características, mas também tem mecanismos concretos e tangíveis para preservar a ideologia estrutural e fomentar o progresso.

Walt Disney não deixou sua ideologia estrutural ao acaso; criou a Disney University e exigiu que todos os colaboradores participassem dos seminários de "tradições da Disney". A Hewlett-Packard não falou apenas sobre o estilo de vida HP, instituiu uma política conscienciosa de promoção interna e traduziu sua filosofia nas categorias usadas para revisões e promoções de colaboradores, tornando quase impossível que alguém se tornasse um executivo sênior sem se encaixar firmemente no Estilo da HP. A Marriott não falou apenas sobre seus valores essenciais, instituiu mecanismos rigorosos de seleção de colaboradores, processos de condicionamento e elabora ciclos de feedback dos clientes. A Nordstrom não apenas filosofou sobre fanatismo em relação a um atendimento perfeito ao cliente, criou um culto de serviço reforçado por recompensas e penalidades tangíveis — os "nordetes", que servem bem ao cliente, tornam-se heróis bem pagos; e aqueles que os tratam mal, tudo que conseguem é sair da empresa.

A Motorola não apenas pregou a qualidade, comprometeu-se com um objetivo de qualidade assustador de seis sigma e buscou o Prêmio de Qualidade Baldrige. A General Electric não apenas ensinava sobre a importância da inovação tecnológica contínua no início do século XX, criou um dos primeiros laboratórios industriais de P&D do mundo. A Boeing não sonhava apenas em estar na vanguarda da aviação; assumiu compromissos ousados e irrevogáveis para projetos audaciosos como o Boeing 747, no qual o fracasso poderia ter aniquilado a empresa. A Procter & Gamble não apenas achava que o progresso autoinfligido era uma boa ideia, instituiu uma estrutura que colocou suas linhas de produtos em uma concorrência acirrada entre si, e usou essa concorrência interna institucionalizada como um poderoso mecanismo para fomentar o progresso. A 3M não se limitou a dizer da boca para fora que o incentivo à iniciativa individual e à inovação eram valorizados, descentralizados, deram aos pesquisadores 15% de seu tempo para buscar qualquer projeto de sua preferência, criaram um fundo interno de capital de risco e instituíram uma regra segundo a qual 25% das vendas anuais de cada divisão deveriam vir de produtos lançados nos cinco anos anteriores.

Tangíveis. Concretos. Específicos. Sólidos. Olhe para dentro de uma empresa visionária e você ouvirá um relógio tiquetaqueando, ressoando, zumbindo, murmurando, martelando, estalando e crepitando. Você verá manifestações tangíveis de sua ideologia estrutural e impulsionará o progresso em todos os lugares.

As **INTENÇÕES** são todas boas e interessantes, mas é sua tradução em itens concretos — as engrenagens — que faz a diferença entre se tornar uma empresa visionária ou permanecer para sempre uma aspirante.

Figura 4.A

Quadro Conceitual

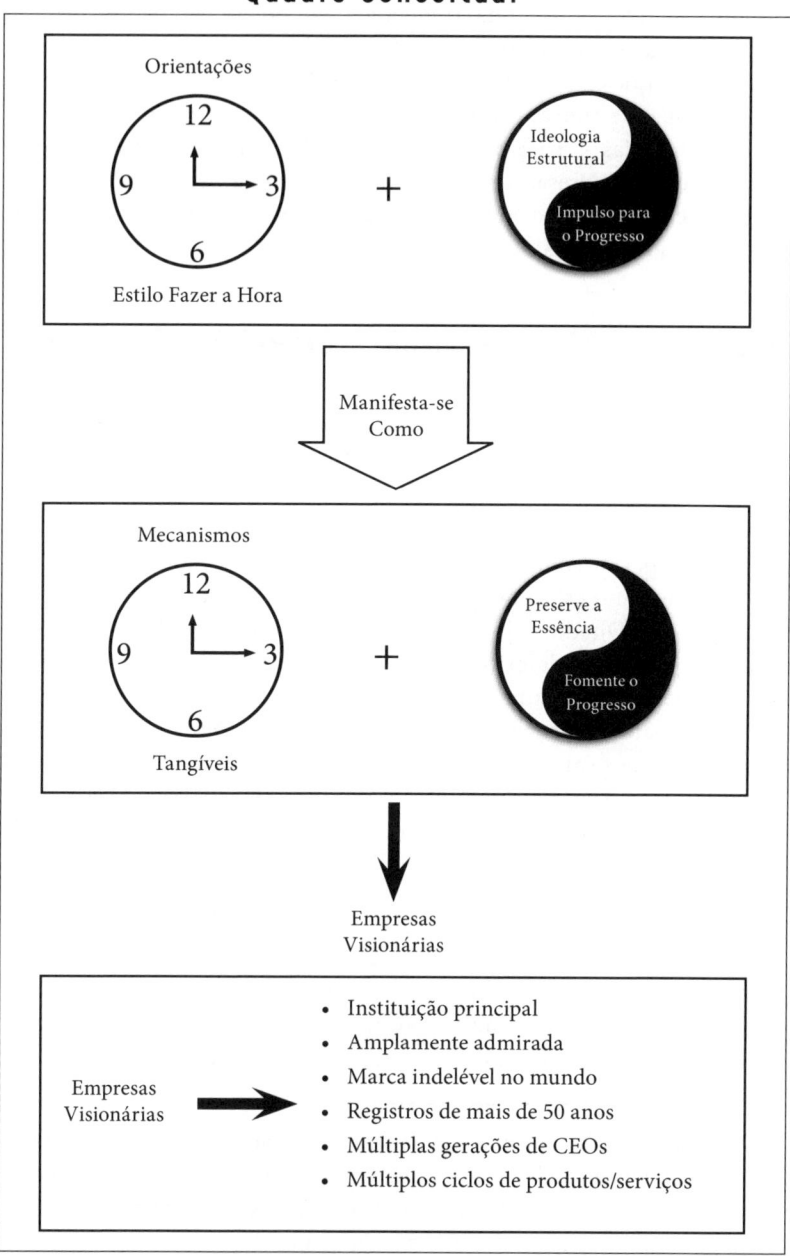

Descobrimos que as organizações costumam ter grandes intenções e visões inspiradoras para si mesmas, mas não dão o passo crucial de as traduzir em itens concretos. Pior ainda, frequentemente toleram características, estratégias e táticas corporativas que estão em desacordo com suas intenções admiráveis, o que cria confusão e ceticismo. As engrenagens e mecanismos do relógio não se chocam uns contra os outros, mas trabalham em conjunto — alinhadas — para preservar a essência e fomentar o progresso. Os construtores de empresas visionárias buscam alinhamento em estratégias, táticas, sistemas organizacionais, estrutura, sistemas de incentivo, layout do edifício, design do trabalho — ou seja, em tudo.

CONCEITOS CRÍTICOS PARA CEOS, GESTORES E EMPRESÁRIOS

Ao trabalhar com gestores experientes, descobrimos que é útil condensar todas as principais ideias de nossos achados em uma estrutura geral que os gerentes podem usar como guia conceitual para estruturar e projetar a própria organização.

Nosso quadro conceitual, mostrado na Figura 4.A, tem duas camadas. A camada superior contém elementos discutidos nos capítulos anteriores: uma orientação no estilo de quem faz a hora (Capítulo 2), o símbolo yin/yang (livre da "Ditadura do OU"), a ideologia estrutural (Capítulo 3) e a busca pelo progresso (descrita neste capítulo). Você pode pensar na camada superior como um conjunto de orientações intangíveis que são requisitos necessários para se tornar uma empresa visionária. No entanto, por mais importantes que sejam, esses elementos intangíveis sozinhos não são suficientes. Para se tornar uma empresa visionária, é preciso passar essas orientações intangíveis para a segunda camada do quadro, e é nesse ponto que a maioria das empresas simplesmente falha.

> **SE** você está envolvido na construção e gestão de uma empresa, o ponto mais valioso a ser tirado deste livro é a importância crítica de criar mecanismos tangíveis alinhados para preservar a essência e fomentar o progresso. Essa é a essência de fazer a hora.

De fato, se tivéssemos que concentrar nosso projeto de pesquisa de seis anos em um conceito-chave que transmite mais informações sobre o que é preciso para construir uma empresa visionária, desenharíamos o seguinte ícone, que aparecerá em todos os próximos capítulos:

Nos capítulos seguintes, descrevemos os métodos específicos para se preservar a essência e fomentar o progresso que distinguiram as empresas visionárias das de comparação, limitadas por um capítulo final sobre alinhamento. Eles se enquadram em cinco categorias:

- Grandes Objetivos Audaciosos e Arriscados (GOAA): Compromisso com metas e projetos desafiadores, audaciosos — e muitas vezes arriscados — para os quais uma empresa visionária canaliza seus esforços (fomentar o progresso).

- Culturas Baseadas em Cultos: Ótimos lugares para aqueles que se alinham com a ideologia estrutural trabalharem; aqueles que não se enquadram são rejeitados como um vírus (preservar a essência).

- Tente Muitas Coisas e Mantenha o que Funciona: Altos níveis de ação e experimentação — muitas vezes não planejados e não direcionados — que produzem novos e inesperados caminhos de progresso e permitem que empresas visionárias imitem a evolução biológica das espécies (fomentar o progresso).

- Gestão Interna: Promoção interna, elevando para níveis seniores apenas aqueles que passaram um tempo significativo mergulhados na ideologia estrutural da empresa (preservar a essência).

- Nada Nunca Está Bom o Suficiente: Um processo contínuo de implacável autoaperfeiçoamento com o objetivo de fazer cada vez melhor, para sempre no futuro (fomentar o progresso).

Forneceremos exemplos, histórias e evidências sistemáticas para apoiar e ilustrar todos esses métodos. Ao ler cada um dos próximos capítulos, incentivamos você a usar nosso quadro geral como guia para diagnosticar se sua empresa:

- Fez a transição da perspectiva de marcar o tempo para fazer a hora.
- Rejeita a "Ditadura do OU" e abraça a "Filosofia do E".
- Tem uma ideologia estrutural — valores essenciais e propósito além de apenas ganhar dinheiro.
- Tem um impulso para o progresso — uma necessidade quase primordial de mudança e de avançar em tudo o que não faz parte da ideologia estrutural.
- Preserva os valores e fomenta o progresso por meio de práticas tangíveis, como os GOAAs, a gestão local e outras descritas ao longo deste livro.
- A organização está alinhada, para que as pessoas recebam um conjunto consistente de sinais a fim de reforçar o comportamento que apoia a ideologia estrutural e alcança o progresso desejado.

Quando você terminar de ler os próximos capítulos, deverá ter uma lista mental considerável de táticas específicas e tangíveis que podem funcionar para tornar sua organização visionária. Não importa se você é CEO, gerente, colaborador ou empresário. Você pode colocar essas ideias em prática.

As três crenças básicas da IBM são: Ter total consideração pelos colaboradores enquanto indivíduos, dedicar o máximo de tempo à felicidade dos clientes e ir até o limite para fazer as coisas da maneira certa.

capítulo 5

GRANDES OBJETIVOS AUDACIOSOS E ARRISCADOS

É muito melhor ousar fazer coisas poderosas e conquistar triunfos gloriosos, ainda que passe por altos e baixos nesse percurso, do que se igualar àqueles pobres espíritos que não desfrutam muito nem sofrem muito, porque vivem no crepúsculo cinza que não conhece a vitória nem a derrota.

THEODORE ROOSEVELT, 1899[1]

Nós trabalhamos ferozmente para realizar nossos objetivos. Como não tivemos medo, realizamos feitos incríveis.

MASARU IBUKA, FUNDADOR DA SONY CORPORATION, 1991[2]

De todas as coisas que fiz, a mais vital foi coordenar os talentos daqueles que trabalham para nós e direcioná-los a um determinado objetivo.

WALTER ELIAS DISNEY, FUNDADOR DA WALT DISNEY COMPAY, 1954[3]

Coloque-se no lugar da equipe de gestão da Boeing em 1952. Seus engenheiros têm a ideia de construir uma grande aeronave a jato para o mercado comercial. Sua empresa praticamente não tem presença no setor e suas tentativas anteriores falharam. Você tem construído aviões principalmente para os militares (B-17 Flying Fortress, B-29 Superfortress, B-52 jet bombardeiro) e 4/5 de seus negócios vêm de um cliente — a Força Aérea.[4] Além disso, sua força de vendas informa que companhias aéreas comerciais nos Estados Unidos e na Europa demonstraram pouco interesse na ideia de um jato comercial da Boeing. As companhias aéreas têm um preconceito anti-Boeing — uma atitude de: "Eles constroem grandes bombardeiros, acabou." Nenhuma outra empresa de aviação provou que existe um mercado comercial para aviões a jato. A rival Douglas Aircraft acredita que os aviões movidos a hélice continuarão a dominar o mercado comercial. Sua empresa ainda tem lembranças das dolorosas baixas de 51 mil para 7.500 colaboradores após o final da Segunda Guerra Mundial.[5] E, como argumento decisivo, você estima que custará cerca de três vezes seu lucro médio anual após os impostos nos últimos cinco anos — aproximadamente um quarto de todo o seu patrimônio líquido corporativo — para desenvolver um protótipo para o jato.[6] (Felizmente, você acredita que também poderia colocar esse avião a serviço militar como avião de combustível para os militares, mas ainda precisa arrecadar US$15 milhões do próprio bolso para desenvolvê-lo.)[7]

O que você deve fazer?

Se você é gerente da Boeing, desafia as probabilidades e se compromete com o objetivo audacioso de se estabelecer como um grande agente no setor de aeronaves comerciais. Você constrói o jato. Você o chama de 707. E você leva o mundo comercial para a era do jato.

Em contrapartida, a Douglas Aircraft (que mais tarde se tornaria a McDonnell Douglas, empresa de comparação da Boeing em nosso estudo) tomou a decisão expressa de aderir às hélices a pistão e adotar uma abordagem cautelosa de esperar para ver quanto aos jatos comerciais.[8] Douglas esperou e viu a Boeing passar na frente e assumir o controle dominante do mercado comercial. Ainda em 1957 — o ano, de acordo com a *Business Week*, em que as companhias aéreas "falharam, um após a outra, na corrida para substituir os aviões de pistão"[9] — Douglas ainda não tinha um jato pronto para o mercado. Finalmente, em 1958, Douglas apresentou o DC-8, mas nunca alcançou a Boeing.

Talvez você esteja pensando: "Mas a Boeing não pode ter tido sorte? A Boeing parece esperta em retrospecto, mas poderia facilmente estar errada." Bem pensado. E estaríamos inclinados a concordar, exceto por uma coisa: a Boeing tem uma história longa e coerente de se comprometer com desafios grandes e audaciosos. Olhando para o início dos anos 1930, vemos esse ousado comportamento de comprometimento na Boeing quando estabeleceu a meta de se tornar uma força importante no mercado de aeronaves militares e apostou seu futuro no avião militar P-26 e depois apostou tudo na Fortaleza Voadora B-17.[10]

Esse padrão também não terminou nos anos 1950 com o 707. Durante o desenvolvimento do 727, no início dos anos 1960, a Boeing transformou as demandas de um potencial cliente (Eastern Airlines) em um desafio claro, preciso e quase impossível para seus engenheiros: construir um jato que pudesse pousar na pista 4-22 no Aeroporto La Guardia (apenas 1.481 metros de comprimento — muito curta para qualquer jato de passageiros existente) — e poder seguir sem escalas de Nova York a Miami, ter largura suficiente para seis lugares sentados, ter capacidade para 131 passageiros e atender aos altos padrões da Boeing de indestrutibilidade. Os engenheiros da Boeing fizeram um avanço significativo — o 727 — em grande parte, porque não tiveram outra escolha.[11]

Em contrapartida, a Douglas Aircraft demorou a responder e não apresentou o DC-9 até dois anos após o 727, deixando-a ainda mais atrás da Boeing no mercado de jatos comerciais. E então, a Boeing tinha um jato de curto alcance ainda melhor, o 737, em desenvolvimento. Teoricamente, a Douglas poderia ter chegado ao desafio da Eastern Airlines tão rapidamente quanto a Boeing, mas não o fez. (Um aparte: a estimativa original de tamanho de mercado da Boeing para o 727 era de 300 aviões. Ela acabou vendendo mais de 1800, e o 727 tornou-se o cavalo de batalha de curto prazo para o setor de transportes aéreos.)

Em 1965, a Boeing fez um dos movimentos mais ousados da história dos negócios: a decisão de seguir em frente com o jumbo 747, uma decisão que quase aniquilou a empresa. Na reunião decisiva do conselho de administração, o presidente da Boeing, William Allen, respondeu ao comentário de um membro do conselho de administração de que "se o programa [747] não estiver ocorrendo, poderemos recuar".

"Recuar?", disse Allen se retesando. "Se a Boeing Company disse que construiremos este avião, vamos construí-lo mesmo que isso leve os recursos de toda a empresa!"

De fato, como ocorreu com os P-26, B-17, 707 e 727, a Boeing tornou-se irreversivelmente comprometida com o 747 — financeira, psicológica e publicamente. Durante o desenvolvimento do 747, um visitante da Boeing comentou: "Você sabe, Sr. Allen, a Boeing apostou todas as fichas nesse avião. O que você faria se o primeiro avião caísse na decolagem?" Depois de uma longa pausa, Allen respondeu: "Prefiro falar de algo agradável — como uma guerra nuclear."[12]

Novamente, assim como o DC-8 e o DC-9, a rival McDonnell Douglas demorou a se comprometer com um projeto de jato jumbo e, mais uma vez, tentou correr atrás do prejuízo, com a Boeing na frente. O DC-10, a resposta da McDonnell Douglas, nunca alcançou a mesma posição de mercado que o 747.

GOAAS: UM MECANISMO PODEROSO PARA FOMENTAR O PROGRESSO

A Boeing Corporation é um excelente exemplo de como as empresas altamente visionárias costumam usar missões ousadas — ou o que preferimos chamar de GOAA (como dissemos, a sigla para "Grandes Objetivos Audaciosos e Arriscados") — como um mecanismo particularmente poderoso para fomentar o progresso. Um GOAA, entretanto, não é o único, nem todas as empresas visionárias o usam extensivamente (algumas, como a 3M e a HP, preferem confiar principalmente em outros mecanismos para fomentar o progresso, como discutimos em capítulos posteriores). No entanto, encontramos mais evidências desse mecanismo poderoso nas empresas visionárias e menos evidência da presença deles nas de comparação, em 14 dos 18 casos. Em 3 casos, achamos que as empresas visionárias e as de comparação eram indistinguíveis em relação aos GOAA. Em 1 caso, encontramos mais evidências para o uso de GOAAs na empresa de comparação. (Veja a Tabela A.5, no Anexo 3.)

Todas as empresas têm objetivos. Mas há uma diferença entre apenas ter um objetivo e se comprometer com um enorme e assustador desafio — como uma grande montanha a se escalar. Pense na viagem à Lua, nos anos 1960. O então presidente Kennedy e seus assessores poderiam ter entrado em uma sala de conferências e redigido algo como "Vamos reforçar nosso programa espacial", ou alguma outra declaração vaga. A avaliação científica mais otimista das chances de sucesso da viagem à Lua, em 1961, era de 50% e a maioria dos especialistas era, de fato, mais pessimista.[13] Ainda assim, o Congresso concordou (com a quantia imediata de US$549 milhões, e mais bilhões nos 5 anos seguintes) com a proclamação de Kennedy, em 25 de maio de 1961: "Esta nação deveria se comprometer com a meta de fazer um homem pousar na Lua e trazê-lo de volta à Terra em segurança, antes que esta década acabe."[14] Dadas as probabilidades, tal compromisso ousado era, na época, escandaloso. Mas ele era parte do que se tornou um mecanismo poderoso para conseguir que os Estados Unidos, ainda atordoado da década de 1950 e da era Eisenhower, avançassem vigorosamente.

Um Objetivo Claro e Atraente

Como a viagem à Lua, um verdadeiro GOAA é claro e convincente, e serve como um ponto focal unificador da iniciativa — geralmente criando um imenso espírito de equipe. Tem uma linha de chegada clara, para que a organização saiba quando alcançou o objetivo; as pessoas gostam de atirar para as linhas de chegada.

> Um **GOAA** envolve as pessoas — ele as alcança e agarra-as pelos cabelos. É tangível, energizante, altamente focado. As pessoas o "entendem" imediatamente; é preciso de pouca ou nenhuma explicação.

A viagem à Lua não precisava de um comitê para passar horas intermináveis escrevendo palavras sobre o objetivo em uma verborrágica, confusa e prolixa "declaração de missão". Não, o objetivo em si — a montanha a se escalar — era tão fácil de entender, tão atraente por si própria, que podia ser dito de 100 maneiras diferentes, facilmente entendidas por todos. Quando uma expedição sai para escalar o Monte Everest, não precisa de uma "declaração de missão" complicada de três páginas para explicar o que é o Monte Everest. Pense em sua própria organização. Você tem muitas declarações verbais, mas há metas ousadas e estimulantes com a clareza convincente da missão lunar, da escalada ao Monte Everest ou como os GOAAs corporativos deste capítulo? A maioria das declarações corporativas que vimos faz pouco para provocar a iniciativa (embora algumas o ajudem a preservar sua essência). Para fomentar o progresso, no entanto, nós o encorajamos a pensar além da declaração corporativa tradicional e considerar o poderoso mecanismo de um GOAA.

Renovando os desafios enfrentados por uma empresa como a General Electric, o CEO Jack Welch afirmou que o primeiro passo é a empresa "definir seu destino em termos amplos, mas claros. Você precisa de uma mensagem abrangente, algo grande, mas simples e compreensível".[15] Como o quê? A GE apresentou o seguinte: "Tornar-se a principal ou, no máximo, a segunda em todos os mercados que atendemos e revolucionar a GE para ter a velocidade e a agilidade de uma pequena empresa."[16] Os colaboradores de toda a GE compreenderam — e se lembraram — do GOAA. Agora, compare a clareza convincente do GOAA da GE com a "declaração de visão" difícil de entender, difícil de lembrar, articulada pela Westinghouse, em 1989:

General Electric[17]	Westinghouse[18]
Tornar-se a principal ou, no máximo, a segunda em todos os mercados que atendemos e revolucionar a GE para ter a velocidade e a agilidade de uma pequena empresa.	Qualidade Total Liderança de mercado Global Crescimento focado Diversificada

O ponto aqui não é que a GE tivesse o objetivo "certo" e a Westinghouse, o "errado". O ponto é que o objetivo da GE era claro, convincente e mais propenso a fomentar o progresso, como a viagem à Lua. Se uma empresa tem o GOAA certo ou se seu GOAA conduz as pessoas na direção certa, não é uma questão irrelevante, mas perde o ponto crucial. O ponto essencial de um GOAA é melhor condensado em questões como: "Ele fomenta o progresso futuro? Ele motiva? Faz as pessoas avançarem? Mantém o pensamento fervilhando? As pessoas o acham motivador, empolgante, arrojado? Elas estão dispostas a colocar seus talentos criativos e energias nele?" (NOTA: Isso não significa que uma empresa visionária busque qualquer GOAA aleatório que lhe ocorrer. Uma questão igualmente importante é: "Ele se alinha a nossa ideologia estrutural?" Leia mais sobre isso no final deste capítulo.)

Tomemos como exemplo o caso da Philip Morris em comparação à R.J. Reynolds. Em 1961, a R.J. Reynolds detinha a maior participação de mercado (quase 35%), o maior tamanho e a maior lucratividade do setor de tabaco. A Philip Morris, por outro lado, era a sexta colocada, com menos de 10% de participação.[19] Mas a Philip Morris tinha duas coisas a fazer que a R.J. Reynolds não tinha. Primeiro, e certamente não deve ser desconsiderada, a Philip Morris havia há pouco tempo reposicionado um cigarro feminino pouco conhecido chamado Marlboro como um cigarro para o mercado geral com caubói como garoto-propaganda que se provaria ser um enorme sucesso. E, segunda, a Philip Morris tinha algo a buscar.

Mesmo atrás da R.J. Reynolds, a Philip Morris estabeleceu a meta audaciosa de se tornar a General Motors do setor de tabaco.[20] (Nos anos 1960, tornar-se "a General Motors do setor" significava tornar-se o protagonista mundial dominante.) A Philip Morris então se comprometeu com esse objetivo e subiu do sexto para o quinto lugar, do quinto para o quarto, e assim por diante, até que o líder de longa data, a R.J. Reynolds, perdeu o primeiro lugar. Durante esse mesmo período, a R.J. Reynolds passava uma atmosfera de tédio, valores conservadores e panelinha, e não demonstrava nenhuma ambição clara nem motivadora para si mesma além de obter um bom retorno para os acionistas.

É claro que a Philip Morris era mais palatável do que a R.J. Reynolds: é muito mais motivador vir de baixo e derrubar gigantes do setor — como Davi e Golias — do que simplesmente se manter no primeiro lugar. É emocionante lutar contra Golias! É ainda mais emocionante vencê-lo. Mas o fato é que, das cinco empresas de tabaco da década de 1960, apenas uma — a Philip Morris — estabeleceu e atingiu a ambiciosa meta de derrubar o Golias estando na retaguarda e se tornar o mestre do setor. Bancar tais ambições como o distante agente do sexto lugar em um setor dominado por agentes consolidados não indica acanhamento. Na verdade, seguindo os modelos racionais de planejamento estratégico, tal atitude indicaria uma postura de estupidez arrogante, não de sabedoria previdente. Às vezes, usamos a situação da Philip Morris (com a identidade preservada para não gerar opiniões tendenciosas) com alunos de MBA bem treinados em planejamento estratégico. Quase nenhum deles acha que a empresa deveria ampliar seu mercado. Como disse um aluno: "Eles não têm os ativos nem as competências estratégicas corretas; eles deveriam se ater a seu nicho." Certamente, a Philip Morris poderia ter errado, estar há muito tempo esquecida, e não estaríamos escrevendo sobre ela neste livro. Mas, igualmente certo, se a Philip Morris tivesse se mantido timidamente no nicho de seu setor e não tivesse desafiado Golias, também não estaríamos escrevendo sobre ela agora.

COMO no caso da Philip Morris, os GOAAs são ousados, caindo na área cinzenta em que a razão e a prudência poderiam dizer: "Isso não é adequado", mas a busca pelo progresso diz: "Acreditamos que podemos fazer isso mesmo assim." Mais uma vez, estes não são apenas "objetivos", mas são Grandes Objetivos Audaciosos e Arriscados.

Outro exemplo, dessa vez de 1907. Henry Ford, um empresário de 43 anos, incentivou sua empresa a avançar com um surpreendente GOAA: "Democratizar o automóvel." Ford proclamou:

Vamos produzir um automóvel para a grande massa. Seu preço será tão baixo que toda pessoa que ganhe um salário razoável será capaz de possuir um — e desfrutará com sua família da bênção das horas de prazer ao ar livre na natureza que Deus criou. Todos poderão arcar e possuir um. O cavalo terá desaparecido de nossas rodovias, o automóvel será a ordem do dia.[21]

Na época do GOAA, a Ford era apenas uma entre mais de 30 empresas, todas clamando por uma fatia do emergente mercado automobilístico. Nenhuma empresa havia se estabelecido como líder claro no caos do jovem setor, e a Ford tinha apenas cerca de 15% do mercado. Essa ambição escandalosa inspirou toda a equipe de design da Ford a trabalhar em um ritmo feroz até as 23h.[22] Em dado momento, Charles Sorenson, um membro dessa equipe, lembrou: "Sr. Ford e eu uma vez trabalhamos cerca de 42 horas sem parar."[23]

Durante esse período, a General Motors (empresa de comparação da Ford) viu sua participação no mercado cair de 20% para 10%, enquanto a Ford subiu para a posição dominante do setor.

Ironicamente, no entanto, uma vez que a Ford alcançou seu grande objetivo de democratizar o automóvel, não estabeleceu um novo GOAA, estagnou-se e observou a GM estabelecer e atingir a meta igualmente audaciosa de superá-la. Devemos enfatizar aqui que um GOAA só ajuda uma organização enquanto ainda não foi alcançado. A Ford sofreu do que chamamos de síndrome do "chegamos" — uma letargia que pode surgir quando uma empresa atinge um GOAA e não institui um novo. (Um adendo: se sua organização tem um GOAA, você precisa pensar no próximo antes de concluí-lo. Além disso, se você acha que sua organização tem tido um desempenho fraco, pergunte-se se já teve um GOAA — tácito ou expresso — alcançado que não substituiu por outro.

Vejamos outro exemplo de audácia em uma pequena empresa novata. No final da década de 1950, a Tokyo Tsushin Kogyo (uma empresa relativamente pequena, em grande parte desconhecida fora de seu país de origem) deu o oneroso passo de descartar seu nome original em favor de um novo: a Sony Corporation. O banco da empresa se opôs à ideia: "Levou dez anos desde a fundação da empresa para tornar o nome Tokyo Tsushin Kogyo amplamente conhecido no mercado. Depois de todo esse tempo, o que você quer dizer ao propor uma mudança tão absurda?" Akio Morita, da Sony, respondeu simplesmente que isso permitiria à empresa se expandir em todo o mundo, enquanto o nome anterior não poderia ser facilmente pronunciado em terras estrangeiras.[24]

Você provavelmente está pensando que tal iniciativa não representa algo particularmente audacioso; afinal de contas, a maioria das pequenas e médias empresas procura mercados estrangeiros. E não é grande coisa mudar um nome corporativo de Tokyo Tsushin Kogyo para Sony. Mas olhe atentamente para a razão que Akio Morita deu para isso, pois aí reside um imenso GOAA:

> Embora nossa empresa ainda fosse pequena e víssemos o Japão como um mercado grande e potencialmente ativo, tornou-se óbvio para mim que, se não vislumbrássemos o marketing no exterior, não nos transformaríamos no tipo de empresa que Ibuka e eu imaginávamos.

Queríamos mudar a imagem, a nível mundial, de que os produtos japoneses tinham baixa qualidade.[25]

Na década de 1950, "Made in Japan" significava "produto de baixa qualidade, ruim e barato". Ao ler os materiais sobre a empresa, concluímos que a Sony não queria apenas ser bem-sucedida por si mesma, mas também se tornar a empresa mais conhecida por mudar a imagem dos produtos de consumo japoneses.[26] Com menos de mil empregados e nenhuma presença no exterior, essa era uma ambição relevante. E esse não foi o primeiro exemplo de GOAA na história da Sony.

Em 1952, por exemplo, ela incumbiu sua engenharia limitada de um objetivo aparentemente impossível: criar um rádio "portátil" — que coubesse no bolso de uma camisa, e, assim, pudesse se difundir por todo o mundo.[27] Na década de 1990, consideramos essa miniaturização banal, mas, no início dos anos 1950, os rádios dependiam de válvulas a vácuo. Construir um rádio em miniatura exigia longos períodos de tentativa e erro meticulosos e inovações significativas. Nenhuma empresa no mundo já havia aplicado com sucesso a tecnologia de transistor a um rádio amador.[28]

"Vamos trabalhar em um rádio transistor, sejam quais forem as dificuldades que enfrentarmos", decretou Masaru Ibuka. "Tenho certeza de que podemos produzir transistores para rádios."

Quando Ibuka contou a um consultor externo a ideia ousada, ele respondeu: "Rádio transistor? Tem certeza? Mesmo nos Estados Unidos, os transistores são usados apenas para fins de defesa, onde o dinheiro não é obstáculo. Mesmo que você venha com um produto de consumo usando transistores, quem poderia comprar uma máquina com aparelhos tão caros?"

"Isso é o que as pessoas pensam", respondeu Ibuka. "As pessoas estão dizendo que os transistores não serão comercialmente viáveis. Isso tornará o negócio ainda mais interessante."[29] Na verdade, os engenheiros da Sony se divertiram com a ideia de fazer algo considerado pelas pessoas alheias ao setor como imprudente — talvez até impossível — para uma empresa tão pequena. A Sony fez o rádio portátil e realizou seu sonho de criar um produto que se tornou difundido em todo o mundo. (Como uma consequência desse processo, um dos cientistas da Sony fez avanços no desenvolvimento de transistores que acabaram gerando um Prêmio Nobel.)[30]

O Wal-Mart teve um padrão similar de GOAA, começando desde a primeira loja de cinco centavos de Sam Walton em 1945, para a qual seu primeiro objetivo era "fazer de minha pequena loja de variedades Newport a melhor e mais lucrativa do Arkansas dentro de cinco anos".[31] Para atingir esse objetivo, era necessário triplicar o volume de vendas de US$72 mil para US$250 mil por ano. A loja atingiu esse objetivo, tornando-se a maior e mais lucrativa não só de Arkansas, mas dos cinco estados vizinhos.[32]

Walton continuou a estabelecer metas similarmente audaciosas para sua organização, década após década. Em 1977, estabeleceu o GOAA de se tornar uma empresa de US$1 bilhão em quatro anos (mais do que o dobro do tamanho naquele momento).[33] No entanto, o Wal-Mart não parou por aí, continuando a estabelecer novos objetivos para si mesmo. Em 1990, por exemplo, Sam Walton estabeleceu outro: dobrar o número de lojas e aumentar o volume de vendas por metro quadrado em 60% até o ano 2000.[34] Depois de publicar este exemplo em um artigo, recebemos a seguinte carta de um orgulhoso diretor do Wal-Mart:

10 de janeiro de 1992

Você está correto ao dizer que Sam Walton articulou uma meta para dobrar o número de lojas e aumentar o volume de dólares por metro quadrado em 60% até o ano fiscal de 2000.

O ponto mais importante — e o que faltou — é que ele estabeleceu uma meta específica de US$125 bilhões! Na época, a maior varejista do mundo havia atingido US$30 bilhões. No ano que terminou em janeiro de 1991, o Wal-Mart chegou a US$32,6 bilhões e se tornou o maior varejista dos Estados Unidos e do mundo. A única corporação em qualquer lugar que alcançou um volume próximo de US$125 bilhões foi a General Motors.

Sou diretor das Wal-Mart Stores desde 1980 e sempre tive total confiança de que as metas estabelecidas por Sam Walton seriam atingidas. Se alguém achou que seu objetivo original estabelecido em 1977 era audacioso, vai se assustar com o atual.

Atenciosamente,
Robert Kahn
Consultor de gestão certificado e
diretor do Wal-Mart

Isso é que é um GOAA!

Comprometimento e Risco

Não é apenas a presença de um objetivo que fomenta o progresso, é também o nível de comprometimento com ele. Uma meta nem pode ser classificada como GOAA sem um alto nível de comprometimento. Fazer o 747, por exemplo, seria um bom objetivo, talvez até mesmo audacioso. Mas o compromisso de "construir este avião, mesmo que precise dos recursos de toda a empresa" o transformou em um GOAA de pleno direito. E, de fato, a Boeing se aventurou terrivelmente no início dos anos 1970, quando as vendas do "Big Bird" cresceram mais lentamente do que o esperado. Durante o período de três anos, de 1969 a 1971, a Boeing demitiu um total de 86 mil pessoas, cerca de 60% de sua força de trabalho.[35] Durante esses dias difíceis, alguém colocou um outdoor perto da Interstate 5 em Seattle que dizia:

> # A última pessoa
> # a sair de Seattle
> # apaga as luzes, por
> # favor?

Todos sabemos agora que o 747 tornou-se o jato gigante do setor de aviação, mas a decisão parece muito diferente da perspectiva do final da década de 1960. Ainda assim — e esse é o ponto-chave — a Boeing estava disposta a dar o passo corajoso diante dos riscos. Como no caso da Boeing, os riscos nem sempre vêm sem dor. Permanecer na zona de conforto faz pouco para fomentar o progresso.

Vemos um padrão semelhante na Walt Disney Company, que fomentou o progresso ao longo de sua história, firmando compromissos ousados — e muitas vezes arriscados — com projetos audaciosos. Em 1934, Walt Disney pretendia fazer algo nunca antes feito na indústria cinematográfica: criar um longa-metragem de animação de sucesso. Ao criar a *Branca de Neve*, a Disney investiu a maior parte dos recursos da empresa e desafiou os concorrentes do setor que a chamavam de louca. Afinal, quem gostaria de ver um desenho animado tão demorado? Duas décadas depois, após uma série de filmes animados de longa-metragem, incluindo *Pinóquio*, *Fantasia* e *Bambi*, a Disney assumiu outro compromisso arriscado com uma das "ideias estúpidas de Walt": construir um parque de diversões radicalmente novo, que mais tarde se tornaria conhecido por todos nós como Disneyland. Na década de 1960, a Disney repetiu o processo, com o compromisso de realizar o sonho de Walt: o EPCOT Center na Flórida.[36] O irmão de Walt, Roy, assumiu o compromisso, de acordo com Michael Eisner:

Ele praticamente deu sua vida para realizar o sonho de seu irmão de construir a Walt Disney World. Ele desistiu de sua tão merecida aposentadoria, criou o parque com a qualidade da Disney e viu o projeto terminar, cortando pessoalmente a fita no dia da inauguração. Ele morreu dois meses após esse evento.[37]

A Columbia Pictures, por outro lado, tentou bem menos opções ousadas, visionárias ou arriscadas. Produziu filmes de baixo orçamento durante as décadas de 1930 e 1940. Durante as décadas de 1950 e 1960, fez alguns bons filmes, mas aparentemente não estava disposta a se comprometer com o futuro. Enquanto a Disney estava avançando na EPCOT, a Columbia era administrada por pessoas que se viam "em primeiro, último lugar e sempre… como investidoras, não gerentes".[38] E enquanto a Columbia foi finalmente adquirida no início dos anos 1980, a Disney voltou a rugir depois de derrotar um grupo de invasores hostis e perseguir novas aventuras ousadas, como a Tóquio Disney e a EuroDisney.

A IBM, como a Disney, superou a rival Burroughs em momentos críticos de sua história por meio do mecanismo de estabelecer compromissos tangíveis — e, às vezes, arriscados — com os objetivos audaciosos. Em particular, destacamos o GOAA da IBM de reformular o setor de computadores no início dos anos 1960. Para atingi-lo, a IBM se arriscou, fazendo um investimento que seria tudo ou nada em um novo computador chamado IBM 360. Na época, o 360 era o maior projeto comercial financiado por recursos privados já realizado; exigiu mais recursos do que os Estados Unidos gastaram no Projeto Manhattan para desenvolver a primeira bomba atômica. A revista *Fortune* chamou o 360 de "aposta de US\$5 bilhões da IBM… talvez o julgamento comercial mais arriscado dos últimos tempos". Durante o lançamento do 360, a IBM acumulou quase US\$600 milhões em estoque do processo e quase precisou de empréstimos de emergência para atender à folha de pagamento.

Além disso, o 360 tornaria obsoleta a maioria das linhas de produtos existentes da IBM. Após o anúncio público do 360, a demanda por produtos existentes da IBM secou, e a empresa se viu comprometida com um longo salto em um desfiladeiro profundo, que não permitia recuo. Se o 360 fracassasse, então, bem, não seria uma visão bonita. A *Fortune* escreveu: "Foi mais ou menos como se a General Motors tivesse decidido descartar suas marcas e modelos existentes e colocasse no lugar uma nova linha de carros cobrindo todo o espectro de demanda, com um motor radicalmente redesenhado e um combustível exótico."[39] Tom Watson Jr. escreveu:

> Não havia muito espaço para erros. Foi a maior e mais arriscada decisão que tomei, e fiquei angustiado por semanas; mas, no fundo, acreditei que não havia nada que a IBM não pudesse fazer.[40]

Ironicamente, a Burroughs (a empresa de comparação da IBM) teve uma liderança tecnológica sobre a IBM em computadores. No entanto, quando chegou a hora de fazer um compromisso ousado com os computadores, a Burroughs adotou uma abordagem conservadora, preferindo se concentrar em linhas mais antigas de máquinas de escrever. Assim como a Douglas Aircraft em relação à Boeing, a Burroughs viu a IBM assumir o controle do mercado. Ao descrever essa fase na história da Burroughs, Ray MacDonald (presidente da Burroughs na época) explicou: "De 1964 a 1966, nossa principal tarefa foi trazer lucratividade. As restrições ao nosso programa de computador eram temporárias e eram causadas apenas pelo fato de que precisávamos melhorar imediatamente os ganhos."[41]

Novamente, como discutido no capítulo sobre ideologia estrutural, vemos que o comportamento altamente visionário ocorre quando a empresa não vê os negócios como, em última instância, a maximização da lucratividade. A IBM tinha que ser a número um e se jogar no 360 não apenas para ganhar dinheiro, mas porque era a IBM. Mas, claro, a IBM nem sempre foi a IBM.

Em 1924, a Computing Tabulating Recording Company (CTR) não era muito mais do que qualquer uma das centenas de outras médias empresas que tentavam fazer isso. Na verdade, ela estava quase falida três anos antes e só sobreviveu à recessão de 1921 com pesados empréstimos.[42] Vendia principalmente relógios de ponto e balanças e só tinha 52 vendedores que atendiam à cota.[43] Mas Sr. Thomas J. Watson não tinha interesse em ver a CTR permanecer uma empresa média. Ele queria que a empresa levantasse seus olhos, se tornasse mais — muito mais — do que a sombria Computing Tabulating Recording Company. Ele queria que ela embarcasse no caminho para se tornar uma grande empresa de status global, então mudou o nome da empresa. Hoje, não achamos nada demais do nome "International Business Machines"; mas, em 1924, parecia ridículo. Nas palavras de Thomas J. Watson Jr.:

> Meu pai chegou à casa do trabalho, deu um abraço na minha mãe e orgulhosamente anunciou que a Computing Tabulating Recording Company seria doravante conhecida pelo grande nome de International Business Machines. Fiquei na porta da sala pensando: "Esse nomezinho?" Papai tinha em mente a IBM do futuro. A empresa que ele coordenava ainda estava cheia de caras mascando fumo que vendiam cafeteiras e balanças.[44]

Uma mudança de nome, por si só, não é particularmente audaciosa. Mas proclamar-se como a International Business Machines Corporation em 1924 — e representar isso — parece pura audácia. (Para fins de registro, a Burroughs permaneceu "Burroughs Adding Machine Company" até 1953.

Duvidamos que esse nome tivesse o mesmo impacto no senso de futuro dos colaboradores da Burroughs como o nome que a International Business Machines tinha na IBM.)

Até a altamente conservadora Procter & Gamble esporadicamente definiu GOAAs audaciosos. Em 1919, por exemplo, a P&G estabeleceu a meta de chegar a um ponto em que pudesse fornecer emprego estável para seus colaboradores, revolucionando o sistema de distribuição, evitando os atacadistas e indo diretamente aos varejistas. (Os atacadistas pediam grandes quantidades e, depois, como uma cobra digerindo uma grande refeição, ficavam adormecidos durante meses, forçando a P&G a fazer balanços de alta e baixa demanda.) De acordo com Oscar Schisgall, em *Eyes on Tomorrow*: *The Evolution of Procter & Gamble*, o debate interno sobre seu objetivo foi o seguinte:[45]

> "Precisamos aumentar o número de contas de 20 mil para mais de 400 mil", reclamaram os contadores. "Você percebe o que isso vai fazer com nossos números?"
>
> "Teríamos que abrir centenas de depósitos em todo o país", observou a equipe de distribuição. "Teríamos que contratar empresas de transporte no país todo para entregar nas lojas de varejo."
>
> "Será que os atacadistas ficarão tão furiosos quando nos afastarmos que começarão a boicotar e se recusar a vender qualquer coisa para as lojas que lidam diretamente com a P&G?", perguntaram alguns gerentes. "Isso nos arruinaria."
>
> "Como a P&G pode fazer uma venda grande o suficiente que chegue a todas as pequenas mercearias dos Estados Unidos?", perguntou o pessoal de vendas. "A divisão de vendas teria que ser maior que o exército dos EUA!"

Richard Deupree, presidente da P&G na época, acreditava na capacidade da empresa de superar as dificuldades e via a meta do emprego estável valer os riscos. (Sua confiança foi parcialmente baseada em uma tentativa experimental bem-sucedida de ir diretamente a varejistas na Nova Inglaterra.) A P&G seguiu em frente com a ideia e descobriu como fazê-la funcionar. Em 1923, atingiu seu objetivo. Um jornal anunciou em uma matéria:

> Em 1º de agosto de 1923, uma declaração de interesse nem tão habitual para o mundo do trabalho e do setor foi anunciada pela Procter & Gamble. Era uma garantia de emprego estável para os colaboradores da empresa em fábricas e escritórios localizados em 30 cidades dos Estados Unidos. Esse anúncio à época significou que, pela primeira vez no mercado norte-americano, os milhares de colabo-

radores de uma das maiores corporações do país tinham assegurado emprego constante durante o ano todo, independentemente de depressões sazonais nos negócios.[46]

Ao descrever tais compromissos, Deupree explicou:

Gostamos de experimentar o que é impraticável e impossível e provar que é prático e possível — se é que, antes de mais nada, é a coisa certa a se fazer. Você faz algo que acha certo. Se funcionar, você banca. Se der errado, você arruma a bagunça.[47]

A Colgate, em contrapartida, mostrou muito menos iniciativa do que a P&G ao longo de sua história ao lançar projetos novos, audaciosos ou inovadores. Como no caminho direto para os varejistas, a Colgate encontrou-se vez ou outra atrás da P&G, vendo-se em um comportamento automático de seguir o líder. (Discutimos mais detalhadamente o contraste da P&G/Colgate nos próximos capítulos.)

O "Fator Arrogância"

Um de nossos assistentes de pesquisa observou que empresas altamente visionárias parecem ter autoconfiança, beirando a arrogância (o dicionário define arrogância como "orgulho superior, confiança ou arrogância"). Chegamos a chamar isso de "fator arrogância". Em termos mitológicos, entenda isso como um tipo de afronta aos deuses.

Definir os GOAAS requer um certo nível de confiança irracional. Não é razoável se comprometer com o Boeing 707 ou o 747. O IBM 360 não era prudente, nem era humilde para um vendedor de médio porte de balanças proclamar-se como a International Business Machines. Não é prudente criar a Disneylândia. Não é modesto declarar: "Vamos democratizar o automóvel." Era quase imprudente para a Philip Morris — como filho mais velho do setor de tabaco — enfrentar a R.J. Reynolds. É quase absurdo postular, como pequena empresa, o objetivo de se tornar a empresa que mudaria a imagem mundial de baixa qualidade dos produtos japoneses.

Aí reside um dos paradoxos mais enlouquecedores por trás das empresas visionárias.

> **OS** GOAAs pareciam mais audaciosos para as pessoas de fora do que para as internas. As empresas visionárias não viam sua audácia como uma afronta aos deuses. Simplesmente nunca lhes ocorreu que não poderiam fazer o que se propuseram.

Vamos fazer uma analogia com o alpinismo. Imagine ver um alpinista escalar uma rocha sem corda; se cair, ele morre. Para o espectador desinformado, o alpinista parece ousado e arriscado, se não imprudente. Mas suponha que o alpinista esteja em uma escalada que, para ele, parece perfeitamente viável, bem dentro de sua capacidade. Do ponto de vista do escalador, não há dúvidas de que, com treinamento e concentração adequados, a escalada é possível. Para ele, não é algo muito arriscado. Isso o faz saber que, se ele cair, morre; mas ele confia em sua capacidade. As empresas altamente visionárias na criação de GOAAs arrojados são esse alpinista.

O OBJETIVO, NÃO O LÍDER (FAZER A HORA, NÃO MARCAR O TEMPO)

Precisamos enfatizar que o mecanismo crítico que está em ação aqui não é a liderança carismática. Voltando ao exemplo da missão lunar, não podemos negar que John F. Kennedy tinha um estilo de liderança carismático, nem o crédito que ele merece por propor seriamente a meta ousada e até utópica de ir à Lua e voltar antes do final da década. No entanto, seu estilo de liderança não foi o principal mecanismo de trabalho para fomentar o progresso. Kennedy morreu em 1963; ele não estava mais presente para incitar, provocar e inspirar — para "conduzir" o homem à Lua. Depois da morte de Kennedy, a missão se tornou menos inspiradora? Ela parou? Será que a ida para a Lua deixou de proporcionar uma sensação de motivação a nível nacional? Claro que não! A beleza da missão lunar, uma vez lançada, era sua capacidade de fomentar o progresso, independentemente de quem fosse o presidente. Seria menos emocionante pousar na Lua com Richard Nixon em vez de com John F. Kennedy no cargo? Não. O objetivo em si tornou-se o mecanismo de motivação.

Vamos voltar por um momento à carta de Robert Kahn, o diretor do Wal-Mart. Ele escreveu a carta em 10 de janeiro de 1992 — na mesma época em que Sam Walton estava nos meses finais de sua batalha contra o câncer ósseo, que encerrou sua vida em 5 de abril de 1992. No entanto, mesmo com a rápida deterioração da saúde de Walton, Kahn expressou "total confiança" de que o Wal-Mart atingiria o objetivo. Enquanto escrevíamos este livro, não sabíamos se o Wal-Mart se tornaria uma empresa de US$125 bilhões até o ano 2000, mas a meta existia — fazendo a empresa avançar como se fosse puxada por um ímã — mesmo sem a liderança carismática de Sam Walton. Ao estabelecer esse GOAA ousado, Walton deixou para trás um mecanismo poderoso para fomentar o progresso. O objetivo transcendeu o líder.

O objetivo também transcendeu o líder da Boeing. Certamente, William Allen desempenhou um papel fundamental em comprometer a empresa com o 747, mas o objetivo em si tornou-se o estímulo para um movimento vigoroso, não William Allen. Na verdade, T.A. Wilson, o sucessor de William Allen, tornou-se presidente e diretor executivo da Boeing em 1968, com o 747 ainda em desenvolvimento, e a empresa ainda a enfrentar a tarefa quase fatal de sobreviver às vendas iniciais lentas do Big Bird. A Boeing não parou nem se tornou letárgica após a aposentadoria de Allen, não com a própria sobrevivência da empresa em jogo, e certamente não com o mais incrível avião comercial da história ainda por nascer. Tenha em mente que a Boeing usou esse mecanismo para fomentar o progresso muito antes de William Allen (o P-26, o B-17 e outros) e muito depois dele (a conclusão do 747, e depois do 757 e 767). O compromisso repetido com os GOAAs foi um mecanismo-chave — parte de sua postura de "fazer a hora" — da Boeing nas seis gerações de liderança.

Em contrapartida, a falta de avanço da McDonnell Douglas em relação à Boeing pode ser atribuída em grande parte ao estilo de liderança pessoal de James McDonnell. A *Business Week* publicou um artigo sobre McDonnell Douglas em 1978 intitulado "Como o Estilo de Gestão Define a Estratégia", no qual detalhou: "Como o estilo do Sr. Mac, que mensura cautelosamente cada risco, sendo altamente conservador, produz uma estratégia pessoal, sem espaço para debate."[48] Na Boeing, compromissos audaciosos com projetos arrojados e ousados tornaram-se uma característica da instituição — independentemente do líder responsável em questão. Na McDonnell Douglas, a abordagem avessa ao risco e a aderência às aeronaves comerciais era uma característica dessa liderança individual. Mais uma vez, vemos uma postura de fazer a hora na Boeing e de marcar o tempo na McDonnell Douglas (e nem mesmo de uma forma proveitosa, aliás).

A Sony também fez do estabelecimento de GOAA um hábito institucionalizado — um modo de vida. Nick Lyons, que investigou o funcionamento interno dos processos de gerenciamento da Sony em seu livro *The Sony Vision*, escreveu: "Alvo. Uma palavra que ouvi repetidas vezes, em inglês, dentro da Sony."[49] O Dr. Makato Kikuchi, diretor de pesquisa da Sony em meados da década de 1970, descreveu a Lyons a importância da incorporação desse processo (parafraseado):

Embora seja amplamente divulgado que a Sony gasta uma proporção muito maior das vendas brutas em pesquisa do que outras empresas, isso simplesmente não é verdade. A experiência entre nossos clientes e os de outras empresas japonesas não está no nível de tecnologia, nem na qualidade dos engenheiros, nem na quantidade de dinheiro orçado para o desenvolvimento (cerca de 5% das vendas). A principal diferença está no estabelecimento de pesquisas orientadas para a missão e de metas adequadas. Muitas outras empresas dão liberdade total a seus pesquisadores. Nós, não; encontramos um objetivo, um alvo muito real e claro e, em seguida, estabelecemos as forças-tarefas necessárias para realizar o trabalho. Ibuka nos ensinou que, uma vez que o compromisso de avançar é firmado, nunca se deve desistir. Isso permeia todo o trabalho de pesquisa e desenvolvimento da Sony.[50]

Os GOAAs e o "Bloqueio Após o Líder Heroico"

As empresas enfrentam regularmente o dilema de como manter o ímpeto após a saída de líderes altamente enérgicos (muitas vezes, fundadores). Vimos esse "bloqueio pós-heroísmo" em várias empresas de comparação: Burroughs (depois de Boyer), Chase Manhattan (depois de Rockefeller), Columbia (depois de Cohn), Howard Johnson (depois de Johnson), Melville (depois de Melville), TI (depois de Haggarty), Westinghouse (depois de George Westinghouse) e Zenith (depois de MacDonald). Nós não observamos tanto esse padrão nas empresas visionárias — apenas dois casos claros se destacam: Walt Disney (depois de Walt Disney) e Ford Motor (depois de Sr. Henry Ford). As empresas visionárias oferecem uma solução parcial: criam GOAAs que têm uma vida própria e, assim, agem como um estímulo através de múltiplas gerações de liderança. (Se você é executivo-chefe prestes a se aposentar, nós o incentivamos a dar uma boa olhada nesta lição. Sua empresa tem um GOAA com o qual está comprometida e isso vai lhe dar um grande impulso depois que você for embora? E, o que é ainda mais importante, tem a capacidade de estabelecer continuamente novas metas ousadas para si no futuro?)

Ao examinar o Citicorp, por exemplo, percebemos que a empresa continuamente postulava metas arrojadas e audaciosas que e desdobravam por várias gerações de liderança. Na década de 1890, o City Bank (como o Citicorp era então chamado) era um banco regional espetacular, com apenas um presidente, um caixa e um punhado de colaboradores. No entanto, o presidente James Stillman definiu o objetivo quase ridículo (mas certamente estimulante) de "se tornar um grande banco nacional".[51] Um jornalista financeiro escreveu em 1891:

Ele sonha com um grande banco nacional e acha que pode fazer parte do City Bank. É o que está tentando fazer, é o que ocupa sua mente e anima seus atos. Ele não está administrando seu banco em direção a dividendos, mas a um ideal... para torná-lo excelente em finanças domésticas e internacionais: esse é o sonho de James Stillman.[52]

Embora certamente possamos identificar a concepção desse GOAA pelo próprio Stillman, ele criou vida própria e impulsionou a empresa para as gerações futuras. Frank Vanderlip, o sucessor de Stillman como presidente, escreveu em 1915 (um quarto de século depois do "sonho" de Stillman e seis anos depois que Stillman se mudou para Paris, aposentado):

Estou perfeitamente confiante de que está aberto nosso caminho para nos tornarmos a instituição financeira mundial mais poderosa, útil e abrangente que já existiu.[53]

Uma meta ousada, de fato, especialmente para um banco que no ano anterior tinha apenas "8 vice-presidentes, 10 oficiais subalternos e menos de 500 outros colaboradores em um único local em Wall Street".[54] Então, na geração seguinte, Charles Mitchell replicou o mesmo tom de avanço de um discurso de 1922 aos colaboradores: "Estamos a caminho de coisas maiores. O futuro do National City Bank é mais brilhante do que nunca. Estamos nos preparando agora para avançar a todo vapor."[55] Avançar "a todo vapor" — em busca das grandes ambições que surgiram no final da década de 1880 —, o City Bank passou de US$352 milhões em 1914 para US$2,6 bilhões em 1929, com uma taxa de crescimento anual média de mais de 35%.

O City Bank, como a maioria dos bancos, lutou durante a década de 1930, mas depois da Segunda Guerra Mundial seu passo — passando por cinco novas gerações de liderança — aumentou a energia para concretizar a ambição de Stillman e Vanderlip de se tornar "a instituição financeira mais abrangente de todos os tempos". George Moore (presidente de 1959 a 1967) se parecia muito com seus antecessores de meio século antes quando disse:

Por volta de 1960, decidimos que procuraríamos realizar todos os serviços financeiros úteis, em qualquer parte do mundo.[56]

Observe a coerência entre as gerações. Sim, cada geração tinha um diretor executivo. E, sim, o sonho original do Citicorp remonta a um arquiteto original. Mas o objetivo em si o transcendeu, e a predisposição para abraçar a audácia tornou-se um padrão inerente à instituição.

O Chase Manhattan (empresa de comparação do Citicorp) tinha ambições semelhantes, e, de fato, os dois bancos competiam como rivais ferozes. Ao longo do século XX, Citicorp e Chase se equilibraram, competindo lado a lado. Durante a década de 1960, os dois bancos lutaram pelo primeiro lugar a cada ano fiscal em termos de ativos, e, de 1954 a 1969, estavam pau a pau.[57] O Citicorp só ultrapassou o Chase em termos de ativos em 1968, alcançando o dobro de seu tamanho. Reconhecemos que o Citicorp tropeçou no final dos anos 1980 e início dos anos 1990. Mas o mesmo aconteceu com Chase, e eles tiveram companhia, já que vários bancos comerciais tiveram dificuldades nos anos 1980.

No entanto, mesmo com suas semelhanças, houve uma significativa diferença entre o Citicorp e o Chase no tom e nas estratégias que sustentavam seus objetivos ambiciosos — uma experiência que talvez explique em parte suas trajetórias diferentes depois de 1968. David Rockefeller tornou-se presidente do Chase em 1960, e o objetivo de vencer o Citibank foi visto mais como uma meta pessoal de Rockefeller do que propriamente do Chase.

Os executivos-chefes do Citicorp, ao contrário dos do Chase, usavam principalmente estratégias organizacionais (fazer a hora) na gestão do banco rumo a seus objetivos. Stillman concentrou-se em gerir a sucessão da gestão organizacional. Vanderlip comentou que "a única limitação que posso ver reside na qualidade da gestão" e empregou a maior parte de seus esforços na estruturação da empresa e iniciou um programa de desenvolvimento gerencial.[58] George Moore se concentrou, antes de tudo, em tornar o "Citicorp uma instituição" construída em grande parte alicerçada em procedimentos para encontrar, treinar e promover pessoal. "Sem as pessoas capazes no desenvolvimento desses procedimentos", escreveu ele, "nenhum de nossos objetivos seria possível".[59] O Chase, por outro lado, concentrou-se principalmente nas estratégias de mercado e de produto (marcar o tempo) em vez de em estratégias do tipo fazer a hora.

Como a Boeing e a Citicorp, a Motorola apresenta um excelente exemplo de GOAA como parte de uma multigeracional de fazer a hora. Seu fundador, Paul Galvin, costumava usar os GOAAs para convencer seus engenheiros a fazerem o impossível. Quando a Motorola entrou no mercado de televisores, no final da década de 1940, por exemplo, Galvin estabeleceu um GOAA desafiador para o grupo responsável: lucrar com a venda de 100 mil TVs no primeiro ano a um preço de US$179,95.

"Nossa nova fábrica mal tem capacidade para esse tipo de produção", exclamou um de seus gerentes. "Nunca vamos vender essa quantidade; isso tornaria nossa posição no setor de terceiro ou quarto lugar, e o melhor que já tivemos no mercado de rádios domésticos foi o sétimo ou o oitavo", reclamou outro. "Não temos certeza de se podemos arcar com um custo de

US$200", disse um engenheiro de produção. "Vamos vendê-los", respondeu Galvin. "Não quero ver mais folhas de custos até que você me dê um lucro a esse preço e nesse volume. Vamos trabalhar nisso."[60]

A Motorola, de fato, subiu para quarta no setor de televisores naquele ano. Mais importante ainda, Galvin promoveu um impulso institucional para o progresso que resultou em um padrão repetitivo de GOAA dentro da empresa. Ao preparar seu filho para o cargo de CEO, enfatizava constantemente a importância de "manter a empresa em movimento" e que um movimento vigoroso em qualquer direção é melhor do que ficar parado; sempre há algo a se buscar, aconselhou.[61]

Décadas após sua morte, em 1959, a empresa de Galvin ainda postula GOAA, incluindo o de se tornar uma grande força na eletrônica avançada, o objetivo de atingir o desempenho de qualidade do seis sigma e o objetivo de conquistar o Prêmio de Qualidade Malcolm Baldrige. O filho e sucessor de Galvin usou a palavra "renovação" para captar a ideia de transformações contínuas, muitas vezes (embora não exclusivamente) obtidas por meio de compromissos com projetos audaciosos. Bob Galvin então repassou para a próxima geração de líderes o imperativo de que: "Às vezes, devemos nos engajar em um ato de fé de que as coisas essenciais são acessíveis, mesmo que não se tenham como comprovar antecipadamente."[62]

A mesma pequena empresa que começou a vida fazendo reparos de eliminadores de bateria B para rádios Sears e produzindo rádios automáticos tem se impulsionado continuamente por meio de objetivos arrojados e se reinventou repetidas vezes, muito além do tempo de vida de seu fundador. Essa mesma pequena empresa se distanciou das rádios e TVs. Essa mesma empresa acabou criando os poderosos microprocessadores M68000 que a Apple Computer selecionou como os cérebros do Macintosh Computer no qual escrevemos este livro. E, enquanto escrevíamos essas palavras, a mesma empresa avançava com o maior GOAA de sua vida até então: a tarefa de lançar a Iridium, uma aposta comercial de US$3,4 bilhões feita em joint venture com outras empresas para criar um sistema mundial de satélites que possibilitariam chamadas telefônicas entre dois pontos da Terra.[63]

A Zenith, como a Motorola, teve alguns GOAAs em seus primórdios: o objetivo de tornar o rádio FM uma realidade popular, o compromisso inicial de ser um grande agente no setor de televisores e uma aposta cara na TV paga. Mas — e esse é o ponto crucial — a Zenith, ao contrário da Motorola, não demonstrou uma propensão organizacional para estabelecer objetivos audaciosos e ousados após a morte de seu fundador, em 1958. No início dos anos 1970, uma "cautela intrínseca" permeou a Zenith, conforme descrito pelo seu controlador em 1974:

É difícil explicar por que uma decisão de não se fazer algo é tomada. Há vários motivos por trás disso — incluindo a cautela intrínseca. Por um lado, sempre estivemos bastante ocupados, em função de nossos mercados atuais, e sempre tendemos a ficar com o que parecia ser o maior pagamento e o que sabíamos fazer melhor. Não sentimos que poderíamos competir nesses novos mercados, a menos que estivéssemos dispostos a sacrificar parte de nossa margem, e não estávamos dispostos a fazer isso. Somos basicamente uma empresa norte-americana e provavelmente continuaremos assim.[64]

O presidente-executivo da Zenith, John Nevin, replicou a mesma opinião ao falar sobre a lenta mudança da empresa no tocante a novas tecnologias, como a eletrônica de estado sólido: "Acho que você também tem que dizer que a Zenith tem sido mais cautelosa do que alguns de seus concorrentes em trazer inovações para o mercado. No momento, estamos envolvidos em um esforço extraordinário para trazer o estado sólido para o mercado, mas estamos em dúvida quanto a essa tentativa se concretizar."

O comandante McDonald, da Zenith, diferentemente de Paul Galvin, da Motorola, não deixou para trás uma empresa capaz de se reinventar continuamente com objetivos arrojados. O comandante McDonald era um grande líder — um excelente marcador do tempo —, mas morreu há muito tempo. A empresa de Paul Galvin, por outro lado, vive e prospera mais de 35 anos após sua morte. Galvin fez o tempo.

DIRETRIZES PARA CEOS, GESTORES E EMPRESÁRIOS

Embora tenhamos escrito este capítulo principalmente a partir de uma perspectiva corporativa, os GOAAs podem ser aplicados para fomentar o progresso em qualquer nível de uma organização. Os gerentes de linha de produto na P&G frequentemente definem os GOAAs para suas marcas. A Nordstrom define sistematicamente os GOAAs para todos os níveis hierárquicos da empresa — de regiões, para lojas, departamentos e vendedores. Os campeões de produtos da 3M prosperam em superar todas as barreiras, os céticos e pessimistas, para provar que suas invenções peculiares podem chegar ao mercado. Uma organização pode ter qualquer número de GOAA. Não precisa se limitar a apenas um por vez. A Sony e a Boeing, por exemplo, geralmente buscam múltiplos GOAAs simultaneamente, muitas vezes em níveis diferentes da corporação.

Os GOAAs são particularmente adequados para empreendedores e pequenas empresas. Lembre-se de Sam Walton e seu objetivo de tornar sua primeira loja de dez centavos a mais bem-sucedida de Arkansas dentro de cinco anos. Lembre-se do objetivo da Sony de criar um "rádio portátil" nos primeiros anos. Ou o de Sr. Tom Watson de transformar sua pequena empresa de foco único na International Business Machines Corporation. Na verdade, a maioria dos empreendedores tem um GOAA integrado: simplesmente agir e chegar a um ponto em que a sobrevivência não está mais em questão já é um objetivo enorme e audacioso para a maioria das startups.

Abordamos a maioria dos pontos-chave sobre os GOAAs conforme avançamos no texto deste capítulo. Aqui estão alguns pontos importantes que você deve ter em mente ao considerá-los para sua própria organização:

- O GOAA deve ser tão claro e convincente que requeira pouca ou nenhuma explicação. Lembre-se, um GOAA é um objetivo — como subir uma montanha ou ir à Lua — não uma "declaração". Se isso não faz o pensamento fervilhar, não é um GOAA.

- O GOAA deve estar bem longe da zona de conforto. As pessoas na organização devem ter motivos para acreditar que podem fazer isso, mas isso deve exigir um esforço heroico e talvez até um pouco de sorte — como acontece com o IBM 360 e o Boeing 707.

- O GOAA deveria ser tão ousado e empolgante a ponto de continuar a fomentar o progresso mesmo se os líderes da organização desaparecerem antes de ele ser alcançado — como aconteceu no Citibank e no Wal-Mart.

- O GOAA tem o perigo inerente de que, após alcançado, a empresa se estagne e sofra da síndrome do "chegamos", como aconteceu na Ford na década de 1920. Uma empresa deve estar preparada para evitar isso criando novos GOAA. Deve também complementá-los com outros métodos para fomentar o progresso.

- Por fim, e mais importante de tudo, um GOAA deve ser coerente com a ideologia estrutural de uma empresa.

Preserve a Essência e Fomente o Progresso

Os GOAAs sozinhos não tornam uma empresa visionária. O progresso por si só — não importa qual mecanismo seja utilizado para fomentá-lo —, também não. Uma empresa deve ter o cuidado de preservar sua essência enquanto busca os GOAA.

Por exemplo, o 747 foi um empreendimento incrivelmente arriscado, mas, ao longo do percurso, a Boeing manteve seu valor essencial de segurança de produto e aplicou os padrões de segurança, testes e análises mais conservadores de todos os tempos a uma aeronave comercial. Não importaram quais foram as pressões financeiras, Walt Disney preservou seu valor essencial de atenção obstinada aos detalhes enquanto trabalhava na *Branca de Neve*, na Disneylândia e na Disney World. A Merck, mantendo seu valor essencial de incentivar a imaginação, buscou a primazia principalmente ao criar inovações revolucionárias, não criando produtos do tipo "réplica". Jack Welch, da GE, deixou claro que conquistar a posição número um ou dois do mercado em detrimento da integridade seria inaceitável. O Citicorp reforçou continuamente sua crença na meritocracia e no empreendedorismo interno ao longo de sua busca expansiva para se tornar a "instituição financeira mundial de maior alcance de todos os tempos". A Motorola nunca abandonou sua crença básica na dignidade e no respeito pelo indivíduo em todos os GOAAS que instituiu.

Além disso, as empresas visionárias não se atiraram cegamente a qualquer GOAA aleatório, apenas àqueles que reforçavam suas ideologias estruturais e retratavam sua identidade. Observe, na lista a seguir, a conexão entre a essência e os GOAA:

Essência a Se Preservar	☯	GOAA para Fomentar o Progresso
Estar na vanguarda da aviação; ser pioneiros; assumir riscos	Boeing ←→	Apostar tudo no B-17, 707, 747.
Buscar superioridade em tudo o que fizer; passar muito tempo fazendo os clientes felizes	IBM ←→	Comprometer-se com uma aposta de US$5 bilhões no 360; atender às necessidades emergentes dos clientes
Existir como empresa em função dos carros — especialmente para as pessoas comuns	Ford ←→	"Democratizar o acesso ao automóvel"
Incentivar o "latente poder criativo dentro de nós"; ser autorrenovável; implementar a melhoria contínua; servir honrosamente à comunidade por meio de ótimos produtos	Motorola ←→	Bolar uma maneira de vender 100 mil TVs a US$179,95; atingir o nível de qualidade seis sigma; ganhar o prêmio Baldridge; lançar a Iridium

Essência a Se Preservar	☯	GOAA para Fomentar o Progresso
Ganhar — ser o melhor e vencer nos outros; defender o livre-arbítrio pessoal	Philip Morris ←→	Matar Golias e se tornar o pioneiro no setor de tabaco, apesar das forças sociais dedicadas a lutar contra o tabagismo
Melhorar a imagem da cultura japonesa e status nacional; ser pioneiro fazendo o impossível	Sony ←→	Tirar a imagem, a nível mundial, de má qualidade dos produtos japoneses; criar um rádio transistor portátil
"Levar a felicidade a milhões"; manter uma atenção obstinada aos detalhes; concentrar-se em criatividade, sonhos, imaginação	Disney ←→	Construir a Disneylândia — à imagem da empresa, não conforme os padrões do setor
Preservar e melhorar a vida humana; a medicina deve se dedicar ao paciente, não aos lucros; incentivar a imaginação e a inovação.	Merck ←→	Tornar-se a preeminente fabricante de medicamentos em todo o mundo, por meio de P&D massivos e novos produtos que curam doenças

Revolucionar o mercado ferroviário certamente teria sido um GOAA para a Ford em 1909; a Ford não se concentrava em ferrovias, mas em carros. Criar os rádios mais baratos da história, independentemente de qualidade ou inovação, certamente teria sido um GOAA para a Sony em 1950, mas não se alinharia a sua identidade como pioneira da inovação nem como um agente responsável por melhorar o status do Japão no mundo. Reinventar-se inteiramente no setor de tabaco depois dos relatórios do Surgeon General certamente teriam sido um GOAA para a Philip Morris na década de 1960, mas como se relacionaria à imagem da empresa do caubói da Marlboro indomável, ferrenhamente independente, mente aberta, individualista e partidário do livre-arbítrio? Nunca serão.

Sim, qualquer GOAA empolgante para as pessoas de dentro de sua empresa estimularia a mudança e o movimento. Mas eles são também uma declaração poderosa sobre a ideologia da corporação. Os GOAAs reforçam um dos principais mecanismos para preservar a ideologia estrutural: a cultura baseada em cultos, o assunto do próximo capítulo. Desafiar as probabilidades, propor-se grandes desafios — especialmente se estiverem enraizados em uma ideologia — contribui bastante para o senso de pertencimento das pessoas a algo especial, exclusivo, diferente e melhor do que qualquer outra coisa.

Voltamos mais uma vez a um aspecto-chave de uma empresa visionária: a poderosa interação entre a ideologia estrutural e o impulso para o progresso que existem como o yin e o yang da filosofia dualista chinesa. Cada elemento complementa e reforça o outro. A ideologia estrutural possibilita o progresso fornecendo uma base de continuidade a partir da qual uma empresa visionária pode lançar o equivalente corporativo da missão lunar. Da mesma forma, o progresso viabiliza a ideologia estrutural, pois sem mudança e avanço as atividades da empresa se tornarão inviáveis. Novamente, não é nem a essência nem o progresso. Não é nem mesmo um bom equilíbrio entre eles, mas esses dois elementos poderosos, inextricavelmente ligados atuando com força total em benefício da instituição. Uma colaboradora da GE descreveu de forma eloquente a interação dinâmica entre a essência e o progresso enquanto discutia o GOAA da empresa para "se tornar primeira ou segunda em todos os mercados a que atendemos e revolucioná-la para ter a velocidade e agilidade de uma pequena empresa":

> "Na GE damos vida a coisas boas." A maioria não admitiria, mas todos na GE ficam arrepiados quando ouvem esse jingle. A frase simples e brega capta como eles se sentem em relação à empresa... Isso significa emprego e crescimento para a economia, qualidade e serviço para o cliente, benefícios e treinamento para o colaborador e desafio e satisfação para o indivíduo. Isso significa integridade, honestidade e lealdade em todos os níveis. *E, sem esse reservatório de valores e comprometimento, Welch não teria impulsionado sua revolução.* [grifo da autora][65]

capítulo **6**

CULTURAS BASEADAS EM CULTOS

Preserve a Essência

Fomente o Progresso

Levantem a mão direita, todos! Lembrem-se do nosso lema no Wal-Mart: promessa feita é promessa cumprida. Agora, repitam comigo: De hoje em diante, eu prometo e me comprometo a, sempre que o cliente chegar a um metro de mim, sorrir para ele, olhar nos seus olhos e cumprimentá-lo. Seja feita a vontade de Sam.

TRECHO DE UM DISCURSO DE SAM WALTON TRANSMITIDO VIA SATÉLITE PARA CEM MIL COLABORADORES DO WAL-MART EM MEADOS DOS ANOS 1980[1]

A IBM é muito boa em motivar sua equipe; Anne é um bom exemplo disso. Há quem ache que ela sofreu uma lavagem cerebral, mas foi para melhor. A empresa consegue mesmo inspirar lealdade e dedicação.

COMPANHEIRO DE UMA FUNCIONÁRIA DA IBM, 1987[2]

"**P**or que você gostaria de trabalhar na Nordstrom?", pergunta o entrevistador.

"Porque minha amiga Laura disse que essa tem sido a melhor experiência profissional da vida dela", responde Robert. "Ela sempre fica animada quando fala que trabalha com os melhores e que está no topo. Ela é praticamente uma missionária da empresa e se orgulha muito de ser funcionária da Nordstrom. Essa dedicação vem rendendo bons frutos. Laura começou no estoque, 8 anos atrás, e agora, aos 29 anos, já administra uma loja.[3] Segundo ela, os vendedores são mais bem remunerados aqui do que nas outras lojas; os melhores chegam a ganhar mais de US$80 mil por ano."[4]

"Sim, é isso mesmo. Nossa empresa paga bem melhor do que as outras lojas de departamento. Aqui, os vendedores costumam ganhar quase o dobro da média nacional do setor de varejo — alguns ultrapassam bastante essa marca.[5] Mas, claro, nem todo mundo tem o perfil certo para se tornar um membro da família Nordstrom", explica o entrevistador. "Somos seletivos e reprovamos muitos candidatos. Você deve provar sua competência em todos os níveis se quiser ficar."[6]

"Sim. Vi em algum lugar que 50% dos funcionários contratados são desligados da empresa no primeiro ano."[7]

"É quase isso. Quando são incompatíveis com a pressão e o nível de dedicação exigido pela organização e não adotam nosso sistema e nossos valores, os colaboradores são desligados. Mas, quando têm determinação e iniciativa e, sobretudo, sabem produzir e atender o cliente, eles se saem bem.[8] É essencial determinar se a Nordstrom atende às suas expectativas. Se não, provavelmente você vai odiar isso aqui, fracassar e se desligar."[9]

"Quais são os cargos disponíveis para o meu perfil?"

"Aqui, todos começam da mesma forma: na base da organização, atuando no estoque e nas vendas diretas."

"Mas eu tenho nível superior; sou formado pela Universidade de Washington. Em outras empresas, eu poderia começar como estagiário na gerência."

"Aqui, todos começam de baixo. Os irmãos Nordstrom, Bruce, Jim e John, que exercem a diretoria executiva, também iniciaram suas carreiras na base. O Sr. Bruce costuma falar que ele e seus irmãos cresceram sentados em banquinhos em lojas de sapatos, atendendo os clientes; essa é uma lição inspiradora para todos nós.[10] Os funcionários têm bastante liberdade operacional na empresa; ninguém comanda seus movimentos: suas capacidades definem seus limites (observadas as políticas da Nordstrom, claro). Mas se você não se dispõe a fazer o possível para agradar o cliente — entregar pessoalmente um terno no quarto de hotel, se agachar para colocar um sapato, forçar um sorriso

---

* "Robert" — Um recém-contratado típico da Nordstrom, Robert pode ser um personagem fictício, mas a experiência descrita é autêntica. Criamos essa descrição com base em entrevistas com funcionários e ex-funcionários, notas de uma entrevista com o vice-presidente Jim Nordstrom, documentos da empresa, trechos de livros e artigos.

diante de um cliente idiota —, está no lugar errado, fim da história. Aqui, ser um herói no atendimento não é uma ordem, mas algo esperado e natural."[11]

Robert ingressou na Nordstrom com grandes expectativas; ele queria fazer parte de uma iniciativa especial e começar a trabalhar o quanto antes. Ficou muito animado quando recebeu cartões personalizados em vez de um crachá.[12] E, quando viu o símbolo da "Estrutura da Empresa", com uma pirâmide invertida, se sentiu ainda mais orgulhoso.[13]

Clientes

Funcionários do Setor de Vendas e do Suporte

Gerentes de Departamento

Gerentes de lojas e do setor de publicidade,
Compradores

Diretoria Executiva

Ele também recebeu o manual de funcionários da Nordstrom, um único cartão em formato 12X20cm com a seguinte inscrição:[14]

SEJA BEM-VINDO À NORDSTROM

É com muita alegria que recebemos você em nossa Empresa.
Nosso principal objetivo é prestar um excelente atendimento ao cliente.
Determine objetivos pessoais e profissionais bastante elevados.
Confiamos plenamente na sua capacidade de atingi-los.

Regras da Nordstrom:
Regra nº 1: Faça o melhor que puder em todas as situações.
Não há regras adicionais.

Fique à vontade para encaminhar qualquer dúvida ao seu gerente de departamento, gerente de loja ou gerente-geral da divisão, sempre que necessário.

Nos primeiros meses, Robert mergulhou de cabeça no mundo dos "Nordies", como muitos funcionários se definiam.[15] Ele passava a maior parte do tempo na loja, trabalhando ou se socializando com outros Nordies, que se tornaram seu grupo de apoio.[16] Robert ouviu dezenas de relatos heroicos: o Nordie que passou uma camisa nova para um cliente que precisava participar de uma reunião na mesma tarde; o Nordie que, alegremente, embrulhou para presente os produtos que um cliente tinha comprado na Macy's; o Nordie que aquecia os motores dos carros enquanto os clientes concluíam suas compras; o Nordie que tricotou um xale para que uma cliente idosa não se ferisse nos raios da sua cadeira de rodas; o Nordie que, de última hora, entregou um traje de gala para uma anfitriã à beira de um ataque de nervos; e a Nordie que reembolsou o valor de um jogo de correntes para pneus — mesmo que a Nordstrom não trabalhasse com esse item.[17] Robert foi informado sobre as mensagens de "atos heroicos" que os vendedores escreviam sobre seus colegas e que serviam para, junto com as cartas dos clientes e as notas de agradecimento dos funcionários aos clientes, determinar quais lojas mereciam os prêmios mensais pelo melhor serviço.[18]

A gerente lhe explicou sobre a grande importância das cartas do cliente: "Elas são fundamentais. Faça de tudo para nunca, nunca mesmo, receber uma carta negativa; esse é um pecado imperdoável. Mas as cartas positivas podem ser sua porta de entrada para o 'Time dos Sonhos' do atendimento ao cliente. Se você acha que entrar na faculdade foi uma grande conquista, não tem ideia do significado de entrar nesse Time. Você aperta as mãos dos irmãos Nordstrom, sua foto vai para o mural, você recebe prêmios e descontos. Você vai para o topo.[19] E, se sua produtividade for premiada, você se tornará um Referencial, com direito a cartões específicos e 33% de descontos em mercadorias.[20] Só os funcionários que mais se destacam chegam ao nível de Referencial."

"Como faço para chegar ao nível de Referencial?", perguntou Robert.

"É simples. Fixe metas muito altas para as vendas e as ultrapasse"[21], explicou ela. Em seguida, ela perguntou: "Falando nisso, quais são suas metas para hoje?"[22]

Metas. Produtividade. Conquistas. Robert viu diversos "lembretes" nas paredes das salas: "Faça uma lista diária de afazeres!"; "Fixe metas, defina prioridades!"[23]; "Não nos decepcione!"; "Seja um referencial de alta categoria; corra atrás dos resultados!"[24]

Ele logo aprendeu o importante cálculo do SPH (índice de vendas por hora). "Se você exceder o SPH predeterminado, receberá uma comissão de 19% sobre as vendas líquidas", explicou a gerente. "Se não exceder, você só receberá seu salário normal, por horas de serviço. Se seu SPH for alto, você poderá optar por um horário mais conveniente e terá mais chances de promoção. O SPH pode ser acompanhado nas tabelas que disponibilizamos na sede da empresa. Colocamos os SPHs em ordem de classificação para que todos os vejam e ninguém queira ficar para trás. O SPH também será indicado no contracheque."[25]

Ao final do primeiro período de pagamento de Robert, os funcionários se reuniram diante de um quadro de avisos, onde havia uma tabela com o ranking de SPHs; alguns deles estavam abaixo da linha vermelha.[26] Robert logo entendeu que deveria fazer de tudo para não cair de posição. Certa noite, ele acordou suando frio; teve um pesadelo terrível em que entrava no escritório e via seu nome no final da lista. Ao longo do dia, ele trabalhou furiosamente para não perder para seus colegas.[27]

Pouco tempo depois, Robert percebeu que um dos vendedores do setor havia saído mais cedo do trabalho. "Cadê o John?", perguntou ele.

"Tirou o resto do dia de folga... Foi suspenso por ter ficado irritado com um cliente", disse Bill, um colega que acabara de vencer um Concurso de Melhor Sorriso e, por isso, ganhara uma foto no mural.[28] "É como aquele castigo de ir para o quarto sem jantar. Amanhã ele está de volta, mas ficará em observação por algumas semanas."[29]

Aos 26, Bill já atuava havia 5 anos na Nordstrom, era um Referencial e fazia parte do Time dos Sonhos. Claramente, ele tinha tudo para se dar bem na empresa. "Os clientes da Nordstrom merecem o melhor tratamento", destacava ele. "Sempre distribuo sorrisos para todos."[30] Bill praticamente só usava roupas da Nordstrom e, além do Concurso de Melhor Sorriso daquele ano, também ganhara o Concurso de Melhor Visual Nordstrom[31] do ano anterior. Ele adorou a exaltação que recebeu quando, certa vez, o gerente da loja leu uma carta de um cliente satisfeito com o atendimento dele — foram aplausos e mais aplausos dos colegas.

Bill adorava trabalhar na Nordstrom e sempre fazia questão de apontar: "Em que outra empresa eu seria tão bem pago e teria tanta autonomia? Na Nordstrom, pela primeira vez na vida, senti que integrava algo especial. Claro, eu trabalho pesado, mas gosto disso. Ninguém me diz o que fazer, e penso que, para chegar ao topo, só depende de mim. Eu me sinto um empreendedor."[32]

Bill já havia sido transferido — com mais de 100 funcionários da Nordstrom — das lojas da Costa Oeste para uma das novas lojas da empresa na Costa Leste.[33] "Até no outro lado do país, só os Nordies podem abrir uma nova loja", explicou ele e descreveu o dia da abertura: "Os funcionários estavam aplaudindo. Os clientes que chegavam também aplaudiam. Havia tanta energia no ar — era uma atmosfera intensa e acolhedora que fazia você se sentir muito especial."[34]

Para Robert, Bill era um ótimo modelo de Nordie. Ele lhe contou que havia participado de um seminário motivacional promovido pela Nordstrom, onde aprendeu a escrever "mantras" positivos que repetia constantemente, como: "Tenho um grande orgulho de ser um Referencial." Mas, como seu objetivo era chegar a gerente de loja, ele também entoava outro mantra: "Eu adoro ser gerente de uma loja Nordstrom... Eu adoro ser gerente de uma loja Nordstrom... Eu adoro ser gerente de uma loja Nordstrom."[35]

Segundo Bill, ser gerente da Nordstrom era difícil. Os gerentes das lojas divulgavam suas metas de vendas em reuniões trimestrais. "Às vezes, o Sr. John veste um suéter com um N gigante e incita os participantes. Alguém divulga as metas de vendas definidas por um comitê secreto para cada loja. Pelo que eu ouvi dizer, os gerentes que estabelecem metas inferiores a essas são vaiados; aqueles que estabelecem metas superiores são aplaudidos."[36]

Bill também era um ótimo guia para o Estilo da Nordstrom. "Tome muito cuidado quando conversar com terceiros", advertiu Bill. "A empresa preza bastante pela privacidade e mantém um controle estrito sobre as informações que divulga. São ordens do alto escalão. O funcionamento da empresa não é matéria pública."[37]

"Falando nisso", perguntou Bill na hora de fechar a loja, já tarde da noite, "você sabia que recebemos um 'cliente oculto' hoje?"

"Um o quê?"

"Um cliente oculto é um funcionário da Nordstrom disfarçado de cliente que, secretamente, avalia sua postura e seu desempenho. Hoje, ela veio conferir sua atuação. Acho que você se saiu bem, mas fique atento para não fechar a cara. Quando o serviço aperta, você tende a franzir a testa. Sempre ostente um sorriso; não feche a cara. Uma expressão fechada pode valer uma canetada na sua ficha."[38]

"Regra número dois", pensou Robert. "Não feche a cara; fique sempre alegre."

Nos próximos seis meses, Robert ficou cada vez menos à vontade na Nordstrom. Quando se via, às 7h da manhã, em uma reunião com os Nordies do departamento cantando "Somos os melhores!" e "Tudo pela Nordstrom!"[39], ele se lembrava do início da resenha sobre a organização em The Best 100 Companies to Work for in America [As 100 Melhores Empresas para Trabalhar nos Estados Unidos, em tradução livre]: "Se você não gosta de atmosferas frenéticas, com pessoas constantemente agitadas, esse local não é para você."[40] Ele até se saía bem — e nunca caía para o fim do ranking do SPH — mas, notadamente, não era nada excepcional. Ele nunca recebeu um aperto de mão de Jim, John ou Bruce. Ele não chegou a Referencial nem foi chamado para o Time dos Sonhos; de fato, ele sempre ficava apreensivo com a possibilidade de fechar a cara para um cliente oculto ou receber uma carta negativa de um cliente. Pior, ele sempre perdia para funcionários bem mais alinhados com a Nordstrom. Eles tinham as qualidades necessárias; ele não. Era um caso de incompatibilidade.

Robert pediu demissão após 11 meses na Nordstrom. Porém, um ano depois, ele estava se saindo muito bem como gerente de departamento em outra loja. "A Nordstrom foi uma ótima experiência, mas não era minha praia", explicou ele. "Tenho alguns amigos que são incrivelmente felizes lá; eles adoram a organização. Sem dúvida, a Nordstrom é uma ótima empresa. Mas o local em que trabalho é mais a minha cara."

"DESCARTADO COMO UM VÍRUS!"

Quando iniciamos a pesquisa, achávamos que as evidências revelariam que as empresas visionárias são ótimos locais de trabalho (ou, pelo menos, melhores do que as outras empresas abordadas na comparação). Porém, essa hipótese não se provou verdadeira em todos os casos. Por exemplo, Bill e Laura se adaptaram e tiveram bons resultados na Nordstrom; para eles, aquele era um ótimo local de trabalho. Mas Robert nunca conseguiu integrar plenamente; para ele, a Nordstrom não era um ótimo local de trabalho. A empresa só era um ótimo local de trabalho para as pessoas que estavam em total sintonia com o estilo da Nordstrom.

Isso vale para muitas das empresas visionárias que estudamos. Se você não se dispõe a adotar de modo entusiástico o Estilo da HP, a HP não é o seu lugar ideal. Se você não se sente à vontade com a dedicação fanática que o Wal-Mart destina aos seus clientes, o Wal-Mart não é o seu lugar ideal. Se você não quer ser "Procterizado", a Procter & Gamble não é o seu lugar ideal. Se não pretende participar de uma cruzada pela qualidade (mesmo que trabalhe na lanchonete), a Motorola não é o seu lugar ideal e você nunca será um "Motorolan" autêntico.[41] Se você tem dúvidas sobre a liberdade do indivíduo para decidir o que comprar (cigarros, por exemplo), a Philip Morris não é o seu lugar ideal. Se não se sente confortável com a atmosfera da Marriott, de dedicação aos serviços, austeridade e influência mórmon, passe longe de lá. Se não lhe agradam as ideias de "assepsia", "mágica", "pó de fada" nem de se transformar em um "fanático por limpeza"[42], provavelmente você odiará trabalhar na Disney.

Constatamos que não é necessário ter um ambiente "leve" nem "confortável" para se criar uma empresa visionária. Na verdade, as empresas visionárias tendem a ser mais exigentes quanto ao desempenho dos funcionários e sua adesão ideológica do que as outras.

"VISIONÁRIO", segundo nossa conclusão, não é o mesmo que condescendente ou indisciplinado. Muito pelo contrário. Como têm muita certeza sobre sua identidade, sua estrutura e seus objetivos, as empresas visionárias tendem a não dar espaço para pessoas incompatíveis ou reticentes diante dos seus elevados padrões.

Durante uma reunião da equipe, um dos assistentes de pesquisa fez o seguinte comentário: "Ingressar nessas empresas é como se filiar a um grupo ou sociedade extremamente integrado. Se você não for compatível, é melhor não entrar. Se vestir a camisa da empresa, ficará satisfeito e terá uma boa produtividade — será uma grande felicidade. No entanto, se esse não for o seu perfil, provavelmente você vacilará, se sentirá infeliz e deslocado e acabará pedindo demissão — será descartado como um vírus. É binário: você está dentro ou fora; parece não haver meio-termo. Lembra um culto."

A pertinência dessa observação nos levou a analisar a literatura sobre o assunto para conferir se as empresas visionárias se pareciam mais com os cultos do que as outras empresas abordadas na comparação. Não encontramos nenhuma definição unânime de culto, que comumente é conceituado como um grupo de pessoas tomadas por uma devoção grande ou excessiva em relação a uma pessoa, ideia ou objeto (algo que, sem dúvida, se aplica a muitas empresas visionárias). Também não encontramos nenhum consenso em torno dos aspectos que diferenciam os cultos das demais formas de organização coletiva. No entanto, identificamos temas comuns e, especificamente, quatro características típicas dos cultos que estão mais presentes nas empresas visionárias do que nas outras empresas.[43]

- Forte adesão ideológica (como vimos no capítulo anterior sobre ideologia estrutural)

- Doutrinação

- Compatibilidade estrita

- Elitismo

Compare a Nordstrom com a Melville. Os processos de condicionamento são intensivos na Nordstrom, da entrevista aos relatos sobre os heróis do atendimento, dos lembretes nas paredes aos mantras positivos e à postura otimista. A Nordstrom orienta os funcionários a escreverem narrativas heroicas sobre seus colegas e mobiliza profissionais e supervisores imediatos no processo de condicionamento. (É comum que os cultos destaquem agentes para recrutarem e formarem novos membros.) A empresa contrata pessoas jovens, incentiva a adesão delas ao estilo da Nordstrom desde o início e promove apenas os que mais se adaptam à sua ideologia estrutural. A Nordstrom impõe uma política de compatibilidade estrita — os funcionários mais alinhados são muito bem favorecidos (remuneração, prêmios, reconhecimento), e os menos compatíveis são desfavorecidos ("caem para o fim do ranking", penalidades, registros nas fichas funcionais). A Nordstrom estabelece um limite claro entre quem pertence ou não à organização e define seus membros como integrantes de uma elite — outra prática comum aos cultos. De fato, o termo "Nordie" evoca um culto. Não encontramos nenhum indício de que a Melville tenha implementando e incentivado a aplicação clara e consistente dessas práticas ao longo da sua história.

A Nordstrom é um exemplo perfeito de "cultismo" — práticas que criam um clima parecido com o de um culto em torno da ideologia estrutural das empresas altamente visionárias. Essas ações filtram funcionários incompatíveis com a ideologia (antes da contratação ou logo no início da carreira). Além disso, elas disseminam uma lealdade intensa e alinham o comportamento dos colaboradores da empresa com a ideologia estrutural de forma consistente e diligente.

Cuidado para não levar nosso raciocínio para o lado errado. Não estamos afirmando que as empresas visionárias são cultos. Na verdade, elas são baseadas ou parecidas com cultos. As expressões "cultismo" e "baseada em cultos" evocam imagens e conotações negativas, muito mais fortes do que "cultura". Mas apontar que as empresas visionárias têm uma cultura não indica nada de novo nem interessante. Toda empresa tem uma cultura! Mas identificamos um fator bem mais preponderante do que o "cultural". Essas expressões são descritivas — não são pejorativas nem prescritivas —, e seu objetivo é definir práticas observadas consistentemente na dinâmica das empresas visionárias. De fato, essas características exercem um papel fundamental na consolidação da ideologia estrutural.

Confira esta análise comparativa entre as empresas visionárias e as demais (veja a Tabela A.6, do Apêndice 3):

- Em 11 das 18 comparações, as evidências indicam um condicionamento mais intensivo associado a uma ideologia estrutural ao longo da história da empresa visionária.*

- Em 13 das 18 comparações, as evidências indicam uma compatibilidade mais estrita ao longo da história da empresa visionária, onde as pessoas ou se adaptam bem à ideologia da empresa ou são totalmente incompatíveis (o profissional está "dentro" ou "fora", sem meio-termo).

- Em 13 das 18 comparações, as evidências indicam um maior elitismo (a sensação de integrar um grupo especial e superior) ao longo da história da empresa visionária.

- Com base em três dimensões (condicionamento, compatibilidade estrita e elitismo), as empresas visionárias indicaram um grau mais elevado de cultismo ao longo da sua história em 14 das 18 comparações (4 casos se revelaram muito similares).

---

* Em termos gerais, as empresas visionárias priorizam mais o treinamento dos funcionários. Isso inclui orientação ideológica, desenvolvimento de habilidades e formação profissional. Mais adiante, retornaremos a este tema.

Os três exemplos que indicamos a seguir (IBM, Disney e Procter & Gamble) ilustram como essas características das empresas visionárias se expressam na prática.

A TRAJETÓRIA DA IBM ATÉ A EXCELÊNCIA

Para Thomas J. Watson, Jr., ex-CEO da IBM, ao longo da sua trajetória até o auge durante a primeira metade do século XX, a empresa tinha uma "atmosfera baseada em culto".[44] Esse fenômeno remonta a 1914, quando o pai de Watson (Thomas J. Watson, Sr.) assumiu a direção de uma pequena e incipiente empresa que, intencionalmente, transformou em uma organização de fanáticos.˙ Watson cobriu a parede com slogans: "Nunca recuperamos o tempo desperdiçado"; "Ficar parado é inadmissível"; "Nunca se dê por satisfeito"; "Vendemos serviços"; "O nome da empresa está no trabalho dos seus funcionários." Ele impôs um código de conduta pessoal bastante estrito — exigia que os vendedores sempre estivessem nos trinques em seus ternos escuros, encorajava o casamento (para ele, pessoas casadas trabalhavam mais e eram mais leais porque têm que sustentar suas famílias), desaconselhava o tabaco e proibia o álcool. Watson também implementou programas sistemáticos de condicionamento para difundir a filosofia corporativa entre os novos funcionários, priorizava a contratação de pessoas jovens e impressionáveis e só concedia promoções para os colaboradores da empresa. Mais tarde, ele fundou clubes para que a vida social dos seus funcionários girasse principalmente em torno dos seus colegas.[45]

Como a Nordstrom, a IBM criou uma mitologia heroica em torno dos funcionários mais alinhados com a ideologia corporativa e estampava seus nomes e fotos — bem como os relatos das suas proezas — em publicações da empresa. Em alguns casos, havia até homenagens com canções corporativas![46] Além disso, como a Nordstrom, a IBM destacava a importância da determinação individual e da iniciativa no âmbito do grupo.

Na década de 1930, a IBM institucionalizou ainda mais seu processo de condicionamento e criou uma "escola" para socializar e formar os futuros executivos da empresa. Em *Father, Son & Co.*, Watson Jr. escreveu:

> O objetivo da escola era inspirar lealdade, entusiasmo e comprometimento, o que, para a IBM, era o caminho que levava ao sucesso. O lema "THINK" [o onipresente slogan da IBM] estava escrito na porta, em letras com meio metro de altura. No interior do prédio,

---

* NOTA: Há um excelente relato sobre o início da trajetória da IBM em Robert Sobel, *IBM: Colossus in Transition* (Nova York: Truman Talley Books, 1981).

uma escadaria de granito preparava o clima mental dos alunos que se dirigiam para as salas de aula.[47]

Vestidos com "roupas padronizadas da IBM", os veteranos ministravam os cursos e destacavam os valores da empresa. Todas as manhãs, em meio a cartazes com lemas e slogans corporativos, os estudantes cantavam as músicas do livro oficial da IBM, como o hino norte-americano, "The Star-Spangled Banner", e o hino da IBM, "Ever Onward", que vinha logo na outra página.[48] A letra era mais ou menos assim:[49]

March on with I.B.M*.
Work hand in hand,
Stout hearted men go forth,
In every land.

Embora tenha saído dessa fase musical, a IBM preservou seus processos de treinamento e socialização focados em valores. Os novos funcionários tinham que aprender as "três crenças básicas" (que descrevemos em um capítulo anterior) e participar de cursos que enfatizavam a filosofia da empresa e as habilidades dos profissionais. Eles aprendiam a linguagem específica da cultura (a "IBM-speak") e tinham que proceder com o nível de profissionalismo exigido pela empresa. Em 1979, a IBM inaugurou um "Centro de Desenvolvimento de Administração", situado em uma área de 10 hectares que, segundo a organização, "passa a impressão de um monastério até você chegar às dinâmicas salas de aula do local".[50]

Na edição de 1985 do manual *The 100 Best Companies to Work*, a resenha da IBM afirmava que a empresa havia "institucionalizado suas crenças como uma igreja… Como resultado, a organização está repleta de seguidores fiéis. (Se você não for um seguidor, talvez não se sinta à vontade.)… Há quem compare ingressar na IBM a se filiar a uma ordem religiosa e se alistar nas forças armadas… Se você entende os Fuzileiros, entenderá a IBM… Você tem que estar disposto a abrir mão de parte da sua identidade para sobreviver lá dentro".[51] Em 1982, um artigo do *Wall Street Journal* apontou que a cultura da IBM era "tão pungente que, segundo um ex-funcionário, com uma passagem de nove anos pela empresa, sair de lá era como emigrar".[52]

De fato, ao longo da sua história (até a publicação deste livro, pelo menos), a IBM sempre impôs uma compatibilidade estrita com sua ideologia. Como Buck Rodgers, ex-vice-presidente de marketing da empresa, explicou no livro *The IBM Way*:

---

* N.T.: Avante com a IBM; Trabalhe de mãos dadas; Homens de corações valentes, em todos os lugares.

A IBM transmite sua filosofia aos funcionários antes mesmo da contratação, ainda na primeira entrevista. A palavra transmitir pode sugerir uma lavagem cerebral, mas não considero esse procedimento como algo negativo. Basicamente, os candidatos recebem a seguinte informação: "É assim que fazemos as coisas por aqui. Temos ideias muito específicas a esse respeito e, se você entrar na empresa, aprenderá a lidar com os clientes. Se nossa postura com relação a eles e aos serviços for incompatível com a sua, vamos nos desvincular; quanto mais rápido, melhor."[53]

Além disso, o elitismo sempre foi uma constante ao longo da história da empresa. Desde 1914, muito antes de a IBM ter uma presença nacional, Watson Sr. já difundia a ideia de que a empresa era um local de trabalho superior e especial. "Você nunca terá sucesso em nenhuma empresa", destacava ele, "se não acreditar que ela é a melhor do mundo".[54] (No capítulo sobre o GOAA, vimos como ele reiterou essa postura elitista ao mudar o nome da empresa do cacofônico Computer Tabulating Recording Company para International Business Machines Corporation.) Em 1989, três quartos de século depois de Watson Sr. ter criado a ideia de uma empresa especial e elitizada, Watson Jr. revisitou o tema no ensaio *IBM: A Special Company*, publicado por ocasião do 75º aniversário da empresa:

> Se acharmos que a empresa é só mais uma, nossa organização será como todas as outras. Para nós, a IBM deve ser especial. Quando você assimilar essa ideia, será muito mais fácil manter a determinação necessária para aplicá-la na prática.[55]

Você pode imaginar que essa atmosfera baseada em culto e a compatibilidade estrita com as três crenças básicas contribuíram para a crise da IBM no início dos anos 1990. Será que o cultismo foi a causa primária das dificuldades que a IBM enfrentou nessa virada drástica do setor tecnológico? Os resultados do estudo não confirmam essa hipótese. A IBM era uma organização predominantemente baseada em culto na década de 1920, mas conseguiu se adaptar à transformação radical dos procedimentos contábeis automatizados. Ainda conservava essa característica na década de 1930, mas encarou os rigores da Grande Depressão sem nenhuma demissão. A cultura era a mesma nas décadas de 1950 e 1960, mas a IBM se adaptou à ascensão dos computadores, talvez a mudança mais drástica na história da empresa. A IBM ainda tinha algo de culto no início dos anos 1980, mas — ao contrário das demais empresas da velha guarda do setor — navegou bem pela revolução dos computadores pessoais e marcou sua importante presença no mercado. Tudo leva a crer que essa cultura baseada em culto, e a preservação fanática dos seus valores estruturais, ficou menos intensa à medida que a IBM se aproximava da crise.

> A **IBM** obteve seus maiores sucessos — e demonstrou uma maior capacidade de se adaptar às dinâmicas conjunturais — quando sua cultura era mais ostensivamente baseada em culto.

Por outro lado, a Burroughs demonstrou um grau mínimo de cultismo em comparação com a IBM. A empresa não tinha um centro de condicionamento para "transmitir" seus valores corporativos aos funcionários. Além disso, não encontramos nenhum indício de que a Burroughs tenha adotado uma compatibilidade muito estrita em relação a uma ideologia estrutural nem se considerado parte de uma elite ou especial no âmbito do setor empresarial do país. Ao contrário da Burroughs, a IBM assumiu uma identidade nitidamente baseada em culto. Além disso, sempre esteve à frente da Burroughs nos pontos mais críticos da evolução do setor, embora a Burroughs tenha tido um ponto de partida bem melhor.

WALT DISNEY, O MÁGICO

Como a IBM e a Nordstrom, a Walt Disney Company também aplicou extensivamente o condicionamento, a compatibilidade estrita e o elitismo na preservação da sua ideologia estrutural.

Na Disney, os funcionários — de todos os níveis e cargos — devem participar da sessão de orientação voltada para recém-contratados; conhecido como "Tradições da Disney", esse curso é ministrado pelo corpo docente da Disney University, a organização interna de socialização e treinamento da empresa.[56] O programa foi desenvolvido para introduzir os "novos membros da equipe às tradições, filosofia, organização e dinâmica empresarial da Disney".[57]

A Disney promove ações intensivas para triar e socializar os funcionários horistas que contrata para seus parques temáticos. Os candidatos — até mesmo a cargos de serviços gerais — passam por, pelo menos, duas entrevistas de triagem.[58] (Na década de 1960, a Disney submetia os candidatos a um teste de personalidade completo.)[59] Homens com barba por fazer e mulheres com brincos extravagantes e maquiagem pesada nem precisam se dar ao trabalho; o código estético da Disney é bastante estrito.[60] (Em 1991, alguns colaboradores fizeram uma greve para protestar contra o código estético; a Disney demitiu o líder da manifestação e não modificou nenhum ponto das suas normas.)[61] Na década de 1960, a Disney já aplicava diretrizes de compatibilidade estrita à contratação de pessoal, como Richard Schickel descreve no seu livro *The Disney Version*, publicado em 1967:

Todos têm uma aparência bem padronizada. As garotas geralmente são loiras de olhos azuis e discretas; estão no meio do caminho entre modelos de revistas esportivas californianas e mães de famílias suburbanas. Os meninos são ativos, norte-americanos da gema; aqueles garotos gentis e inofensivos que sua mãe sempre recomendava como exemplos.[62]

Na Disney, os recém-contratados passam por um programa de treinamento de vários dias e aprendem rapidamente um novo idioma:

Os funcionários são os "atores do elenco".

Os clientes são os "convidados".

A multidão é o "público".

Um turno de trabalho é uma "atuação".

Cada serviço é um "papel".

A descrição de um serviço é um "roteiro".

O uniforme é o "figurino".

O departamento de pessoal "escala o elenco".

Trabalhar é estar "no palco".

Tirar uma folga é ficar "nos bastidores".

Essa linguagem especial ressalta a importância da mentalidade desenvolvida pela Disney em seminários de orientação promovidos por "instrutores" experientes, que testam os novos integrantes do elenco com perguntas sobre os personagens, a história e a mitologia da Disney, destacando sua ideologia estrutural:

INSTRUTOR:	Qual é o nosso ramo? Todo mundo sabe que o McDonald's está no ramo dos sanduíches. Qual é o ramo da Disney?
NOVO FUNCIONÁRIO:	Fazer as pessoas felizes.
INSTRUTOR:	Sim, exatamente! A Disney *faz as pessoas felizes*. Ela não liga para quem elas são, que idioma falam, o que fazem, de onde vêm, de que cor são, nenhum fator. Estamos aqui para fazê-las felizes… Ninguém foi contratado para fazer um serviço. Todo mundo foi escalado para um papel no show.[63]

Os seminários de orientação são realizados em salas específicas, cheias de imagens de Walt Disney e dos seus personagens mais famosos (como Mickey Mouse e Branca de Neve e os Sete Anões). Segundo um vídeo do Tom Peters Group, o objetivo das salas é "criar a ilusão de que o Walt está lá em pessoa para receber os novos funcionários em seu espaço. Eles devem se sentir sócios do fundador do Parque".[64] Os funcionários precisam ler os materiais da Universidade, que contêm orientações como esta: "Na Disney, ficamos cansados, mas nunca entediados; mesmo nos dias difíceis, demonstramos alegria. Seu sorriso deve ser sincero. Tem que vir de dentro... Em último caso, tenha em mente que você é pago para sorrir."[65]

Após a sessão presencial de orientação, o novo funcionário forma uma dupla com um colega experiente que lhe explica detalhadamente um serviço específico. Ao longo de todo o processo, a Disney aplica códigos de conduta estritos para que o novato descarte traços peculiares da sua personalidade que destoem do roteiro.[66] Segundo a revista Training: "Na Disney, os novos funcionários não têm nenhum momento fora do planejamento. Os primeiros dias após o programa de orientação são preenchidos com testes de figurino (uniformes), ensaios de roteiro (treinamento) e encontros com outros membros do elenco. Tudo é cuidadosamente planejado como uma encenação para o público dos parques temáticos."[67]

Esse zelo fanático com relação à autoimagem e ideologia se revela claramente não só nos parques temáticos, mas em muitos outros aspectos. Todos os funcionários devem participar de um seminário de orientação sobre as Tradições da Disney. Depois de passar um verão realizando análises financeiras, planejamento estratégico e outros serviços semelhantes na Disney, um aluno do programa de MBA de Stanford descreveu a situação:

> Logo no meu primeiro dia na Walt Disney Company, percebi a magia da visão de Walt. Na Disney University, por meio de vídeos e "pó de fada", Walt descreveu seus sonhos e a mágica do seu "mundo". O arquivo da empresa preserva a história de Walt para todos os membros do elenco. Após a orientação, parei na esquina da Mickey Avenue com a Dopey Drive — e senti a magia, o sentimento, a história. Passei a acreditar no sonho de Walt e a compartilhar da mesma crença que os demais integrantes da organização.[68]

Nenhum funcionário da empresa pode criticar, de modo velado ou expresso, o ideal de "higidez" se quiser manter seu emprego.[69] As publicações da empresa sempre definem a Disney como "especial", "diferente", "única", "mágica". Até mesmos os relatórios anuais para os acionistas são repletos de expressões como "sonhos", "diversão", "animação", "alegria", "imaginação" e "a magia é a essência da Disney".[70]

A Disney mantém sua dinâmica interna sob um véu de sigilo, intensificando a impressão de mistério e elitismo — só quem está no núcleo da máquina pode ver, nos bastidores, como realmente funciona a "mágica". Por exemplo, só os integrantes do elenco (obrigados por contrato a manter sigilo) podem acompanhar o treinamento dos personagens do parque. Os jornalistas que cobrem a Disney têm se deparado com barreiras quase intransponíveis ao investigar os segredos do Reino Mágico. "É estranho que a Disney seja tão fechada", escreveu um autor. "Nunca vi tanta paranoia por controle em todos esses anos escrevendo sobre o mundo dos negócios nos EUA."[71]

A triagem e o condicionamento intensivos que a Disney destina aos seus funcionários, sua compulsão por sigilo e controle e seu empenho incisivo na criação de uma mitologia e de uma imagem especial — e importante — para as crianças do mundo inteiro são fatores que disseminam uma adesão parecida com um culto entre seus clientes. Certa vez, um cliente fiel viu um boneco um pouco sem cor em uma loja e se irritou: "Se o tio Walt estivesse aqui, ficaria constrangido."[72]

De fato, para quem analisa a Disney, às vezes é difícil dizer que se trata de uma empresa e não de um movimento social ou religioso. Como Joe Fowler escreveu no livro *Prince of the Magic Kingdom*:

> Esta história não é sobre uma empresa. É uma história essencialmente humana sobre ideias, valores e expectativas e sobre homens e mulheres dispostos a tudo para defender esses princípios, tão efêmeros que muitos os definem como ingênuos; tão profundos que muitos se dedicam a estudá-los e a aplicá-los, ficam irritados e aflitos quando eles são contrariados e os defendem de forma lírica e inspirada. O nome "Disney" suscita esse fenômeno interessante: ninguém fica neutro diante dele. Walt Disney era um gênio ou um charlatão, um hipócrita ou um modelo, um trapaceiro ou uma figura paterna adorada por várias gerações de crianças.[73]

Essa cultura baseada em culto remete à postura do fundador da empresa, Walt Disney, que via sua relação com os funcionários como a de um pai com seus filhos.[74] Ele exigia dedicação total e uma lealdade obstinada à empresa e aos seus valores. Um colaborador dedicado e, sobretudo, leal poderia errar e ganhar uma segunda chance (e, muitas vezes, até uma terceira, quarta e quinta).[75] Mas, se contrariasse a tão sagrada ideologia da empresa ou cometesse um ato de deslealdade, seus pecados seriam punidos com demissão imediata. Segundo a biografia de Walt Disney escrita por Marc Eliot: "Quando alguém, inadvertidamente, soltava um palavrão perto de Walt, o resultado era sempre demissão imediata, mesmo que a dispensa do profissional fosse muito inconveniente."[76] Quando os animadores da Disney entraram em greve, em 1941, Walt se sentiu traído por seus funcionários e viu no sindicato não uma força econômica, mas uma ingerência na "família" de colaboradores leais que controlava com tanta diligência.[77]

Walt era obcecado por ordem e convertia essa inclinação em práticas voltadas para a preservação da essência da Disney. O código de estética, os processos de recrutamento e treinamento, a atenção fanática aos menores aspectos da estrutura física, a compulsão por sigilo, as regras estritas voltadas para a preservação da integridade e da aura dos personagens da Disney — isso tudo remete à obstinação de Walt em manter a Disney Company totalmente alinhada com sua ideologia estrutural. Ele chegou a descrever as fundações dos processos da Disney:

> No primeiro ano, terceirizei o estacionamento e a segurança — esse tipo de coisa. Mas logo percebi o erro. Não era possível oferecer a hospitalidade que eu queria com serviços terceirizados. Agora recrutamos e treinamos todos os funcionários. Por exemplo, eu digo ao pessoal da segurança para nunca agir como a polícia, mas ajudar as pessoas. Depois de implementada, a política caminha sozinha.[78]

E foi isso que ocorreu. Mesmo passando por dificuldades após a morte de Walt, a Disney nunca perdeu sua ideologia estrutural, o que se deve, em grande parte, aos processos implementados por ele. Quando Michael Eisner e a New Disney Team assumiram o comando da empresa, em 1984, esse núcleo — diligentemente preservado — foi a base da recuperação da Disney durante a década seguinte.

Por outro lado, após a morte de Cohn, em 1958, a Columbia Pictures não tinha nenhuma ideologia estrutural nem mecanismos de preservação de valores. Walt não criou uma máquina perfeita, mas tinha uma ideologia estrutural e implementou mecanismos eficientes (baseados em culto) para preservar esses princípios, ao contrário de Colin. A Disney se recuperou e se afirmou como uma instituição independente construída sobre o legado de Walt; a Columbia Pictures deixou de existir como uma empresa independente.

IMERSÃO COMPLETA NA PROCTER & GAMBLE

Ao longo da sua trajetória, a Procter & Gamble vem preservando sua ideologia estrutural com ações intensivas de condicionamento, compatibilidade estrita e elitismo. Ela adota um processo criterioso para triar candidatos: a empresa contrata pessoas jovens para cargos de entrada, adapta sua mentalidade e seu comportamento ao estilo da P&G, descarta os incompatíveis e promove apenas os colaboradores mais leais para os cargos intermediários e superiores. Segundo o manual *The 100 Best Companies to Work for in America*:

> A admissão na P&G é muito concorrida. Quando os novatos chegam, parece que ingressaram em uma instituição, não em uma empresa. Nos níveis intermediário e superior da gerência, não há ninguém que tenha adquirido experiência em outra empresa. Não há outra opção aqui. Nessa empresa, o único caminho é de baixo para cima.[79] Existe um estilo da P&G, e você tem que dominá-lo ou, no mínimo, ficar à vontade com ele para ser feliz e, em última análise, obter sucesso.[80]

Os processos de condicionamento são formais e informais. Na P&G, os novos funcionários passam por várias sessões de treinamento e leem a biografia oficial da empresa, *Eyes on Tomorrow* (conhecida internamente como "O Livro"), que descreve a organização como "essencial à história da nação", "um legado espiritual" e dotada de um "princípio imutável e consistente, baseado em referenciais éticos e morais difundidos pelos fundadores como parte da seu importante legado".[81] As publicações internas, palestras de executivos e materiais de orientação destacam a história, os valores e as tradições da P&G.[82] Os funcionários uma hora ou outra se deparam com o "Ivorydale Memorial", situado na fábrica de Ivorydale — uma escultura de mármore em tamanho real representando William Cooper Procter, neto do cofundador William Procter, com a seguinte inscrição: "Sua vida foi nobre e simples, com fé em Deus e no valor dos seus semelhantes."[83]

Os novos funcionários — especialmente os que atuam na gestão de marcas (a função central da empresa) — logo começam a se dedicar quase que integralmente a colaborar e se socializar com os demais membros da "família", com os quais aprendem mais sobre os valores e práticas da P&G. Sua sede relativamente isolada, situada em uma cidade dominada pela P&G (Cincinnati), acentua ainda mais a sensação de imersão total na empresa. "Você está em uma cidade desconhecida, trabalha o dia todo, escreve memorandos a noite inteira e sai com os colegas nos fins de semana", descreveu um funcionário.[84] Os colaboradores convivem intensamente entre si, frequentando os mesmos clubes e igrejas e morando nos mesmos bairros.[85]

A P&G tem uma longa tradição de programas paternalistas, com planos de carreira e de benefícios que retêm os funcionários na empresa.[86]

- Em 1887, a P&G instituiu um plano de divisão de lucros com os trabalhadores, o plano mais antigo de divisão de lucros em operação contínua na indústria dos EUA.
- Em 1892, a P&G criou um plano de aquisição de ações pelos empregados, um dos primeiros na história do setor.

▪ Em 1915, a P&G instituiu um plano de seguro para aposentadoria, doença e invalidez — novamente a primeira empresa a fazer isso.

Esses programas não servem só para remunerar os funcionários, mas também para incentivar uma boa conduta, comprometimento e compatibilidade estrita. Uma publicação da P&G descreveu esse primeiro plano de participação nos lucros:

> Para William Cooper Procter, os funcionários que não atendiam aos apelos por uma maior dedicação não tinham direito à participação nos lucros — suas ações deveriam ser repassadas aos colaboradores mais dedicados. Então, ele definiu quatro categorias baseadas no grau de dedicação do funcionário, a ser determinado pela administração. Essa medida foi muito eficiente [para promover boas posturas]![87]

Ao incentivar a compra de ações pelos funcionários por meio do programa de participação acionária, a empresa fomentou um grande comprometimento psicológico entre eles. Afinal de contas, existe uma forma melhor de conquistar a adesão dos colaboradores do que lhes oferecer a possibilidade de serem donos de parte do negócio? Em 1903, para consolidar ainda mais esse processo de adesão, a P&G limitou seu programa de participação nos lucros aos funcionários dispostos a investir de modo expressivo nas suas ações:

> A partir de então, a participação nos lucros foi vinculada diretamente às ações ordinárias da P&G em posse dos funcionários. Para ser elegível, o funcionário tinha que comprar um número de ações de valor *equivalente ao do seu salário anual* [grifo nosso], mas esse pagamento podia ser parcelado ao longo de vários anos e quitado a uma taxa mínima de 4% da sua renda anual. Por sua vez, a Empresa contribuía com 12% do salário anual do funcionário para a compra das ações.[88]

Em 1915, 61% dos funcionários já estavam participando do programa, manifestando sua total adesão psicológica à P&G. Ao longo da sua história, a empresa utilizou diversos mecanismos para estimular posturas eficientes, como códigos estritos de vestuário, salas com quase nenhum espaço privativo e seu famoso "memorando de uma página"*, que estabelecia a consistência no estilo das comunicações.

A P&G exige compatibilidade estrita em toda sua estrutura, em todos os países e culturas do mundo. Um ex-funcionário, que ingressou na P&G logo

---

* Todos os memorandos devem ter, no máximo, uma página, mais os Apêndices. A maioria dos funcionários da P&G concorda com essa regra, embora alguns afirmem que já viram memorandos com mais de uma página.

depois de se formar em administração e atuou na Europa e na Ásia, comentou: "A cultura da Procter abrange o mundo inteiro. Quando saí do país, fui orientado expressamente a me adaptar à cultura da P&G antes de me adaptar à cultura nacional. Trabalhar na P&G é como ser um cidadão de um país."[89] Durante uma reunião, em 1986, o CEO John Smale bateu na mesma tecla:

> Nossos colaboradores compartilham um mesmo vínculo no mundo inteiro. Apesar das nossas diferenças culturais e individuais, falamos a mesma língua. Quando me reúno com o pessoal da Procter & Gamble — no setor de vendas em Boston, no desenvolvimento de produtos no Ivorydale Technical Center ou no comitê de gestão em Roma —, tenho a impressão de falar com o mesmo tipo de gente. São pessoas que eu conheço, em quem confio. São pessoas da Procter & Gamble.[90]

Como a Nordstrom, a IBM e a Disney, a Procter & Gamble demonstra um cuidado intenso com o sigilo e o controle das suas informações. Os gerentes costumam repreender e punir os funcionários que trabalham em aviões, usam cartões de bagagem que revelam seu vínculo profissional com a P&G e falam sobre negócios em locais públicos. Publicado em 1991, o plano de gestão das opções de ações determina que, se o beneficiário divulgar informações sobre a P&G sem autorização, suas opções serão anuladas.[91]

Esse clima de segredo em torno da empresa destaca o elitismo que vem marcando grande parte da sua trajetória. Os funcionários da P&G têm orgulho de integrar uma organização que se descreve como "especial", "excepcional", "ética", "autodisciplinada", "uma instituição" operada pelos "melhores profissionais" e "um caso único entre as maiores empresas do mundo".[92] Ao descrever um projeto particularmente difícil, um gerente da P&G comentou: "Uma característica que percebi em todos durante o projeto foi o orgulho de ser o melhor."[93]

A diferença entre a P&G e a Colgate não é tão grande quanto a que existe entre a Nordstrom e a Melville, a IBM e a Burroughs e a Disney e a Columbia. Até o início dos anos 1900, a Colgate adotava uma cultura paternalista baseada em valores familiares.[94] No entanto, as duas empresas se diferenciaram nos últimos sessenta anos. Não encontramos nenhuma evidência de que a Colgate adote um processo rigoroso de seleção e compatibilidade estrita para admitir novos funcionários. Também não encontramos nenhum indício do condicionamento baseado em "princípios" estabelecidos pelos fundadores, como no caso da P&G. A P&G sempre se definiu com base na sua ideologia estrutural e no seu valioso legado — destacando sua singularidade e excepcionalidade; por outro lado, a Colgate vem se afirmando cada vez mais em função da P&G. A Procter tem destacado continuamente seu status de elite; já a Colgate se considera a "segunda opção em relação à Procter" e está determinada a se tornar "a próxima P&G".[95]

A MENSAGEM PARA CEOS, GESTORES E EMPRESÁRIOS

As conclusões deste capítulo podem não lhe cair bem. Compreendemos esse desconforto e indicamos expressamente que não estamos promovendo (nem descrevendo) vertentes extremas de culto, como os de Jim Jones, David Koresh e do reverendo Sun Myung Moon. Tenha em mente que, ao contrário das seitas religiosas e movimentos sociais que giram em torno de um líder carismático (o chamado "culto da personalidade"), as empresas visionárias baseadas em cultos tendem a venerar suas ideologias. Pense, por exemplo, em como a Nordstrom difundiu uma devoção fanática com relação aos seus valores estruturais ao criar uma mitologia para promover os atos heroicos dos funcionários no atendimento aos clientes sem exigir uma postura servil diante de um determinado líder. A diligência da Disney na proteção dos seus valores transcendeu a existência de Walt e se prolongou, intacta, por décadas após a morte dele. A P&G manteve uma dedicação ferrenha aos seus princípios por mais de 150 anos e nove gerações de líderes. O culto de personalidades é algo transitório; criar um ambiente que estimule a adesão a uma ideologia estrutural consistente é uma medida bem mais eficiente.

> **A** conclusão deste capítulo é evitar os cultos de personalidade. Não siga esse caminho em nenhuma circunstância.

Seu objetivo deve ser criar uma organização que preserve obstinadamente sua ideologia estrutural com ações específicas e concretas. As empresas visionárias convertem suas ideologias em mecanismos coerentes que transmitem sinais consistentes. Elas condicionam seus funcionários, adotam padrões de compatibilidade estrita e criam uma imagem especial com iniciativas práticas e concretas como:

- Programas contínuos de orientação e treinamento com conteúdo ideológico e prático, abordando valores, normas, história e tradições, entre outros tópicos
- "Universidades" internas e centros de treinamento
- Incentivo à socialização entre colegas e supervisores imediatos
- Políticas estritas de promoção "de baixo para cima", contratação de jovens e adaptação da mentalidade dos funcionários desde o início do vínculo profissional
- Difusão de uma mitologia pungente em torno de "atos heroicos" e modelos corporativos (por exemplo, cartas positivas de clientes, monumentos)
- Uma linguagem e uma terminologia exclusivas (como "integrantes do elenco" e "motorolans") que promovam referências comuns e a imagem de um grupo especial ou elite

- Canções corporativas, cumprimentos, afirmações e compromissos que consolidem a adesão psicológica
- Processos estritos de triagem durante a contratação ou nos primeiros anos do vínculo profissional
- Critérios de incentivo e promoção expressamente baseados na ideologia corporativa
- Prêmios, concursos e reconhecimento para os funcionários que demonstrem consistência em seu alinhamento com a ideologia. Penalidades ostensivas para os colaboradores que contrariem as disposições ideológicas
- Tolerância a erros que não contrariem a ideologia da empresa ("lapsos"); penas graves e demissão em caso de violação à ideologia ("pecados")
- Mecanismos de promoção da adesão (compromisso financeiro, investimento de tempo)
- Comemorações que destaquem conquistas, a integração e a singularidade
- Uma estrutura física condizente com as normas e os ideais da empresa
- Foco constante das comunicações verbais e escritas nos valores corporativos, no legado e na imagem especial da organização

Preserve a Essência E Fomente o Progresso

A essa altura, você pode pensar: adotar uma cultura baseada em culto e estrita não é arriscado? Não resultará em estagnação e pensamento de grupo? Será que afastará pessoas talentosas? Inibirá a criatividade, a diversidade e a mudança? A resposta: sim, adotar uma cultura baseada em culto *pode* ser arriscado e restritivo se não houver o outro lado do yin-yang. *As culturas baseadas em cultos, voltadas para a preservação dos seus valores estruturais, devem ser equilibradas com muitos avanços excepcionais.* Em uma empresa visionária, esses dois fatores devem caminhar lado a lado.

De fato, uma cultura baseada em culto pode melhorar a eficácia da empresa na concretização dos seus Grandes Objetivos Audaciosos e Arriscados, pois cria a impressão de uma organização de elite para a qual tudo é possível. O clima de veneração na IBM contribuiu bastante para a aposta da empresa no IBM 360. A reverência disseminada na Disney em torno da sua função especial no mundo viabilizou a conquista de objetivos radicais, como a construção dos seus parques, em especial o EPCOT. A dedicação da Boeing em ser uma organização onde as pessoas "vivem, respiram, comem e sonham com seus trabalhos" foi essencial para o sucesso dos projetos 707 e 747. A crença quase fanática da Sony em sua singularidade e no seu papel especial no mundo impulsionou suas iniciativas audaciosas com transistores na década de 1950. A dedicação fervorosa da Merck à sua ideologia convenceu seus funcionários de que eles integravam algo mais do que uma corporação — isso foi decisivo para que eles atuassem com o empenho necessário e estabelecessem a Merck como a principal empresa farmacêutica do mundo.

Além disso, a cultura baseada em culto pode girar em torno da inovação, da competitividade ou da mudança. Você pode até adotar uma cultura baseada em culto em torno da comicidade. Deve ser por isso que os executivos da Wal-Mart promovem eventos em que milhares de colaboradores gritam frases como: "Me dá um W! Me dá um A! Me dá um L! Me dá um Traço! (Aqui os funcionários descrevem um traço com os quadris.) Me dá um M! Me dá um A! Me dá um R! Me dá um T! Qual é a palavra? Wal-Mart! Qual é a palavra? Wal-Mart! E o número um? O CLIENTE!"[96]

A compatibilidade estrita e a diversidade também podem funcionar juntas. Algumas das empresas visionárias mais parecidas com cultos vêm sendo elogiadas por oferecerem excelentes locais de trabalho para mulheres e pessoas identificadas como minorias. A Merck, por exemplo, tem uma longa tradição de programas de inclusão social. Para a empresa, a diversidade é um tipo de avanço bastante alinhado com seus valores estruturais. Não importa sua cor, tamanho, formato ou gênero — basta que você acredite nos objetivos da Merck.

CONTROLE IDEOLÓGICO/AUTONOMIA OPERACIONAL

Em um caso clássico da supremacia da "Filosofia do E" sobre a "Ditadura do OU", as empresas visionárias adotam um controle ideológico estrito e, ao mesmo tempo, proporcionam uma grande autonomia operacional para estimular a iniciativa dos colaboradores. De fato, como veremos no próximo capítulo, concluímos que, em termos gerais, as empresas visionárias são bem mais descentralizadas e oferecem mais autonomia do que as outras empresas abordadas na comparação, apesar de se basearem em cultos.[97] O controle *ideológico* preserva os valores estruturais, mas a autonomia *operacional* viabiliza os avanços.

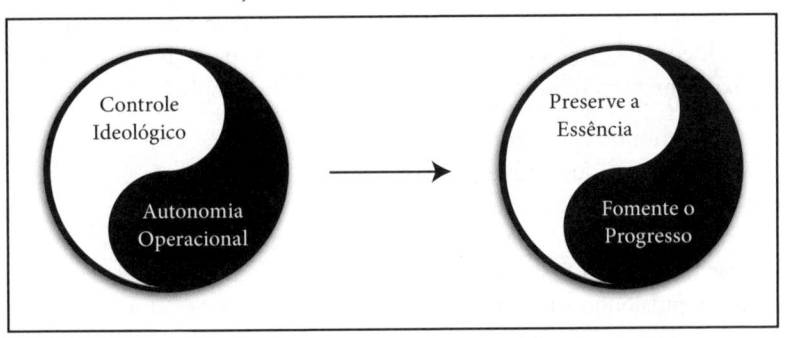

Pense no manual de uma página da Nordstrom que vimos no início do capítulo. Se, por um lado, a Nordstrom restringe a conduta dos funcionários ao padrão mais condizente com sua ideologia, por outro lado, a empresa lhes concede uma imensa área de atuação. Durante uma visita à Stanford Business School, alguém perguntou a Jim Nordstrom como um funcionário da empresa lidaria com um cliente que estivesse tentando devolver um vestido que, obviamente, tinha sido usado; ele respondeu:

> Não sei. Falo com sinceridade. Mas estou certo de que o caso seria resolvido de modo que o cliente se sentisse bem tratado e satisfeito. A devolução do vestido depende da situação, mas sempre concedemos ao balconista bastante espaço para atuar. Para nós, os funcionários são especialistas em vendas. Eles não precisam de regras. Precisam de diretrizes básicas, mas não de regras. Na Nordstrom, você pode fazer o que for preciso para cumprir a tarefa, contanto que esteja sempre alinhado com nossos valores e padrões fundamentais.[98]

A Nordstrom lembra o Corpo de Fuzileiros Navais dos Estados Unidos — rígida, controlada e disciplinada, com pouco espaço para quem não se adapta à sua ideologia. No entanto, por incrível que pareça, é muito provável que profissionais sem iniciativa nem instintos empreendedores falhem na empresa tanto quanto os incompatíveis com seus princípios ideológicos. Isso também vale para outras empresas visionárias de ideologia estrita como a 3M, a J&J, a Merck, a HP e a Wal-Mart.

Essa conclusão tem importantes implicações práticas. Para criar um ambiente de trabalho eficiente e descentralizado, as empresas devem, antes de mais nada, adotar uma ideologia estrita, triar e condicionar seus funcionários com base nesses valores, descartar os vírus e inspirar nos seus colaboradores a forte responsabilidade associada a uma organização de elite. Para isso, é necessário escalar os atores certos, preparar sua mentalidade e, em seguida, lhes conceder a liberdade necessária para improvisar quando quiserem. Resumindo, criar uma cultura parecida com um culto em torno de uma ideologia estrita pode, na verdade, deixar as pessoas mais à vontade para experimentar, mudar, adaptar e — sobretudo — agir.

capítulo 7

FAÇA TESTES E IMPLEMENTE AS MELHORES OPÇÕES

Minha imaginação fica muito mais satisfeita quando considera as espécies mais bem adaptadas não como dotadas de instintos especiais, criados ou atribuídos, mas como pequenas consequências de uma lei geral que promove o avanço de todos os seres orgânicos — a saber, a lei da multiplicação, da diversidade, da sobrevivência do mais forte e da extinção do mais fraco.

CHARLES DARWIN, A ORIGEM DAS ESPÉCIES, 1859[1]

Nossa empresa literalmente tropeçou em alguns dos novos produtos. Mas não se esqueça: só tropeça quem se mexe.

RICHARD P. CARLTON, EX-CEO DA 3M CORPORATION, 1950[2]

O fracasso é o nosso produto mais valioso.

R. W. JOHNSON, JR., EX-CEO DA JOHNSON & JOHNSON, 1954[3]

Durante a trajetória das empresas visionárias, constatamos impressionados que grande parte das suas melhores jogadas não foi resultado de um planejamento estratégico minucioso, mas de experimentação, tentativa e erro, oportunismo e — literalmente — acidente. Em vez de estratégias brilhantes, muitas vezes essas conquistas eram efeitos residuais de experimentos convenientes e "acidentes calculados". A seguir, vamos conferir os exemplos da Johnson & Johnson, da Marriott e da American Express.

A Entrada Acidental da Johnson & Johnson no Mercado de Consumo

Em 1890, a Johnson & Johnson — uma fornecedora de gaze antisséptica e ataduras nessa época — recebeu uma carta de um médico que reclamava sobre irritações dermatológicas em seus pacientes devido a algumas ataduras. Fred Kilmer, o diretor de pesquisa, respondeu prontamente e enviou ao médico um pacote de talco italiano anti-inflamatório. Em seguida, ele persuadiu a empresa a vender uma pequena lata de talco junto com alguns produtos. Para a surpresa de todos, os clientes logo começaram a pedir o talco diretamente. A J&J então criou um produto chamado "Johnson's Toilet and Baby Powder", que se tornou uma marca célebre no mundo inteiro. Segundo a história oficial da empresa, "os Johnsons entraram no ramo de talco para bebês por acidente".[4] Mais importante, com esse pequeno passo incremental, a organização desencadeou uma virada estratégica expressiva: sua entrada no mercado de consumo — um "acidente" que só cresceu até responder por 44% das suas receitas — e o aumento da sua presença no setor de suprimentos e produtos farmacêuticos.[5]

Algum tempo depois, a J&J tropeçou em outro produto célebre. Em 1920, Earle Dickson, um funcionário da empresa, criou um curativo de aplicação imediata (com fita cirúrgica, pequenos pedaços de gaze e uma cobertura especial que não grudava na pele) para sua esposa, que sempre se cortava com facas de cozinha. Ao tomar conhecimento dessa invenção, o setor de marketing resolveu testar o produto no mercado. Depois de um início pouco promissor e de um interminável processo de ajustes, a linha de produtos Band-Aid se estabeleceu como o maior sucesso de vendas da história da empresa e consolidou ainda mais a virada estratégica "acidental" e a presença da J&J no mercado de consumo.[6]

A Entrada Oportunista da Marriott no Ramo de Serviços de Aeroportos

Em 1937 — dez anos depois de abrir sua primeira banca de cerveja de raiz —, J. A Willard Marriott já administrava nove restaurantes lucrativos e duzentos funcionários competentes, habituados à política estrita da empresa para o atendimento aos clientes. Claramente, o sistema de Marriott funcionava. Com planos para dobrar o número de estabelecimentos nos próximos três anos, o futuro da empresa parecia brilhante. Sem dúvida, J. Willard e sua equipe seriam muito bem-sucedidos — e, com certeza, ficariam muito ocupados — se focassem apenas a execução do plano de expansão para os restaurantes.

Mas como Marriott deveria lidar com a estranha situação do seu estabelecimento número oito? Situado perto do Aeroporto Hoover, em Washington, o número oito atraía uma clientela totalmente diferente das outras lojas: eram passageiros prestes a embarcar em voos; eles compravam refeições e lanches e os colocavam nos bolsos, em sacolas de papel e na bagagem de mão. "Então é isso", Marriott disse, durante uma visita de inspeção. "Quer dizer que eles vêm aqui para comprar coisas que comem no avião?"[7]

"Todo dia", o gerente da loja explicou. "E o número só cresce."

Marriott passou a noite analisando a situação, como Robert O'Brien descreve no livro *Marriott*. No dia seguinte, ele foi até a Eastern Air Transport e fechou um contrato para que a loja número oito entregasse refeições em caixas na pista do aeroporto em um caminhão pintado de laranja forte com a logomarca da Marriott. Em poucos meses, a American Airlines também contratou o serviço, que passou a atender 22 voos por dia. A Marriott logo destacou um gerente exclusivo para cuidar dessa área no Hoover e expandir o serviço para outros aeroportos. O setor evoluiu a partir dessa oportunidade inesperada até se tornar uma parte importante da Marriott Corporation e chegar a mais de 100 aeroportos.[8]

A Marriott poderia ter se desgastado em longas reuniões e análises estratégicas até chegar a uma decisão. A clientela do número oito era uma variação bastante incomum da sua base tradicional de clientes. A organização poderia ter ignorado esse fato, mas optou por testar e conferir na prática se essa "variação incomum" traria algum benefício. A Marriott incrementou sua estratégia corporativa ao adotar medidas rápidas e enérgicas para aproveitar essa súbita maré de sorte. A ação agora parece brilhante, mas, na verdade, foi só o resultado de um experimento oportunista que acabou dando certo.

A Entrada Involuntária da American Express no Ramo de Serviços Financeiros e de Viagens

A American Express começou em 1850 como um serviço de courier regional (algo como um United Parcel Service do século XIX). Em 1882, uma medida pequena e incremental da empresa resultou em uma dramática virada estratégica. Devido à crescente popularidade das ordens de pagamento postais, a American Express vinha registrando uma queda na demanda por seus serviços de transporte de dinheiro (algo como os carros-fortes de hoje).

Então, ela criou sua própria ordem de pagamento, a "Express Money Order", que obteve um sucesso surpreendente, chegando a 11.959 vendas nas primeiras 6 semanas. A AmEx percebeu a oportunidade e começou a vender o produto não apenas nas suas agências, mas também em estações ferroviárias e pontos de venda em lojas; foi assim que a organização se transformou — acidentalmente — em uma empresa de serviços financeiros.[9]

Uma década depois, em 1892, o presidente da American Express J. C. Fargo, durante suas férias na Europa, teve dificuldades para converter cartas de crédito em dinheiro — um problema (e, portanto, uma oportunidade) que novamente alterou a trajetória da empresa. No livro *American Express 1850-1950*, Alden Hatch escreve:

> Quando voltou, Fargo percorreu os corredores da sede na 65 Broadway mais inquieto do que o normal. Ele passou direto pela sua sala e se dirigiu ao funcionário Marcellus Berry. "Berry", disse ele, ignorando a saudação inicial e indo direto ao ponto. "Tive muitos problemas para trocar minhas cartas de crédito. Quando consegui resolver o imbróglio, elas já não serviam nem para fazer aviãozinho. Se o presidente da American Express passa por esse tipo de situação, imagine os clientes comuns. Temos que fazer algo a respeito disso."[10]

De fato, Berry resolveu o problema. Sua elegante solução exigia apenas uma assinatura na compra e uma contra-assinatura no resgate e ficou conhecida no mundo todo como "American Express Travelers Cheque". Os cheques de viagem foram uma dádiva para a American Express: devido aos cheques perdidos e atrasos, o número de ordens de pagamento vendidas pela empresa era maior do que os resgates efetuados a cada mês, o que alimentava um fundo de reserva. No livro *House of Cards*, Jon Friedman e John Meehan escrevem:

> Sem querer, a AmEx inventou o "float". Partindo de apenas US$750, o float chegou a US$4 bilhões em 1990, gerando uma receita de US$200 milhões. A empresa praticamente criou [por acidente] uma nova moeda internacional.[11]

Uma medida incremental e oportunista no início, os cheques de viagem intensificaram a presença da American Express no setor de serviços financeiros. A empresa não planejava isso, mas foi o que ocorreu.

Os cheques de viagem também determinaram a transição involuntária da empresa para o setor de serviços de viagem. Paradoxalmente, o presidente J. C. Fargo chegou a afirmar de modo claro e inequívoco que a American Express não entraria no ramo de viagens/turismo: "Queremos que todos saibam, em todos os lugares, ocasiões e cargos, *que a empresa não está entrando nem pretende entrar no setor de turismo [serviços de viagens]* [grifo nosso]."[12]

Mas, apesar do discurso de Fargo, foi isso que a AmEx fez. A empresa havia se habituado a resolver problemas e aproveitar rapidamente as oportunidades — seguindo sua ideologia estrutural de atos heroicos no atendimento aos clientes —, e nem mesmo o CEO podia suprimir isso facilmente. Em 1895, quando a empresa abriu sua primeira agência europeia em Paris, William Dalliba, um funcionário com um grande espírito empreendedor, tratou de expandir as atividades para atender aos viajantes norte-americanos, que estavam sempre querendo descontar cheques, contratar serviços postais e se informar sobre itinerários, horários, passagens e assim por diante. Claro, Dalliba foi bastante discreto para não irritar J. C. Fargo. Ele fez pequenas mudanças incrementais, instalando quiosques para vender leitos em navios a vapor. Após o sucesso desse experimento, ele persuadiu a empresa a abrir um "Departamento de Viagem" e começou a vender bilhetes de trem, excursões e outros serviços.[13] Em 1912, a AmEx já estava "bem estabelecida no setor de viagens, *embora ainda não admitisse esse fato* [grifo nosso]".[14] No início da década de 1920, os experimentos de Dalliba haviam consolidado os serviços de viagens como o segundo pilar estratégico mais importante da empresa, atrás apenas dos serviços financeiros.

Assim, por meio de uma série de incrementos — em grande parte, oportunistas e sem nenhuma relação com um plano mirabolante —, a American Express evoluiu para algo completamente diferente do seu conceito original como um serviço de courier.

AS EMPRESAS SÃO UMA ESPÉCIE EM EVOLUÇÃO

Qual lição podemos extrair desses exemplos da J&J, da Marriott e da American Express? Antes de tratá-los como desvios bizarros, saiba que encontramos outros casos parecidos. Bill Hewlett nos disse que a HP "nunca planejava mais do que dois ou três anos à frente" durante a crucial década de 1960.[15] A empresa também não tinha nenhum plano vital durante sua virada estratégica para o ramo dos computadores. Muito pelo contrário. Em 1965, a HP só criou seu primeiro computador de pequeno porte para potencializar sua linha de instrumentos.[16] Como explicou o ex-CEO John Young:

> Basicamente, foi algo que fizemos de forma temporária. Nem o chamamos de computador. Falávamos sobre um "controlador de instrumentos". Embora todos soubessem da importância que isso teria no futuro, nossa meta era conservar o nome da empresa no setor de instrumentos e não passar para o ramo dos computadores.[17]

Da mesma forma, a entrada da Motorola no ramo da eletrônica avançada (transistores, semicondutores, circuitos integrados) foi um desdobramento natural do seu pequeno laboratório em Phoenix, criado em 1949 para desenvolver componentes eletrônicos para televisores e rádios.[18] Mais tarde, em 1955, a Motorola fez a escolha estratégica consciente de ingressar no mercado de eletrônicos — e só porque a empresa não podia construir uma fábrica mais sofisticada se não vendesse parte da produção para clientes externos.

Os exemplos continuam: Citicorp, Philip Morris, GE, Sony etc. Mas não se precipite. Não estamos afirmando que essas empresas nunca tiveram planos. Mas é incrível constatar o grande número de ações importantes que essas empresas visionárias desenvolveram sem nenhum planejamento. Por outro lado, esses casos não estão associados a episódios aleatórios de sorte, mas a outros fatores que identificamos.

Esses exemplos instigantes revelam um segundo tipo de avanço (o primeiro foi o dos GOAA), mais associado às empresas visionárias: o *progresso evolutivo*. A palavra "evolutivo" indica a semelhança desse tipo de progresso com a evolução das espécies orgânicas em seus habitat. O progresso evolutivo difere do avanço promovido pelos GOAAs em dois pontos importantes. Primeiro, se o progresso dos GOAAs exige objetivos claros e inequívocos ("Vamos escalar *aquela* montanha."), o progresso evolutivo está associado à ambiguidade ("Se testarmos várias abordagens, uma hora ou outra vamos tropeçar em algo positivo; só não sabemos o que vai ser."). Além disso, se os GOAAs consistem em medidas ousadas de descontinuidade, o progresso evolutivo geralmente começa com pequenos *incrementos* ou mutações, oportunidades muitas vezes inesperadas que, no final das contas, se convertem em importantes viradas estratégicas — não raro surpreendentes.

Por que abordar o tópico do progresso evolutivo com exemplos de estratégias *não planejadas*? Porque o progresso evolutivo é um tipo de avanço sem planejamento. De fato, quando analisamos as espécies do mundo natural quanto ao planejamento estratégico, logo pensamos que elas são resultados de planos bem executados: sua adaptação é tão boa que elas só *devem* ter sido criadas como parte de uma estratégia brilhante. Existe outra explicação para isso? Bem, para a biologia moderna, essa conclusão está totalmente equivocada. Com a revolução darwinista, os biólogos compreenderam que as espécies não foram criadas por meio de um esquema específico e predefinido; elas *evoluíram*. Aliás, elas evoluíram por um processo bastante semelhante ao modo como algumas empresas visionárias se adaptaram aos seus habitat.

As Empresas Visionárias Segundo a Teoria da Evolução de Darwin

Segundo a ideia central da teoria da evolução — e o maior insight de Charles Darwin —, as espécies se desenvolvem por um processo de variação arbitrária ("mutação genética aleatória") e seleção natural. Devido à variação genética, alguns membros de uma espécie reúnem "boas chances" de se adaptarem às condições do meio ambiente. Com as mudanças ambientais, as variações genéticas mais bem adaptadas ao habitat tendem a ser "selecionadas" (ou seja, tendem a sobreviver; os mal-adaptados tendem a perecer — isso é o que Darwin define como a "sobrevivência do mais apto"). As variações selecionadas têm uma presença maior no pool genético e orientam a evolução das espécies. Segundo o próprio Darwin, essa é a "lei da multiplicação, da diversidade, da sobrevivência do mais forte e da extinção do mais fraco".*

Agora, faça uma analogia entre uma espécie e uma empresa — a American Express, por exemplo. No início do século XX, a American Express percebeu que seu tradicional serviço de courier estava em perigo. Os órgãos regulatórios desarticularam as práticas monopolistas da empresa e, em 1913, o Serviço Postal dos Estados Unidos lançou um sistema de remessas concorrente. Houve uma queda de 50% nos lucros.[19] Em 1918, o governo nacionalizou todos os serviços de courier, causando uma mudança radical no setor.[20] A maioria das transportadoras desapareceu. Mas as incursões da American Express nos setores financeiro e de viagens (como vimos anteriormente) se revelaram variações positivas — embora não planejadas —, mais condizentes com aquele novo cenário do que o serviço tradicional de remessas. Essas variações foram selecionadas e promoveram sua evolução para além da linha original — agora obsoleta —, lançando as bases da sua futura prosperidade.[21]

PODEMOS descrever o processo evolutivo como "ramificar e podar". É simples: se você criar muitos ramos em uma árvore (variação) e podar o excesso com inteligência (seleção), evoluirá até obter um conjunto de ramos eficientes e bem posicionados para se dar bem em um contexto dinâmico.

Até hoje, a Johnson & Johnson encoraja as iniciativas de ramificação e poda. A empresa sempre testa novas ações, mantém as melhores opções e descarta rapidamente as ineficientes. A variação é promovida por meio

---

* Para mais informações sobre a teoria da evolução, recomendamos os livros de Stephen J. Gould, especialmente *Hen's Teeth and Horse's Toes* e *The Panda's Thumb*, e de Richard Dawkins, especialmente *The Blind Watchmaker*.

de um ambiente altamente descentralizado, propício à ação individual e à aplicação de novas ideias. Ao mesmo tempo, a J&J adota critérios de seleção bastante estritos. Só os experimentos comprovadamente lucrativos e alinhados com sua ideologia estrutural podem integrar o portfólio da empresa.

Repetindo sempre o mesmo lema ("O fracasso é o nosso produto mais valioso."), R. W. Johnson Jr. compreendia que as empresas devem lidar com experimentos malsucedidos como parte do progresso evolutivo. E, de fato, a J&J encarou e "podou" vários fracassos expressivos ao longo da sua trajetória, como uma incursão por estimulantes à base de cola (fabricados com xerez e extrato de noz-de-cola) e curativos coloridos para crianças, que "logo foram descartados quando os corantes começaram a transformar os lençóis e lavanderias de hospitais em verdadeiros arco-íris".[22] Além desses, a empresa teve insucessos mais recentes em válvulas cardíacas, equipamentos de hemodiálise e analgésicos à base de ibuprofeno.[23] Esses fracassos têm sido essenciais para a criação de uma árvore com ramos eficientes, segundo o contexto da ideologia estrutural da J&J. Porém, a empresa nunca registrou prejuízo em seus 107 anos. Com todo esse sucesso financeiro, quem vê de fora acha que a J&J é a obra de um grande gênio da estratégia. Na realidade, a história da empresa é repleta de efeitos positivos de acidentes, tentativas e erros e fracassos periódicos. Em 1992, o CEO Ralph Larsen sintetizou a situação: "O crescimento é um jogo de azar."[24]

Da mesma forma, uma perspectiva evolucionista explica bem melhor o sucesso fenomenal da Wal-Mart nas décadas de 1970 e 1980 do que uma abordagem criacionista. Na verdade, os funcionários sempre acham engraçada a forma como esse fenômeno é explicado em livros de microeconomia e cursos de planejamento estratégico em programas de MBA. Segundo Jim Walton:

> Sempre sorrimos quando lemos autores que veem no Papai [Sam Walton] um grande estrategista que, com sua intuição, criou planos complexos e os implementou com precisão. Papai apreciava mudanças, e suas decisões não eram sagradas.[25]

De fato, as ferramentas abordadas na maioria dos cursos de estratégia corporativa não captam a forma como foi desenvolvido o sistema "brilhante" da Wal-Mart, sua vantagem estratégica e competitiva. Esse sistema não surgiu de um plano estratégico criado por um gênio da economia, mas de um processo evolutivo baseado em variação e seleção, na "lei da multiplicação, da diversidade, da sobrevivência do [experimento] mais forte e da extinção do mais fraco".[26] Esse procedimento é aplicado desde que Sam Walton abriu a primeira loja, em 1945. A Wal-Mart parece ter um grande poder de projeção e lembra uma espécie criada por algo ou alguém segundo um formato predeterminado.

Como descreveu um executivo da empresa: "Nosso lema é este: 'Faça. Conserte. Experimente. Se uma alternativa der certo, conserve-a. Se não funcionar, conserte ou teste outra opção."[27]

Por exemplo, os famosos anfitriões da Wal-Mart não saíram de nenhum plano ou estratégia mirabolante. Um gerente de uma loja em Crowley, na Louisiana, ao registrar alguns furtos no local, fez o seguinte experimento: colocou um funcionário simpático e mais velho na porta para "cumprimentar" os clientes que entravam e saíam. O "anfitrião" transmitia uma boa receptividade para as pessoas honestas: "Olá! Como vocês estão? Que bom que vocês vieram. Qualquer coisa, podem falar comigo." Ao mesmo tempo, ele comunicava aos possíveis ladrões que havia alguém monitorando seu comportamento no local. Ninguém da Wal-Mart — nem mesmo Sam Walton — concebera algo parecido antes de o gerente da loja de Crowley testar a ideia. No entanto, esse experimento pouco ortodoxo se revelou eficaz e acabou se tornando uma prática padrão e uma vantagem competitiva para a Wal-Mart.

A partir do exemplo da Wal-Mart, podemos desenvolver a citação de Darwin no começo do capítulo da seguinte forma:

> É bem mais inteligente considerar a boa adaptação das empresas visionárias não como o resultado de uma vocação excepcional para a projeção e o planejamento estratégico, mas como o efeito de um processo básico — a saber, o hábito de fazer experimentos, aproveitar as oportunidades, manter as melhores opções (segundo a ideologia estrutural) e consertar ou descartar alternativas ineficientes.

Claro, não devemos generalizar essa analogia entre a biologia e o mundo dos negócios. Nem todos os ajustes e avanços de uma empresa visionária se devem a um processo evolutivo descoordenado. Sem dúvida, é impreciso comparar empresas a espécies de modo estrito.

De fato, as empresas traçam metas e planos; as espécies, não. E, sem dúvida, as empresas visionárias traçam metas e planos — até mesmo o Wal-Mart, cuja trajetória é marcada tanto por GOAAs quanto pelo progresso evolutivo. A empresa fixa os GOAAs para definir a montanha que escalará e evolui até chegar o topo. Na General Electric, Jack Welch aplicou essa combinação paradoxal de objetivos e evolução em uma prática de gestão chamada "oportunismo planejado", descrita por Tichy e Sherman no livro *Control Your Own Destiny ou Someone Else Will*:

> Em vez de um plano estratégico minucioso, Welch acreditava que a empresa deveria se pautar por poucos objetivos, claros e abrangen-

tes. Assim, todos poderiam aproveitar as oportunidades que surgissem para concretizar essas metas. A ideia do oportunismo planejado lhe veio depois que ele leu a afirmação de Johannes von Moltke, um general prussiano do século XIX influenciado pelo célebre teórico militar Karl von Clausewitz, de que planos minuciosos geralmente falham porque as circunstâncias, inevitavelmente, mudam.[28]

Além disso, o processo de variação e seleção nas organizações é diferente do processo essencialmente darwinista do mundo natural. A seleção das espécies é a seleção *natural* — um processo totalmente *inconsciente* por meio do qual as variações mais bem adaptadas ao ambiente sobrevivem e as mais fracas perecem. Em outras palavras, as espécies não escolhem conscientemente suas melhores variações; o ambiente as seleciona. As organizações, por outro lado, promovem seleções *deliberadas*. No mundo natural, a evolução não tem nenhum objetivo ou ideologia além da sobrevivência da espécie. Já as empresas visionárias direcionam o progresso evolutivo aos fins estabelecidos em sua ideologia estrutural — um processo que chamamos de *evolução deliberada*.

Claro, todas as empresas evoluem de uma forma ou de outra. A evolução "acontece" mesmo sem estímulos deliberados. No mundo real, há diversos eventos fortuitos que influenciam a trajetória das pessoas. Isso vale para indivíduos e organizações e para sistemas econômicos complexos. Mas — este ponto é crucial — as empresas visionárias são mais agressivas no *direcionamento* do seu poder de evolução. Assim, chegamos ao cerne do capítulo:

> **QUANDO** bem compreendidos e deliberadamente aproveitados, os processos evolutivos são um excelente incentivo ao progresso. Esse é o diferencial das empresas visionárias em relação às demais.

Claro, a evolução deliberada não é o único tipo de avanço promovido pelas empresas visionárias. Por exemplo, a Boeing, a IBM e a Disney priorizam os GOAA. (Seria bem difícil fabricar um Boeing 747 de forma incremental!) Outras empresas, como a Merck, a Nordstrom e a Philip Morris, preferem o aperfeiçoamento contínuo, como veremos mais adiante. No entanto, sejam quais forem suas opções, as empresas visionárias são mais eficazes em direcionar seu poder de evolução do que as demais empresas abordadas na comparação, como verificamos em 15 dos 18 casos. (Veja a Tabela A.7 do Anexo 3.)

3M: COMO "A MUTANTE DE MINNESOTA"* VENCEU A NORTON

Em nossa entrevista com Bill Hewlett, da HP, perguntamos qual empresa ele mais admirava e via como modelo. Sem hesitar, ele respondeu: "A 3M! Sem sombra de dúvida. Nunca se sabe o que ela vai fazer. Melhor ainda, talvez nem a 3M saiba qual será seu próximo passo. Mas, embora não seja possível prever o futuro da empresa, sei que ela continuará obtendo sucesso." Hewlett tem razão. De fato, se tivéssemos que apostar tudo na continuidade do sucesso e na adaptabilidade, pelos próximos 50 a 100 anos, de uma das empresas que abordamos no estudo, a escolhida seria a 3M.

Mas, ironicamente, a 3M começou como um fracasso — um grande erro. Depois de sofrer um golpe quase letal quando seu investimento inicial na mineração de coríndon (veja o Anexo 2) foi por água abaixo, a pequena empresa passou meses tentando criar uma *opção* viável. Como Virginia Tuck escreve no livro *Brand of the Tartan — The 3M Story*:

> Em meio ao clima frio de novembro de 1904, a diretoria se reunia semanalmente para definir uma solução. Os fundadores e os funcionários estavam determinados a evitar que a empresa afundasse. Todos se sacrificaram de algum modo em prol da empresa [chegando até a trabalhar de graça].[29]

Finalmente, a diretoria acolheu a sugestão de um investidor, para quem a 3M deveria trocar a mineração pela fabricação de lixas e rebolos. (Havia outra forma de aproveitar todo aquele saibro de baixa qualidade produzido pela mina falida?) Então, movida mais pelo desespero do que por um plano minucioso, a 3M saiu do ramo da mineração e, em uma virada estratégica, passou a produzir materiais abrasivos.

William McKnight Entra em Cena

Entre 1907 e 1914, a 3M lidou com problemas de qualidade, margens baixas, excesso de estoque e crises no fluxo de caixa. Mas, movida pela obstinação de um discreto gerente de vendas, o contador e leitor contumaz William McKnight, a empresa promoveu ajustes e melhorias nos produtos e conseguiu alguma estabilidade — bastante tênue, diga-se de passagem.

Em 1914, a empresa promoveu McKnight, que ainda não havia completado 30 anos, ao cargo de gerente-geral. Uma pessoa que faz a hora, por

---

* O nome oficial da 3M é Minnesota Mining and Manufacturing Company.

natureza, McKnight logo selecionou uma sala de almoxarifado de 5m², investiu US$500 em uma pia industrial e outros materiais para fazer experimentos e, assim, criou o primeiro "laboratório" da 3M.[30] Após meses de testes com um mineral artificial, a 3M desenvolveu um tecido abrasivo altamente eficiente chamado "Three-M-Ite"[31] — o produto deu à empresa seus primeiros dividendos e ainda fazia parte da sua linha de produtos 75 anos após ter sido inventado.[32]

Apesar da postura tímida e discreta, McKnight tinha uma grande curiosidade e uma sede implacável por avanços; não raro ele dedicava sete dias por semana à 3M Corporation, sempre em busca de novas oportunidades para a empresa.[33] Certa vez, em janeiro de 1920, ele recebeu uma carta fora do comum:

> Favor enviar amostras dos tamanhos do saibro utilizado na fabricação das lixas para Francis G. Okie, fabricante de tintas douradas e de impressão e de pó de bronze, na Filadélfia.[34]

Como a 3M não comercializava a matéria-prima, aquele pedido não ameaçava nenhum negócio da empresa. Mas McKnight — movido pela curiosidade e sempre em busca de ideias novas e interessantes que beneficiassem a empresa — fez uma pergunta simples: "Para que o Sr. Okie quer essas amostras?"[35]

Foi assim que a 3M tropeçou em um dos seus produtos mais importantes, pois Okie inventara um tipo revolucionário de lixa impermeável, que seria extremamente útil para fabricantes de automóveis e oficinas do mundo inteiro. (A título de curiosidade, Okie pediu amostras para muitas empresas de mineração e fabricantes de lixas, mas nenhuma delas — exceto a 3M — teve a iniciativa de perguntar o que ele queria fazer com esses materiais.) A 3M logo adquiriu os direitos sobre essa tecnologia e passou a vendê-la sob a marca "Wetodry".

Mas a 3M não parou por aí. De fato, a Wetodry nem era a parte mais valiosa da transação. McKnight — uma pessoa obstinada que faz a hora, sempre focado no crescimento da organização — não se limitou a fechar um contrato e agradecer a Okie. Ele o contratou! Okie fechou sua loja na Filadélfia, mudou-se para St. Paul e passou a exercer um papel fundamental no desenvolvimento de novas invenções até se aposentar na 3M, 19 anos depois.[36]

A RAMIFICAÇÃO E A PODA NA 3M

O início quase fatal da 3M impressionou bastante McKnight. Por isso, ele queria que a empresa se protegesse adotando um nível suficiente de variação interna:

No começo, colocamos nossos ovos em uma só cesta [a mina falida]. Mas, com a diversificação dos produtos, diminuímos as chances de uma crise total causada por uma guerra comercial; no mínimo, haveria sempre uma linha lucrativa na empresa.[37]

Mas, seguindo a lógica da contratação de Okie, McKnight não queria que a evolução e a expansão da empresa se concentrassem apenas nele. Ele queria criar uma *organização* que promovesse mutações contínuas com base na iniciativa dos seus funcionários. Essa abordagem de McKnight ficou gravada em frases clássicas entoadas pelos colaboradores ao longo da trajetória da empresa:[38]

"Ouça todas as ideias, até mesmo as mais absurdas."

"Incentive; não pegue no pé de ninguém. Dê espaço para as pessoas desenvolverem suas ideias."

"Contrate pessoas competentes e não as incomode."

"Não fique em cima de ninguém, pois as pessoas não são seu rebanho. Lembre-se de lhes dar o espaço de que precisam."

"Incentive os jogos experimentais."

"Faça uma tentativa agora mesmo!"

Intuitivamente, McKnight compreendeu que encorajar a iniciativa dos funcionários era essencial para o progresso evolutivo — a variação arbitrária. Além disso, ele concluiu que nem toda variação é realmente positiva:

Sempre ocorrem erros [quando damos espaço e incentivo para que as pessoas procedam com autonomia], mas eles não são tão graves em longo prazo quanto os cometidos por uma gerência autoritária e propensa a orientar o trabalho de modo rígido. Uma administração habituada a criticar erros de modo destrutivo inibe a iniciativa, e é essencial que haja funcionários determinados para que a empresa continue a crescer.[39]

De fato, a primeira tentativa da 3M de promover outra mutação além da lixa — sua incursão no setor de cera e polimento de veículos, em 1924 — acabou sendo um erro caro e logo foi descontinuada.[40]

Mas sua segunda mutação foi um grande sucesso. Em meio ao clima experimental implementado por McKnight, o jovem funcionário Dick Drew fez uma visita a uma loja de um cliente — uma oficina de pintura automotiva —, onde ouviu uma violenta enxurrada de palavrões. As pinturas em dois tons estavam em alta, mas as colas e fitas adesivas que separavam as duas cores eram improvisadas e ineficientes e deixavam manchas feias e linhas irregulares.

"Será que ninguém tem um produto que funcione?", o mecânico esbravejava enquanto percorria a oficina.

"Nós temos!", respondeu Drew. "Tenho certeza que em nosso laboratório existe algo que pode se convertido em uma fita adesiva mais eficaz."[41]

Mas, como Drew logo descobriu, a 3M não tinha nenhum produto adaptável no laboratório. Então, como um verdadeiro funcionário da empresa, ele inventou um: a fita-crepe da 3M. Ao aproveitar uma oportunidade disfarçada de problema — um processo repetido milhares de vezes depois —, a 3M conseguiu seu primeiro avanço gradual após a lixa. Cinco anos depois, atendendo às empresas que pediam uma fita adesiva à prova d'água, Drew inventou um produto que se tornaria um ícone em lares do mundo inteiro: a fita de celofane Scotch.

A fita Scotch não foi planejada. Em 1920, nenhum funcionário sabia que a 3M entraria no mercado de fitas; aliás, ninguém fazia ideia de que essa linha de produtos se tornaria a mais importante da empresa em meados da década de 1930. A fita Scotch foi um efeito natural do clima organizacional estabelecido por McKnight e não o resultado de um plano estratégico brilhante.

No entanto, mais importante do que a fita Scotch, foi a institucionalização, promovida pela 3M, do processo evolutivo que gerou esse produto. Richard P. Carlton, então diretor de pesquisa e futuro presidente da 3M, formalizou a estratégia de "variação e seleção" no manual de orientação técnica da empresa, em 1925:

> Precisamos de um processo agressivo para gerar e testar ideias. Toda ideia selecionada deve ser experimentada: 1) Se for boa, ela deve ser aplicada; 2) Se não for boa, ficaremos mais confiantes e tranquilos quando confirmarmos sua ineficácia.[42]

Além disso, Carlton incluiu mais dois critérios para avaliar e selecionar ideias com base na ideologia estrutural da 3M. Primeiro, para ser selecionada, a ideia tinha que ser *nova*; a 3M só queria ideias inovadoras. Em segundo lugar, precisava atender a uma necessidade humana determinada — resolver um problema real. Para interessar a 3M, a inovação devia "se converter em produtos e processos *úteis* para alguém em algum lugar do mundo".[43]

Mas, por incrível que pareça, a 3M não selecionava inovações com base, essencialmente, no tamanho do mercado. Com lemas como "Produza um pouco, venda um pouco" e "Dê pequenos passos"[44], a 3M sabia que, em geral, grandes ações remontam a pequenos gestos; mas, como ninguém pode prever esse tipo de coisa, você precisa fazer várias tentativas, implementar as melhores opções e descartar as ineficientes. Movida "pelo princípio simples de que não se deve desprezar nenhum mercado ou produto final, por menor que seja",[45] a empresa dava espaço para que as pessoas resolvessem problemas e apresentassem ideias. Isso quase sempre dava em nada. Mas assim que a ideia se revelava promissora, a 3M permitia que ela se desenvolvesse — às vezes, até o final do processo.

Essa abordagem de ramificação ficou tão cristalizada na 3M que a organização, às vezes, descrevia expressamente suas linhas evolutivas de produtos como uma "árvore". (Confira um exemplo disso na Figura 7.A.) O caso da 3M é muito positivo porque a empresa conseguiu transcender McKnight, Okie, Drew, Carlton e todos os profissionais originais dos seus primórdios. Eles criaram uma empresa mutante que continuou evoluindo por uma série de diretorias. Embora não pudessem prever o futuro, os líderes da empresa duvidavam muito pouco de que os resultados seriam excelentes. A organização se tornou um relógio, com seus tique-taques, murmúrios, cliques e uma miríade de mecanismos bem alinhados para estimular continuamente o progresso evolutivo. Confira os exemplos a seguir:

Mecanismos da 3M para Estimular o Progresso

"A regra dos 15%" — uma antiga tradição que incentiva os técnicos a destinarem até 15% do seu tempo a projetos pessoais no âmbito da empresa.[47]	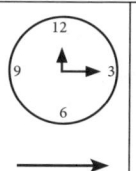	Encoraja a experimentação e a variação sem planejamento que podem se converter em inovações bem-sucedidas, mesmo que inesperadas.
"A regra dos 25%" — em cada divisão, 25% das vendas anuais devem corresponder a produtos e serviços introduzidos nos últimos cinco anos. (Desde 1993, a cota passou para 30% das vendas anuais para produtos e serviços introduzidos nos últimos quatro anos.)[48]	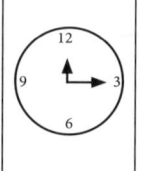	Encoraja o desenvolvimento contínuo de novos produtos (em 1988, por exemplo, 32% da receita de US$10,6 bilhões da 3M vieram de produtos introduzidos nos últimos cinco anos).[49]

Figura 7.A

A Árvore Evolutiva da 3M

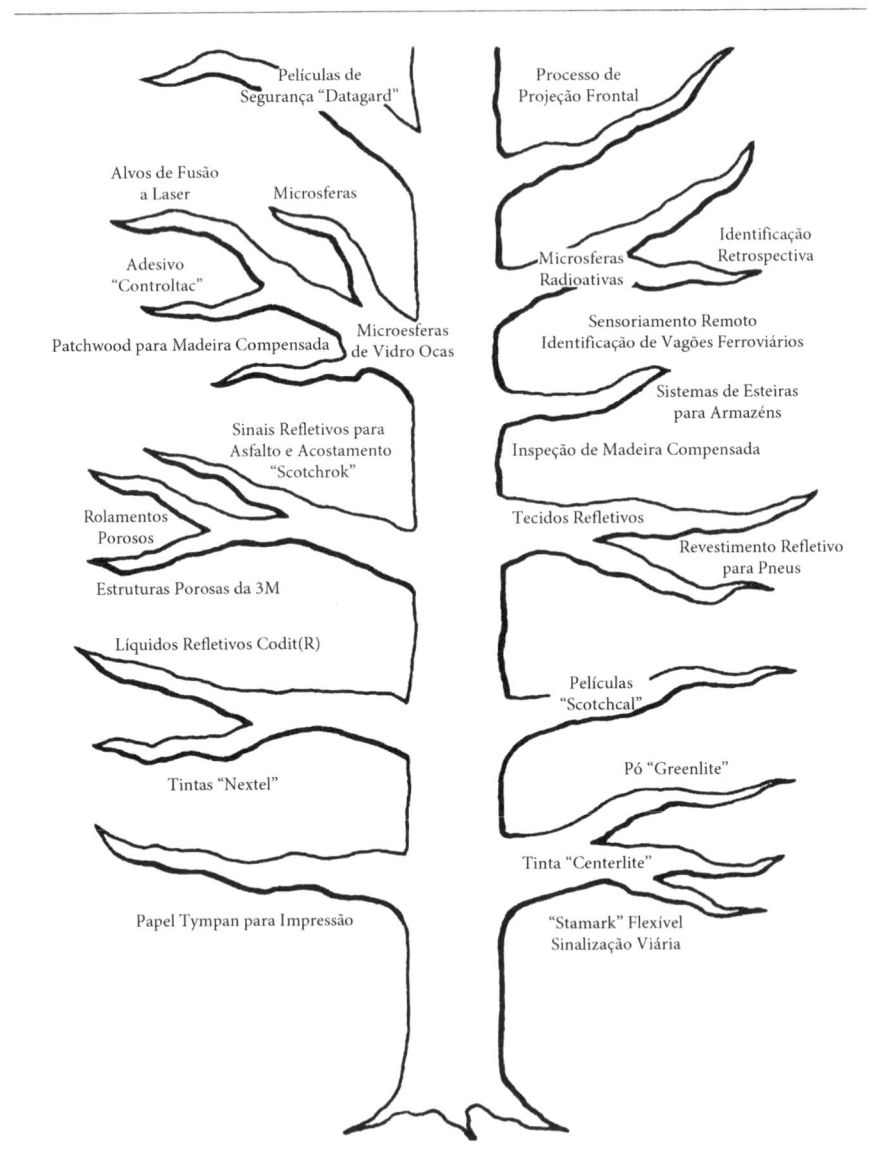

Evolução da Linha de Produtos da Tecnologia de Revestimento Refletivo Scotchlite a partir da metade da década de 1970, segundo a história oficial da 3M.[46]

Mecanismos da 3M para Estimular o Progresso

Prêmio "Golden Step" para os funcionários que criam empreendimentos de sucesso no âmbito da 3M.[50]	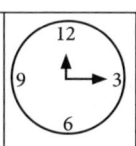	Encoraja o empreendedorismo dos funcionários e sua disposição para assumir riscos.
"Genesis Grants" — fundo interno de capital de risco que destina bolsas de até US$50 mil para os pesquisadores desenvolverem protótipos e testes de mercado.[51]	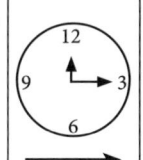	Promover o empreendedorismo dos funcionários e a aplicação de novas ideias.
Prêmios de compartilhamento de tecnologia para os funcionários que desenvolvem inovações tecnológicas e as compartilham com outras divisões.[52]		Encoraja a disseminação interna de tecnologia e de ideias.
"Carlton Society" — uma sociedade exclusiva de técnicos cujos membros são escolhidos como forma de reconhecimento por suas contribuições notáveis e originais no âmbito da 3M.[53]	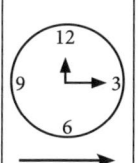	Encoraja o desenvolvimento de novas tecnologias e inovações.
Oportunidades de "tocar seu próprio negócio" — os funcionários que criam e promovem seus produtos podem desenvolvê-lo como um projeto próprio ou no seu departamento ou divisão (de acordo com os níveis de vendas do produto).[54]	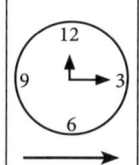	Encoraja o empreendedorismo dos funcionários.
Plano de carreira de "duas vias" em que os técnicos e profissionais avançam sem sacrificar suas pesquisas e interesses profissionais.[55]	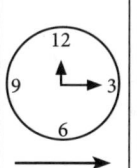	Incentiva as inovações, ao permitir que profissionais e técnicos de alta performance "avancem" sem a obrigação de passar para a via gerencial.

Mecanismos da 3M para Estimular o Progresso

Fóruns sobre novos produtos em que as divisões trocam informações sobre seus produtos mais recentes.[56]	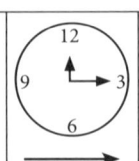	Incentiva novas ideias nas divisões.
Fóruns técnicos onde os funcionários da 3M apresentam trabalhos e trocam ideias e descobertas.[57]	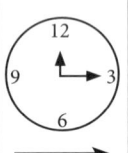	Estimula a fertilização cruzada voltada para a geração de ideias, tecnologia e inovações.
"Missões de resolução de problema" — pequenas equipes de ataque vão até as unidades dos clientes para resolver problemas específicos e idiossincráticos.[58]	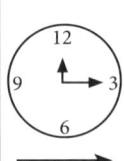	Encoraja as inovações ao abordar os problemas encarados pelos clientes; esse processo dá origem a novas oportunidades e é inspirado no caminho que levou a 3M a tropeçar na fita adesiva, nos anos 1920.
"Programas de Alto Impacto" — Cada divisão seleciona de um a três produtos prioritários para lançar no mercado em um prazo curto determinado.[59]	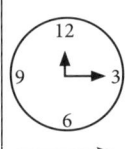	Acelera o desenvolvimento de produtos e os ciclos de lançamento no mercado e intensifica os ciclos evolutivos de "variação e seleção".
Divisões e unidades pequenas e autônomas — em 1990, havia 42 divisões, com vendas anuais médias de aproximadamente US$200 milhões, e fábricas (com 115 funcionários cada, em média) em 40 estados, principalmente em cidades pequenas.[60]	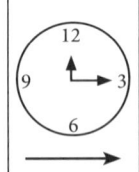	Encoraja a iniciativa individual ao promover um sentimento de "empresa pequena em uma empresa grande".
Política antiga de participação nos lucros (para funcionários importantes em 1916; para quase todos os empregados a partir de 1937).[61]	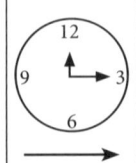	Encoraja o comprometimento individual com o sucesso financeiro da empresa e promove a iniciativa dos funcionários.

Com esses mecanismos, a 3M já havia desenvolvido mais de 40 divisões e 60 mil produtos em 1990. Essas amplas categorias incluíam grânulos para telhados, sinais viários refletivos, fitas de vídeo para gravação, sistemas de retroprojeção, disquetes, aparelhos auditivos e notas Post-it.

De fato, as populares notas Post-its são mais um exemplo da filosofia de vida da 3M: obter conquistas aos tropeços, sabendo que só tropeça quem se move. Como descreveu o coinventor do Post-it, Art Fry:

> Certo dia, em 1974, enquanto cantava no coro da igreja, tive um momento de criatividade. Para lembrar das músicas do culto de domingo, eu costumava deixar pequenas notas em determinados locais [mas elas saíam voando nos piores momentos e me deixavam na mão]. Pensei: "Pô, seria ótimo se houvesse um pequeno adesivo para esses lembretes." Aí resolvi conferir o adesivo de Spencer Silver.[62]

Aproveitando a regra dos 15% e seguindo o princípio dos "jogos experimentais", Spencer Silver inventou esse adesivo incomum fazendo experimentos no laboratório — ele misturou alguns produtos químicos "só para ver o resultado". Segundo Silver:

> O experimento foi essencial para o desenvolvimento do Post-it. Se eu tivesse analisado tudo de antemão, não teria feito o experimento. Se eu tivesse lido atentamente a literatura, não teria nem começado, pois havia um grande número de exemplos com recomendações contrárias.[63]

Ao analisar esse processo um tanto caótico, o executivo Geoffrey Nicholson apontou que "muitos dos fatores [que levaram ao Post-it] foram acidentais". Mas, se não estivesse em uma empresa que permitisse jogos com adesivos estranhos em 15% do tempo de trabalho, Art Fry não teria inventado o produto. Ademais, se o contexto de Fry e Silver desencorajasse a persistência — se a 3M tivesse vetado o trabalho naquela ideia insana quando as pesquisas iniciais de mercado indicaram que o produto falharia —, as notas Post-its não existiriam como um produto comercial.[64] E esse é exatamente o ponto da 3M:

EMBORA a invenção da nota Post-it tenha sido um pouco acidental, a criação do ambiente que viabilizou esse processo na 3M certamente não foi um acidente.

O Caso Totalmente Oposto da Norton

Criada sobre uma boa estrutura, a Norton — ao contrário da 3M — foi bem-sucedida desde o início e, quando completou 15 anos de existência, já havia multiplicado por 15 o capital dos seus investidores (veja o Anexo 2). Enquanto a 3M sobrevivia com dificuldade, entre 1902 e 1914, a Norton liderava o setor de abrasivos aglomerados e obtinha retornos financeiros que só melhoravam a cada ano.[65] Em 1914, a Norton era 10 vezes maior e muito mais lucrativa do que a obstinada 3M.

No entanto, apesar desse excelente começo, a Norton não conseguiu acompanhar o ritmo da 3M, uma "máquina sempre em movimento".[66] Gradualmente, a 3M ultrapassou a Norton em termos de porte e lucratividade:

Comparação de Porte	3M	Norton	Proporção: 3M/Norton
Receita em 1914 (em milhares de US$):	264	2.734	1/10
Receita em 1929 (em milhares de US$):	5.500	20.300	1/27
Receita em 1943 (em milhares de US$):	47.200	131.300	1/36
Receita em 1956 (em milhares de US$):	330.807	165.200	2/1
Receita em 1966 (em milhares de US$):	1.152.630	310.472	371/100
Receita em 1976 (em milhares de US$):	3.514.259	749.655	469/100
Receita em 1986 (em milhares de US$):	8.602.000	1.107.100	777/100
Receita em 1990 (em milhares de US$):	13.021.000	Aquisição da Norton	Aquisição da Norton
Comparação de Lucratividade			
Retorno sobre Ativos, 1962–86:	34,36%	17,72%	194/100
Retorno sobre Patrimônio, 1962–86:	23,22%	11,25%	206/100
Retorno sobre as Vendas, 1962–86:	20,27%	9,42%	215/100

Como isso aconteceu? Como a Norton perdeu uma liderança aparentemente absoluta para uma mina falida em Minnesota?

A Norton lançou as bases da sua queda em relação à 3M entre 1914 e 1945. Se a 3M implementou práticas de gestão para estimular a experimentação e a iniciativa dos funcionários, a Norton não criou nenhum mecanismo para incentivar experimentos e evolução sem planejamento. Se a 3M era movida por uma sede implacável por avanços e ação ("Faça uma tentativa agora mesmo!"), a Norton se tornou uma empresa altamente centralizada e burocrática, caracterizada por "padronização e estagnação".[67] Se a 3M aproveitava as oportunidades que geraram a lixa impermeável e a fita Scotch, a

Norton tinha uma política expressa de rejeição a inovações nas suas linhas de produtos tradicionais.[68] Em 1928, 85% das vendas da Norton e 90% dos seus lucros vinham da linha de rebolos de Charles Norton, criada no século anterior.[69] Como um pesquisador da Norton descreveu:

> Embora sempre surgissem ideias para pesquisas sobre produtos novos e radicalmente diferentes, quase todo o trabalho consistia em produzir rebolos melhores... *Você podia desenvolver qualquer coisa, desde que fosse redonda e tivesse um buraco.* [grifo nosso][70]

Entre o final dos anos 1940 e a década de 1950, a 3M avançou e nunca mais olhou para trás. A 3M se descentralizou e implementou mecanismos para estimular continuamente o progresso evolutivo, enquanto a Norton permaneceu centralizada e focada, basicamente, no corte de custos e na eficiência.[71] Em 1948, a 3M criou sete divisões de produtos, e menos de 30% das suas receitas vinham de materiais abrasivos; por sua vez, a Norton ainda obtinha quase 100% da sua renda com a linha tradicional de abrasivos.[72] Enquanto a família de produtos Scotch, da 3M, gerava um alto fluxo de caixa que financiava o desenvolvimento de novas tecnologias, como a Scotchlite refletiva e a fotocopiadora Thermofax, os produtos abrasivos da Norton competiam em um mercado maduro, com baixo crescimento, excesso de estoque, queda nos preços e margens cada vez menores.

No final dos anos 1950, a Norton fez algumas tentativas débeis no sentido de redirecionar seu foco para além do mercado dos abrasivos, já em vias de se fechar, mas a maioria delas esbarrou na falta de recursos e de incentivo institucional. De fato, a Norton até tentou entrar no ramo de adesivos e lançou uma fita de celofane em 1957. (Vinte e sete anos depois da 3M!) Mas a marca Scotch já estava muito consolidada e, segundo um gerente de vendas da Norton: "[Ao concorrer contra a fita Scotch] Nunca nos demos tão mal em toda nossa trajetória."[73]

Em 1962, as receitas da 3M eram três vezes maiores e suas margens de lucro eram quase o dobro das margens da Norton. Além disso, a 3M tinha diversas unidades de negócios interessantes — itens sempre rentáveis como adesivos e produtos em franco crescimento como o protetor de tecidos Scotchguard e as fitas magnéticas, além de mercados emergentes como os de microfilmes e fax —, enquanto mais de 75% das vendas da Norton ainda vinham da sua antiga linha de abrasivos.[74] Mais importante, a mutante 3M estava a todo vapor, criando oportunidades para milhares de tropeços em novos produtos no futuro. A Norton, por outro lado, ficou praticamente parada (com um crescimento de 2% nas vendas e de 0% nos lucros), sem nenhuma tendência significativa para avanços nem mecanismos para estimular o progresso. Como escreveu Charles W. Cheape em sua excelente história da Norton:

Na década de 1960, boa parte da administração consistia em uma operação de controle de incêndios focada em preservar os modestos níveis de lucro e viabilizar a venda da empresa.[75]

Enfim, diante da desvalorização das suas ações em comparação com as da 3M e da Carborundum, a Norton optou por diversificar e progredir — como a 3M.[76] No entanto, ao contrário da 3M, a Norton resolveu incrementar sua estrutura priorizando o planejamento estratégico e a diversificação por aquisição — ignorando a evolução. De fato, a empresa se tornou uma das primeiras grandes clientes e seguidoras do Boston Consulting Group (BCG) e das suas técnicas de "gestão de portfólio".* Em vez de adotar mecanismos para estimular o progresso interno, a Norton se limitou a *comprar* avanços. Segundo a revista *Forbes*: "A Norton administra suas operações como a maioria dos investidores controla seus portfólios."[77]

De fato, ironicamente, quando comparamos a 3M e a Norton, constatamos que a 3M tem um "portfólio" consistente de unidades de negócios que causa inveja a qualquer consultoria de planejamento estratégico. Esse portfólio da 3M parece minuciosamente planejado (como as espécies parecem perfeitamente criadas), mas resultou essencialmente de um processo evolutivo arbitrário, baseado em variação e seleção. Esse é outro exemplo clássico de como uma abordagem criacionista ao planejamento estratégico pode facilmente confundir o "porquê" e o "como".

QUANDO plotamos o portfólio de unidades de negócios da 3M em uma matriz de planejamento estratégico, vemos facilmente por que a empresa é tão bem-sucedida ("Quantas galinhas dos ovos de ouro e estrelas estratégicas!"), mas a matriz não expressa como esse portfólio foi desenvolvido.

Nos anos 1970 e 1980, a 3M continuou evoluindo e conquistando novas arenas — muitas vezes, de modo inesperado — ao estimular a iniciativa dos funcionários. Por sua vez, a Norton priorizava os estudos e modelos de planejamento elaborados pelos seus consultores.[78] A 3M avançava ao permitir que profissionais como Spencer Silver criassem novos mercados "por acidente, sem cálculos",[79] enquanto o presidente da Norton afirmava: "O planejamento será nosso estilo de vida."[80] A 3M encorajava "jogos científi-

---

* Essa operação consistiu na classificação das unidades de negócios em uma matriz formada pelos campos "cash cows" [galinhas dos ovos de ouro, em tradução livre], "stars" [estrelas], "question marks" [pontos de interrogação] e "dogs" [cães], com base na participação de mercado e no crescimento do setor. A partir dessa matriz, a empresa fazia investimentos, aquisições e desinvestimentos.

cos"; já a gerência de Norton indicava que seu método estratégico "derivava do planejamento militar".[81] A 3M diversificava sua atuação selecionando as melhores oportunidades incrementais criadas por meio de pesquisas internas eficientes, enquanto a Norton priorizava as aquisições por atacado, "porque as oportunidades originadas pela tecnologia e pelos recursos de pesquisa [internos] eram limitadas".[82]

Finalmente, em 1990, a 3M atingiu a marca de US$13 bilhões em vendas e centenas de novos produtos. A Norton, por sua vez, recebeu uma oferta hostil de aquisição e deixou de ser uma entidade independente.

LIÇÕES PARA CEOS, GERENTES E EMPREENDEDORES

Com base no modelo de progresso evolutivo da 3M em melhor momento, extraímos cinco lições básicas para estimular o progresso evolutivo em uma empresa visionária.

1. *"Faça uma tentativa agora mesmo!"* Ao contrário da Norton, o modus operandi da 3M era o seguinte: em caso de dúvida, diversifique, mude, resolva o problema, aproveite a oportunidade, experimente e tente algo novo (alinhado com a ideologia estrutural) — mesmo se não puder prever os resultados com precisão. Aja. Se falhar, tente outra opção. Conserte. Experimente. Faça. Ajuste. Mova-se. Atue. *Nunca fique parado.* Ações vigorosas — especialmente diante de oportunidades inesperadas e problemas específicos de clientes — criam variações. Se McKnight não tivesse abordado Okie sobre aquela misteriosa solicitação de amostras de saibro, se Dick Drew não tivesse sido impulsivo ao prometer que viabilizaria a pintura automotiva em dois tons, se Spencer Silver não tivesse feito o experimento contrariando a literatura sobre o tema, se Art Fry não tivesse tentado resolver o problema do coral — a lista de "ses" estende-se até o infinito —, a 3M não seria uma empresa visionária.

2. *"Aceite a possibilidade de erros."* Como ninguém sabe quais variações serão positivas, aceite que erros e fracassos fazem parte do processo evolutivo. Se a 3M tivesse repreendido (ou demitido) Okie e Drew por conta do fracasso da cera automotiva, a fita Scotch provavelmente não teria sido inventada. Lembre-se de Darwin: "A lei da multiplicação, da diversidade, da sobrevivência do mais forte e da extinção do mais fraco." Para evoluir de forma saudável, faça muitos experimentos (multiplicação) com diferentes itens (diversificação), implemente as melhores opções (sobrevivência do mais forte) e descarte as ineficientes (extinção do mais fraco). Ou seja, para criar um sistema mutante consistente — como o da 3M —, você precisa fazer muitos experimentos malsucedidos. Segundo o ex-CEO da 3M Lewis Lehr: "Em todo caso, o segredo é eliminar os erros assim que eles forem identificados. Mas até os erros têm sua importância. Você pode aprender com o sucesso, mas terá que se esforçar para isso. É

muito mais fácil aprender com um fracasso."[83] Pense na perspectiva paradoxal da J&J, que abordamos antes neste capítulo: falhas e erros foram essenciais para criar uma árvore saudável sem nenhum prejuízo em 107 anos. Ao mesmo tempo, lembre-se da lição que vimos no capítulo sobre culturas baseadas em cultos: uma empresa visionária tolera erros, mas não "pecados", ou seja, violações à ideologia estrutural.

3. *"Dê pequenos passos."* Claro, é mais fácil tolerar experimentos malsucedidos quando eles são apenas *experimentos*, não fracassos corporativos de grandes proporções. Pequenas etapas incrementais podem viabilizar mudanças estratégicas importantes. Uma simples resposta de McKnight a Okie gerou uma lixa impermeável e criou um grande mercado na indústria automotiva, viabilizando a fita adesiva de Dick Drew, a fita de celofane Scotch e, na sequência, a fita magnética, e assim por diante. Para causar uma grande mudança estratégica em uma empresa, tente ser um "revolucionário incremental", aproveite sucessos pequenos, mas visíveis, e influencie a estratégia corporativa. De fato, um gesto realmente revolucionário seria pedir permissão para "fazer um experimento". Pense na abordagem incremental da American Express aos serviços financeiros, que se tornaram o principal pilar estratégico da empresa, e em como William Dalliba utilizou pequenos experimentos para ampliar sua atuação no ramo dos serviços de viagens. Pense na imagem de "ramos e galhos" ou na de "sementes e frutos", citada por Masaru Ibuka, da Sony, para transmitir a ideia de que problemas pequenos e específicos podem ser um ponto de partida para grandes oportunidades.[84]*

4. *"Dê o espaço necessário para as pessoas."* A 3M oferecia uma maior autonomia operacional e tinha uma estrutura mais descentralizada do que a Norton — um fator essencial para as variações sem planejamento. Quando as pessoas têm muito espaço para agir, ninguém pode prever exatamente o que elas farão — e isso é *bom*. A 3M não tinha ideia do que Silver, Fry e Nicholsen faziam com os 15% do seu tempo que dedicavam a "projetos pessoais". Na verdade, as empresas visionárias eram mais descentralizadas e ofereciam uma maior autonomia operacional em 12 dos 18 casos que analisamos no estudo. (Cinco eram muito parecidos.) Extraímos um princípio desta lição: permita que as pessoas sejam persistentes. Os criadores do Post-it tiveram dificuldades para convencer a empresa do potencial das suas pequenas e estranhas notas, mas nunca foram *proibidos* de trabalhar nela.

5. *Mecanismos — Crie um relógio eficiente!* A história da 3M é muito positiva porque McKnight, Carlton e outros profissionais conseguiram converter os quatro pontos anteriores em mecanismos alinhados para estimular o progresso evolutivo — algo que a Norton nunca fez. Veja a lista de mecanismos da 3M. Observe como eles são concretos. Observe como eles enviam uma série consistente de sinais. Observe como eles são eficientes. Todo gerente de divisão deve conhecer a meta de 30% para novos produtos. Para ser um herói técnico da 3M, compartilhe sua tec-

---

* Richard Dawkins faz um belo trabalho ao descrever o incrementalismo como uma força evolutiva poderosa no Capítulo 3 de The Blind Watchmaker (Nova York: Norton, 1986).

nologia com os demais setores. Para receber um prêmio Golden Foot e ser um herói empreendedor, crie uma iniciativa bem-sucedida, com produtos reais, clientes satisfeitos e vendas lucrativas. Não adianta só ter boas intenções. A 3M não se limita a atirar um monte de gente inteligente em uma sala e esperar pelo melhor. A 3M incentiva todos os profissionais e cria as condições ideais!

Constatamos que os gerentes costumam subestimar a importância dessa quinta lição e não convertem suas intenções em mecanismos tangíveis. Por equívoco, eles pensam que, movidos pelo "tom" correto da liderança, as pessoas logo adotam uma abordagem mais experimental. Não! Há mais fatores em jogo. É necessário implementar medidas que continuamente estimulem e reforcem o comportamento evolutivo.

O que Não Fazer

Também encontramos vários casos de empresas que suprimiram ativamente o progresso evolutivo em estágios críticos da sua trajetória — lições sobre o que não fazer.

Chase Manhattan. Controlado com mão de ferro por David Rockefeller durante os anos 1960 e 1970, o Chase Manhattan (conhecido como o "Banco do David") era um ambiente tenso, onde os gerentes passavam a maior parte do tempo em reuniões — em vez de tomarem decisões e agirem. No Chase, a mentalidade padrão dos gerentes era: "Ufa! Passei mais um dia sem me meter em problemas." Até o final dos anos 1980, muitos gerentes seniores não tentavam novas ideias porque "David poderia não gostar".[85] Nessa mesma época, o Citibank tinha "uma estrutura flexível, animada por uma criatividade caótica e pelo instinto de sobrevivência do mais apto no mundo corporativo" e empregava profissionais de grande talento, bem remunerados e cheios de ideias inovadoras.[86]

Burroughs. Durante os críticos primórdios da indústria de computadores, o presidente da Burroughs, Ray W. Macdonald, desencorajava a iniciativa dos funcionários. Ele afastou boa parte dos profissionais talentosos mais propensos à experimentação e humilhava publicamente os gerentes por falhas e erros. Programado para "se afirmar como chefe diariamente", Macdonald concentrava em si todo o poder e tomava todas as decisões — relegando os gerentes de produtos "a uma extensão do seu escritório". Em vez de considerar os problemas dos clientes como oportunidades de evolução, Macdonald se orgulhava de manter os clientes "incomodados, mas dóceis". Embora a Burroughs tivesse uma vantagem técnica sobre a IBM em computadores no início dos anos 1960, Macdonald impediu seus gerentes de aproveitarem uma das maiores oportunidades de negócios do século.[87]

Texas Instruments. Nos anos 1950 e 1960, a Texas Instruments era celebrada, e com razão, como uma empresa altamente inovadora sob o comando do CEO Patrick Haggerty, responsável pela criação de um ambiente que estimulava ideias e inovações a partir dos níveis mais básicos da empresa.[88] Entretanto, os sucessores de Haggerty, Mark Shepard e Fred Bucy, reverteram essa abordagem e instituíram um esquema autocrático que arrasou a cultura empreendedora da TI com medo e intimidação. Quando eles não gostavam de algo em uma apresentação, interrompiam-na dizendo: "Isso é besteira! Se é só isso que você tem a dizer, não queremos ouvi-lo." Eles gritavam, batiam nas mesas e atiravam objetos pela sala. Como um ex-gerente de TI descreveu: "Eles não confiam no seu pessoal. Os gerentes de nível básico perderam muita autoridade. Boa parte do controle passou para a sede. Os produtos propostos eram definidos e redefinidos incessantemente. No final das contas, você recebia como produto um pino quadrado e tinha que encaixá-lo no furo redondo do mercado."[89] Entre o final dos anos 1970 e a década de 1980, a TI perdeu sua posição como uma das empresas mais respeitadas dos EUA e sofreu perdas significativas, enquanto a HP continuava sendo amplamente admirada e altamente lucrativa.

SER FIEL AO TRICÔ? SEJA FIEL AO NÚCLEO!

No livro *In Search of Excellence*, publicado em 1982, Peters e Waterman fazem uma recomendação: "Stick to the Knitting." [Seja Fiel ao Tricô, em tradução livre.] Segundo os autores, "um excelente desempenho tende a ser obtido pelas empresas que se mantêm razoavelmente próximas dos negócios que conhecem".[90] À primeira vista, essa regra não condiz com a perspectiva evolutiva apresentada neste capítulo. De fato, se tivesse definido seu tricô como a mineração ou a lixa, a 3M não seria o que é hoje — e não teríamos esses fabulosos marcadores Post-it com os quais organizamos o material durante a escrita deste livro. Ficamos muito contentes com a falta de fidelidade da 3M diante do seu tricô! Por sua vez, a Norton foi muito mais fiel ao seu tricô do que a 3M — e os resultados falam por si. A Zenith também permaneceu bem mais fiel ao seu tricô (televisão e rádio) do que a Motorola — e se deu mal. A J&J não tinha experiência no mercado de consumo quando começou a vender talco para bebês. A Marriott não tinha experiência em hotéis quando começou a atuar nesse setor. Na década de 1960, a HP não tinha experiência no setor de informática quando lançou seu primeiro computador. A Disney não sabia nada sobre parques temáticos quando criou o seu. A IBM não tinha experiência em eletrônica quando passou a fabricar computadores. A Boeing não tinha quase nenhuma experiência com aeronaves comerciais quando fabricou o 707. Se tivesse permanecido fiel ao seu tricô (serviços de courier), a American Express provavelmente não existiria hoje.

O progresso evolutivo não é uma orgia de diversificação, e uma estratégia de negócios focada não é necessariamente ruim. O Wal-Mart, por exemplo, tem permanecido intensamente focado em um setor — vendas a preço baixo no varejo —, promovendo sua evolução dentro desse campo estrito. Mas a ideia de "ser fiel ao tricô" não é inútil. A verdadeira questão é: o que é o "tricô" para uma empresa visionária? Nossa resposta: sua ideologia estrutural.

Preserve o Núcleo/Estimule o Progresso

Portanto, às cinco lições que acabamos de ver, devemos acrescentar uma sexta: preserve sempre o núcleo ao estimular o progresso evolutivo. Lembre-se de que a evolução se baseia em variação *e* seleção. Em uma empresa visionária, como a 3M, a seleção envolve dois fatores básicos. O primeiro é pragmático: a opção funciona? Mas o segundo fator é tão importante quanto o anterior: a opção está alinhada com a ideologia estrutural?

Desde a época de William McKnight, a 3M tem criado soluções inovadoras para problemas humanos reais — esse é o objetivo da empresa. Na 3M, as variações devem ser novas, úteis e confiáveis (pontos cruciais da ideologia estrutural da empresa) para terem boas chances de seleção. Certamente, ninguém na 3M teria impedido Spencer Silver de dedicar 15% do seu tempo a jogos experimentais com uma cola bizarra que não grudava. Mas, igualmente importante, a 3M só selecionou esse adesivo mutante depois de Silver ter associado sua criação ao problema do coral da igreja de Art Fry, demonstrado aos outros funcionários que os estranhos Post-its eram úteis e provado que eles poderiam ser produzidos com qualidade e confiabilidade. Na 3M, você não ganha um "Genesis Grant" por desenvolver um produto copiado. Você não se torna um membro da Carlton Society sem ter feito uma contribuição técnica original. Você nunca sobreviverá como gerente de divisão se seus produtos não forem definidos como confiáveis pelos clientes. A 3M estimula o progresso com um vigor incrível para uma empresa de US$13 bilhões, mas preserva firmemente sua ideologia estrutural.

Da mesma forma, no Wal-Mart, se não agregar valor aos clientes, o experimento não será selecionado. Se um ramo da J&J contrariar a ideologia da empresa, ele será podado. Se quiser criar um negócio mutante sem nenhuma contribuição técnica, um dedicado gerente de marketing não terá muito apoio na Hewlett-Packard. Na Marriott, se uma oportunidade for de encontro à meta de "fazer com que os viajantes se sintam queridos e entre amigos", a empresa procurará outras oportunidades. Se uma "semente" só produzir "frutas" tecnicamente banais ou de baixa qualidade, a Sony plantará outras sementes.

A ideologia estrutural une e orienta a empresa visionária enquanto ela passa pelos processos de mutação e evolução. Apesar de todas as mutações, empreendimentos distantes e pequenas divisões, encontramos uma coesão notável na 3M. De fato, a ligação dos funcionários com a empresa é parecida com as culturas baseadas em cultos que vimos na P&G, na Disney e na Nordstrom. Isso também se aplica à HP, Motorola e Wal-Mart — três empresas mutantes no nível da 3M e firmemente apegadas às suas ideologias estruturais.

Como o código genético no mundo natural, que continua o mesmo enquanto as espécies variam e evoluem, a ideologia estrutural da empresa visionária permanece inalterada ao longo das suas mutações. De fato, são esses princípios e ideais fixos que dão à empresa visionária uma vantagem sobre as espécies que evoluem no mundo natural: seus objetivos e seu espírito. William McKnight avaliou sua ligação de 75 anos com a 3M e seus ideais:

> É chegada a hora de destacar o quanto dependemos uns dos outros [e dos nossos valores compartilhados]. Nosso desafio, ao enfatizarmos essa importante lição de humanidade, é manter o devido respeito pelos indivíduos. Para dar continuidade ao nosso progresso e aos serviços que oferecemos aos EUA e ao mundo, precisamos reconhecer de forma saudável a opção pela excelência feita pelos nossos colaboradores, ao criarem oportunidades para todos e nos brindarem com novas ideias e produtos. A alta qualidade e a dificuldade do trabalho estão associadas a um espírito de aventura e desafio.[91]

capítulo 8

GESTÃO COM A PRATA DA CASA

A partir de agora, escolher meu sucessor será minha decisão mais importante. Isso já preenche boa parte dos meus dias.

JACK WELCH, CEO DA GENERAL ELECTRIC,
COMENTANDO SEU PLANO DE SUCESSÃO EM 1991 —
NOVE ANOS ANTES DA SUA APOSENTADORIA.[1]

É essencial viabilizar a continuidade de uma liderança sênior competente. Sempre nos esforçamos para ter bons candidatos, implementamos programas de transição para prepará-los e temos sido muito abertos sobre o planejamento das sucessões. Acreditamos na grande importância da continuidade.

ROBERT W. GALVIN, EX-MEMBRO DA EQUIPE DO CEO,
MOTOROLA CORPORATION, 1991[2]

Em 1981, Jack Welch se tornou CEO da General Electric Company. Uma década depois, ele era uma lenda viva, "amplamente reconhecido", segundo a revista Fortune, "como um mestre nas mudanças corporativas".[3] Diante da miríade de artigos sobre a revolução de Welch, é tentador imaginá-lo como o messias que salvou uma empresa extremamente problemática que não mudara significativamente desde o advento da eletricidade. Sem conhecer a história de Welch e da GE, é fácil pensar que ele fora trazido de fora, como uma injeção de "sangue novo" para animar um gigante complacente e desajeitado.

Muito pelo contrário.

Na verdade, Welch era prata da casa da GE e ingressara na empresa logo após a pós-graduação, um mês antes de ter completado 25 anos. Esse foi seu primeiro emprego em tempo integral, e Welch trabalhou na GE por 20 anos até se tornar CEO.[4] Como todos os seus antecessores, Welch veio de *dentro*.

Mas Welch não herdou uma empresa totalmente mal administrada. Longe disso. O predecessor de Welch, Reginald Jones, se aposentou como "o líder empresarial mais admirado dos Estados Unidos".[5] Uma enquete do *US News and World Report* com outros líderes apontou Jones como "a pessoa mais influente no mundo dos negócios" por duas vezes, em 1979 e 1980. Pesquisas do *Wall Street Journal* e da revista *Fortune* também o enalteceram, e a Gallup elegeu Jones CEO do Ano em 1980.[6] Em termos financeiros, como crescimento do lucro, retorno sobre capital, retorno sobre vendas e retorno sobre ativos, a GE se saiu tão bem durante a passagem de oito anos de Jones quanto nos primeiros oito anos de Welch.[7]

Além disso, Welch não é o primeiro gestor inovador e agente de mudanças na longa série de CEOs da GE. Sob o comando de Gerard Swope (1922-1939), a GE fez uma opção drástica pelos eletrodomésticos. Swope também difundiu a ideia de "gestão esclarecida" — uma novidade para a GE na época —, com responsabilidades equilibradas para funcionários, acionistas e clientes.[8] Sob o comando de Ralph Cordiner (1950-1963), autor do slogan "Vá em frente", a GE se expandiu para vários setores, aumentando em 20 vezes o número de segmentos de mercado atendidos.[9] Cordiner reestruturou e descentralizou radicalmente a empresa, instituiu a administração por objetivos (uma das primeiras empresas norte-americanas a fazê-lo), criou a Crotonville (o famoso centro de treinamento e condicionamento de gerentes da GE) e escreveu o influente livro *New Frontiers for Professional Managers*.[10] A passagem de Fred Borch (1964-1972) foi "um momento de fermentação criativa" e de investimentos arriscados em áreas como motores de aeronaves e computadores.[11] Reginald Jones (1973-1980) encabeçou a mudança do relacionamento entre a empresa e o governo.

De fato, Welch faz parte de uma longa tradição de excelência gerencial na GE. Considerando o retorno sobre o patrimônio antes dos impostos como índice da performance financeira, o resultado médio da GE desde 1915, sob o comando dos seus antecessores, foi parecido com o da primeira década de Welch — 28,29% e 26,29%, respectivamente.[12] De fato, quando ordenamos os CEOs da empresa por esse retorno, Welch fica em *quinto* lugar entre os sete. (Todos os CEOs da GE, incluindo Welch, superaram a rival Westinghouse nesse retorno.) Claro, o cálculo direto do retorno sobre o patrimônio não considera as oscilações e ciclos da indústria, as guerras, as depressões e assim por diante. Portanto, também ordenamos os CEOs da

GE com base no valor médio dos retornos anuais acumulados sobre as ações em relação ao mercado e à Westinghouse.[13] Nessa comparação, Welch fica em segundo e quinto lugar*, respectivamente, em *relação* aos seus predecessores. É um excelente desempenho, mas não é o melhor da história da GE. (Veja a Tabela A.9 no Anexo 3.)

Mas nada disso diminui as imensas conquistas de Welch. Ele é considerado um dos CEOs mais eficazes da história empresarial dos EUA. Como — e este é o ponto crucial — *seus antecessores*. Welch mudou a GE. Seus antecessores também. Welch superou a chefia da Westinghouse. Seus antecessores também. Welch era amplamente admirado por seus pares — um "guru da administração" de sua época. Seus antecessores também. Welch lançou as bases para a futura prosperidade da GE. Seus antecessores também. Respeitamos Welch por sua trajetória notável, mas respeitamos a GE ainda mais por sua trajetória notável de contínua excelência gerencial ao longo de cem anos.

UM CEO do calibre de Welch é impressionante. Um século de CEOs do calibre de Welch, todos pratas da casa — esse é um fator fundamental para a definição da GE como uma empresa visionária.

De fato, o processo de seleção por meio do qual Welch se tornou CEO era uma das melhores tradições da GE. Welch é um efeito do legado da GE e um agente da mudança voltado para o futuro da empresa. Como o célebre consultor da GE Noel Tichy e o editor da revista *Fortune* Stratford Sherman descreveram no livro *Control Your Own Destiny ou Someone Else Will*:**

O processo de sucessão gerencial que atribuiu o comando da admirável General Electric para Welch ilustra os aspectos mais importantes da antiga cultura da empresa. O CEO anterior, Reginald Jones, passou anos avaliando um grupo de candidatos altamente qualificados, dos quais boa parte acabou liderando grandes corporações. Jones implementou um processo longo, árduo e estrito para analisar minuciosamente os candidatos elegíveis e selecionar racionalmente os mais qualificados. O resultado está entre os melhores exemplos de planejamento de sucessão da história corporativa.[14]

---

* Diante do excelente desempenho registrado pela GE no início dos anos 90 e do declínio da Westinghouse, achamos que a classificação de Welch melhorará expressivamente nessa dimensão.
** Dois livros analisam o processo de seleção de Welch em detalhes. Além da obra de Tichy e Sherman, há o *The New GE*, de Robert Slater. Nesta seção, extraímos os dados contextuais desses dois excelentes livros.

Jones deu o primeiro passo nesse processo criando um documento intitulado "Mapa para a Sucessão do CEO" em 1974 — *sete anos* antes de Welch chegar ao cargo. Depois de colaborar com a Equipe de Recursos Humanos da GE, ele passou dois anos peneirando uma lista inicial de 96 candidatos — todos funcionários da GE — até restarem 12 e, depois, 6 candidatos principais, entre eles Welch. Para testar os candidatos, Jones nomeou todos como "diretores setoriais", subordinados diretamente ao CEO. Nos três anos seguintes, ele gradualmente impôs mais dificuldades, submetendo os candidatos a uma variedade de desafios complexos, entrevistas, concursos de textos e avaliações.[15] Uma parte fundamental do processo consistia em abordar nas entrevistas "o caso do avião"; nessas ocasiões, Jones perguntava a cada candidato: "Você e eu estamos voando em um avião da empresa. Ele cai. Você e eu morremos. Quem deveria ser o presidente da General Electric?" (Jones aprendera essa técnica com seu antecessor, Fred Borch.)[16] Welch acabou ganhando essa maratona pelo cargo; os outros candidatos vieram a ser presidentes e CEOs de empresas como a GTE, a Rubbermaid, a Apollo Computer e a RCA.[17] Curiosamente, mais funcionários da GE se tornaram CEOs de outras corporações norte-americanas do que de outras empresas.[18]

A Westinghouse, ao contrário da GE, passou por períodos de turbulência e descontinuidade no alto escalão. A empresa teve quase o dobro de CEOs em comparação com a GE, e alguns deles passaram menos de 2 anos no cargo. Na Westinghouse, a passagem média de um CEO era de 8 anos; na GE, 14 anos. Além disso, a Westinghouse costumava contratar CEOs de fora em vez de desenvolver talentos internos, algo que a GE sempre fez. George Westinghouse foi desligado da empresa em 1908 e substituído por dois outsiders (ambos banqueiros) durante uma reorganização.[19] Em 1946, outro outsider (outra vez um banqueiro) se tornou CEO.[20] Então, em 1993, a Westinghouse voltou a contratar um CEO de fora, um ex-executivo da PepsiCo chamado para tocar a empresa depois das perdas bilionárias registradas em 1991 e 1992.[21]

Gostaríamos de analisar mais detalhadamente o processo de sucessão interna da Westinghouse, mas encontramos pouco material sobre esse tópico em publicações externas e internas. Mas isso também é um ponto interessante. A GE priorizou tão ostensivamente a continuidade da liderança que tanto a empresa quanto os observadores externos comentaram muito sobre esse aspecto. Comparativamente, a Westinghouse deu bem pouca atenção ao desenvolvimento de gerentes e ao planejamento de sucessão.

REALIZE PROMOÇÕES INTERNAS PARA PRESERVAR O NÚCLEO

Ao longo deste livro, minimizamos o papel da liderança na empresa visionária. No entanto, seria um total equívoco afirmar que o alto escalão não tem importância alguma. Seria ingênuo sugerir que uma pessoa aleatória poderia se tornar o CEO de uma empresa visionária e extrair dela um ótimo desempenho. A alta gerência *tem* impacto sobre organização — na maioria dos casos, um impacto significativo. A questão é: esse é o *tipo certo* de impacto? A gerência preserva o núcleo ao causar esse impacto?

As empresas visionárias desenvolvem, promovem e selecionam mais criteriosamente o talento gerencial interno do que as demais empresas abordadas na comparação. Esse é um passo fundamental para a preservação do núcleo. Entre 1806 e 1992, encontramos evidências de apenas duas empresas visionárias (11,1%) que contrataram CEOs de fora; por outro lado, isso ocorreu em 13 (72,2%) das demais empresas. Dos 113 CEOs identificados nos dados que coletamos sobre as empresas visionárias, só 3,5% vieram de fora, contra 22,1% dos 140 CEOs das demais empresas. Em outras palavras, *as empresas visionárias eram seis vezes mais propensas a promover funcionários para o cargo de CEO do que as demais empresas.* (Veja a Tabela 8.1 no texto e a Tabela A.8 no Anexo 3.)

> **RESUMINDO**, nos 1700 anos de história das empresas visionárias que estudamos, só encontramos 4 casos de CEOs de fora.

Ou seja, não é a qualidade da liderança que mais diferencia as empresas visionárias. O essencial é a *continuidade* de uma liderança de qualidade — a continuidade preserva o núcleo. As empresas visionárias e as demais empresas abordadas na comparação tiveram excelentes administrações em alguns pontos das suas trajetórias. Mas as empresas visionárias tinham processos melhores de desenvolvimento gerencial e planejamento de sucessão — fatores essenciais para um relógio eficiente. Foi assim que elas viabilizaram uma maior continuidade na liderança com talentos internos do que as outras empresas em 15 dos 18 casos. (Veja a Tabela A.8 no Anexo 3.)

Pense nisso como um processo contínuo de retroalimentação — o "loop da continuidade da liderança":

Tabela 8.1

Empresas que Contrataram CEOs de Fora[22]
1806-1992

Empresas Visionárias	Empresas de Comparação
Philip Morris	Ames
Walt Disney	Burroughs
	Chase Manhattan
	Colgate
	Columbia
	General Motors
	Howard Johnson
	Kenwood
	Norton
	R.J. Reynolds
	Wells Fargo
	Westinghouse
	Zenite

NOTA: A IBM contratou um CEO de fora (Louis Gerstner) em 1993, um ano depois do fim do nosso período de referência. Não consideramos William Allen como um outsider na Boeing porque ele chegou a participar de importantes decisões gerenciais (como reorganizações, investimentos em P&D, estruturas de financiamento e estratégias de negócios) durante 20 anos como advogado da empresa e 14 anos como diretor de papel essencial antes de se tornar CEO — cargo que ocupou por 23 anos. Agradecemos a Morten Hansen pela análise que gerou esta tabela.

Loop da Continuidade da Liderança

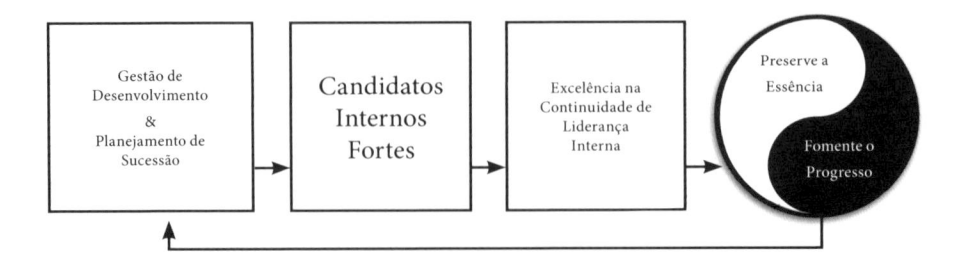

A ausência de um desses elementos pode causar descontinuidades de gestão e forçar a empresa a procurar por um CEO de fora — afastando-a da sua ideologia estrutural. Esses lapsos também podem dificultar o progresso, pois a turbulência no alto escalão acaba paralisando a empresa. De fato, identificamos um padrão nas empresas de comparação contrário ao "loop da continuidade da administração" das empresas visionárias. Chamamos essa tendência de "lacuna de liderança e síndrome do salvador":

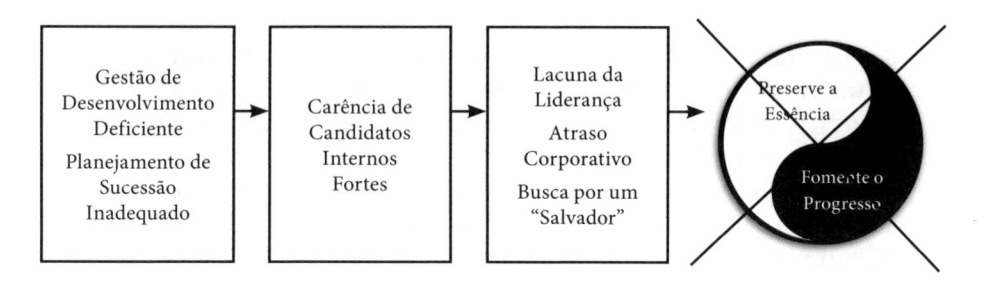

Confira as comparações a seguir entre a Colgate e a P&G e a Zenith e a Motorola.

Descontinuidade na Colgate e Estoque de Talentos na P&G

Até o início dos anos 1900, a Colgate era uma empresa extraordinária. Fundada em 1806, ela registrava um crescimento constante havia mais de um século, e seu porte era mais ou menos o mesmo da P&G. Também tinha a ideologia estrutural mais sólida e antiga entre as empresas de comparação que analisamos em nosso estudo, com valores essenciais e um intuito obstinado articulados por Sidney Colgate.[23] Na década de 1940, no entanto, a Colgate já tinha menos da metade do tamanho e menos de um quarto da rentabilidade da P&G, e manteve essa proporção média pelas próximas quatro décadas. Ela também se afastou da sua forte ideologia estrutural, e sua identidade se enfraqueceu diante da Procter.

O que aconteceu? A resposta está, em parte, no mau planejamento da sucessão e nas descontinuidades de gestão. A Colgate era administrada só por pessoas de dentro (a família Colgate) durante as primeiras quatro gerações da alta gerência. No entanto, a empresa falhou no planejamento de sucessão e no desenvolvimento de gerentes no início do século XX. No final da década de 1920, a Colgate estava tão desprovida de sucessores competentes que recorreu a uma fusão com a Palmolive-Peet e "colocou um elemento estranho na administração".[24] Segundo um artigo da *Fortune* publicado em 1936:

Os irmãos Colgate estavam envelhecendo. Gilbert, o presidente, tinha 70 anos; Sidney tinha 66 anos. E Russell, que tinha apenas 54 anos, não exercia um papel importante na administração. O filho de Sidney, Bayard Colgate, tinha saído de Yale havia apenas 6 anos. Para um Colgate, ele era jovem demais. Então, os irmãos ouviram atentamente a oferta de Charles Pearce de fundir a Palmolive-Peet com a Colgate. Após a fusão, eles aceitaram a aposentadoria na prática.

Pearce, o CEO da empresa resultante, foi um verdadeiro desastre. Movido por "uma mania de expansão",[25] ele se dedicou a uma tentativa frustrada de incluir a Colgate em um conglomerado gigante formado pela Standard Brands, pela Hershey e pela Kraft. Distraído com essa busca pela grandeza, Pearce ignorou os fundamentos empresariais da Colgate e seus valores básicos. Ele transferiu a sede de Jersey City, em Nova Jersey (onde ficara por 81 anos, perto da fábrica de sabão), para Chicago.[26] Durante o reinado de Pearce, entre 1928 e 1933, o retorno médio sobre as vendas da Colgate caiu para menos da metade do que era (de 9 para 4%). Durante o mesmo período, o retorno sobre as vendas da P&G aumentou ligeiramente (de 11,6 para 12%), mesmo em meio à Depressão.[27]

Pearce violou gravemente a ideologia estrutural da Colgate, especialmente seu valor essencial de lidar de modo justo com varejistas, clientes e funcionários.[28] Ele impôs negócios tão difíceis que os varejistas se revoltaram:

> Os farmacêuticos ficaram especialmente irados: já estavam acostumados ao jeito conservador de fazer negócios dos Colgate. Eles não gostaram nada das táticas de Pearce e da gerência. E, como a Colgate dependia dos lucros substanciais que obtinha com seus artigos de toalete, a debandada dos farmacêuticos foi um duro golpe.[29]

Finalmente, segundo a *Fortune*, a família Colgate "despertou da sua letargia e se surpreendeu com as ações de Charles Pearce".[30] Bayard Colgate (aos 36 anos) substituiu Pearce como CEO, transferiu a sede para Nova Jersey e tentou reacender os valores da Colgate e restabelecer o progresso. No entanto, o caótico reinado de Pearce dificultou bastante o trabalho do CEO, que não havia sido preparado para esse papel. Ele ocupou o cargo por apenas cinco anos e foi sucedido pelo gerente de vendas internacionais Edward Little. A Colgate ficou para trás da P&G e nunca mais conseguiu acompanhá-la. Durante a década seguinte à era Pearce, a P&G cresceu duas vezes mais rápido e obteve um lucro quatro vezes maior do que a Colgate.[31]

Após o desastre de Pearce, a Colgate iniciou um padrão de sucessões mal executadas na alta gerência. Edward Little (CEO entre 1938 e 1960) comandou a Colgate com mão de ferro.[32] "A Colgate era dominada por Little — e 'dominar' não é uma palavra muito forte", escreveu a *Forbes*.[33] Não encontramos nenhuma evidência de que Little imaginava a Colgate sem seu comando nem que havia algum plano de sucessão na empresa. Finalmente, aos 79 anos, Little se aposentou, e a Colgate recorreu a um vice-presidente internacional para atuar como um "Cavaleiro Branco" e salvar a empresa, cujas operações domésticas iam de mal a pior.[34]

Em 1979, a Colgate passou por mais uma transição tumultuada no alto escalão, quando o CEO David Foster foi desligado — a contragosto — pelo conselho da empresa. Como seus antecessores, Foster "deu prosseguimento à tradição autocrática na Colgate e se adaptou à situação".[35] De fato, Foster *dificultou* o planejamento de sucessão; segundo um artigo da *Fortune*:

> Até o fim, David Foster fez o melhor que pôde para dar ao seu sucessor o menor poder possível — e pouquíssima visibilidade. Ele procurou uma forma eficaz de silenciar o conselho sobre a questão da sucessão. Na época, a Colgate tinha uma política tácita de afastamento dos altos executivos que chegassem aos 70 anos. Foster tinha 55 anos e dizia que cumpriria a política, mas, curiosamente, assim que recebeu uma oferta para ser presidente de outra empresa, seu possível herdeiro a aceitou.[36]

Devido novamente à turbulência no alto escalão, as vendas e a lucratividade da Colgate caíram para um quarto da P&G na década após a saída de Foster. Sem dúvida, além da administração caótica, outros fatores contribuíram para esse relativo declínio da Colgate, como as investidas mais eficientes da P&G em pesquisa e desenvolvimento e em maiores economias de escala. Mas — e esse é o ponto crucial — a Colgate perdeu a chance de concorrer com a P&G durante a conturbada passagem de Pearce e continuou falhando em pontos de transição críticos.

Por outro lado, a P&G não sofreu nenhum revés administrativo como a Colgate, embora as duas empresas tenham encarado o mesmo desafio de sair do modelo da governança familiar no mesmo período. Durante os anos 1920, enquanto os irmãos Colgate negligenciavam o desenvolvimento de sucessores competentes, Cooper Procter preparava cuidadosamente Richard Deupree — um funcionário que ingressara na P&G em 1909 — para o cargo de CEO.[37] Sob o olhar vigilante e a orientação de Cooper Procter, Deupree assumiu cada vez mais responsabilidades e se tornou diretor de operações em 1928 (no mesmo ano em que a Colgate "colocou um elemento estranho na administração"). Em 1930, Deupree iniciou uma carreira de 18 anos como CEO — o primeiro a não integrar a família Procter na história da P&G. Então, como Procter, Deupree viabilizou a continuidade, como John Smale (CEO entre 1981 e 1989) descreveu:

Deupree teve um papel fundamental na realização e na transmissão do caráter da empresa. Ele conhecia e aprendeu com as duas pessoas que o precederam no cargo de CEO desde a incorporação da Procter & Gamble, em 1890. E ele também conhecia — e ajudou a orientar — as próximas quatro pessoas que o sucederam no cargo. Sou uma delas — o sétimo CEO dessa empresa nos quase 100 anos desde sua incorporação.[38]

A P&G entendeu a importância de desenvolver constantemente talentos gerenciais para não lidar com lacunas na sucessão em nenhum nível e, portanto, preservar o núcleo da empresa. Segundo a revista *Dun's Review,* "o programa da P&G para o desenvolvimento de gerentes é tão completo e consistente que a empresa acumula talentos em todos os cargos e níveis".[39] Da base até a gerência sênior, o objetivo da P&G é sempre "dispor de duas ou três pessoas igualmente competentes para assumir o nível imediatamente superior".[40] O sucessor de Deupree, Neil McElroy, explicou: "O desenvolvimento dos nossos futuros gerentes ocorre todo ano, nos bons e nos maus momentos. Se não fizermos isso, daqui a X anos, teremos uma lacuna. E isso não é admissível."[41]

Lacunas na Liderança da Zenith e o Elenco de Primeira da Motorola

O "comandante" Eugene F. McDonald Jr., o fundador brilhante e controlador da Zenith Corporation, não havia desenvolvido sucessores competentes quando morreu, em 1958. Quando o colaborador mais próximo de McDonald, Hugh Robertson, assumiu o cargo CEO, ele já tinha mais de 70 anos. A revista *Fortune* comentou em 1960: "A Zenith está sendo impulsionada, em grande parte, pelas personalidades fortes que pertencem ao seu passado e não ao seu futuro."[42] Robertson permaneceu no cargo por dois anos e o transmitiu para o advogado corporativo conservador Joseph Wright, que permitiu o afastamento da empresa do seu valor essencial de dedicação fanática à alta qualidade.[43] O funcionário Sam Kaplan se tornou CEO em 1968, mas morreu subitamente em 1970. Diante de mais esse vácuo no alto escalão, a Zenith foi tomada pela necessidade de chamar um salvador de fora para resgatar a empresa. Depois de uma pesquisa intensiva, a Zenith contratou John Nevin, da Ford.[44]

Depois de uma passagem banal marcada por um contínuo afastamento dos valores originais da empresa, Nevin renunciou em 1979, e o ex-presidente Wright teve que retornar da aposentadoria aos 68 anos "para tentar colocar a empresa nos eixos novamente".[45] Wright promoveu Revone Kluckman a CEO, mas ele — como Kaplan antes dele — morreu subitamente após dois anos, causando outra crise de transição.

Por outro lado, a Motorola não passou por essa turbulência — um modelo de continuidade de gerenciamento que preserva o núcleo. O fundador Paul Galvin iniciou a preparação do seu filho Bob Galvin muitos anos antes da transferência formal de poder. O jovem Galvin começou a trabalhar na Motorola em 1940, quando ainda estava no ensino médio, 16 anos antes de se tornar presidente e 19 anos antes de chegar ao cargo de CEO.[46] Paul Galvin viabilizou a trajetória do seu filho na empresa, que começou como estoquista com um nível mínimo de privilégios especiais. Quando o jovem Bob compareceu ao RH às 7 horas da manhã para se candidatar a emprego temporário de verão, um gerente se ofereceu para levá-lo diretamente ao chefe do setor — furando a fila. Galvin recusou. Ele queria passar pelo processo desde o início, como os outros funcionários.[47]

Bob Galvin progrediu na empresa até dividir as funções presidenciais com seu pai nos três anos que antecederam a morte dele. "Depois de um tempo, meu pai disse que nossas decisões seriam uma só. Qualquer um de nós poderia resolver qualquer assunto. O outro ficaria no suporte."[48] O biógrafo de Paul Galvin escreveu que a transferência de experiência entre as gerações foi um processo diário que durou anos.[49] Então, logo depois da morte do seu pai, em 1959, Bob Galvin começou a pensar no desenvolvimento gerencial e no planejamento de sucessão para a próxima geração, *um quarto de século* antes de passar o bastão.

Para consolidar ainda mais a ideia de continuidade na liderança com elementos internos, Bob Galvin trocou o cargo tradicional de CEO por uma diretoria central ocupada por "membros da equipe". O plural, "membros", não é um erro tipográfico. Galvin concebeu uma sala com vários integrantes da equipe (geralmente três) em vez de um único líder. Seu objetivo era, em parte, garantir que a empresa tivesse funcionários competentes e bem posicionados para assumir a liderança a qualquer momento. "Sempre houve uma aceitação tácita, mas clara, de que havia uma hierarquia de sucessão", escreveu Galvin. "Estávamos preparados para mudanças imprevistas ao longo daquele quarto de século [em que eu fui membro da diretoria central]."[50]

A Motorola implementou diretorias não apenas no nível do CEO, mas também em níveis mais baixos (com dois ou três membros de equipe por diretoria) — um mecanismo essencial para o desenvolvimento gerencial e a continuidade da liderança em toda a empresa. Ciente de que essa abordagem era controversa entre os teóricos da administração — e, diga-se de passagem, complicada de implementar —, Galvin argumentava que os benefícios excediam muito os custos; ele escreveu em 1991:

Para que a diretoria central obtivesse sucesso, ela precisava de candidatos já experientes e adaptados a esse esquema. A base dessa experiência tinha que ser desenvolvida em funções semelhantes nas unidades de negócios. As diretorias têm desvantagens. Alguns mandatários não gostam delas. A diretoria pode emitir sinais confusos. Por isso, às vezes, algumas diretorias não funcionavam. Alguns profissionais saíam ou eram jogados para escanteio. Mas era mais frequente dar certo. A prova está na sua aplicação. Em geral, as diretorias são eficientes, pois têm fornecido consistentemente as melhores opções de sucessão. Além disso, são uma boa fonte de candidatos para a diretoria central.[51]

Em 75 anos de história, a Motorola não passou por descontinuidades de liderança como a Zenith. A empresa sempre se reinventou (de conserto de baterias para rádios Sears a circuitos integrados e sistemas de comunicações por satélite) e manteve uma continuidade inabalável quanto à excelência da sua alta gerência focada em valores essenciais, *mesmo quando perdeu talentos gerenciais de modo inesperado*. Por exemplo, em 1993, George Fisher — um membro importante da diretoria central — saiu da Motorola e se tornou CEO da Kodak. Na maioria das empresas, a saída inesperada de um executivo tão importante causaria desordem, turbulências e uma lacuna no gerenciamento — como aconteceu na Zenith com as mortes repentinas dos seus CEOs. Mas não na Motorola. Os outros membros da diretoria central, Gary Tooker (54 anos) e Christopher Galvin (43 anos), simplesmente assumiram mais responsabilidades. Ao mesmo tempo, a Motorola iniciou um processo interno para selecionar um novo membro em seu banco de talentos gerenciais. No artigo apropriadamente intitulado "Motorola Will Be Just Fine, Thanks" [A Motorola Ficará Bem, Obrigado, em tradução livre], o *New York Times* descreveu a situação: "O sr. Fisher se deu ao luxo de agir como agiu pois sabia que a Motorola estava muito bem posicionada para lidar com essa surpresa."[52]

Turbulência na Administração e Declínio Corporativo

A Westinghouse, a Colgate e a Zenith não são os únicos exemplos de turbulência e descontinuidade na alta gerência que identificamos em nosso estudo. Encontramos vários casos desse tipo nas empresas de comparação.

Aconteceu na Melville Corporation na década de 1950, quando Ward Melville descobriu que não havia preparado ninguém para sucedê-lo. Desesperado para passar a empresa para alguém por querer "se aposentar o quanto antes", Melville nomeou um gerente de produção mal preparado que não queria o cargo. A empresa rapidamente degringolou. "Fiquei chocado com a velocidade da deterioração dos números quando escolhemos as pessoas erradas", comentaria Melville algum tempo depois.[53] Ele então iniciou uma busca por um CEO de fora que revigorasse empresa. Felizmente, Melville teve a sabedoria de abandonar essa ideia e passou a desenvolver um jovem funcionário promissor que, com o tempo, se revelou um CEO muito competente.[54]

Aconteceu na Douglas Aircraft no final dos anos 1950, quando o fundador Donald Douglas passou sua empresa para o mal preparado Donald Douglas Jr. "O jovem Douglas não estava à altura do velho", escreveu um biógrafo. "O filho retaliou seus supostos inimigos [ou seja, a maior parte da administração da época do seu pai] e substituiu gestores experientes por novos integrantes da sua equipe."[55] Como Douglas Jr. colocou amigos em cargos importantes, gerentes talentosos saíram quando a empresa mais precisava deles para enfrentar a crescente ameaça da Boeing. No início da década de 1960, a perda de talentos gerenciais se abateu sobre a Douglas enquanto ela tentava desesperadamente — e sem sucesso — alcançar a Boeing. Diante de uma crise épica em 1966, Douglas Jr. buscou a salvação na forma de uma fusão com a McDonnell Aircraft.

Aconteceu na R.J. Reynolds nos anos 1970, quando o diretor da empresa J. Paul Sticht — ex-presidente da Federated Department Stores — "ajudou a torpedear a sucessão planejada do candidato mais indicado e manobrou até chegar à presidência", segundo a *Business Week*.[56] Sticht assumiu a direção executiva e formou uma equipe de gestão predominantemente com profissionais de fora.[57] Mais tarde, em um dos desastres administrativos mais famosos da história corporativa, Ross Johnson se tornou CEO depois que a RJR adquiriu a Nabisco Brands, em 1985. Bem descrita no livro *Barbarians at the Gate: The Fall of RJR Nabisco*, de Bryan Burroughs e John Helyar, a era de Johnson terminou com uma aquisição financiada com títulos de alto risco pelos investidores da Kohlberg Kravis Roberts & Co., que chamaram outro CEO de fora.

Aconteceu na Ames, quando a família fundadora viu a sua criação ser destruída por pessoas de fora, chamadas devido à falta de sucessores competentes. Foi o que aconteceu na Burroughs com a contratação do outsider W. Michael Blumenthal, da Bendix, quando a empresa encarou "uma lacuna óbvia em sua estrutura administrativa", porque "os novos gerentes não foram preparados durante os anos ditatoriais de Ray W. Macdonald".[58] Também aconteceu no Chase Manhattan, na Howard Johnson e na Columbia Pictures.

Também aconteceu com duas importantes empresas visionárias que analisamos no estudo: Disney e IBM.

Na Disney, Walt não desenvolveu nenhum sucessor competente, e a empresa se deu mal na década de 1970; seus gerentes só se perguntavam: "O que Walt faria?" Para salvar a empresa, o conselho contratou os forasteiros Michael Eisner e Frank Wells em 1984. Queremos destacar, no entanto, que a Disney conscientemente fez o melhor que pôde para manter sua continuidade ideológica ao contratar esses outsiders. Ray Watson, o coordenador dessa busca por um CEO, preferia Eisner não apenas por sua trajetória brilhante na indústria, mas também porque ele entendia, apreciava e até tinha um entusiasmo declarado pelos valores da Disney.[59] Segundo um funcionário: "Eisner era mais Walt que Walt."[60]

O caso da Disney ilustra um ponto importante. Se a organização precisa de um gerente sênior de fora, é bom procurar candidatos que sejam bastante compatíveis com sua ideologia estrutural. Eles podem ter estilos gerenciais diferentes, mas devem comungar dos mesmos valores essenciais.

E o que dizer sobre a decisão da IBM de trocar, em 1993, seu CEO interno por Louis V. Gerstner — um outsider da R.J. Reynolds sem nenhuma experiência no setor? Como harmonizar essa enorme anomalia com o comportamento das demais empresas visionárias? Não dá. A decisão da IBM não faz nenhum sentido para nós — não em meio aos 1700 anos de história das empresas visionárias que examinamos.

Talvez o conselho da IBM estivesse operando segundo a hipótese de que só outsiders podem promover mudanças drásticas. Para essa versão, só há uma resposta: Jack Welch. O "grande líder da mudança corporativa" passou toda a carreira na empresa em que atuou como CEO. A IBM dispõe de um dos programas de desenvolvimento gerencial mais completos do planeta. Ela tem um longo histórico de contratação de pessoas extraordinárias e talentosas. Não acreditamos que a IBM não tenha pelo menos um agente de mudança do calibre de Welch entre seus funcionários. De fato, seria surpreendente se não houvesse pelo menos dez funcionários tão competentes quanto qualquer profissional de fora contratado pela IBM.

> **COMO** empresas como a GE, a Motorola, a P&G, a Boeing, a Nordstrom, a 3M e a HP têm demonstrado repetidas vezes, a empresa visionária não precisa contratar profissionais de alta gerência fora da organização para promover mudanças e gerar novas ideias.

O conselho da IBM e o comitê de contratação queriam mudanças e avanços drásticos. Com o sr. Gerstner, eles provavelmente conseguirão. Mas a verdadeira questão para a IBM — e, na verdade, a questão central para a próxima década — é: Gerstner conseguirá preservar os ideais essenciais da IBM ao promover uma mudança expressiva? Gerstner representará para a IBM o que Eisner foi para a Disney? Se sim, então a IBM poderá recuperar seu lugar entre as empresas mais visionárias do mundo.

MENSAGEM PARA CEOS, GESTORES E EMPRESÁRIOS

Resumindo, em nossa pesquisa, concluímos que é extraordinariamente difícil para uma empresa altamente visionária se estabelecer e manter o nível do seu desempenho contratando altos executivos fora da organização. Igualmente importante, não há nenhuma inconsistência entre promover medidas internas e estimular mudanças significativas.

Se você é o CEO ou membro do conselho de administração de uma grande empresa, pode aplicar diretamente as lições deste capítulo. Sua empresa deve ter processos de desenvolvimento gerencial e planejamento de sucessão de longo prazo para viabilizar transições suaves entre as gerações. Pense em como a Walt Disney Company — um ícone norte-americano — passou por uma situação terrível porque Walt não construiu essa peça vital de um relógio eficiente. Não repita os erros cometidos pela Colgate, Zenith, Melville, Ames, R.J. Reynolds e Burroughs. Não caia na armadilha de pensar que a única forma de promover mudanças e avançar no alto escalão é contratar pessoas de fora, que podem diluir e destruir o núcleo. É essencial desenvolver e promover profissionais altamente competentes e aptos a estimular mudanças e progressos saudáveis, preservando sempre o núcleo.

Se você é um gerente, também pode se beneficiar da essência deste capítulo. Se está criando um departamento, uma divisão ou um grupo visionário no âmbito de uma empresa maior, implemente processos de desenvolvimento gerencial e planejamento de sucessão em menor escala. Se for atropelado por um ônibus, quem poderia exercer sua função? O que você está fazendo para orientar essas pessoas? Qual é o seu plano para viabilizar uma transição suave e ordenada caso você venha a ser promovido? (Pergunte também aos seus superiores quais medidas eles adotam para realizar sucessões eficientes.) Finalmente, se você encontrar uma empresa visionária bastante compatível com sua personalidade, desenvolva suas habilidades nessa organização em vez de ficar pulando de emprego em emprego.

Como este capítulo se aplica a empresas e empreendedores de menor porte? Sem dúvida, uma empresa pequena não pode implementar um processo de sucessão de CEO com 96 candidatos, como a GE. No entanto, pequenas e médias empresas podem desenvolver gerentes e planejar sucessões. A Motorola ainda era uma pequena organização quando Paul Galvin começou a preparar seu filho para o cargo de CEO. Isso também vale para as transições familiares durante os primeiros anos da Merck, P&G, J&J, Nordstrom e Marriott. Sam Walton começou a pensar sobre o futuro da gestão da empresa antes de abrir 50 lojas.[61] Bill Hewlett e Dave Packard iniciaram programas formais de desenvolvimento gerencial e planejamento de sucessão nos anos 1950, quando a empresa ainda tinha 500 funcionários.[62]

Curiosamente, quase todos os arquitetos iniciais das empresas visionárias permaneceram no cargo por longos períodos (32,4 anos, em média), e houve poucos casos de sucessão quando essas organizações eram jovens e pequenas. No entanto, muitos deles planejaram suas sucessões com bastante antecedência. Se você trabalha em uma pequena empresa, precisa ter visão de longo prazo. O modelo de empreendedorismo focado em criar uma empresa em torno de uma grande ideia, crescer rapidamente, fechar o caixa e transmitir o comando para gerentes profissionais de fora provavelmente não produzirá a próxima Hewlett-Packard, Motorola, General Electric ou Merck.

Criar uma empresa visionária não é só uma questão de avaliar a performance da organização na geração atual. A questão crucial é: como será o desempenho da empresa na próxima geração? E na próxima? E na seguinte? Todos os líderes morrem. Mas a empresa visionária pode atuar por séculos, orientada por suas metas e valores essenciais, até muito depois do mandato de qualquer liderança.

capítulo 9

NUNCA ESTÁ BOM O BASTANTE

Não se preocupe apenas em ser melhor do que seus contemporâneos ou predecessores. Tente se superar.

WILLIAM FAULKNER[1]

As pessoas sempre diziam a meu pai: "Nossa, você se saiu muito bem. Agora você pode descansar." E ele respondia: "Ah, não. Tenho que continuar e fazer cada vez melhor."

J. WILLARD MARRIOTT JR., PRESIDENTE DA MARRIOTT, 1987[2]

A pergunta crucial a ser feita por uma empresa visionária não é "Estamos indo bem?", "Como podemos nos sair bem?", nem, "Quão bem devemos nos comportar para enfrentar a concorrência?" Para essas empresas, a questão crítica é: *Como podemos fazer melhor amanhã do que fizemos hoje?* Elas institucionalizam essa questão como um estilo de vida — um hábito mental e prático. A excelente execução e desempenho naturalmente chegam às empresas visionárias não tanto como um objetivo final, mas como o resultado residual de um ciclo interminável de melhoria automotivada e investimento para o futuro. Não há linha de chegada para uma empresa altamente visionária. Não há "chegamos lá". Não há nenhum ponto em que eles sintam que podem percorrer o resto do caminho, apenas vivendo dos frutos de seu trabalho.

As empresas visionárias, nós aprendemos, alcançam sua extraordinária envergadura não tanto por causa de sacadas superiores ou "segredos" especiais de sucesso, mas principalmente pelo simples fato de que elas são terrivelmente exigentes consigo. Tornar-se visionária e manter esse status requer uma rigorosa de disciplina à moda antiga, trabalho árduo e uma repulsa visceral a qualquer tendência à satisfação presunçosa. Como Sr. J. Willard Marriott resumiu enquanto renunciava à essência do sucesso:

> Disciplina é a melhor coisa do mundo. Onde não há disciplina, não há caráter. E, sem caráter, não há progresso. A adversidade nos dá oportunidades para crescer. E geralmente conseguimos aquilo pelo que trabalhamos. Se temos problemas e os superamos, crescemos em caráter e em qualidades que trazem sucesso.[3]

Durante os anos 1980, a "melhoria contínua" tornou-se um slogan de gestão. Mas, nas empresas visionárias, o conceito tem sido comum há décadas — mais de um século em alguns casos. William Procter e James Gamble, por exemplo, usavam o conceito de melhoria contínua já em 1850![4] William McKnight deu vida ao conceito na 3M nos anos 1910. J. Willard Marriott abraçou o conceito logo depois de abrir seu primeiro stand de cerveja, em 1927. David Packard começou a utilizar incessantemente a expressão "melhoria contínua" na década de 1940.

Nossas descobertas de pesquisa apoiam claramente o conceito de melhoria contínua, mas não como um programa ou nova moda de gestão. Em uma empresa visionária, é um hábito institucionalizado — um modo de vida disciplinado — enraizado no tecido da organização e reforçado por mecanismos tangíveis que criam descontentamento com o *status quo*. Além disso, as empresas visionárias aplicam o conceito de autoaperfeiçoamento em um sentido muito mais amplo do que apenas a melhoria do processo. Isso significa investimentos de longo prazo para o futuro; significa investimento no desenvolvimento de funcionários; significa adoção de novas ideias e tecnologias. Em suma, significa fazer todo o possível para tornar a empresa mais forte amanhã do que é hoje.

MECANISMOS DE DESCONTENTAMENTO

Você provavelmente está tendo a impressão de que as empresas visionárias não são exatamente lugares confortáveis. E essa é precisamente a impressão que você deve ter.

> O **CONFORTO** não é o objetivo de uma empresa visionária. Na verdade, empresas visionárias instituem mecanismos poderosos para criar desconforto — para extirpar o comodismo — e, assim, estimular mudanças e melhorias antes que o mundo externo as exija.

Como grandes artistas ou inventores, empresas visionárias prosperam no descontentamento. Elas entendem que o contentamento leva ao comodismo, o que inevitavelmente leva ao declínio. O problema, claro, é como evitá-lo — como permanecer autodisciplinado, uma vez que a empresa tenha alcançado sucesso ou se tornado a principal em sua área. Como uma empresa pode manter vivo aquele "ímpeto interior" que impele as pessoas a continuarem avançando, a nunca ficarem satisfeitas e a sempre buscarem melhorias?

Richard Deupree, da Procter & Gamble, fez essas exatas perguntas, preocupado que a ascensão da P&G à proeminência no início do século XX pudesse fazer com que a empresa se tornasse grande, satisfeita e acomodada. O que fazer? Ele poderia ter dado palestras apaixonadas sobre a importância de permanecer disciplinado. Ele poderia ter escrito memorandos e panfletos sobre os perigos do comodismo. Poderia ter se encontrado pessoalmente com gerentes de toda a empresa para lhes mostrar o valor inerente da mudança e do autoaperfeiçoamento. Mas Deupree sabia que a empresa precisava de algo mais do que apenas boas intenções para melhorar no futuro. Ele queria algo com garra, algo que continuamente impulsionaria o progresso a partir de dentro.

Ele, portanto, respondeu favoravelmente a uma proposta radical feita em 1931 pelo gerente de marketing Neil McElroy, a saber, criar uma estrutura de gerenciamento de marca que permitisse às marcas da P&G competir diretamente entre elas quase como se fossem empresas diferentes. A P&G já tinha as melhores pessoas, os melhores produtos, o melhor marketing do mercado. Então, por que não colocar o melhor da P&G contra o melhor da P&G? Se o mercado não oferece concorrência suficiente, por que não criar um sistema de concorrência interna que torne praticamente impossível que qualquer marca descanse após sua glória? Implementada no início da década de 1930, a estrutura de gestão de marcas concorrentes se tornou um mecanismo poderoso na P&G para estimular a mudança e a melhoria interna. A estrutura se provou ser tão eficaz que acabou sendo copiada de inúmeras formas por praticamente todas as empresas norte-americanas de bens de consumo, incluindo a Colgate — mas só quase três décadas depois.[5]

O ponto aqui não é que uma empresa de sucesso deva necessariamente criar competição interna para se manter dinâmica. A questão é que deveria haver algum tipo de mecanismo de desconforto para combater a doença do comodismo — uma doença que inevitavelmente começa a infectar todas as organizações bem-sucedidas. A competição interna é um desses mecanismos, mas não o único. Encontramos uma variedade de mecanismos nas empresas visionárias.

A Merck na década de 1950 adotou uma estratégia de *ceder* participação de mercado, intencionalmente, à medida que os produtos se tornavam commodities de baixa margem, *forçando-se* assim a produzir inovações para crescer e prosperar.[6] A Motorola usou um mecanismo de "inovar ou morrer" semelhante ao da Merck, com sua prática de cortar linhas de produtos maduros que representavam volume de vendas significativo, forçando-se a preencher a lacuna com novos. A Motorola fez isso com televisores e rádios automotivos.[7] (O presidente do conselho diretor, Robert Galvin, manteve o último rádio de carro feito em sua fábrica nos Estados Unidos em sua mesa como um lembrete da "refundação da Motorola como líder em tecnologias de ponta".)[8] A Motorola preencheu as lacunas por meio de um mecanismo chamado "Technology Road Maps" — uma ferramenta abrangente para o benchmarking do progresso tecnológico versus concorrentes e as necessidades antecipadas do mercado até dez anos no futuro.[9]

A General Electric institucionalizou o desconforto interno com um processo chamado "work out". Grupos de empregados se reuniam para discutir oportunidades de melhoria e fazer propostas concretas. Os altos gerentes não podem participar da discussão, mas devem tomar decisões imediatas sobre as propostas na frente de todo o grupo — ele não pode correr, esconder-se, fugir nem procrastinar.[10]

A Boeing criou desconforto para si mesma com um processo de planejamento que passamos a chamar de "olhos do inimigo". Atribuiu aos gerentes a tarefa de desenvolver estratégias como se trabalhassem para uma empresa concorrente com o objetivo de destruir a Boeing. Quais fraquezas eles explorariam? Quais pontos fortes ampliariam? Quais mercados poderiam ser facilmente invadidos? Então, com base nessas respostas, como a Boeing deveria reagir?[11]

No início da história do Wal-Mart, Sam Walton começou a usar um mecanismo chamado livros de contabilidade "Beat Yesterday" (veja um exemplo a seguir). Esses livros contábeis monitoravam os números de vendas diariamente em comparação com o mesmo dia da semana do ano anterior. O Wal-Mart usou esses livros como um estímulo para elevar eternamente seus padrões.[12]

A Nordstrom criou um ambiente no qual as pessoas nunca poderiam parar de tentar melhorar. As classificações de vendas por hora (SPH) mediam o sucesso em relação aos colegas. Assim, não há padrões absolutos que, uma vez alcançados, permitam que um funcionário relaxe. A Nordstrom também acompanha com cuidado o feedback dos clientes e vincula sua remuneração e avanço às tendências.[13] Bruce Nordstrom explicou:

Se você realmente ouve seus clientes, eles nunca estão satisfeitos — e lhe dirão o que você está fazendo de errado — isso só o força a ficar melhor. A estupidez é o que mais me incomoda. Acho que recebemos muita atenção sobre nosso serviço e essa coisa toda, e começamos a acreditar que somos melhores do que o cliente. E então estamos mortos aí mesmo.[14]

A Hewlett-Packard também tem um histórico de classificação de funcionários em relação a seus pares. Os gerentes devem defender as classificações de seu pessoal em sessões em grupo com outros gerentes que pretendem argumentar que seus funcionários têm as melhores classificações. O processo continua até que todos os gerentes concordem em uma classificação hierárquica agrupada. É um processo difícil, desgastante e desconfortável que torna praticamente impossível para qualquer funcionário atingir uma classificação alta e, em seguida, desviar-se no restante do caminho.[15]

O livro de Contabilidade "Beat Yesterday", do Wal-Mart

	Novembro				
	1984	**1985**	**1986**	**1987**	**1988**
1ª Segunda-feira					
1ª Terça-feira					
1ª Quarta-feira					
1ª Quinta-feira					
1ª Sexta-feira					
1º Sábado					
1º Domingo					
1ª SEMANA					

A HP também instaurou um poderoso mecanismo chamado "pay as you go" (uma política contra o pagamento de qualquer dívida de longo prazo). Modelos financeiros sofisticados mostraram que essa política é totalmente irracional — que uma empresa como a HP deveria contrair dívidas para maximizar seu valor. Mas tais modelos falham em explicar a poderosa política interna de uma política sem endividamento: ela impõe disciplina. Recusando-se a assumir dívidas de longo prazo para financiar o crescimento, a HP se obrigou a aprender como financiar seu crescimento médio anual de mais de 20% (sem mencionar seus 10% de investimento de vendas em P&D) de dentro para fora. Tal mecanismo pode não ser considerado racional, mas produziu uma empresa inteira de gerentes-gerais incrivelmente disciplinados, hábeis em operar com um nível de flexibilidade e eficiência, geralmente encontrado apenas em pequenas empresas com verba limitada. Como um vice-presidente da HP descreveu:

Essa filosofia [pay-as-you-go] fornece uma grande disciplina até o fim. Se você quer inovar, deve fazer o bootstrap. É uma das mais poderosas e menos compreendidas ações que permeiam nossa empresa.[16]

E as empresas de comparação? Não encontramos evidências de que instauraram mecanismos de desconforto no mesmo grau que as visionárias. O senso de autodisciplina implacável simplesmente não aparece de forma substancial em sua história. Descobrimos que algumas das empresas de comparação tomaram conscientemente o caminho confortável, às vezes sugando a empresa em curto prazo à custa do longo prazo — um padrão de comportamento quase inexistente nas visionárias.

CONSTRUIR PARA O FUTURO (E FAZER BEM HOJE)

Coloque-se no lugar de Bill Hewlett e David Packard em 1946. Você tem uma pequena empresa com menos de dez anos. Acabou de assistir a um declínio de receita de 50%, já que os contratos de defesa secaram no final da Segunda Guerra Mundial. Você enfrenta uma iminente crise de fluxo de caixa que ameaça a própria sobrevivência da empresa, e não tem perspectivas em mercados comerciais que resolvam imediatamente o problema. David Packard descreveu a situação:

Estávamos todos celebrando o fim da guerra, mas ao mesmo tempo percebemos que haveria um problema muito sério. Nossas vendas caíram de cerca de um US$1,5 milhão para cerca de metade disso em 1946, e ficamos muito preocupados quando me lembro se podíamos nos sustentar ou não.[17]

O que faríamos em tais circunstâncias? O que você acha que eles fizeram?

Primeiro, cortaram a folha de pagamento em aproximadamente 20%. Diante da evaporação dos contratos do governo, tiveram que reduzir o número de funcionários para salvar a empresa. Em segundo lugar, prometeram que nunca mais se permitiriam ficar excessivamente dependentes de contratos do governo.[18]

Hewlett e Packard não pararam por aí, no entanto. Eles deram um passo notavelmente ousado e perspicaz para uma pequena empresa que se recupera de um declínio de 40% nos negócios: decidiram aproveitar o fato de que todas as instituições financiadas pela defesa enfrentavam tempos difíceis e, portanto, decidiram contratar cientistas talentosos e engenheiros que haviam se engajado em laboratórios de pesquisa financiados pelo governo durante a guerra. Eles também decidiram manter seu melhor e mais caro talento interno, não querendo fazer cortes que seriam prejudiciais em longo prazo. Packard explicou:

Mesmo que nossa atividade estivesse quase acabada, decidimos que iríamos contratar esses jovens engenheiros brilhantes. Contratamos Ralph Lee, Bruce Wholey, Art Fong, Horace Overacker e várias outras pessoas na época em que nossa empresa estava em declínio, porque estávamos convencidos de que era hora de conseguir um bom pessoal técnico.[19]

O fato notável a respeito dessa decisão foi que Hewlett e Packard não tinham certeza se o clima de negócios do pós-guerra forneceria respaldo suficiente para sua equipe talentosa. Foi uma aposta. E, de fato, a empresa sofreu um doloroso ajuste no pós-guerra e só voltou a crescer de forma acelerada após 1950. Mas o investimento de longo alcance da HP em 1946 foi generosamente recompensado nas duas décadas seguintes, à medida que sua equipe de engenharia lançava uma série de produtos inovadores e lucrativos.[20]

À medida que a empresa crescia, Bill Hewlett e David Packard enfatizavam constantemente a importância de nunca comprometer os princípios de longo prazo e a saúde da HP em prol de lucros rápidos e convenientes. Por exemplo, David Packard apontou em 1976 que sempre que descobria que um funcionário havia violado os princípios éticos da HP para aumentar os lucros da divisão de curto prazo, era demitido — sem exceções, independentemente das circunstâncias, independentemente do impacto nos resultados imediatos.[21] A reputação de longo prazo da HP, na visão de Packard, tinha que ser protegida em todas as circunstâncias. No entanto, Hewlett e Packard nunca confundiram sua perspectiva de visão ampla com um motivo para deixar comodamente a pressão e os custos se desenrolarem ao longo do ano em curso. Para ilustrar, aqui estão duas citações de Packard falando com os gerentes da HP na década de 1970:

David Packard Perspectiva de 50 anos	David Packard Perspectiva de 1 ano
"Se continuarmos dedicando-nos aos princípios que nos conduziram nos primeiros 50 anos, teremos certeza de nosso sucesso contínuo nos próximos 50. Tenho certeza de que falo por Bill e por mim mesmo quando digo que estamos muito, muito orgulhosos do que vocês estão fazendo e esperamos que façam ainda melhor no futuro."[22]	"É tão fácil obter lucro hoje quanto será amanhã. As medidas tomadas que resultam na redução do lucro em curto prazo, na esperança de aumentar o lucro em longo prazo, raramente são bem-sucedidas. Tais ações quase sempre são resultado de um pensamento tendencioso e raramente alcançam um bom desempenho geral."[23]

Para ser justo, Patrick Haggarty — da Texas Instruments, contraparte de David Packard — também orientou sua empresa com uma perspectiva de longo prazo. Na verdade, ele também contratou importantes cientistas de laboratórios de pesquisa em 1946 — embora a TI não estivesse enfrentando uma terrível crise financeira como a da HP.[24]

No entanto, à medida que a TI evoluiu para além de Haggarty, desviou-se do difícil desafio apresentado pela HP, a saber, administrar com um horizonte de 50 anos *e* apresentar um desempenho extremamente bom no ano em curso. Na década de 1970, a TI, ao contrário da HP, começou a lançar produtos de consumo baratos e a fazer reduções de preço drásticas e inesperadas — muitas vezes à custa de seus revendedores — em uma tentativa de conquistar participação de mercado. Um negociante comentou em 1979: "A TI está tão empenhada em baixar o preço que, quando se trata do consumidor, elimina a qualidade."[25] A estratégia saiu pela culatra, deixando a TI com perdas financeiras e uma reputação prejudicada. Enquanto a HP nunca perdeu de vista o curto nem o longo prazo, a busca da TI por tamanho e crescimento em curto prazo corroeu sua fundação e herança como criadora de produtos excelentes e inovadores e prejudicou severamente suas perspectivas de longo prazo.[26]

A equiparação da Hewlett-Packard com a Texas Instruments ilustra uma das principais dinâmicas que vimos entre as empresas visionárias e as de comparação. As empresas visionárias habitualmente investem, constroem e administram em longo prazo em maior grau do que as de comparação em nosso estudo. "Longo prazo" em uma empresa visionária não significa 5 ou 10 anos, mas várias décadas — *50 anos é um prazo mais razoável*. No entanto, ao mesmo tempo, não deixam de fora o curto prazo.

> **GERENTES** de empresas visionárias simplesmente não aceitam a proposição de que devem escolher entre desempenho de curto prazo ou sucesso de longo prazo. Eles constroem, em primeiro lugar, em longo prazo, *ao mesmo tempo* que se mantêm em padrões de curto prazo altamente exigentes.

Mais uma vez, o conforto não é o objetivo de uma empresa visionária.

Maior Investimento de Longo Prazo nas Empresas Visionárias

Adotando um olhar sistemático para todo o conjunto de empresas de nosso estudo, encontramos evidências substanciais de que as empresas visionárias investiram no futuro em um grau maior do que as de comparação. Analisando as demonstrações financeiras anuais que datam do ano de 1915, descobrimos que as empresas visionárias consistentemente investiram mais pesadamente em novas propriedades, instalações e equipamentos como porcentagem das vendas anuais do que as de comparação (13 em 15 casos).* Elas também investiram uma maior porcentagem dos lucros de cada ano na empresa, pagando menos dividendos em dinheiro aos acionistas (12 de 15 casos, mais um caso indistinguível). (Veja a Tabela A.10 no Apêndice 3.)

Poucas de nossas empresas relataram gastos com P&D como um item de linha separado por longos períodos de sua história, e algumas, como Wal-Mart e Marriott, simplesmente não têm P&D no sentido convencional. No entanto, para aqueles pares sobre os quais temos informações, as empresas visionárias investiram mais pesadamente em P&D como percentual de vendas em todos os casos (oito em oito).[27] No setor farmacêutico, em que a pesquisa básica é sem dúvida o fator mais importante na saúde corporativa de longo prazo, nossas empresas visionárias investiram mais de 30% em nossas empresas de comparação em P&D como porcentagem das vendas. A Merck, por exemplo, tem consistentemente investido mais pesadamente em pesquisa básica como percentual de vendas do que a Pfizer desde 1940 e mais pesadamente que *todas* as outras empresas do setor desde o final da década de 1960 — uma das principais razões para a proeminente posição da Merck nos anos 1980.[28]

As empresas visionárias também investiram muito mais agressivamente em capital humano por meio de programas de recrutamento intensivo, treinamento de funcionários e desenvolvimento profissional. A Merck, a 3M, a P&G, a Motorola, a GE, a Disney, a Marriott e a IBM fizeram investimentos significativos em suas "universidades" e "centros educacionais" para programas intensivos de treinamento e desenvolvimento. (As empresas de comparação investiram em treinamento, mas não tão cedo nem no mesmo grau.) A Motorola, por exemplo, tem como meta 40 horas semanais de treinamento por funcionário por ano e exige que todas as divisões gastem 1,5% da folha de pagamento em treinamento.[29] Todos os gerentes da Merck participam de um curso de treinamento de três dias sobre técnicas de recrutamento e entrevista. O CEO da Merck, Roy Vagelos, rotineiramente começa as reuniões com a pergunta: "Quem você recrutou ultimamente?"[30] Em geral, notamos que as empresas visionárias tendem a ter processos de recrutamento e entrevista muito mais elaborados e extensos do que as de comparação, exigindo um investimento significativo em tempo profissional e gerencial. Na HP, por exemplo, os novos funcionários em potencial costumam ser entrevistados por pelo menos oito pessoas na divisão em que trabalharão.

Por fim, as empresas visionárias investem mais cedo e de forma mais agressiva do que as de comparação em aspectos como conhecimento técni-

---

* O número de casos varia de acordo com as informações substanciais disponíveis. As empresas financeiras e de entretenimento, por exemplo, relatam itens de linha contábil diferentes das industriais. Nós excluímos a Sony/Kenwood.

co, novas tecnologias, novos métodos de gestão e práticas inovadoras do setor. Em vez de esperar que o mundo imponha a necessidade de mudança, é mais provável que já tenham a adotado em relação às empresas de comparação. Ao longo de sua história, a GE adotou novos métodos de gerenciamento — por objetivos, descentralização, empoderamento de funcionários — antes da Westinghouse. De fato, a GE tem sido historicamente líder na adoção de novos métodos de gerenciamento. Em 1956, a GE publicou e distribuiu a todos os seus gerentes um trabalho de dois volumes intitulado "Algumas Contribuições Clássicas para o Gerenciamento Profissional". Os volumes continham uma coleção de 36 artigos representando o pensamento de gestão mais significativo até o momento e foram preparados para disseminar poderosas ideias de administração por toda a GE.

A Merck foi uma das primeiras empresas norte-americanas na história a adotar completamente um processo de total qualidade de gestão (TQM, na sigla em inglês) de "zero defeitos", em 1965.[31] A Merck também foi a primeira a adotar técnicas de análise financeira de última geração baseadas em simulações de computador de Monte Carlo que permitem decisões estratégicas com horizontes de tempo extraordinariamente longos.[32] A Philip Morris adotou tecnologias de produção de última geração mais rapidamente do que a R.J. Reynolds durante a principal era de 1960–1985.[33] A Motorola se comprometeu com novas tecnologias que provavelmente seriam importantes no futuro, enquanto a Zenith se conteve até ser forçada a adotá-las pelo mercado. A Walt Disney investia habitualmente em novas tecnologias cinematográficas, aproveitando-as rapidamente, enquanto seus rivais contemplavam temerosamente suas possíveis desvantagens. O Citibank consistentemente investia em novos métodos importantes antes do Chase Manhattan — três décadas antes, em alguns casos:

Adotado Primeiramente no Citibank do que no Chase Manhattan

Declarações de rentabilidade divisionais

Remuneração por mérito

Programas de treinamento em gestão

Programas de recrutamento de faculdades

Organização por setor (versus geografia)

Carta nacional

Caixas eletrônicos

Cartões de crédito

Ramos de varejo

Ramos estrangeiros

As empresas de comparação não apenas eram mais lentas e mais tímidas, mas, em vários casos, a administração evitava investimentos para o futuro ou, pior, ordenhava a empresa em um estágio crucial de sua história. Por exemplo, durante as décadas de 1970 e 1980, enquanto a Philip Morris investia incessantemente em sua meta de se tornar a principal (veja o Capítulo 5, sobre GOAA), os executivos da R.J. Reynolds usavam a empresa principalmente como uma plataforma para seu engrandecimento e enriquecimento pessoais.[35] Eles compraram uma frota de jatos corporativos (chamados de "Força Aérea da RJR"), construíram hangares de aeroportos caros (apelidados de "Taj Mahal de hangares corporativos"), construíram escritórios corporativos elaborados e desnecessários (chamados de "Glass Menagerie"), decorados com móveis antigos caros e obras de arte requintadas ("a única empresa em que trabalhei sem orçamento", segundo um vendedor), e patrocinava atletas famosos e eventos esportivos com um valor de marketing duvidoso. Quando questionado sobre a sabedoria dessas despesas, o CEO F. Ross Johnson respondeu simplesmente: "Alguns milhões de dólares são perdidos nas areias do tempo."[36]

A McDonnell Douglas demonstrou consistentemente uma atenção tão fanática, estúpida e imprudente aos resultados de curto prazo que inibiu saltos ousados no mercado futuro (incluindo a hesitação na construção de um jumbo). Na década de 1970, esse conservadorismo se tornou um padrão histórico repetitivo na McDonnell Douglas. Um artigo de 1978 da *Business Week* caracterizou McDonnell Douglas como "infundido por uma queda por centavos" e descreveu como sua orientação conservadora, de curto prazo, resultou na decisão da empresa de abandonar o desenvolvimento de novos jatos de geração: "Conhecido por frugalidade e prudência, McDonnell-Douglas está se concentrando em projetos de derivativos em vez de lançar novos e dispendiosos programas de desenvolvimento."[37] O contraste entre "chegar ao amanhã" na Boeing versus o "conservadorismo de baixo custo" da McDonnell Douglas se expressou em decisões importantes por mais de meio século.

Por décadas, a Colgate negligenciou investimentos em desenvolvimento de novos produtos, programas de marketing e modernização de fábricas. Aqui estão citações representativas da *Forbes* e da *Fortune*, comentando sobre a Colgate ao longo do tempo:

1966: "A revelação de novos produtos que são bem-sucedidos requer uma máquina de marketing refinada. A Colgate simplesmente não possuía uma após 22 anos do mandato de Little [1938-1960]. A Lesch lançou um programa de acidentes para criar quase que da noite para o dia o que a P&G levou 30 anos para desenvolver e aperfeiçoar."[38]

1969: "A empresa não produziu novos produtos importantes em anos. Nenhum deles estava sendo desenvolvido e, entre 1956 e 1960, o volume doméstico da Colgate na verdade diminuiu."[39]

1979: "Foster, desesperado para manter os lucros em ascensão, estava cortando a publicidade e mantendo os gastos em pesquisa e desenvolvimento — a força vital de qualquer empresa de marketing. Em suma, ele estava tomando emprestado do futuro com a esperança de que o amanhã trouxesse uma economia mais forte para o socorrer."[40]

1982: "Atualmente, a Colgate é praticamente a única empresa de produtos de consumo do país sem um novo grande programa de produtos."[41]

1987: "Os lucros do core business sustentaram as aquisições da Foster. Isso apertou financeiramente e sufocou ações importantes, como desenvolvimento de novos produtos e modernização de fábricas."[42]

1991: "O desenvolvimento de produtos inovadores custa muito dinheiro. Mas Mark, um excelente redutor de custos, pode não estar disposto a pagar o preço que outras empresas estão pagando. A Colgate reserva menos de 2% de suas receitas para pesquisa e desenvolvimento. Compare isso com os quase 3% da P&G."[43]

MARRIOTT VERSUS HOWARD JOHNSON: O DECLÍNIO DE UMA GRANDE FRANQUIA NORTE-AMERICANA

Em 1960, Sr. Howard Johnson retirou-se abruptamente da empresa que construiu, deixando-a nas mãos do filho, Howard Jr. "Nunca vi nada parecido", disse um associado de longa data. "A maioria dos homens não quer deixar o que eles construíram. Ele foi embora, e acabou."[44] Ele deixou para trás um dos negócios norte-americanos mais conhecidos, com 700 restaurantes e hotéis espalhados pelas estradas de todo o país, todos adornados com telhados alaranjados brilhantes e adorados pelo interior dos Estados Unidos. J. Willard Marriott Jr. comentou na época que ele esperava que a empresa que herdara de seu pai pudesse um dia ter tanto sucesso quanto a Howard Johnson.[45] Em 1985, a Marriott não só se tornou tão bem-sucedida quanto a Howard Johnson, como a superou — por um fator de sete vezes.

O que aconteceu? A resposta está em grande parte na implacável autodisciplina da Marriott como uma máquina de melhoria contínua versus o comodismo de Howard Johnson. Como Howard Johnson Jr descreveu em uma entrevista de 1975: "Somos uma empresa que reage. Não tentamos antecipar o futuro. Neste negócio, você não pode olhar muito à frente, talvez dois anos."[46] Ao contrário da Marriott, a Howard Johnson se recusou a investir em restaurantes e hotéis adaptados a segmentos específicos do mercado e acabou sendo "segmentada até a morte". Enquanto a Marriott continuou investindo e construindo para o futuro, mesmo durante as recessões, a Howard Johnson tornou-se excessivamente focada no controle de custos, eficiência e objetivos financeiros de curto prazo.[47] Enquanto a Marriott se esforçava para melhorar continuamente a qualidade e o valor de seus serviços, a Howard Johnson tornou-se "um fornecedor de comida sem graça e cara, prejudicado por ideias antiquadas".[48] Um ex-executivo da Howard Johnson comentou: "Ho Jo sempre parecia ter ideias para atualizar os restaurantes e hotéis, mas eles nunca quiseram gastar dinheiro."[49] Um executivo do Imperial Group, a empresa que comprou a Howard Johnson em 1979, explicou por que vendeu a empresa seis anos depois por menos da metade do preço de aquisição:

> Os lucros foram artificialmente altos. Seu reinvestimento fora negligenciado. Centavos eram investidos em pessoal, menus e renovação. Estava sugando o negócio ao não reinvestir.[50]

Em dado momento, Johnson Jr. mudou-se para elegantes bairros no Rockefeller Center de Nova York (deixando o resto de sua equipe de administração em Boston) e passou a maior parte do tempo se socializando na sociedade de elite.[51] Um concorrente resumiu:

> Toda vez que eu via Howard Johnson, ele sempre me dizia como ia cortar custos. Não acho que ele tenha passado tempo suficiente em seus restaurantes. Se ele tivesse comido mais nos próprios restaurantes em vez de almoçar no 21 [um elegante restaurante de Nova York], teria aprendido alguma coisa.[52]

Em contrapartida, Marriott Jr. vivia um estilo de vida relativamente modesto, guiado pelo que ele chama de "ética de trabalho mórmon" (70 horas por semana), o que o levava a visitar até 200 estabelecimentos da Marriott por ano — e esperar viagens semelhantes nas agendas de outros altos gerentes.[53]

Ainda mais importante, Marriott, Jr. traduziu seu impulso pessoal para o progresso no próprio tecido da instituição. Aqui está uma pequena lista de mecanismos para estimular a melhoria que vimos na Marriott durante essa época, mas não na Howard Johnson:

- Relatórios de "Guest Service Index" (GSI) baseados em cartões de comentários de clientes e pesquisas detalhadas de clientes previamente selecionados. Os gerentes podem rastrear seu GSI informatizado e fazer ajustes corretivos. Os relatórios do GSI afetam a remuneração do bônus e as oportunidades de promoção.[54]

- Análises anuais de desempenho de cada funcionário — por hora e gerencial.[55]
- Bônus de incentivo chegando até os gerentes das cafeterias; bônus baseados no serviço, qualidade e limpeza, além da rentabilidade.[56]
- Programa de participação nos lucros disponível para funcionários de todos os níveis da empresa; participação no programa em que os funcionários investem até 10% do total de seus salários em uma divisão de participação nos lucros, criando assim um elo tangível entre o bem-estar de cada funcionário e o progresso da empresa.[57]
- Investimento em entrevistas e triagens extensas para contratação de funcionários de qualidade; os novos hotéis Marriott entrevistam rotineiramente mais de 1.000 funcionários para 100 vagas.[58]
- Programas de gestão e desenvolvimento de funcionários; no início dos anos 1970, a Marriott gastava até 5% dos lucros antes dos impostos no desenvolvimento da administração.[59]
- Investimento em um "Centro de Aprendizado" corporativo em escala real (construído em 1970) equipado com tecnologias de ensino audiovisual/informatizado de última geração. Um artigo de 1971 da *Forbes* descreveu: "Centenas de gerentes Marriott entram e saem de cursos de atualização, junto com novos funcionários envolvidos no treinamento de 'imersão total' sobre como se preparar e servir."[60]
- Adoção de "Phantom Shoppers" — inspetores que se apresentam como clientes. Se o serviço tiver sido bom, o "comprador fantasma" puxa um cartão de identificação e o entrega ao atendente com uma nota de 10 dólares presa na parte de trás. Se o serviço precisar de melhorias, não há a nota de US$10 e o cartão diz: "Oops!" Pessoas que recebem um "Oops!" são enviadas para reciclagem. Cada funcionário recebe até três chances para melhorar.[61]

MENSAGEM PARA CEOS, GESTORES E EMPRESÁRIOS

O declínio da Howard Johnson em relação à Marriott é um excelente exemplo de quase todas as lições deste capítulo. Mas poderíamos ter selecionado qualquer número de exemplos. Poderíamos descrever como a Ames sempre ficou para trás do Wal-Mart ao adotar novas inovações no varejo e como atrasou o investimento em novas tecnologias, como a leitura de código de barras, porque o período de retorno era superior a dois anos.[62] Poderíamos descrever como a Norton sugou ao máximo certas divisões de tal forma que as janelas não eram lavadas a meses, porque todos esperavam que cada dia fosse o último.[63] Poderíamos descrever em detalhes como a Zenith deixou de investir na eletrônica de estado sólido (a última empresa a mudar para placas de circuito impresso nos anos 1950), moveu-se a passos de tartaruga na produção de TVs em cores, cortou P&D para manter os lucros e ordenou a reputação de qualidade da Zenith — tudo isso enquanto a Motorola e os japoneses continuavam se aprimorando. E por aí vai.

De fato, a disciplina para o autoaperfeiçoamento se destaca como uma das mais claras experiências entre as empresas visionárias e de comparação. Levando-se em consideração mecanismos de desconforto e investimentos de longo prazo para o futuro, descobrimos que as empresas visionárias se impulsionaram mais ao autoaperfeiçoamento em 16 dos 18 casos (veja a Tabela A.10, no Apêndice 3).

Se você está envolvido na construção e gestão de uma empresa, pedimos que considere as seguintes questões:

- Que "mecanismos de descontentamento" você pode criar que extirpariam o comodismo e gerariam mudanças e melhorias a partir de dentro, mantendo a coerência com a ideologia estrutural? Como você pode aprimorar esses mecanismos?

- O que você está fazendo para investir no futuro *enquanto* está indo bem hoje? Sua empresa adota novos métodos e tecnologias inovadoras antes do restante do setor?

- Como você responde a desacelerações? Sua empresa continua a construir em longo prazo, mesmo em tempos difíceis?

- As pessoas da sua empresa entendem que o *conforto não é o objetivo* — que a vida em uma empresa visionária não deve ser fácil? Sua empresa rejeita o bom desempenho como meta final, substituindo-o pela interminável disciplina de trabalhar para fazer melhor amanhã do que hoje?

Tiramos boas e más notícias deste capítulo. A boa notícia é que um dos elementos-chave de ser uma empresa visionária é surpreendentemente simples: o bom trabalho à moda antiga, a dedicação à melhoria e à construção contínua para o futuro o colocarão em um caminho promissor. É algo bastante simples, que está facilmente ao alcance de todos os gestores. A má notícia é que criar uma empresa visionária requer grandes esforços de trabalho árduo e antiquado, dedicação à melhoria e construção contínua para o futuro. Não há atalhos. Não há poções mágicas. Não há alternativas. Para construir uma empresa visionária, você precisa estar pronto para essa extenuante e difícil busca. O sucesso nunca é final. É uma lição que a Howard Johnson nunca aprendeu.

A PARÁBOLA DA FAIXA PRETA

Imagine um praticante de arte marcial ajoelhado diante do mestre sensei em uma cerimônia para receber a suada faixa preta. Depois de anos de treinamento incansável, o estudante finalmente alcançou o ápice de conquistas na disciplina.

"Antes de conceder o cinturão, você deve passar por mais um teste", diz o sensei.

"Estou pronto", responde o estudante, esperando talvez uma rodada final de disputa.

"Você deve responder à pergunta essencial: Qual é o verdadeiro significado da faixa preta?"

"O fim da minha jornada", diz o estudante. "Uma recompensa bem-merecida por todo o meu trabalho árduo."

O sensei espera que ele continue. Claramente, não está satisfeito. Finalmente, o sensei fala. "Você ainda não está pronto para a faixa preta. Volte daqui a um ano."

Um ano depois, o estudante se ajoelha novamente em frente ao sensei.

"Qual é o verdadeiro significado da faixa preta?", pergunta o sensei.

"Um símbolo de distinção e a maior conquista da nossa arte", diz o estudante.

O sensei não diz nada por muitos minutos, esperando. Claramente, ele não está satisfeito, novamente. Por fim, ele fala. "Você ainda não está pronto para a faixa preta. Volte daqui a um ano."

Um ano depois, o aluno se ajoelha mais uma vez diante do sensei. E novamente o sensei pergunta: "Qual é o verdadeiro significado da faixa preta?"

"A faixa preta representa o começo — o início de uma jornada interminável de disciplina, trabalho e busca de um padrão cada vez mais alto", diz o estudante.

"Sim. Agora você está pronto para receber a faixa preta e começar seu trabalho."

capítulo **10** | # O FIM DO COMEÇO

Este não é o fim. Não é nem o começo do
fim. Mas, talvez, seja o fim do começo.

WINSTON S. CHURCHILL[1]

Tornou-se moda nas últimas décadas para as empresas gastar incontáveis horas e montantes de dinheiro elaborando elegantes declarações de visão, de valores, de missão, de propósito, de aspiração, de objetivos e assim por diante. Tais postulados são ótimos — na verdade, podem ser bastante úteis —, mas não são a essência de uma empresa visionária. *Só porque uma empresa tem uma "declaração de visão" (ou algo parecido) de forma alguma isso garante que ela se tornará visionária!* Se você terminar este livro pensando que o passo mais importante na construção de uma empresa visionária é escrever tal declaração, perdeu o x da questão. Uma declaração pode ser um bom primeiro passo, mas é *apenas* um primeiro passo.

A essência de uma empresa visionária vem da tradução de sua ideologia estrutural e de seu impulso particular para progredir no tecido da organização — em metas, estratégias, táticas, políticas, processos, práticas culturais, comportamentos de gerenciamento, construção de layouts, sistemas de remuneração e contábeis, design de trabalho — ou seja, em *tudo* o que a empresa faz. Uma empresa visionária cria um ambiente completo que envolve os funcionários, bombardeando-os com um conjunto de sinais tão consistentes e mutuamente reforçadores que é praticamente impossível confundir a ideologia e as ambições da empresa.

Apresentamos esse ponto de várias maneiras nos capítulos anteriores. Mas é tão importante — na verdade, pode ser o ponto mais importante para levar com você deste livro — que escolhemos encerrar nossas descobertas com este breve capítulo ilustrando o conceito central de *equilíbrio* que já perpassou por estas páginas. Por "equilíbrio" queremos dizer simplesmente que todos os elementos de uma empresa trabalham juntos em conjunto dentro do contexto da ideologia estrutural da empresa e do tipo de progresso a que visa atingir — sua visão, por assim dizer. (Entendemos a visão simplesmente como uma combinação de uma ideologia estrutural duradoura, além de um progresso previsto para o futuro.) Considere os seguintes três exemplos exímios de equilíbrio.

O PODER DO EQUILÍBRIO: FORD, MERCK E HEWLETT-PACKARD

Ford

Já escrevemos sobre como os executivos da Ford Motor fizeram uma declaração de "Missão, Valores e Princípios Orientadores" (MVGP, na sigla em inglês) como parte fundamental de sua notável reviravolta dos anos 1980. O MVGP elencou as pessoas e os produtos na frente dos lucros e enfatizou a importância central da melhoria da qualidade, do envolvimento dos colaboradores e da satisfação do cliente. Mas a declaração MVGP *não* gerou a reviravolta, pelo menos não por si só. Se a Ford não tivesse ferrenhamente concretizado o MVGP — se não tivesse equilibrado suas operações, estratégias e táticas com o MVGP —, teria fracassado nessa reviravolta, e não estaríamos escrevendo sobre isso neste livro.

Pela primeira vez em sua história, a Ford implementou totalmente o controle estatístico de qualidade e instruiu os gerentes de produção a encerrar uma linha no caso de haver uma peça defeituosa ou material defeituoso.[2] Mas a Ford não se deteve às próprias fábricas. Também conduziu essa busca pela qualidade por seus fornecedores com o programa "Q1", que selecionava os fornecedores com base nas classificações de qualidade *e* se o fornecedor também havia implementado o controle estatístico de qualidade. A Ford forneceu seminários de educação e assistência prática a seus fornecedores para ajudá-los a atender aos padrões do primeiro trimestre, o que aumentou cada vez mais ao longo do tempo.[3]

A Ford criou programas de envolvimento dos funcionários, tornando-os os principais membros da equipe do departamento de melhoria da qualidade. Além disso, criou programas de gestão participativa para instruir os gerentes e supervisores sobre como apoiar os programas de envolvimento dos funcionários. Reforçou ainda mais esses programas, colocando maior ênfase nas habilidades de gestão participativa como um fator nas promoções.[4] Para manter os funcionários mais bem informados e, portanto, mais envolvidos com a empresa, a Ford investiu em um sistema de televisão por satélite para comunicar notícias e informações da Ford aos funcionários antes que pudessem ver na TV ou ler no jornal.[5] Para forjar uma ligação direta entre os funcionários e o sucesso da empresa, a Ford negociou uma cláusula de divisão de lucros com mão de obra — a primeira, no contrato com a United Auto Workers.[6] A relação de Ford com a força de trabalho melhorou tanto que, no início dos anos 1980, o sindicato tornou Philip Caldwell um membro honorário quando se aposentou — o primeiro CEO de uma empresa automobilística norte-americana a ser admitido no UAW.[7]

Para levar a empresa de volta a suas raízes, a Ford criou um grupo separado com o GOAA de criar um carro completamente novo, de nível elevadíssimo em seu segmento e projetado com o foco totalmente no cliente, mais do que fora feito em qualquer momento desde o Modelo T. A Ford apoiou o que ficou conhecido como o programa Taurus/Sable, com um orçamento de US$3,25 bilhões, o maior da história da Ford por um fator de quatro vezes. Com o Taurus/Sable, a Ford começou a solicitar informações dos trabalhadores de produção sobre os anos de projeto antes de estar pronta para a produção.[8] Para reforçar a importância da resposta e satisfação dos clientes, os executivos do mais alto escalão da Ford participaram de sessões de grupos focais para ouvir diretamente o que os clientes tinham a dizer. A empresa instituiu um extenso programa de acompanhamento de "Qualidade-Compromisso-Desempenho" para solicitar informações do cliente sobre a qualidade do serviço de revendedores e criou o prestigioso Prêmio do Presidente para reconhecer concessionárias com as mais altas classificações de clientes.[9]

De inúmeras formas — sutis e mais expressivas —, a Ford traduziu o MVGP para a prática diária. E essa é a verdadeira força por trás da notável reviravolta da Ford. Você pode imaginar o ceticismo que fervilharia se a Ford tivesse publicado o MVGP, mas não o tivesse concretizado? O trabalho teria sido desacreditado. Os clientes não confiariam. Os acionistas, também. E toda a reviravolta provavelmente teria fracassado.

Merck

No final da década de 1920, George W. Merck formulou a espinha dorsal da visão da empresa. Com base nos valores fundamentais de integridade, contribuição para a sociedade, responsabilidade para com clientes e funcionários, e a busca inequívoca de qualidade e excelência, ele imaginou a Merck como uma empresa de alto nível que beneficia a humanidade por meio de contribuições inovadoras para a medicina — uma empresa que produz lucros soberbos não como objetivo principal, mas como resultado residual do sucesso nessa tarefa. Em 1933, na abertura do Laboratório de Pesquisa Merck, ele disse:

Acreditamos que o trabalho de pesquisa realizado com paciência e persistência trará à indústria e ao comércio uma nova vida; e nós temos fé que neste novo laboratório, com as ferramentas que fornecemos, fará a ciência e o conhecimento avançarem, e a vida humana ganhará uma maior liberdade de sofrimento e doenças. *Prometemos toda nossa ajuda para que essa empreitada mereça o crédito que lhe damos. Deixe sua luz brilhar — que aqueles que buscam a Verdade, que aqueles que labutam para que este mundo seja um lugar melhor para se viver, que aqueles que erguem a tocha da Ciência e do Conhecimento por meio dessas eras sombrias e sociais, tomem nova coragem e encontrem respaldo.* [grifo do autor][10]

Certamente estamos impressionados com o pronunciamento visionário de George Merck — especialmente considerando que ele falou essas palavras há mais de 60 anos, muito antes de as "declarações de visão" se tornarem populares. Mas suas palavras e sentimentos sozinhos, por mais inspiradores e impressionantes que sejam, não fazem — e nem poderiam fazer — da Merck uma empresa visionária. O que realmente impressiona na Merck é a consistência com que se alinhou à ideologia estrutural e ao tipo de progresso imaginado por George Merck.

Por exemplo, a empresa não criou apenas um laboratório industrial padrão de P&D. Em vez disso, determinou que o GOAA propiciasse uma capacidade de pesquisa tão excelente que pudesse "conversar em igualdade de condições com as universidades e institutos de pesquisa".[11] De fato, a Merck projetou expressamente os laboratórios de pesquisa para ter uma atmosfera acadêmica — para se parecer tanto com uma faculdade que rapidamente se tornaram conhecidos como "Merck Campus".[12] Além disso, em vez de manter sua pesquisa pura atrás de portas trancadas, a Merck encorajou seus cientistas pesquisadores a publicar em revistas científicas — um movimento fundamental que atraiu muitos dos principais cientistas.[13] Também incentivou seus pesquisadores a colaborar com cientistas em laboratórios de pesquisa industrial acadêmicos e não concorrentes fora da Merck — um passo incomum que melhorou a qualidade de seu trabalho publicado. A empresa recrutou proeminentes cientistas acadêmicos para atuar no conselho de diretores[14] e criou uma pista de carreira dupla que permitiu aos cientistas deixar passar as promoções para a administração sem penalidade financeira.[15] A Merck chegou mesmo a listar as publicações científicas de seus pesquisadores no recrutamento de materiais, assim como uma instituição acadêmica lista as publicações de seu corpo docente. Como um cientista resumiu:

A Merck é como o MIT, Harvard ou qualquer outra instituição acadêmica com uma excelente reputação em pesquisa. Você tem que querer fazer sua ciência intensamente.[16]

Para incentivar ainda mais a exploração científica e a experimentação, a Merck deu aos cientistas pesquisadores "a maior latitude e escopo possível na busca de investigações, a maior liberdade para seguir pistas promissoras — não importa o quão não relacionadas estejam a retornos práticos".[17] Diferentemente da maioria das corporações norte-americanas, a Merck *proibiu* a entrada de marketing no processo de pesquisa pura até que os produtos entrassem claramente no estágio de desenvolvimento.[18] Como disse o CEO P. Roy Vagelos:

Mantemos a pesquisa básica *exclusivamente* no campo da pesquisa. Mantemos o marketing fora do caminho até que os produtos estejam sendo testados em seres humanos. Não queremos que as preocupações sobre o "potencial de mercado" atrapalhem a exploração e a experimentação científica básica, que podem levar a grandes avanços.[19]

Essas e outras práticas similares permaneceram essencialmente intactas na Merck por seis décadas, apesar de muitas delas não estarem de acordo com a doutrina comercial convencional. Ao longo do caminho, a Merck acrescentou outras práticas que, apesar de não convencionais, funcionam na Merck. Por exemplo, a Merck *rejeitou* expressamente os orçamentos como uma ferramenta de planejamento ou controle em P&D. Cria equipes de projetos de novos produtos e *não* fornece orçamento. Em vez disso, os líderes de equipe ("campeões") devem persuadir as pessoas de várias disciplinas a se unirem à equipe e a comprometer *seus* recursos com o projeto. Essa abordagem cria um processo de seleção de sobrevivência do mais apto, em que os melhores projetos atraem recursos e os mais frágeis perecem.[20] Diferentemente de seus competidores mais diversificados, a Merck adotou a estratégia não convencional de ser uma das empresas farmacêuticas *menos* diversificadas, colocando todas as apostas em sua capacidade de inovar com novos medicamentos revolucionários.[21] A Merck vive com a exigência autoimposta de que os novos produtos devem ser significativamente melhores do que os da concorrência; do contrário, não podem ser lançados no mercado — uma estratégia altamente arriscada que pode produzir longas secas se nada de bom surgir.[22]

Ao longo de toda a sua história, a Merck realmente definiu GOAA que, por mais impetuosos que fossem, alinharam-se perfeitamente a sua ideologia:

Início da década de 1930: Um GOAA para fomentar uma capacidade de pesquisa tão excelente que a empresa poderia "conversar em igualdade de condições com as universidades e institutos de pesquisa" (descrita anteriormente).[23]

Início dos anos 1950: Um GOAA de transformar a Merck em uma empresa farmacêutica totalmente integrada para participar plenamente das mudanças drásticas na medicina — apoiado pela aquisição da gigante farmacêutica Sharp & Dohme, que deu à Merck uma distribuição e marketing de rede bem consolidados.[24]

Final da década de 1970: Um GOAA de "estabelecer a Merck como a mais proeminente fabricante de medicamentos em todo o mundo nos anos 1980".[25]

Final dos anos 80: Um GOAA de se tornar a primeira fabricante de medicamentos com pesquisa avançada em todas as classificações de doenças.[26]

Início dos anos 90: Um GOAA de "redefinir o paradigma farmacêutico" com uma aquisição da Medco no valor de US$6 bilhões para criar um vínculo mais direto com os clientes finais.[27]

A Merck também tem um longo histórico de estar bem alinhada com sua ideologia de responsabilidade corporativa. Muitas empresas falam sobre responsabilidade social corporativa, oportunidades iguais e outros ideais grandiosos. Mas quantas delas foram uma das primeiras a doar para o United Negro College Fund, como a Merck fez em 1944?[28] Quantas foram as primeiras em seu setor a fundar um escritório de assuntos minoritários, como a Merck fez na década de 1960?[29] Quantas empresas na década de 1970 exigiam que todos os executivos seniores incluíssem metas de ação afirmativa em seus objetivos anuais e as vinculavam a bônus, opções de ações, classificações e aumentos de mérito?[30] Quantos foram reconhecidos pela Organização Nacional para as Mulheres por "programas vigorosos para recrutar, desenvolver e promover mulheres e minorias"? Quantos foram selecionados pela Black Enterprise e Working Mother como um dos melhores lugares para mulheres e minorias trabalharem nos Estados Unidos?[31] Quantas grandes empresas industriais têm uma mulher como diretora financeira?[32] Quantas empresas teriam levado estreptomicina para o Japão, sem objetivos lucrativos, para eliminar um grave surto de tuberculose após o fim da Segunda Guerra Mundial?[33] Quantas empresas teriam tomado a decisão de desenvolver o Mectizan para curar a oncocercose e o distribuir gratuitamente?[34] Quantos estabeleceram um GOAA ambiental expresso, como "reduzir nossa liberação de toxinas no meio ambiente em 90% até 1995"?[35] Em um grau muito maior do que a maioria das empresas, a Merck tem consistentemente colocado sua consciência social em prática.

A Merck não apenas prevê progresso e excelência em seus funcionários. *Compromete-se* com o progresso e a excelência. Conseguir um emprego na Merck é como candidatar-se à pós-graduação — um processo rigoroso e meticuloso. A Merck frequentemente exige que os candidatos forneçam várias recomendações por escrito sobre suas qualificações para trabalhar na empresa — da mesma forma como funciona em uma instituição educacional de alto nível.[36] A Merck investe pesado em recrutamento, desenvolvimento e retenção de funcionários. Avalia os gerentes sobre seu sucesso em recrutar e reter os melhores talentos. Na década de 1980, a Merck tinha uma das menores taxas de rotatividade do setor (5% contra a média dos EUA de 20%).[37]

Por fim, a Merck reforça sua ideologia estrutural de forma coerente década após década, dia após dia — em relatórios de acionistas, materiais de recrutamento, manuais para funcionários, autopublicações, vídeos históricos, discursos executivos, seminários de orientação, artigos para revistas e jornais externos, e em uma infinidade de revistas e boletins internos. Quando pedimos à Merck para nos enviar quaisquer documentos que pudessem descrever seus valores e propósito, a Merck nos forneceu não menos do que 85 itens distintos, alguns remontando à virada do século. Em 1991, a empresa organizou uma celebração extensa e elaborada do centenário, com publicação de livros, artigos, discursos, vídeos, análises históricas — tudo com grande ênfase na herança e nos valores da empresa. É simplesmente impossível trabalhar na Merck e não estar imerso em sua ideologia; ela permeia *tudo* há quase um século. Como Jeffrey L. Sturchio, diretor de políticas para ciência e tecnologia da Merck, resumiu:

> Eu trabalhava em outra grande corporação norte-americana antes de vir para a Merck. A diferença básica que vejo entre as duas empresas é a retórica versus a realidade. A outra empresa apregoava valores e visões e todo o resto, mas havia uma grande distância entre palavras e ações. Na Merck, não há.[38]

Hewlett-Packard

Bill Hewlett e Dave Packard imaginaram a HP como uma empresa de modelo, conhecida por práticas progressistas de pessoal, cultura inovadora e empreendedora, e uma sequência ininterrupta de produtos que fazem uma contribuição técnica. "Nossa principal tarefa", escreveu Dave Packard, "é projetar, desenvolver e fabricar os melhores equipamentos eletrônicos para o avanço da ciência e o bem-estar da humanidade. Pretendemos nos dedicar a essa tarefa".[39] O diretor da HP, Fred Terman, usou a sublime expressão "Instituição Social Modelo" para descrever as aspirações da empresa.[40] Mais tarde, Hewlett resumiu os princípios orientadores da HP no que chamou de "Quatro Metas": a empresa *deve* atingir um crescimento lucrativo; a empresa *deve* lucrar com a contribuição tecnológica; a empresa *deve* reconhecer e respeitar o valor pessoal dos funcionários e permitir que compartilhem do sucesso da empresa; e a empresa *deve* atuar como um cidadão responsável da comunidade geral.[41]

Tudo muito bem, mas a visão de Hewlett e Packard teria sido essencialmente inútil se não fosse traduzida em prática. Como a Merck, a HP destaca-se não tanto por seus elevados valores e aspirações, mas pela maneira abrangente e coerente de se alinhar a eles.

Por exemplo, a HP tem uma longa história de respeito pelos funcionários de várias maneiras tangíveis. Na década de 1940, instituiu um "bônus de produção" (basicamente um plano de participação nos lucros) que pagava os mesmos percentuais ao zelador que ao CEO e criava um plano de seguro médico representativo para todos os funcionários — ações praticamente inéditas naquela época, especialmente em uma pequena empresa.[42] Quando a empresa abriu o capital, na década de 1950, *todos* os funcionários em *todos* os níveis, com seis meses na empresa, receberam uma concessão automática de ações e tornaram-se elegíveis para um programa de opções de compra de ações.[43] Logo em seguida, a HP instituiu um programa de compra de ações para funcionários, com um subsídio de 25% da empresa.[44] Para reduzir a possibilidade de demissões, a HP renunciava a grandes oportunidades de contratos com o governo — por mais lucrativas que fossem — se levavam a estratégias de "contratação e demissão".[45] Era necessário que as divisões contratassem os próprios funcionários da HP antes de olhar para o exterior, proporcionando emprego seguro adicional em toda a empresa (para não mencionar manter a sólida cultura).[46] Quando enfrentava crises gerais em toda a empresa, a HP geralmente pedia a todos os funcionários para aproveitar todas as outras sextas-feiras e reduzir o pagamento em 10%, em vez de impor uma baixa de 10%.[47] A HP foi uma das primeiras empresas norte-americanas a apresentar oportunidades para os funcionários em todos os níveis e a realizar extensas pesquisas com funcionários para avaliar e acompanhar suas preocupações.[48] Foi também uma das primeiras a instituir uma política de portas abertas por meio da qual os funcionários poderiam levar queixas até o topo sem o risco de sofrer represálias.[49] Para promover a comunicação e a informalidade, e para diminuir a ênfase na hierarquia, a HP criou um amplo plano de plano aberto; nenhum gerente em qualquer nível teria permissão para ter um escritório particular de portas fechadas — uma prática muito incomum nos anos 1950. Não é de surpreender que a HP tenha permanecido não sindicalizada, como descreveu um colaborador:

Várias tentativas de sindicalização foram feitas, mas falharam tristemente. Que união poderia avançar em uma empresa cujos funcionários se sentiam parte da administração e cujos piqueteiros eram convidados a sair do frio para compartilhar café quente e rosquinhas nos intervalos?[50]

Da mesma forma, a HP tomou muitas medidas para reforçar a importância da contribuição tecnológica e promover um ambiente empresarial. A partir da década de 1950, procurou contratar apenas 10% dos melhores recém-formados de escolas de engenharia respeitadas, em vez de contratar engenheiros mais experientes, mas menos talentosos, do setor.[51] (Trinta anos depois, a HP ainda era vista nas principais escolas de engenharia como a elite do trabalho).[52] Assim como a 3M, a HP buscava uma estratégia de produzir novos e melhores produtos a cada ano como principal fonte de crescimento, em vez de buscar o ciclo de vida do produto e maximizar o volume de unidades de produtos mais antigos. Em 1963, mais de 50% das vendas da HP vieram de produtos lançados nos cinco anos anteriores; em 1990, isso melhorou para 50% das vendas de produtos lançados nos *três* anos anteriores.[53] E eles não poderiam ser apenas *quaisquer* novos produtos; produtos similares a outros do mercado sempre eram eliminados, *independentemente do potencial de venda*. "Se você tivesse a oportunidade de ouvir uma de nossas sessões de gerenciamento", explicou Bill Hewlett, "descobriria que muitas abordagens são rejeitadas porque as pessoas sentem que não há uma contribuição técnica relevante para justificar o lançamento de um determinado produto no mercado".[54] Esse padrão rígido e autoimposto levou a HP a contornar os mercados de alto volume — como computadores pessoais compatíveis com IBM — até que pudesse descobrir uma maneira de entrar com uma contribuição tecnológica. O que se segue é uma conversa real entre um gerente de laboratório experiente e um gerente de produto novato da HP em 1984:[55]

PRODUTO: "Temos que lançar um computador pessoal compatível com IBM *agora*. É nessa direção que o mercado tem ido. O volume, também. É isso o que os clientes mais desejam."

LABORATÓRIO: "Mas onde está a contribuição tecnológica? Até descobrirmos uma maneira de fazer um computador pessoal IBM compatível com uma clara vantagem técnica, simplesmente não podemos fazê-lo — não importa quão grande seja o mercado."

PRODUTO: "Mas e se não for isso que os clientes queiram? E se quiserem apenas executar o software e não se importarem com a contribuição técnica? E se a janela do mercado se fechar, a menos que ajamos agora?"

LABORATÓRIO: "Então não deveríamos estar nesse setor. Não é isso que somos. Não deveríamos estar em mercados que não valorizam a contribuição técnica. Não é isso o que a Hewlett-Packard exatamente é."

O gerente de laboratório venceu sem muito esforço, como quase sempre acontece na HP. "Por mais importante que o setor seja", disse Bill Hewlett, "o pessoal de marketing deve desempenhar um papel secundário na questão da definição do produto".[56] Durante anos, a HP evitou a entrada no mercado em favor da "Next Bench Syndrome" — uma estratégia em que os engenheiros resolvem os próprios problemas técnicos como o principal meio de identificar oportunidades de contribuição técnica e de mercado.[57] Nas décadas de 1950 e 1960, a HP intitulou suas listas de produtos *Contribuições para o Campo de Equipamentos de Teste* [grifo nosso] — um detalhe interessante e revelador.[58] Os programas de reconhecimento de heróis em todo o mundo geralmente eram voltados para os engenheiros que inventavam novos gadgets, não para aqueles que os vendiam. Os avanços na carreira também renegaram a ênfase tecnológica; mais de 90% dos gerentes gerais de divisão na HP possuem títulos técnicos.[59]

Para promover uma cultura empreendedora, a HP adotou desde cedo um método de gestão que visava a "proporcionar um objetivo bem fundamentado, dar à pessoa o máximo de liberdade possível para atingir esse objetivo e, por fim, fornecer motivação, reconhecendo a contribuição do indivíduo em toda a organização".[60] Mais tarde, à medida que a empresa se expandia rapidamente na década de 1950, ampliou esse método de gestão em uma estrutura descentralizada de divisões altamente autônomas, organizadas como pequenos negócios com autocontrole sobre as próprias estratégias de P&D, produção e marketing e ampla discrição nas decisões operacionais (naturalmente, tudo isso dentro dos limites da ideologia da HP). Ao entrar em um novo negócio, a HP normalmente cria uma divisão e a solta para descobrir a melhor forma de entrar no mercado. Segundo Hewlett:

Simplesmente dizemos: "Aqui está a área em que queremos entrar; agora você define o item específico que pode construir." Então presumimos que eles projetariam a melhor tecnologia disponível.[61]

Para reforçar ainda mais o empreendedorismo, a HP dispersou suas divisões em vários estados, em vez de alocar todas perto da sede. A empresa então destinou fundos de P&D para recompensar a inovação — as divisões mais inovadoras que obtêm o maior número de recursos. (Embora a HP tenha um laboratório central chamado de "HP Labs", alocou a grande maioria dos fundos de P&D para suas divisões.)[62] Instalações que começaram como fábricas só alcançaram o status divisional completo ao criar (com fundos próprios) um produto inovador e levá-lo ao mercado.[63] E, diferentemente da maioria das empresas, a HP incentivou suas divisões internacionais a desenvolver recursos de P&D, em vez de simplesmente manter os centros de vendas e distribuição.[64]

Igualmente importante ao que a HP fez foi o que *não* fez, independentemente de teorias e modismos prevalecentes. Lembre-se, por exemplo, de como a HP evitou a dívida corporativa (mesmo que tal prática seja "irracional"), porque Hewlett e Packard acreditavam que a dívida corroeria a disciplina empreendedora. Diferentemente de muitas empresas de alta tecnologia, a HP evitou investidores externos como capitalistas de risco porque "podem fazer as empresas crescerem muito rapidamente, e, se você crescer muito rápido, pode perder seus valores".[65] Em oposição à maioria das corporações, a HP proibiu o departamento de pessoal de se envolver em problemas pessoais:

> Cuidar de seu pessoal é a parte mais importante de todo trabalho de gestão. Em nenhuma hipótese o departamento de pessoal deve lidar com os problemas pessoais do gerente — ele deve aceitar e lidar com a responsabilidade pessoal de ser um bom gerente.[66]

Um exemplo particularmente revelador da HP seguindo a própria visão e não sendo vítima dos modismos e manias gerenciais da época ocorreu na década de 1970, quando a teoria da estratégia corporativa "curva de aprendizado/participação de mercado" varreu os negócios norte-americanos. Anunciada por empresas de consultoria de gestão de prestígio e ensinada em escolas de negócios de primeira linha, tornou-se uma ferramenta de gestão generalizada adotada por milhares de executivos em todo o cenário corporativo. Operando sob a teoria de que uma maior participação de mercado leva a custos mais baixos e, por fim, a lucros maiores, os gerentes de uma ampla gama de empresas começaram a cortar os preços para ganhar mercado. Compartilhada por quase uma década, essa teoria dominou o pensamento estratégico. *Mas não na HP*, que rejeitou expressamente a teoria da curva de aprendizado e se manteve em um padrão de experimentação: "Se um produto não é bom o suficiente para fazer uma excelente margem bruta no primeiro ano, não é um produto com uma vantagem técnica significativa, e a Hewlett-Packard não deveria produzi-lo, ponto-final."[67] Packard explicou a seus gerentes em 1974: "Se ouço alguém falando sobre quão expressiva é sua participação no mercado ou o que faz para a aumentar, vejo pessoalmente que isso cria um problema para seu futuro."[68]

Por fim, a HP — como a Ford e a Merck — fez grandes esforços para imergir continuamente os funcionários nos princípios do que ficou conhecido como o "Estilo da HP". Hewlett e Packard levaram todos os seus gerentes a um local fora da empresa na década de 1950 para as "Conferências de Sonoma", onde escreveram a ideologia e ambições da HP em um documento "um pouco semelhante à Constituição dos EUA — um documento que expressa os ideais básicos sujeitos à interpretação atual e à emenda".[69] Logo em seguida, a HP começou uma rigorosa política de promoção interna, implementou extensos processos de entrevista que enfatizavam a "adaptabilidade e adequação" ao Estilo da HP e criou um programa para condicionar os supervisores de primeira linha. "Reconhecemos muito cedo que era importante ter seus gerentes de primeira linha condicionados ou orientados para a filosofia porque eles são a empresa para a maioria das pessoas", explicou Dave Packard.[70]

Encontramos nada menos do que 100 incidentes documentados de gerentes da HP falando abertamente sobre os valores e objetivos da HP — em palestras internas, em discursos externos, em materiais escritos, em conversas individuais. Eles simplesmente falavam e agiam constantemente com base neles por décadas. Também encontramos dezenas de "Histórias de Bill e Dave" que foram relatadas ao longo dos anos para transmitir a essência do Estilo da HP. Há uma história de quando Bill Hewlett encontrou um depósito trancado em um fim de semana, que cortou e triturou a corrente com um par de alicates e a deixou na mesa do gerente com uma nota concisa de que os armazéns trancados não se encaixam na noção de respeito de HP em relação a seus funcionários.[71] Verdade ou não, as histórias ilustram como a administração da HP trabalhou continuamente para tornar o Estilo da HP um modo de vida genuíno. Barney Oliver, gerente-geral de longa data dos laboratórios da HP, resumiu a HP durante sua ascensão à proeminência:

> Quando entrei na HP, em 1952, ficou imediatamente aparente que quase todos os seus 400 funcionários eram entusiasmados, leais e orgulhosos de *sua* empresa em um nível atípico. Como disse um funcionário: "Tenho a impressão de que Bill e Dave trabalham para mim, e não o contrário." O que surpreende os visitantes hoje é que esse mesmo espírito sobreviveu ao crescimento da HP. É incomum encontrar tal espírito em uma empresa com mais de 17 mil funcionários, mas isso aqui não é surpreendente. Pois, em um sentido mais profundo, o que estava acontecendo naqueles primeiros dias era um processo de educação em administração. A maior parte dos primei-

ros funcionários tornou-se uma extensão das personalidades e filosofias de Bill e Dave, e utilizou essas filosofias e técnicas ao ocupar seus lugares como líderes de linha, supervisores ou chefes de divisão. Todos acreditamos nessas filosofias e as praticamos. Elas fazem parte de nosso estilo de vida.[72]

LIÇÕES SOBRE EQUILÍBRIO PARA CEOS, GESTORES E EMPRESÁRIOS

Aplaudimos se você sair da empresa para discutir sua ideologia corporativa, como Hewlett e Packard fizeram na década de 1950. Encorajamos você a estabelecer ambições grandiosas para sua empresa, como fez George Merck na década de 1930. Esperamos que você queira colocar no papel a visão orientadora de sua empresa, como a Ford. Mas nunca se esqueça de que tais passos não constituem por si só uma empresa visionária. Você nunca alcança o equilíbrio final. Nunca alcança o sucesso final. Você tem que trabalhar neles constantemente. Aqui estão alguns indicadores.

1. Trace o Panorama Geral

Você provavelmente está se sentindo um pouco sobrecarregado com todos os detalhes abrangentes sobre a Ford, a Merck e a HP. E é esse precisamente o ponto!

> As **EMPRESAS** visionárias não dependem de nenhum programa, estratégia, tática, mecanismo, norma cultural, gesto simbólico ou discurso de CEOs para preservar a essência e fomentar o progresso. É toda essa bola de neve que conta.

É a notável abrangência e coerência ao longo do tempo que contam. É o conjunto quase avassalador de sinais e ações —para reforçar continuamente a ideologia estrutural e fomentar o progresso — que tornam uma empresa visionária. Tomado isoladamente, cada fato sobre a Ford, a Merck e a HP seria trivial e certamente não explicaria seu status visionário. Mas, no contexto de centenas de outros fatos, eles traçam um panorama geral substancial.

Seria equivocado concluir que você poderia implementar um único capítulo deste livro isoladamente e ter uma empresa visionária. A ideologia estrutural sozinha não pode fazê-lo. O impulso para o progresso sozinho, também não. Um GOAA sozinho não fará isso. A evolução através da autonomia e do empreendedorismo, menos. Somente a gestão com a prata da casa não faz uma empresa visionária, nem uma cultura baseada em cultos, nem mesmo viver a ideia de que não existe bom o suficiente.

Uma empresa visionária é como uma grande obra de arte. Pense nas cenas de Michelangelo do Gênesis no teto da Capela Sistina ou em sua estátua de Davi. Pense em um grande e duradouro romance, como *As Aventuras de Huckleberry Finn* ou *Crime e Castigo*. Pense na Nona Sinfonia de Beethoven ou em *Henry V*, de Shakespeare. Pense em um edifício belamente projetado, como as obras-primas de Frank Lloyd Wright ou Ludwig Mies van der Rohe. Você não pode apontar para um único item que faz a coisa toda funcionar; é *todo* o trabalho — todas as peças trabalhando juntas para criar uma visão geral — que leva a uma grandeza duradoura. E não são apenas as grandes peças, mas também os pequenos detalhes — a mudança de frase, a mudança de ritmo no momento exato, a posição perfeita de uma janela, uma expressão sutil esculpida nos olhos. Como o grande arquiteto Mies van der Rohe colocou: "Deus está nos detalhes."

2. Preocupe-se com os Detalhes

No dia a dia, as pessoas não trabalham no "panorama geral", mas nos detalhes básicos de sua empresa e negócios. Não que o panorama seja irrelevante, mas são os detalhes que causam uma grande impressão, que enviam sinais poderosos. Detalhes, como cartões de visita para os vendedores da Nordstrom que enviam um sinal: "Queremos que você seja um *profissional* de vendas." Detalhes, como o Wal-Mart oferecendo aos funcionários de nível mais baixo relatórios financeiros departamentais completos para enviar o sinal: "Você é um parceiro da empresa e queremos que administre seu departamento como se fosse a própria pequena empresa." Detalhes, como o presidente da Motorola, que faz parte dos relatórios de melhoria de qualidade (que sempre estiveram no topo da agenda) e depois deixa os relatórios financeiros enviarem o sinal: "Nossa luta é pela melhoria da qualidade, não apenas pelos lucros." Detalhes, como permitir que as principais divisões da Johnson & Johnson colocassem os próprios logotipos nos produtos — em detrimento do da J&J — para enviar o sinal: "Queremos que você opere com a mentalidade de unidades empresariais autônomas e empresariais." Detalhes, como a Philip Morris enviando funcionários para casa com um pacote de cigarros junto com seu salário para enviar o sinal: "Estamos *orgulhosos* de nosso produto, não importa o que o cirurgião-geral diga."

Pesquisas na área de cognição social mostram que os indivíduos captam *todos* os sinais de seu ambiente de trabalho — grandes e pequenos — como pistas de como devem se comportar. As pessoas notam os detalhes. As pessoas não se lembram das histórias pelos grandes atos de heroísmo, mas pelos pequenos acontecimentos, como destruir a corrente de um depósito trancado. As pessoas querem acreditar na visão de sua empresa, mas estarão sempre atentas às pequenas inconsistências que lhes permitam dizer: "Ahá!

Aqui está. Eu sabia que a gerência estava só encenando. Eles não acreditam realmente na própria retórica."

3. Agrupe Ações, Não Dispare Sozinho

As empresas visionárias não implementam qualquer conjunto aleatório de mecanismos ou processos. Elas colocam peças que se reforçam, agrupadas para fornecer um poderoso golpe final. Elas buscam sinergia e vínculos. Observe o agrupamento na Ford: métodos estatísticos de controle de qualidade *reforçados por* programas de envolvimento de funcionários *reforçados por* programas de treinamento em gestão participativa *reforçados por* critérios de promoção baseados em habilidades de gerenciamento participativo. Observe o agrupamento na Merck: recrutar os principais cientistas *reforçados pela* permissão de que divulguem reforçados pela colaboração com cientistas externos *reforçados pelo* "Merck Campus" reforçado pela carreira dupla. Observe como seria impossível trabalhar na HP e não receber a mensagem de que os gerentes tratariam melhor seu pessoal ou de que as divisões teriam melhores lucros por meio de contribuição técnica. Trabalhar na HP é como estar em uma sala de som equipada não apenas com um, mas dez alto-falantes trabalhando para amplificar um ao outro e difundir as mesmas mensagens coerentes ricocheteando por todos os cantos.

4. Siga a Própria Corrente, Mesmo Se Precisar Nadar Contra a Maré

Lembre-se de como a Merck e a HP deram os primeiros passos contra as práticas comerciais convencionais para se manter fiéis a si mesmas. Equilíbrio significa ser guiado em primeiro lugar pela própria bússola interna, não pelos padrões, práticas, convenções, forças, tendências, modas, manias e chavões do mundo exterior. Não que você deva ignorar a realidade — muito pelo contrário —, mas a ideologia e as ambições de sua empresa devem guiar todas as suas negociações com a realidade. Se bem feito, você provavelmente surpreenderá concorrentes, jornalistas, professores de negócios e outros com práticas idiossincráticas e estratégias que, por mais incomuns que sejam, fazem todo o sentido para sua empresa.

A Johnson & Johnson, por exemplo, tomou a decisão de colocar sua nova sede bem no meio de New Brunswick, Nova Jersey, na década de 1970, não porque era plenamente justificável do ponto de vista comercial (não era), mas porque o era no contexto do Credo da J&J. A Boeing se manteve firme nos padrões de segurança de projeto de aeronaves que ultrapassaram em muito os concorrentes — não porque o mercado exigisse isso, mas porque a ideologia da Boeing o exigia. A 3M rejeitou a sabedoria comercial convencional de que uma pequena empresa em crescimento deveria se concentrar em uma linha de negócios; uma estratégia de foco simplesmente não se encaixava no tipo de empresa inovadora que os funcionários da 3M queriam construir. O modelo de curva de aprendizado/participação de mercado pode ter se tornado a última moda entre os executivos corporativos nos anos 1970, mas não fazia sentido para a HP.

O ponto aqui não é que as empresas visionárias busquem práticas "boas" e as outras sigam "ruins". "Bom ou ruim" cria ideias erradas. O que pode ser "bom" na HP pode ser "ruim" na Merck, na 3M, na Marriott ou na P&G.

A verdadeira pergunta a ser feita não é: "Esta prática é boa?", mas: "Esta prática é apropriada para nós — ela se alinha a nossa ideologia e ambições?"

---

5. Elimine os Mal-entendidos

Se olhar ao redor de sua empresa agora, provavelmente poderá apontar o dedo para pelo menos dez itens específicos desalinhados com sua ideologia estrutural ou que impedem o progresso — práticas "inapropriadas" que de alguma forma se infiltraram. Seu sistema de incentivo recompensa comportamentos incoerentes com seus valores fundamentais? A estrutura da organização atrapalha o progresso? As metas e estratégias afastam a empresa de seu propósito básico? As políticas corporativas inibem mudanças e melhorias? O escritório e o layout do edifício impedem o progresso?

Atingir o equilíbrio não é apenas um processo de adicionar novos elementos; é também um processo interminável de identificar e *corrigir obstinadamente desequilíbrios* que afastam uma empresa de sua ideologia estrutural ou impedem o progresso. Se o layout do edifício impedir o progresso, altere-o ou se mude. Se a estratégia estiver desalinhada com a essência, transforme-a. Se a estrutura da organização inibir o progresso, mude-a. Se o sistema de incentivos para recompensar comportamentos for incoerente com a essência, altere-o. Tenha em mente que o único ponto intocável de uma empresa visionária é sua ideologia estrutural. Qualquer outro elemento pode ser alterado ou eliminado.

6. Mantenha os Requisitos Universais ao Inventar Novos Métodos

Uma empresa *deve* ter uma ideologia estrutural para se tornar uma empresa visionária. Também deve ter um impulso implacável para o progresso. E, finalmente, deve ser bem projetada como uma organização para preservar a essência e fomentar o progresso, com todas as peças-chave trabalhando em equilíbrio. Esses requisitos são universais para empresas visionárias. Eles distinguiram empresas visionárias há 100 anos. Eles distinguem empresas visionárias hoje. E distinguirão empresas visionárias no próximo século. Se fôssemos reescrever este livro no ano de 2095, encontraríamos esses mesmos elementos básicos para distinguir as corporações mais duradouras e bem-sucedidas do restante do grupo.

No entanto, os *métodos* específicos que as empresas visionárias usam para preservar a essência e fomentar o progresso sem dúvida mudam e se aprimoram. GOAAs, culturas baseadas em cultos, evolução através da experimentação, gestão com a prata da casa e autoaperfeiçoamento contínuo — todos esses são métodos comprovados para preservar a essência e fomentar o progresso. Mas eles não são os únicos que podem ser inventados. As empresas inventarão novos métodos para complementar esses testados pelo tempo. As empresas visionárias de amanhã já estão lá fora, experimentando novos e melhores métodos. Elas, sem dúvida, já estão implementando ações que seus concorrentes podem achar estranhas ou incomuns, mas que um dia se tornarão prática comum.

E é exatamente isso o que você deve fazer nas corporações com as quais trabalha — isto é, se quiser que entrem na liga de elite das empresas visionárias. Não importa se você é empresário, gestor, CEO, membro do conselho ou consultor. Você deve trabalhar para implementar tantos métodos quanto puder pensar para preservar uma ideologia estrutural que guie e inspire pessoas em todos os níveis. E você deve trabalhar para inventar mecanismos que criem insatisfação com o *status quo* e estimulem a mudança, a melhoria, a inovação e a renovação — mecanismos, enfim, que infectem as pessoas com o espírito de progresso. Se você pensar em novos métodos para preservar a essência sobre que não escrevemos neste livro, então implemente-os de todas as formas possíveis. Se puder inventar novos mecanismos poderosos para fomentar o progresso, experimente-os. Use os métodos comprovados e crie novos. Faça ambos.

ESTE NÃO É O FIM

Fizemos nosso melhor para descobrir e ensinar aqui os alicerces fundamentais de empresas verdadeiramente notáveis que resistiram ao teste do tempo. Demos a você uma imensa quantidade de detalhes e evidências neste livro, e imaginamos que apenas poucos leitores se lembrarão de cada pequeno item destas páginas. Mas, após terminar a leitura, esperamos que você retire quatro conceitos-chave para guiá-lo pelo resto de sua carreira gerencial e que os transmita aos outros. Estes conceitos são:

1. Faça a hora — seja arquiteto de oportunidades —, não marque o tempo.
2. Abrace a "Filosofia do E".
3. Preserve a essência/fomente o progresso.
4. Procure o equilíbrio substancial.

Nós nos sentimos um pouco como Dorothy de *O Mágico de Oz*, que, depois de sua longa jornada em busca do bruxo, puxa a cortina e descobre que ele não é exatamente um bruxo. Ele é apenas um ser humano normal. Como Dorothy, descobrimos que aqueles que constroem empresas visionárias não são necessariamente pensadores mais brilhantes, mais carismáticos, mais criativos, mais complexos, mais hábeis em apresentar grandes ideias — em suma, mais mágicos — do que o resto de nós. O que eles fizeram está dentro da compreensão conceitual de *todos* os gestores, CEOs e empresários do mundo. Os construtores de empresas visionárias tendem a ser simples — de alguns, podemos até dizer simplistas — em suas abordagens dos negócios. Ainda assim, simples não significa *fácil*.

Achamos que isso tem profundas implicações para o que você levará deste livro. Isso significa que não importa quem você é, pode ser um grande contribuidor na formação de uma empresa visionária. Você não precisa esperar que o grande visionário carismático desça do monte. Não precisa esperar que o raio da inspiração criativa o arrebate com a "grande ideia". Não precisa aceitar a perspectiva debilitante do "Bem, vamos encarar isso. Nosso CEO não é um líder visionário carismático. Não há esperança." Você não precisa acreditar que construir empresas visionárias é algo misterioso que apenas as outras pessoas conseguem fazer.

Isso também significa que a vida provavelmente será mais difícil para você daqui em diante. Significa ajudar as pessoas a seu redor a entender as lições deste livro. Significa aceitar a assustadora verdade de que *você* é provavelmente tão qualificado quanto qualquer outra pessoa para ajudar sua organização a se tornar visionária. E significa reconhecer que pode começar agora mesmo — hoje — a aplicar as lições deste livro. Por fim, e talvez o mais importante de tudo, significa trabalhar com um respeito profundo e duradouro pela corporação como uma instituição social importante por direito próprio — uma instituição que exige o cuidado e a atenção que damos às nossas grandes universidades ou sistemas de governo. Pois é por meio do poder das organizações humanas — de indivíduos trabalhando juntos em prol de uma causa comum — que a maior parte do melhor trabalho do mundo é realizado.

Então, este não é o fim. Nem mesmo o começo do fim. Mas esperamos que seja o fim do começo — o início da tarefa desafiadora e árdua, mas eminentemente viável, de construir uma empresa visionária.

capítulo 11

CONSTRUINDO A VISÃO*

"Nós não cessaremos de explorar
E o fim de toda essa jornada
Será chegar onde começamos
E, enfim, conhecer o lugar."

T.S. ELIOT, *QUATRO QUARTETOS*

A visão tornou-se uma das palavras mais usadas — e menos compreendidas — da linguagem. A palavra *visão* evoca todos os tipos de imagens. Pensamos em conquistas extraordinárias. Pensamos em valores profundamente arraigados que unem pessoas em uma sociedade. Pensamos em metas audaciosas e estimulantes que incentivam as pessoas. Pensamos em algo eterno — as razões subjacentes para a existência de uma organização. Pensamos em algo que nos emociona profundamente e extrai nossos melhores resultados. Pensamos em nossos sonhos, no que queremos ser. E aqui está o problema. Todos nós sabemos que a visão é importante, mas o que exatamente ela é?

Neste capítulo dessa nova edição, apresentamos uma estrutura conceitual que define a visão, acrescenta clareza e rigor ao conjunto de conceitos vagos e confusos que circulam em torno desse termo moderno e fornece orientação prática para a articulação de uma visão coerente dentro de uma organização. Trata-se de uma estrutura prescritiva baseada no projeto de

---

* Este capítulo apareceu pela primeira vez como artigo principal da edição de setembro/ou-
tubro de 1996, da *Harvard Business Review*.

pesquisa de seis anos sobre empresas visionárias que levou ao nosso livro e foi refinada e testada por nosso trabalho contínuo com executivos de organizações de todos os tipos e tamanhos de todo o mundo. Nas páginas seguintes, descrevemos detalhadamente essa estrutura. Algumas das principais ideias que a compõem se sobrepõem a algumas de nossas descobertas de pesquisas de capítulos anteriores. Portanto, partes deste capítulo parecem redundantes, mas queremos que ele funcione como um capítulo autônomo. Além disso, este capítulo fornece orientação prática substancial sobre *como* aplicar as ideias e exemplos extraídos não apenas das empresas visionárias, mas de outras pessoas com as quais trabalhamos ou estudamos além de nossa pesquisa original para o livro.

Mais uma vez, para reiterar as principais descobertas da nossa pesquisa *Built to Last* [Feitas para Durar], a característica distintiva fundamental das corporações mais duradouras e bem-sucedidas é que elas preservam uma ideologia estrutural bem fundamentada enquanto estimulam o progresso e a mudança em tudo que não faz parte dessa ideologia. Em outras palavras, elas distinguem seus valores fundamentais atemporais e o objetivo principal perene (que nunca deve mudar) de suas práticas operacionais e estratégias de negócios (que devem mudar constantemente em resposta a um mundo sob constante mudança). Em empresas verdadeiramente grandiosas, a mudança é *uma* das constantes, mas não é a *única*. Elas compreendem a dinâmica entre o que nunca deve mudar e o que deve ser sempre passível de mudanças, entre o que é verdadeiramente sagrado e o que não é. E, esclarecendo o que nunca deve mudar, ficam mais aptas para estimular as mudanças e progredir em tudo o que for possível. Articular uma visão usando a estrutura apresentada neste capítulo fornece o contexto orientador para a implementação do conceito "Preservar a essência/fomentar o progresso" em uma organização.

A ESTRUTURA DA VISÃO

Figura 11.A

Articulando a Visão

Uma visão bem percebida consiste em dois componentes principais: a *ideologia estrutural* e o *futuro pretendido*. Observe o paralelo direto à dinâmica fundamental da "preservação da essência/fomento do progresso". Uma boa visão baseia-se na interação entre essas duas forças yin-yang complementares: define o princípio imutável "o que defendemos e por que existimos" (a ideologia estrutural) e estabelece "o que queremos ser, alcançar, criar", que exigirá mudanças significativas e progresso para alcançar (o futuro pretendido).

Buscar a visão significa criar alinhamento organizacional e estratégico para preservar a ideologia estrutural e fomentar o progresso em direção ao futuro pretendido. O alinhamento traz a visão à vida, levando-a de boas intenções para a realidade concreta.

IDEOLOGIA ESTRUTURAL

A ideologia estrutural, como descrevemos no Capítulo 3, define o caráter perene de uma organização — a identidade própria que permanece consistente ao longo do tempo e transcende os ciclos de vida de produto/mercado, avanços tecnológicos, modas de gerenciamento e líderes. De fato, a contribuição mais duradoura e significativa dos arquitetos de empresas visionárias é a ideologia estrutural. Como Bill Hewlett disse sobre seu amigo de longa data e parceiro de negócios, David Packard, após sua morte, em 1996: "No que diz respeito à empresa, o maior legado que ele deixou para trás foi um código de ética conhecido como Estilo HP."[1] A ideologia estrutural da empresa, que a orientou desde sua criação, em 1938, inclui um profundo respeito pelo indivíduo como princípio moral, uma dedicação à qualidade e à confiabilidade incomparáveis, um compromisso com a responsabilidade da comunidade (Packard deixou seus US$4,3 bilhões em ações da HP para uma fundação de caridade), e uma visão de que a empresa existe para fazer contribuições técnicas para o avanço e bem-estar da humanidade. Desenvolvedores de empresas como David Packard, Masaru Ibuka, da Sony, George Merck, da Merck, William McKnight, da 3M, e Paul Galvin, da Motorola, entenderam que é muito mais importante saber quem você é do que para onde está indo, pois isso certamente mudará em função de um mundo que muda com frequência. Líderes morrem, produtos se tornam obsoletos, mercados mudam, surgem novas tecnologias, modismos gerenciais vêm e vão: mas a ideologia estrutural de uma grande empresa perdura como fonte de orientação e inspiração.

A ideologia estrutural fornece o fator agregador que une uma organização à medida que cresce, se desestrutura, se diversifica, se expande globalmente e alcança a diversidade interna. Pense na ideologia estrutural como análoga aos princípios do judaísmo, que mantiveram o povo judeu unido por séculos, mesmo sem pátria ou quando se espalharam em diáspora. Ou pense nela como as verdades consideradas "autônomas" na Declaração de Independência dos Estados Unidos, ou os ideais e princípios duradouros da comunidade científica que unem cientistas de todas as nacionalidades ao propósito comum de promover o conhecimento humano.

Qualquer visão eficaz deve incorporar a ideologia estrutural da organização que, por sua vez, consiste em dois subcomponentes distintos: valores fundamentais e propósitos primordiais.

Valores Fundamentais

Os valores fundamentais são os princípios essenciais e duradouros de uma organização — um pequeno conjunto de princípios orientadores atemporais que não exigem justificação externa: eles têm valor *intrínseco* e importância interna à organização. Os valores centrais da imaginação e da integridade da Disney não provêm de uma exigência de mercado, mas de uma crença interna de que a imaginação e a integridade devem ser cultivadas para o próprio bem. William Procter e James Gamble não incutiram a excelência do produto como uma mera "estratégia" para o sucesso, mas como um princípio quase religioso mantido por mais de 15 anos pelos colaboradores da P&G. A subserviência ao cliente como modo de vida na Nordstrom remonta a 1901 — oito décadas antes de os programas de atendimento ao cliente se tornarem moda no mundo dos negócios. Bill Hewlett e David Packard defendiam o respeito ao indivíduo antes de mais nada como um valor pessoal arraigado, eles não o leram em um livro nem o ouviram de um guru da administração. Ralph Larson, CEO da Johnson & Johnson, cita desta forma: "Os valores fundamentais incorporados em nosso Credo são uma vantagem competitiva, mas não é *por isso* que os adotamos. Os adotamos por definirem para nós o que defendemos, e os manteríamos ainda que se tornassem uma *des*vantagem competitiva em certas situações."[2]

A questão principal é que uma grande empresa duradoura decide, *por si mesma*, quais valores considera fundamentais, na maioria independentes do ambiente atual, dos requisitos competitivos ou dos modismos gerenciais. Logo, obviamente não existe um conjunto universalmente "correto" de valores fundamentais. Uma empresa não precisa ter o serviço ao cliente como um valor fundamental (a Sony não tinha), nem respeito pelas causas individuais (a Disney não tinha), nem a qualidade (o Wal-Mart não tinha), nem a capacidade de resposta ao mercado (a HP não tinha) ou trabalho em equipe (a Nordstrom não tinha). Contudo, essas empresas podem ter práticas ou estratégias baseadas nessas dimensões. Novamente, para enfatizar uma descoberta fundamental de nossa pesquisa, a questão não é *quais* valores fundamentais uma organização possui, desde que os *tenha*.

Ao identificar os valores fundamentais da própria organização, seja profundamente *sincero* consigo mesmo ao estabelecê-los. Se você articular mais de cinco ou seis, há uma boa chance de não estar se concentrando no essencial, e provavelmente confundindo valores fundamentais (que não mudam) com práticas operacionais, estratégias de negócios e normas culturais (que devem estar abertas para mudança). Lembre-se, esses valores devem resistir ao teste do tempo. Depois de ter elaborado uma lista preliminar dos valores fundamentais, pergunte-se sobre cada um deles: "Se as circunstâncias mudassem e nos penalizassem por manter esse valor fundamental, ainda o manteríamos?" Se você não consegue responder sim, então ele não é *fundamental* e deve ser *descartado*.

Por exemplo, uma empresa de alta tecnologia com a qual trabalhamos ponderou se deveria colocar "qualidade" em sua lista de valores fundamentais. O CEO perguntou: "Suponha que, em dez anos, a qualidade não mude em nada nossos mercados. Suponha que a única coisa que importa é a velocidade e a potência, mas não a qualidade. Ainda deveríamos colocar a qualidade em nossa lista de valores fundamentais?" Os membros da equipe de gerenciamento olharam uns para os outros e finalmente disseram: "Sinceramente, não." A qualidade ficou *fora* da lista de valores fundamentais, mas permaneceu como *estratégia* da empresa — e os programas de melhoria da qualidade permaneceram como mecanismo para fomentar o progresso. Lembre-se, as estratégias mudam conforme as condições de mercado mudam, mas os valores fundamentais permanecem intactos em uma empresa visionária. Esse mesmo grupo de executivos, em seguida, ponderou se deveria colocar "inovação de ponta" em sua lista de valores fundamentais. O CEO fez a mesma pergunta: "Manteríamos esse valor na lista como fundamental, não importando como o mundo à nossa volta muda?" Dessa vez, a equipe de gerenciamento respondeu imediatamente: "Sim! Nós sempre queremos fazer inovações de ponta. Somos assim! É muito importante para nós e sempre será. Não importa o que aconteça. E se nossos mercados não a valorizam, *encontraremos* mercados que o façam." A inovação de ponta *entrou* na lista de valores fundamentais e permanecerá lá para sempre. Uma empresa não deve alterar seus valores fundamentais em resposta a mudanças de mercado. Em vez disso, deve mudar de mercado, se necessário, para permanecer fiel aos seus valores fundamentais.

Os responsáveis pela articulação dos valores fundamentais variam dependendo do tamanho, idade e dispersão geográfica da empresa, mas, para a maioria dos casos, gostamos de sugerir uma "Equipe Marte". Funciona assim: imagine que você foi solicitado para recriar os melhores atributos de sua organização em outro planeta, mas só tem lugares no foguete para seis pessoas. Quem você enviaria? Provavelmente essas pessoas têm um entendimento profundo dos seus valores fundamentais, têm o mais alto nível de credibilidade com seus colegas e o mais alto nível de competência. Com frequência, pedimos a um grupo de pessoas que foram selecionadas para trabalhar em valores fundamentais para indicar esse grupo de seis pessoas.

Invariavelmente, acabam selecionando um grupo forte e confiável que faz o grande trabalho de articular os valores fundamentais precisamente, pois são réplicas deles — uma parte que representa o "código genético" da empresa. (A "Equipe Marte" também pode ser usada para articular os propósitos primordiais, descrito abaixo.)

Nunca encontramos uma organização, nem mesmo uma multinacional composta por pessoas de culturas amplamente diversas, que não conseguisse identificar um conjunto de valores fundamentais compartilhados por todos. O importante é trabalhar no sentido do indivíduo para a organização. Os responsáveis por articular os valores fundamentais precisam lidar com questões como: quais valores fundamentais são implementados no trabalho — quais são considerados tão fundamentais que seriam mantidos independentemente de trazerem, ou não, recompensas? O que você acha que seus filhos ou outros entes queridos diriam sobre você e os valores fundamentais que defende em seu trabalho, valores que esperam cultivar quando se tornarem adultos trabalhadores? Se você acordasse amanhã de manhã com dinheiro suficiente para se aposentar, continuaria a viver de acordo com esses valores fundamentais? Consegue imaginar esses valores sendo igualmente válidos daqui a 100 anos? Gostaria de mantê-los, mesmo que em algum momento um ou mais deles se tornassem uma desvantagem competitiva? Se você fosse iniciar uma nova organização amanhã em um segmento diferente, quais valores fundamentais incorporaria à nova organização, *independentemente* do setor? As três últimas perguntas são particularmente importantes, pois distinguem os valores fundamentais duradouros que não devem mudar de práticas e estratégias que devem mudar o tempo todo.

Propósito Primordial

O propósito primordial, segundo componente da ideologia estrutural, é o que fundamenta a existência da organização. Em nossa edição anterior de *Feitas para Durar*, não demos atenção suficiente ao propósito, distinto dos valores fundamentais, e subestimamos sua importância. Se fosse necessário escolher entre propósito primordial e valores fundamentais, provavelmente escolheríamos o propósito primordial como o mais importante dos dois para orientar e inspirar uma organização. Ele é também mais difícil de identificar do que os valores fundamentais.

Um propósito efetivo reflete a importância que as pessoas atribuem ao trabalho da empresa — estabelece suas motivações idealistas — em vez de apenas descrever o output ou os clientes-alvo da organização. Ele captura a alma da organização. (Veja a Tabela 11.1 para exemplos de propósitos.) O propósito está entre as razões mais profundas para a existência de uma organização além de apenas gerar lucro, como mostra um discurso de 1960, de David

Packard, em que ele disse: "Acho que muitos assumem, erroneamente, que uma empresa existe simplesmente para lucrar. Enquanto o lucro é um resultado importante das atividades de uma empresa, temos que nos aprofundar e encontrar as verdadeiras razões pelas quais a organização existe."

O propósito (que deve durar pelo menos 100 anos) não deve ser confundido com objetivos específicos ou estratégias de negócios (que devem mudar muitas vezes em 100 anos). Considerando que um objetivo pode ser alcançado e uma estratégia pode ser concluída, em contrapartida, não é possível cumprir um propósito: ele é como uma estrela guia no horizonte — sempre perseguida, mas nunca alcançada. No entanto, enquanto o propósito em si não muda, ele inspira a mudança. O próprio fato de que ele mesmo nunca pode ser plenamente realizado significa que uma organização nunca deve parar de estimular a mudança e o progresso, a fim de sempre enfatizar seu propósito.

Tabela 11.1
Exemplos de Propósito Primordial

3M:	Resolver problemas de maneira inovadora
Cargill:	Melhorar o padrão de vida em todo o mundo
Fannie Mae:	Fortalecer continuamente o tecido social por meio da democratização da casa própria
Hewlett-Packard:	Fazer contribuições técnicas para o avanço e bem-estar da humanidade
Israel:	Garantir um lugar seguro para que os judeus possam viver
Lost Arrow Corporation:	Ser modelo e ferramenta para a mudança social
Pacific Theaters:	Fornecer um lugar para desenvolver as pessoas e a comunidade
Mary Kay:	Proporcionar oportunidades ilimitadas às mulheres
McKinsey:	Ajudar as principais corporações e governos a ser mais bem-sucedidos
Merck:	Preservar e melhorar a vida humana
Nike:	Desfrutar da sensação de disputar, vencer e esmagar os concorrentes
Sony:	Alegrar-se com o desenvolvimento e usar a tecnologia para benefício público
Telecare:	Ajudar os deficientes mentais a usar todo o seu potencial
Wal-Mart:	Dar às pessoas mais necessitadas a possibilidade de comprar o mesmo que as pessoas ricas
Walt Disney:	Fazer as pessoas felizes

Ao identificar o propósito, algumas empresas cometem o equívoco de simplesmente descrever suas linhas de produtos ou segmentos de clientes. Nós *não* consideramos este um propósito enunciativo: "Existimos para cumprir o nosso estatuto governamental e participar do mercado hipotecário secundário por meio do agrupamento de hipotecas em títulos de investimento." É meramente descritivo. Uma declaração muito mais efetiva é a expressa pelos executivos da Fannie Mae: "Fortalecer continuamente o tecido social por meio da democratização da casa própria." O mercado hipotecário secundário, como sabemos, pode nem mesmo existir em 100 anos, mas o fortalecimento contínuo do tecido social por meio da democratização da casa própria é um propósito duradouro, não importa o quanto o mundo mude. Guiada e inspirada por esse propósito, a Fannie Mae lançou, no início dos anos 1990, uma série de iniciativas audaciosas, incluindo um programa para desenvolver novos sistemas de redução de custos de subscrição de hipotecas em 40%, dentro de cinco anos; programas para reduzir a discriminação no processo de empréstimo, financiados por US$5 bilhões em experimentos de subscrição e uma meta audaciosa de fornecer US$1 trilhão (com "t" mesmo) a 10 milhões de famílias que, tradicionalmente, haviam sido expulsas de suas casas — minorias, imigrantes e grupos de baixa renda — até o ano 2000.

Da maneira similar, a 3M não define seu propósito em termos de adesivos e abrasivos, mas como a busca perpétua por resolver problemas de forma inovadora — um propósito que leva a 3M a uma vasta gama de novos campos. O objetivo da McKinsey não é prestar consultoria, mas ajudar corporações e governos a ter mais sucesso, o que pode, em 100 anos, incluir outros métodos além de consultoria. A HP não existe para fazer equipamentos eletrônicos de teste e medição, mas para fazer contribuições técnicas que, de alguma forma, melhorem a vida das pessoas — um objetivo que levou a empresa para muito longe de suas origens com instrumentos eletrônicos. Imagine se Walt Disney tivesse definido "fazer desenhos animados" como propósito de sua empresa, em vez de "fazer as pessoas felizes". Provavelmente não teríamos a Disneylândia, o EPCOT Center ou o time de hóquei Anaheim Mighty Ducks!

Uma empresa farmacêutica com a qual trabalhamos considerou definir seu propósito primordial como "Fabricar medicamentos para terapia humana". Perguntamos: "Esse propósito ainda se manteria daqui a 100 anos?" Um gerente destacou que a empresa pode descobrir ou inventar novas formas de aprimorar os processos terapêuticos sem o uso dos medicamentos tradicionais. Outro apontou que a empresa provavelmente inventaria soluções para terapia animal em algum momento nas próximas décadas. Um terceiro executivo disse: "Bem, não estou aqui apenas para produzir elementos terapêuticos, mas para *aprimorar* os processos terapêuticos em si — deixar uma marca além do que já foi feito. Caso contrário, que diferença faz?" Por fim, a empresa chegou a seguinte conclusão quanto ao propósito primordial: "Nós existimos para aprimorar os processos terapêuticos." Esse propósito orientará e inspirará a empresa pelos próximos 100 anos.

Um método muito eficaz para chegar ao propósito primordial é o dos "Cinco Por quês". Comece com a declaração descritiva: "Nós fazemos X produtos" ou "nós fornecemos X serviços", e, em seguida, pergunte-se: "Por que isso é importante?" Cinco "por quês" depois, você descobrirá que está chegando ao propósito primordial da organização. Usamos esse método para aprofundar e enriquecer uma discussão sobre o propósito em um trabalho que fizemos com uma empresa de pesquisa de mercado. A equipe executiva se reuniu pela primeira vez por várias horas e chegou a seguinte declaração de propósito para a organização: "Fornecer os melhores dados de pesquisa de mercado disponíveis." Então, perguntamos: "Por que é importante fornecer os melhores dados de pesquisa de mercado disponíveis?" Depois de mais algumas discussões, a resposta refletiu um sentido mais profundo do propósito da organização: "Fornecer os melhores dados de pesquisa de mercado disponíveis para que nossos clientes entendam seus mercados melhor." Um debate mais aprofundado levou a equipe a perceber que seu senso de autoestima não vem apenas da venda de dados de pesquisa de mercado, mas da *contribuição* que faziam para o sucesso de seus clientes. Esse tipo de questionamento levou a empresa a descobrir seu propósito primordial como: "Contribuir para o sucesso de nossos clientes, ajudando-os a entender seus mercados." Com esse objetivo em mente, a empresa então passou a decidir seus produtos não pelas vendas, mas pela contribuição que proporcionariam ao sucesso dos clientes.

Os "cinco por quês" ajudam empresas atuantes em setores "mundanos" a projetar seu trabalho de maneira mais significativa. Por exemplo, uma empresa de manutenção rodoviária pode começar com o seguinte propósito: "Fabricar produtos para a manutenção de rodovias." Depois de algumas reflexões, pode-se concluir que os produtos de manutenção rodoviária são importantes porque a qualidade da infraestrutura subjacente desempenha um papel vital na segurança e condução das pessoas: dirigir em uma estrada esburacada é irritante e perigoso. Aviões não pousam com segurança em pistas construídas com mão de obra ruim ou concreto inferior. Prédios com materiais abaixo do padrão enfraquecem com o tempo e desmoronam na ocorrência de terremotos. A partir dessa análise, podemos perceber o propósito como: "Melhorar a vida das pessoas aprimorando a qualidade das estruturas produzidas pelo homem." Com um senso de propósito muito superior ao dessas linhas, a Granite Rock Company, de Watsonville, na Califórnia, ganhou o Malcolm Baldrige Quality Award — o que não é uma tarefa fácil para uma pequena empresa pedreira — e se tornou uma das empresas mais progressistas e motivadoras que encontramos entre *todos* os setores.

Você notará que nenhum dos propósitos primordiais discutidos neste capítulo se enquadra na categoria "maximizar a riqueza dos acionistas". Um papel fundamental do propósito primordial é orientar e inspirar, e esse, além de não inspirar pessoas em todos os níveis da organização, fornece pouca orientação. *"Maximizar a riqueza dos acionistas" é um objetivo padrão "de prateleira" para as organizações que ainda não identificaram seu verdadeiro propósito primordial.* É uma ideologia substituta, que não faz bem esse papel. Ouça os colaboradores de grandes organizações falarem sobre suas conquistas e você ouvirá muito pouco a respeito de lucro por ação. Os colaboradores da Motorola falam sobre melhorias de qualidade impressionantes e os efeitos que os produtos geram no mundo. Os colaboradores da HP falam com orgulho sobre as contribuições técnicas que seus produtos fizeram para o mercado. Os da Nordstrom falam sobre o atendimento heroico ao cliente e o desempenho individual notável do pessoal de vendas. Quando um engenheiro da Boeing fala sobre o empolgante lançamento de uma aeronave evolucionária, não diz: "Coloquei meu coração e minha alma nesse projeto porque acrescentaria US$0,37 ao nosso lucro por ação."

Uma maneira de chegar ao objetivo que está além de apenas maximizar a riqueza dos acionistas é jogar o jogo do "Serial Killer das Corporações". Funciona assim: suponha que você pudesse vender a empresa a um indivíduo por um preço que todos dentro e fora dela concordassem ser mais do que justo, levando em conta um conjunto muito generoso de suposições sobre os futuros fluxos de caixa esperados. Suponha, ainda, que o indivíduo garanta emprego estável na mesma escala salarial para todos os funcionários após a compra, mas sem garantia de que esses empregos estejam no mesmo setor. Finalmente, suponha que o comprador planeje "matar" a empresa após a compra — seus produtos ou serviços serão descontinuados, suas operações serão encerradas, suas marcas agregadas serão arquivadas para sempre, e assim por diante. A empresa deixará de existir completamente, exonerada da face da Terra. Você aceitaria a oferta? Por quê? O que seria perdido se a empresa deixasse de existir? Qual é a importância da existência da empresa? Nós descobrimos que esse exercício é muito eficaz para ajudar os executivos mais rigorosos e com foco financeiro a refletir sobre as razões mais profundas de trabalhar pela organização.

Outra abordagem é pedir a cada membro da Equipe Marte que responda às seguintes perguntas: se você acordar amanhã com dinheiro suficiente para nunca mais precisar trabalhar, como definiria o objetivo dessa organização de maneira que gostaria de continuar trabalhando? Que sentido de propósito mais profundo o motivaria a continuar dedicando suas preciosas energias criativas às atividades da empresa?

À medida que avançarmos pelo século XXI, as empresas precisarão recorrer à energia criativa e ao talento de seus colaboradores. Mas por que eles se comprometeriam com tamanha devoção? Como Peter Drucker destacou, os melhores e mais dedicados colaboradores são, em última instância, voluntários, pois eles optaram por não fazer outra coisa de suas vidas. Em uma sociedade cada vez mais portátil, o cinismo da vida corporativa e a expansão do segmento empreendedor fazem com que as empresas precisem mais do que nunca compreender claramente seu propósito primordial para atribuir significado ao trabalho e, assim, atrair, manter e motivar colaboradores excepcionais.

Alguns Pontos Importantes sobre a Ideologia Estrutural

Um ponto muito importante é: falamos sobre "criar" e "definir" a ideologia estrutural para fins didáticos. É preciso entender que, antes de mais nada, ela deve ser *descoberta*. Ela não deriva do ambiente externo, mas do *interno*. Deve ser autêntica. Você não pode fingir que tem determinada ideologia. Também não pode "intelectualizá-la". *Não* pergunte: "Quais valores fundamentais *deveríamos* ter?" Em vez disso, pergunte: "Quais valores fundamentais nós *realmente* temos?" Os valores e propósitos primordiais devem ser mantidos com paixão em amplas concepções ou, na verdade, não são primordiais. Os valores que você acha que a organização "deveria" ter, mas que não pode dizer com sinceridade que tem, *não* devem ser misturados aos autênticos valores primordiais. Fazer isso gera cinismo em toda a organização (Quem estão tentando enganar? Nós todos sabemos que esse não é um valor por aqui!"). Tais aspirações do que você gostaria de se tornar são mais apropriadas como parte de seu futuro pretendido (a ser discutido mais adiante) ou como parte de sua estratégia, e não parte da ideologia estrutural. (Os valores primordiais autênticos que foram parte importante da organização, mas que perderam força ao longo do tempo podem, no entanto, ser considerados como parte legítima da ideologia estrutural, desde que você reconheça para a organização que há muito trabalho a ser realizado para recuperá-los.)

O papel da ideologia estrutural é guiar e inspirar, não diferenciar. É perfeitamente possível que duas empresas tenham os mesmos valores fundamentais ou propósito primordial. Diversas empresas poderiam ter como propósito "fazer contribuições técnicas", mas poucas o vivenciam tão apaixonadamente quanto a HP. Muitas empresas podem ter o propósito de "preservar e melhorar a vida humana", mas poucas o consideram tão profundamente quanto a Merck. Inúmeras empresas podem ter como valor primordial o "atendimento heroico ao cliente", mas poucas solidificam uma cultura em torno desse valor, como a Nordstrom. Muitas empresas podem ter como valor primordial a "inovação", mas poucas desenvolvem os poderosos mecanismos de alinhamento que estimulam a inovação que vemos na 3M. Reafirmando, não é o conteúdo da ideologia que torna uma empresa visionária, é a autenticidade, a disciplina e a consistência com que a ideologia é vivida — o grau de alinhamento — que dinamiza empresas visionárias do resto. Não é *o que* você acredita que o diferencia, mas o simples fato de *acreditar* em algo, acreditar profundamente, preservar, e implementar essa crença com um alinhamento consistente.

A ideologia estrutural precisa ser significativa e inspiradora apenas para as pessoas internas à organização e não para os externos também. São as pessoas *dentro da* organização que precisam ser compelidas, pelos valores e propósitos, a gerar comprometimento de longo prazo com o sucesso da companhia. O enigma que sua ideologia estrutural tem sobre os externos é menos importante e não deve ser o fator determinante na identificação dela. A ideologia estrutural, portanto, desempenha um papel essencial ao definir quem está dentro e quem está fora da organização. Uma ideologia clara e bem articulada atrai pessoas cujos valores pessoais são compatíveis com os valores centrais da empresa e, inversamente, repele aqueles cujos valores são contraditórios.

Você não pode "instalar" novos valores ou propósitos nas pessoas. Valores e propósitos primordiais não são algo que as pessoas "compram". Elas precisam ter uma predisposição para aderir a eles. Executivos, com frequência, perguntam: "Como conseguimos fazer com que compartilhem nossa ideologia estrutural?" Você não o faz. Você não pode! Em vez disso, a tarefa é *encontrar* pessoas que já tenham uma predisposição para compartilhar seus valores e propósitos primordiais, atrair e manter essas pessoas, e deixar que aqueles que não estão dispostos a compartilhar esses valores sigam outro caminho. De fato, o próprio processo de articulação da ideologia estrutural resulta em alguns indivíduos optando por deixar a organização quando fica claro que não são pessoalmente compatíveis — um resultado catártico positivo que não deve ser evitado. É claro que você pode (na verdade, deve) ainda ter diversidade dentro da ideologia estrutural: só porque as pessoas compartilham os mesmos valores ou propósitos, não significa que todos pensam ou pareçam iguais.

Não confunda a ideologia estrutural com as "declarações" que ela contém. Uma empresa pode ter uma ideologia estrutural muito forte sem uma declaração formal. Por exemplo, a Nike não articulou formalmente (até onde sabemos) uma declaração de seu propósito primordial. No entanto, a partir de nossas observações, a Nike tem um propósito fortíssimo que permeia toda a organização com um fervor baseado em culto: desfrutar da sensação de disputar, vencer e esmagar os concorrentes. A empresa possui um campus que parece mais um santuário para o espírito competitivo do que um conjunto de escritórios corporativos: fotos gigantes de heróis da empresa cobrem as paredes, placas de bronze de atletas da empresa estão ao lado da "Calçada da Fama" da mesma, estátuas de atletas da companhia preenchem a pista de atletismo que circunda o campus e os edifícios têm nomes de campeões, como a campeã olímpica de maratona, Joan Benoit, o astro do basquete, Michael Jordan, e o tenista John McEnroe. Os colaboradores da empresa que não se sentem motivados pelo espírito competitivo e pela urgência de "ser feroz" simplesmente não duram muito na cultura. Até mesmo o nome da empresa (Nike é a deusa grega da vitória) reflete um senso de competição. Assim, embora a Nike não tenha formalmente articulado seu propósito, ela claramente possui um propósito bem forte.

Identificar os valores e propósitos primordiais não é, portanto, um exercício de palavras. Uma organização gera uma variedade de declarações ao longo do tempo para descrever a ideologia estrutural. Nos arquivos da HP, encontramos diversas versões distintas do "Estilo HP", elaborado por David Packard, ao longo dos anos de 1956 a 1972: todos afirmavam os mesmos princípios, mas as palavras usadas variavam dependendo da época e das circunstâncias. Da mesma forma, a ideologia estrutural da Sony tem sido declarada de muitas maneiras diferentes ao longo de sua história. Na fundação da empresa, Masaru Ibuka descreveu dois elementos principais da ideologia da Sony: "Devemos dar as boas-vindas às dificuldades técnicas e nos concentrarmos em produtos técnicos altamente sofisticados que possuam ampla utilidade para a sociedade, independentemente da quantidade envolvida. Enfatizaremos principalmente a habilidade, desempenho e caráter pessoal, de modo que cada indivíduo mostre o melhor de suas práticas e habilidades." Quatro décadas depois, essa mesma ideologia apareceu no "Espírito Pioneiro da Sony": "A Sony é pioneira e pretende nunca seguir os outros. Por meio do progresso, a Sony quer servir o mundo inteiro. Deve estar sempre em busca do desconhecido... A Sony tem o princípio de respeitar e incentivar a capacidade, e sempre tenta extrair o melhor de uma pessoa. Essa é a força vital da Sony."[3] Mesmos valores fundamentais, palavras diferentes.

Você deve, portanto, concentrar-se em obter o conteúdo certo — em capturar a essência dos valores e propósitos primordiais — e não em escrever palavras com a declaração perfeita a ser gravada em pedra. O objetivo não é criar uma "declaração" perfeita, mas *compreender* verdadeiramente os valores e propósitos primordiais de sua organização, que podem ser expressos de várias maneiras. De fato, uma vez que a essência tenha sido identificada, sugerimos que cada gerente faça a própria declaração dos valores e propósitos para compartilhar com sua equipe.

Por último, não confunda a "ideologia estrutural" com o conceito de "competência vital". Aqui está a diferença: a competência vital é um conceito estratégico que capta as capacidades da sua organização — o que faz de bom — enquanto a ideologia estrutural captura o que defende e por que existe. A competência vital deve estar bem *alinhada com* a ideologia estrutural de uma empresa — e, com frequência, estar enraizada na ideologia estrutural —, mas não é igual à ideologia. Por exemplo, a Sony tem a competência vital da miniaturização — uma força que pode ser aplicada estrategicamente a uma ampla gama de produtos e mercados — mas não tem uma *ideologia* estrutural de miniaturização. A Sony pode até não ter a miniaturização como parte de sua estratégia para os próximos 100 anos, mas para continuar sendo uma grande empresa, ainda terá os mesmos valores fundamentais capturados no Espírito Pioneiro da Sony e terá a mesma razão fundamental para o avanço da tecnologia em benefício público. Em uma empresa visionária como a Sony, as competências vitais mudam ao longo das décadas, enquanto a ideologia estrutural, não.

Uma vez que você esteja convicto sobre a ideologia estrutural, deve se sentir livre para mudar absolutamente *qualquer coisa* que não faça parte dela. A partir de então, sempre que alguém disser que algo não deve mudar porque "faz parte da cultura", porque "sempre fizemos dessa maneira" ou qualquer outra desculpa para resistir à mudança, lembre-os dessa regra simples: se não é estrutural, pode ser modificado. Ou a versão forte dessa regra: *se não é estrutural, mude!* É claro que articular a ideologia estrutural é apenas um ponto de partida. Você também deve determinar que tipo de progresso deseja estimular, o que nos leva ao segundo componente da estrutura da visão.

FUTURO PRETENDIDO

O futuro pretendido — o segundo componente principal da estrutura da visão — é dividido em duas partes: um "Grande Objetivo Audacioso e Arriscado" com prazo de dez a 30 anos e definições precisas de como será quando a organização alcançar o GOAA. Selecionamos a frase "futuro pretendido", reconhecendo que contém um paradoxo. Por um lado, transmite uma sensação de concretude — algo vívido e real: você pode ver, tocar, sentir. Por outro lado, retrata um momento que ainda não aconteceu — um sonho, esperança ou aspiração.

GOAA Orientado à Visão

Embora as organizações possam ter muitos GOAAs em níveis diferentes operando ao mesmo tempo, a visão exige um tipo especial de GOAA — um tipo "orientado à visão", que toda a organização compreende e precise de 10 a 30 anos para ser concluído. (Veja o Capítulo 5 para obter mais detalhes sobre os GOAAs.) Definir esse GOAA requer uma análise superior às capacidades atuais da organização e às tendências, forças e condições atuais. De fato, inventar esse objetivo força a equipe executiva a ser visionária, e não apenas estratégica ou tática. Um GOAA não deve ser uma aposta segura — talvez apenas de 50% a 70% de probabilidade de sucesso — mas a organização deve acreditar que pode ser concluído. Deve exigir um esforço extraordinário e talvez um pouco de sorte.

Ao definir um GOAA orientado à visão, sugerimos pensar nas quatro categorias seguintes: alvo, inimigo comum, modelo de comportamento ou transformação interna.

GOAAs podem ser quantitativos ou qualitativos. Exemplos:

- Tornar-se uma empresa de US$125 bilhões até o ano 2000. **(Wal-Mart, 1990)**
- Democratizar o automóvel. **(Ford, início dos anos 1900)**
- Tornar-se a empresa que mais muda a imagem mundial dos produtos japoneses como de baixa qualidade. **(Sony, início dos anos 1950)**
- Tornar-se a mais poderosa, a mais útil, a instituição financeira mundial mais abrangente que já existiu. **(City Bank, antecessor do Citicorp, 1915)**
- Torne-se pioneira em aeronaves comerciais e levar o mundo à era do jato. **(Boeing, 1950)**

GOAAs de inimigos comuns envolvem se concentrar em derrotar um inimigo comum — como uma batalha de David contra Golias. Exemplos:

- Ultrapassar a RJR como empresa de tabaco número um do mundo. **(Philip Morris, década de 1950)**
- Esmagar a Adidas. **(Nike, década de 1960)**
- Yamaha Wo tsubusu! (Vamos esmagar, destruir, acabar com a Yamaha!) **(Honda, 1970)**

GOAAs de modelo de comportamento são particularmente efetivos para organizações emergentes com boas perspectivas. Exemplos:

- Torne-se a Nike da indústria de ciclismo. **(Giro Sport Design, 1986)**
- Tornar-se respeitada, em 20 anos, tanto quanto a Hewlett-Packard é hoje. **(Watkins-Johnson, 1996)**
- Torne-se a Harvard do Ocidente. **(Universidade de Stanford, década de 1940)**

GOAAs de transformação interna tendem a ser efetivos em organizações antigas e/ou grandes que precisam de transformação interna. Exemplos:

- Tornar-se primeiro ou segundo lugar em todos os mercados que atendemos e revolucionar a empresa para ter os pontos fortes de uma grande empresa combinada com a leveza e agilidade de uma pequena empresa. **(General Electric, década de 1980)**

- Transformar a empresa de uma empreiteira militar na melhor companhia de alta tecnologia diversificada do mundo. **(Rockwell, 1995)**
- Transformar esse departamento de um fornecedor interno de produtos pouco respeitado em um dos departamentos mais respeitados, empolgantes e procurados da empresa. **(Departamento de suporte de componentes de uma companhia de produtos de informática, 1989)**

Definições Precisas

A definição precisa, segundo componente do futuro pretendido, é uma definição vibrante, envolvente e específica de como será alcançar o GOAA. Pense nisso como traduzir a visão das palavras em imagens, criar uma imagem que as pessoas possam visualizar. Nós chamamos isso de "pintar uma imagem com suas palavras". Essa "pintura" é essencial para tornar o GOAA com prazo de dez a 30 anos tangível na mente das pessoas.

Por exemplo, lembre-se de como Henry Ford deu vida ao GOAA de democratizar o automóvel com a definição precisa: "Construirei um carro para a grande massa… Terá o preço tão baixo que nenhum homem que tenha um bom salário será incapaz de comprar — e desfrutará com sua família da bênção divina de horas ao ar livre… Quando eu conseguir, todo mundo será capaz de adquirir um e todos terão um. O cavalo terá desaparecido de nossas rodovias, o automóvel será uma realidade… (e nós) empregaremos um grande número de homens com bons salários."

No exemplo acima do departamento de suporte de componentes, o gerente geral descreveu claramente o GOAA: "Seremos respeitados e admirados por nossos pares. Nossas soluções serão amplamente procuradas pelos departamentos de finalização de produtos, que alcançarão 'sucessos' de produto no mercado, em grande parte devido à nossa contribuição técnica. Nós teremos orgulho de nós mesmo. Os mais promissores da empresa buscarão trabalhar em nosso departamento. As pessoas darão feedbacks não solicitados de que amam o que fazem. As pessoas caminharão de cabeça erguida. As pessoas trabalharão de bom grado por querer. Tanto os funcionários quanto os clientes sentirão que nosso departamento contribuiu para sua vida de maneira positiva."[4]

Paixão, emoção e convicção são partes essenciais da definição precisa. Alguns gerentes se sentem desconfortáveis em expressar emoção sobre seus sonhos, mas é a paixão e a emoção que atraem e motivam. Winston Churchill sabia disso quando descreveu o GOAA para a Grã-Bretanha, em 1940. Ele não disse apenas "Acabe com Hitler". Ele disse:

Hitler sabe que será preciso nos derrotar nesta ilha ou perderá a guerra. Se conseguirmos enfrentá-lo, toda a Europa será liberta e a vida do mundo poderá avançar para planaltos amplos e iluminados pelo sol. Mas, se fracassarmos, o mundo inteiro, incluindo os Estados Unidos, incluindo tudo o que conhecemos e cuidamos, afundará no abismo de uma nova Idade das Trevas, ainda mais sinistra, e talvez mais demorada, pelas luzes da ciência pervertida. Vamos nos preparar para o nosso dever e, portanto, devemos nos convencer de que, se o Império Britânico e sua comunidade durarem mil anos, os homens ainda dirão: "Esse foi seu melhor momento."[5]

Alguns Pontos Importantes sobre o Futuro Pretendido

Não confunda a ideologia estrutural com o futuro pretendido, como os gerentes costumam fazer. Em geral, vemos os gerentes confundirem o propósito primordial e os GOAAs, trocando um pelo outro, misturando-os ou deixando de articular ambos como itens distintos. O propósito é a razão fundamental da existência da organização, que, como uma estrela no horizonte, não pode ser alcançada: guia e inspira para sempre. Um GOAA, por outro lado, é um objetivo específico que, como uma montanha específica que se deseja escalar, tem um prazo específico e pode ser alcançado. Enquanto a identificação da ideologia estrutural é um processo de *descoberta*, a definição do futuro pretendido é um processo *criativo*.

Descobrimos que executivos, com frequência, têm dificuldade em criar GOAAs inspiradores. Eles tentam "analisar" seu caminho para o futuro. Descobrimos, portanto, que alguns executivos fazem mais progresso começando pela definição precisa e fazendo o caminho contrário até o GOAA. Essa abordagem consiste em começar por perguntas como: "Estaremos sentados aqui daqui a 20 anos: o que adoraríamos ver? Como seria essa empresa? Qual seria a sensação para os colaboradores? O que teríamos conseguido? Se alguém escrevesse um artigo para uma grande revista de negócios sobre essa empresa, em 20 anos, o que diria?" Uma empresa de biotecnologia com a qual trabalhamos teve problemas ao projetar seu futuro. Um membro da equipe executiva disse: "Toda vez que inventamos algo para a empresa toda, é genérico demais para ser empolgante — algo banal como promover a biotecnologia em todo o mundo." Solicitados a pintar uma imagem da empresa para daqui a 20 anos, eles descreveram coisas como: "a capa da *Business Week*, representando uma história modelo de sucesso, a lista dos dez mais admirados da *Fortune*, os melhores formados em ciências e negócios querendo trabalhar aqui, pessoas em aviões elogiando nossos produtos para os companheiros, 20 anos consecutivos de crescimento lucrativo, uma cultura empreendedora que terá gerado uma série de novos departamentos internos, gurus da administração nos usando como exemplo de excelente gestão e pensamento progressista" e assim por diante. A partir daí, eles estabeleceram o GOAA de se tornar a primeira empresa de biotecnologia tão respeitada quanto a Merck ou a Johnson & Johnson.

Não faz sentido analisar se um futuro imaginado é o "certo". Em uma criação — e a tarefa é criar um futuro, não prevê-lo — não há resposta certa. Beethoven criou a Nona Sinfonia "certa"? Shakespeare criou o *Hamlet* "certo"? Não podemos responder a essas perguntas, elas não fazem sentido. As perguntas essenciais sobre o futuro pretendido envolvem questões como: "Ele fará nosso pensamento fervilhar? Nós o achamos empolgante? Ele nos impulsiona para frente? Ele conduz as pessoas?" O futuro pretendido deve ser verdadeiramente empolgante para os internos da organização, caso contrário, não é um GOAA autêntico. Na verdade, o futuro pretendido deve produzir o efeito "engolir a seco", quando se percebe o que será necessário para atingir a meta e o nível de comprometimento com ela.

Mas e o fracasso em concretizar o futuro pretendido? Descobrimos que as empresas visionárias demonstram uma notável capacidade de atingir até mesmo seus objetivos mais audaciosos. A Philip Morris subiu do sexto para o primeiro e ultrapassou a R.J. Reynolds no mundo todo. A Ford democratizou o automóvel. A Boeing se tornou a empresa pioneira de aeronaves comerciais. O Citicorp tornou-se o banco de maior alcance do mundo. E parece que o Wal-Mart atingirá sua meta de US$125 bilhões, mesmo sem Sam Walton. Em contrapartida, a maioria das empresas de comparação de nossa pesquisa não alcançaram seus GOAAs, quando os estabeleceram. A diferença não é estabelecer metas mais fáceis, já que as empresas visionárias tendem a ter ambições ainda mais audaciosas do que as empresas de comparação. Tampouco a diferença é uma liderança visionária e carismática, já que grande parte das empresas visionárias alcançou seus GOAAs sem líderes com essas características no comando. Tampouco a diferença é uma estratégia melhor, já que muitas das empresas visionárias alcançaram seus objetivos mais por influência de um processo orgânico baseado em "tentar de tudo e manter o que funciona" do que por planos estratégicos bem definidos. Em vez disso, a fonte de seu sucesso é a construção da organização como principal meio de criar o futuro.

Concluindo, ao pensar sobre o futuro pretendido, fique atento à "síndrome do conseguimos" — uma letargia complacente que surge quando uma organização atinge o GOAA e não o substitui. A NASA sofreu da síndrome do conseguimos após os desembarques bem-sucedidos na lua. Depois de pousar na lua, qual seria o próximo desafio? A Apple sofreu da síndrome quando atingiu o objetivo de criar um computador que leigos pudessem usar. Com frequência, startups sofrem do mesmo mal depois de abrir capital ou chegar a um estágio em que a sobrevivência não parece mais ser um fator de ameaça. Um futuro pretendido só ajuda uma organização enquanto ainda não o alcançou. Em nosso trabalho com empresas, é comum ouvirmos executivos dizerem: "Não é tão empolgante quanto costumava ser: parece que perdemos nosso ímpeto." Geralmente, isso sinaliza que a organização chegou ao cume da montanha e ainda não escolheu uma outra para escalar.

UNINDO OS CONCEITOS

Para ilustrar melhor a estrutura da visão, damos nas Tabelas 11.2 e 11.3 dois exemplos de todos os elementos que se encaixam em uma visão completa: a Merck em sua época de transição de uma empresa química para uma empresa farmacêutica, durante a década de 1930, e a Sony como pequena empresa empreendedora na década de 1950.

Tabela 11.2
Exemplo de Visão Completa

Merck, década de 1930
IDEOLOGIA ESTRUTURAL

Valores Fundamentais
- Responsabilidade social corporativa
- Excelência absoluta em todos os aspectos da empresa
- Inovação baseada em ciência
- Honestidade e Integridade
- Lucro, mas lucro oriundo do trabalho que beneficia a humanidade

Propósito Preservar e melhorar a vida humana.

FUTURO PRETENDIDO

GOAA Transformar esta empresa de fabricante de produtos químicos em uma das empresas farmacêuticas mais proeminentes do mundo, com capacidade de pesquisa que rivalize com qualquer grande universidade.

Definições Precisas Com as ferramentas que fornecemos, a ciência avançará, o conhecimento será ampliado e a vida humana estará mais próxima de se libertar do sofrimento e das doenças. Nós dedicamos toda nossa ajuda para que este empreendimento mereça a fé que temos nele. Deixe sua luz brilhar — que aqueles que buscam a Verdade, que labutam para que este mundo seja um lugar melhor para se viver, que erguem a tocha da Ciência e do Conhecimento através das eras sombrias econômica e social, revigorem sua coragem e se sintam amparados.

Tabela 11.3

Exemplo de Visão Completa

Sony, década de 1950
IDEOLOGIA ESTRUTURAL

Valores Fundamentais	• Elevação da cultura nacional japonesa e status • Ser pioneira — não seguir os outros, mas fazer o impossível • Respeito e incentivo à capacidade e criatividade individuais
Propósito	Desfrutar da alegria da inovação e da aplicação da tecnologia para o benefício e júbilo público.

FUTURO PRETENDIDO

GOAA	Tornar-se a empresa mais conhecida por mudar a imagem mundial dos produtos japoneses como de baixa qualidade.
Definições Precisas	Vamos criar produtos que serão difundidos em todo o mundo. Seremos a primeira empresa japonesa a entrar no mercado estadunidense e comercializar diretamente. Seremos bem-sucedidos ao implementar inovações como o rádio transistor, que as empresas estadunidenses falharam em fazer. Daqui a 50 anos, nossa marca será tão conhecida quanto qualquer outra na Terra. E significará inovação e qualidade que rivalizam com as empresas mais inovadoras de qualquer lugar. "Fabricado no Japão" significará algo bom, não de má qualidade.

Inúmeros executivos não sabem distinguir entre "declarações de missão" e "declarações de visão". Infelizmente, a maioria delas se torna uma mistura confusa de valores, objetivos, propósitos, filosofias, crenças, aspirações, normas, estratégias, práticas e descrições. Ainda mais problemático, raramente essas declarações vinculam-se rigorosamente à dinâmica fundamental das empresas visionárias que descobrimos na pesquisa *Built to Last*: preservar a essência e fomentar o progresso. Tenha em mente que essa dinâmica, e não a visão ou as declarações de missão, é o principal mecanismo de grandes empresas duradouras, e essa visão simplesmente fornece o contexto orientador para colocar essa dinâmica em prática. Compreendendo melhor esse conceito, nós pedimos uma aplicação rigorosa dos conceitos deste capítulo para reformular sua visão ou missão em um contexto orientador para construir uma empresa visionária. Se você fizer certo, não precisará fazer de novo dentro de pelo menos uma década, e poderá focar o trabalho mais importante: criar alinhamento.

Criar alinhamento, que é uma parte fundamental de nosso trabalho contínuo para ajudar as empresas a se transformarem em empresas visionárias, requer dois processos importantes: 1) desenvolver novos alinhamentos para preservar a essência e fomentar o progresso, e 2) eliminar desalinhamentos — aqueles que impulsionam a empresa para longe da ideologia estrutural e aqueles que impedem o progresso em direção ao futuro pretendido.

O primeiro processo é um processo *criativo*, que exige a invenção de novos mecanismos, processos e estratégias para trazer os valores fundamentais e propósitos primordiais à tona e estimular o progresso em direção ao futuro pretendido. No Capítulo 7, por exemplo, descrevemos como a 3M implementou vários mecanismos para preservar sua ideologia estrutural de inovação e empreendedorismo interno.

A segunda parte do alinhamento é um processo *analítico*, que exige uma análise disciplinada da organização — seus processos, estruturas e estratégias — para descobrir *des*alinhamentos que promovem comportamentos inconsistentes com a ideologia estrutural ou que impedem o progresso. A maioria dos gerentes com quem trabalhamos não consegue eliminar os desalinhamentos. Se você declarar o trabalho em equipe como um valor fundamental, mas compensar principalmente o desempenho individual, terá que mudar a estrutura de recompensação. Se você declarar a inovação como um valor fundamental, e ainda assim ter a participação de mercado como objetivo estratégico dominante, precisa mudar sua estratégia. Se quer encorajar as pessoas a experimentar uma série de possibilidades e manter o que funciona, então deve remover penalidades por erros honestos. Tenha em mente que esse é um processo interminável. Quando os desalinhamentos surgirem, você terá que os eliminar o mais rápido possível. Pense em desalinhamentos como células cancerígenas. É melhor removê-los antes que se multipliquem.

Se você for articular uma visão presencialmente, deverá encerrar com pelo menos algumas mudanças específicas e concretas a serem feitas em sua organização para aprimorar o alinhamento. O que você pode *acrescentar* à organização para preservar melhor a essência e fomentar o progresso? E, tão importante quanto, o que você deve *extinguir* de sua organização que a afasta do progresso? Se fizer isso corretamente, gastará apenas uma pequena porcentagem do seu tempo articulando a visão. A grande maioria do seu tempo será gasto alinhando a organização. Sim, é muito importante parar e refletir sobre a visão. Mas, o que é ainda mais importante, é preciso alinhar a organização para preservar a ideologia estrutural e fomentar o progresso em direção ao futuro pretendido, e não apenas escrever uma declaração. Tenha em mente que há uma grande diferença entre ser uma organização com uma declaração de visão e se tornar uma organização verdadeiramente visionária. Quando há um excelente alinhamento, um visitante de outro planeta pode entrar em sua empresa e inferir a visão sem precisar lê-la. Essa é a principal função de quem faz a hora.

PERGUNTAS FREQUENTES

Conforme realizamos seminários, palestras e trabalhamos como consultores para empresas, deparamo-nos com várias perguntas sobre nossas descobertas e ideias. Aqui estão as mais comuns e nossas breves respostas.

P: NÃO SOU CEO. O QUE POSSO FAZER COM ESSES ACHADOS?

Muito.

Primeiro, você pode aplicar a maioria de nossas descobertas em sua área de trabalho, embora em menor escala. Você pode ser alguém que faz a hora em qualquer nível hierárquico, pois isso é um estado mental tanto quanto um método de operação. Em vez de entrar instintivamente para resolver um problema no modo de líder heroico, pergunte primeiro: "Que *processo* devemos usar para resolver esse problema?" Você pode construir uma cultura baseada em cultos em torno de uma ideologia forte em qualquer nível. Naturalmente, isso será limitado pela ideologia da organização como um todo, mas é possível de se fazer. E se a empresa em geral não tiver uma ideologia clara, isso será só mais uma razão (e lhe dará liberdade) para implementar uma em seu nível! *A corporação como um todo não ter uma ideologia estrutural forte não priva seu grupo de postular a própria.* Um gerente de produção de uma empresa de informática nos disse: "Eu me cansei de esperar que os que estavam no topo agissem juntos, então fui em frente com meu pessoal. Agora temos um conjunto muito claro de valores aqui no meu grupo e gerenciamos com base neles. Isso dá ao meu pessoal um senso maior de significado em seu trabalho. Temos uma forte identidade própria dentro da empresa e entrevistamos as pessoas observando como se encaixam em nossa equipe. As pessoas sentem que pertencem a algo especial. Temos até as próprias jaquetas e bonés."

Você também pode fomentar o progresso em qualquer nível. Vimos que os GOAAs trabalham particularmente bem nos níveis médios. Uma gerente de operações imobiliárias dentro de uma empresa maior pede a cada funcionário e gerente de seu grupo que estabeleça um GOAA pessoal para cada ano. Ela também define um GOAA para o grupo inteiro. E não há razão para que você não possa criar uma cultura de grupo que encoraje as pessoas a tentarem muitos experimentos e manter o que funciona. Por que não implementar uma regra de 15% ao estilo da 3M no seu grupo? Por que não inventar mecanismos de descontentamento para estimular mudanças e melhorias antes que você seja forçado a mudar e melhorar? Um gerente executando uma operação interna de componentes que tinha clientes cativos dentro de uma empresa maior foi para as divisões fornecidas por seu grupo e disse: "De agora em diante, não vamos prendê-lo a uma política de que é preciso obter todos os seus componentes de nós. Se puder obter melhores componentes, entrega mais rápida, melhor serviço ou maior qualidade de fornecedores externos, tudo bem. Saber que você pode ir a outro lugar nos *forçará* a melhorar."

Outro passo importante que você pode dar é educar as pessoas a seu redor sobre os principais resultados das empresas que estudamos. Ajude-as a entender a importância de desenvolver a organização, em vez de apenas desenvolver o próximo grande produto. Ajude-as a entender o conceito de preservar o núcleo e fomentar o progresso. Indique às pessoas em que aspectos a organização está desequilibrada e por que o equilíbrio é tão vital. Ajude-as a rejeitar a Ditadura do OU. Por exemplo, um gerente intermediário que conhecemos costumava chamar a atenção das pessoas desatentas durante as reuniões dizendo: "Ei, acho que estamos sucumbindo à 'Ditadura do OU' aqui. Vamos encontrar uma maneira de abraçar a 'Filosofia do E'." E elas normalmente cediam.

Você pode usar as empresas visionárias como uma fonte de imensa credibilidade. Por exemplo, se os executivos seniores resistirem a articular valores ou propósitos básicos como "flexibilidade" ou "abertura ao novo", mostre os exemplos da Hewlett-Packard, Merck, 3M, Procter & Gamble, Sony, e outras neste livro, e a maneira como seguiram esses valores por décadas. Como qualquer executivo intransigente conseguirá contra-argumentar com o histórico de longo prazo dessas empresas? Você pode usar essas empresas como respaldo para *exigir* que a gerência sênior preste atenção. Que executivo não se interessaria em alcançar a envergadura duradoura dessas empresas?

P: HÁ ESPERANÇA PARA EMPRESAS VELHAS, GRANDES E NÃO VISIONÁRIAS?

Sim, mas a tarefa é provavelmente mais difícil do que a de construir uma empresa visionária do zero. Por um lado, haverá processos e práticas arraigados que precisam ser mudados ou extirpados para equilibrar a ideologia. Quanto mais antiga e maior a empresa, mais arraigados são os desequilíbrios.

Ainda vimos vários exemplos positivos. Mesmo em nosso estudo, vimos uma empresa visionária que se desviava de sua ideologia, mas retornou a ela décadas mais tarde e fez um incrível realinhamento: a Ford. E a Philip Morris não apresentou muitas características de uma empresa visionária até cerca do final da década de 1940 — por volta de seu 100º aniversário. Além disso, vimos um progresso notável nas empresas com as quais trabalhamos. Um grande banco, por exemplo, começou a trabalhar com nossas descobertas preliminares há alguns anos e, pela primeira vez em sua história, instituiu sua ideologia estrutural e iniciou um longo processo de alinhamento para preservar a essência e fomentar o progresso. Um de seus vice-presidentes-executivos explicou: "Trabalhei nessa empresa a vida toda e comecei a perder a esperança. Mas uma vez que esclarecemos para nós mesmos o que realmente defendemos e começamos a mudar a organização para se alinhar com esses valores, a liberação de energia tem sido surpreendente. As pessoas de todos os níveis, de todas as áreas, sentem que seu trabalho tem mais significado do que antes. E agora que sabemos o que é fundamental e deve permanecer estável, sentimo-nos *livres* para mudar qualquer outra coisa — aniquilar os tabus que nos detinham. É como acordar um gigante adormecido. Ainda não estamos no nível de suas empresas visionárias, mas percorremos um longo caminho."

Ser uma empresa visionária é um processo. Não é algo estático. Qualquer empresa, a qualquer momento, pode seguir esse processo e se tornar *mais* visionária — se tiver um longo caminho pela frente. Novamente, é um processo de longo prazo. A corrida é vencida por aqueles que persistem e nunca param de se mover nessa direção. Nossas descobertas não representam uma solução rápida, a próxima declaração em voga de uma longa série de modismos gerenciais, a próxima lei do dia nem um novo "programa" a ser apresentado. Não! A única maneira de tornar qualquer empresa visionária é mediante um compromisso de *longo prazo* com um processo eterno de construção da organização para preservar a essência e fomentar o progresso.

P: QUE ORIENTAÇÃO VOCÊ DARIA A UMA EMPRESA VISIONÁRIA QUE ESTEJA PERDENDO SEU STATUS VISIONÁRIO — COMO, DIGAMOS, A IBM?

A IBM é um grande caso, porque foi sem dúvida uma das empresas mais visionárias do mundo por quase 70 anos. A IBM mostra que as empresas não só podem *avançar* no contínuo do status visionário, como também podem *retroceder*. Ter sido um dia uma empresa visionária não significa necessariamente sê-lo para sempre! Como as democracias, as empresas visionárias exigem vigilância eterna.

Uma empresa como a IBM deveria aprender as lições do próprio passado. Durante décadas, a IBM valorizou e protegeu fanaticamente seus valores essenciais (chamados de "Três Crenças Básicas") ao mesmo tempo em que é uma das empresas mais progressistas do planeta. A IBM comprometeu-se com alguns dos GOAAs mais audaciosos da história, incluindo uma decisão de apostar na empresa para acompanhar o IBM 360 e tornar obsoletas quase todas as suas linhas de produtos anteriores. Garra! No entanto, a IBM manteve-se conservadora nos anos 1980, protegendo sua linha de mainframe. Ela perdeu a visão do próprio passado.

Se nos sentássemos com os executivos seniores da IBM, nós os desafiaríamos a definir um GOAA tão ousado quanto o IBM 360. Desafiaríamos a IBM a se tornar mais uma vez obsoleta, apostar a empresa no sucesso ou fracasso daquele GOAA, como aconteceu no 360. Nós a desafiaríamos a acreditar que seu pessoal saberia administrar e conquistar o impossível novamente, assim como fizeram no 360. A IBM tem ótimas pessoas e, sem dúvida, estão à altura da tarefa.

Também desafiaríamos os executivos da IBM a revisitar as três crenças básicas, assim como a J&J revisitou seu credo nos anos 1970. Nós os desafiaríamos a ter os 100 melhores gerentes e 1.000 colaboradores escolhidos ao acaso para participar de um novo condicionamento às crenças e assinar uma gigantesca versão impressa delas. Nós os desafiaríamos a lançar esse documento gigante assinado em bronze, reproduzi-lo e colocar réplicas dele em todas as instalações da IBM no mundo. Nós os desafiaríamos a pedir a todos os funcionários da empresa para se dedicarem pessoalmente às três crenças básicas — por escrito.

Por fim, nós os desafiaríamos a criar um processo de realinhamento para preservar a essência e fomentar o progresso. Nós os desafiaríamos a identificar pelo menos *50* desalinhamentos específicos em relação às 3 crenças básicas. Nós os desafiaríamos a identificar pelo menos mais *50* desalinhamentos específicos que inibem o progresso. E então os desafiaríamos não apenas a mudá-los, mas a eliminá-los completamente.

Acreditamos que as raízes da IBM lhe possibilitam recuperar sua estirpe de uma das empresas mais visionárias do mundo. Se a IBM retomar as lições básicas de empresa visionária, acreditamos que irá recuperar seu status e o manter pelas próximas sete décadas. Se, por outro lado, não voltar a abraçar essas lições, acreditamos que continuará a declinar em longo prazo, mesmo que se recupere em seguida.

Embora os detalhes sejam diferentes, damos a mesma orientação a qualquer empresa visionária em declínio. Pedimos que aprenda as lições do próprio passado. Pedimos que reaplique e volte a se comprometer com sua ideologia — um retorno às raízes. E pedimos que tomem atitudes drásticas e audaciosas. Mais importante, nós as colocamos em um programa de realinhamento implacável para preservar a essência e fomentar o progresso.

P: EXISTE ALGUMA PESSOA QUE NÃO POSSA CONSTRUIR UMA EMPRESA VISIONÁRIA?

Poucas. As únicas pessoas que não podem fazê-lo são aquelas que não querem persistir em longo prazo, aquelas que gostam de descansar após as glórias, aquelas que não têm nenhuma ideologia estrutural, e aquelas que não se importam com a saúde da empresa depois que se forem. Se quer começar uma empresa, construí-la rapidamente, ganhar muito dinheiro, retirar o dinheiro e se aposentar, construir uma empresa visionária não é para você. Se não tem uma inclinação para o progresso — um desejo interno de nunca parar de melhorar e seguir em frente por si só —, construir uma empresa visionária não é para você. Se não tem interesse em uma empresa orientada por valores com um senso de propósito além de apenas ganhar o máximo de dinheiro possível, construir uma empresa visionária não é para você. Se não se importa em construir a empresa para que ela seja forte não apenas durante seu mandato, mas também décadas depois que você se for, construir uma empresa visionária não é para você. Além desses quatro, não vemos outros requisitos.

P: SUAS CONCLUSÕES SE APLICAM A ORGANIZAÇÕES SEM FINS LUCRATIVOS?

Sim. Elas se aplicam a todo tipo de organização, embora o formulário varie. Somos colaboradores de uma organização sem fins lucrativos (a Universidade de Stanford), Jerry é reitor associado. Descobrimos que nossos resultados se aplicam muito bem. Também vimos executivos de corporações com fins lucrativos analisarem nossas descobertas e aplicá-las em ONGs. Um CEO de uma empresa visionária aplica diretamente as ideias em sua igreja. Outra executiva as leva para um hospital do qual é diretora. Inclusive pensamos que os arquitetos dos Estados Unidos usaram os conceitos das empresas visionárias.

P: COMO SEU LIVRO DIALOGA COM OUTRAS OBRAS, COMO *IN SEARCH OF EXCELLENCE?*

In Search of Excellence é um dos livros de destaque das últimas duas décadas, e merecidamente. Todos o deveriam ler. Encontramos muita compatibilidade entre o trabalho de Peters e Waterman e o nosso. Mas há também algumas diferenças importantes. Uma diferença está no método: diferentemente de seu projeto de pesquisa, analisamos as empresas ao longo de toda sua vida útil e em comparação direta com outras. Outra distinção crucial é que resumimos todas as nossas descobertas em um quadro de ideias subjacentes. Em particular, o conceito de preservar a essência e fomentar o progresso cobre praticamente tudo o que observamos. Descobrimos alguns de seus "oito atributos" bem representados em nossa pesquisa, em particular: Prático/Orientado a Valor, Autonomia e Empreendedorismo, Um Preconceito por Ação e Propriedades Simultaneamente Abertas e Rígidas. Mas também encontramos alguns bem menos representados, em particular: Foco Único e Proximidade com o Cliente. Se você definir o "foco" como ideologia estrutural, então, sim, as empresas visionárias aderem a ele. Mas, desde que não violem a essência, tudo é válido — e isso pode levar empresas como a Motorola e a 3M para muito longe de onde começaram. E, com a ideia de Proximidade com o Cliente, descobrimos que várias de nossas empresas são muito mais voltadas para a tecnologia do que para o cliente: a Sony, a HP e a Merck vêm imediatamente à mente. Não é que elas não se importem com seus clientes ou não lhes sirvam bem; pelo contrário. Mas todas essas três empresas ignoraram as demandas dos clientes se elas os afastarem de sua ideologia, como a HP fez quando ignorou clientes clamando por computadores compatíveis com a IBM baratos ou calculadoras de bolso baratas. Perto do cliente, sim, mas nunca em detrimento da essência.

Também encontramos uma ampla compatibilidade com o trabalho de Peter Drucker. Na verdade, temos um imenso respeito pela presciência de Drucker. Leia suas obras clássicas: *Concept of the Corporation* (1946), *The Practice of Management* (1954) e *Managing for Results* (1964), e você ficará boquiaberto ao perceber o quanto nossa administração atual segue seu pensamento. Na verdade, durante a pesquisa, encontramos várias empresas que foram tremendamente influenciadas pelos escritos de Drucker: HP, GE, P&G, Merck, Motorola e Ford, só para citar algumas.

Por fim, também encontramos compatibilidade com outros trabalhos, como *Organizational Culture e Leadership* (1985), de Edgar Schein, e *Corporate Culture and Performance* (1992), de John Kotter e James Heskett. Schein escreve sobre "híbridos" culturais — gerentes que se desenvolvem no contexto da essência da empresa, mas conseguem implementar mudanças culturais (sem se afastarem dos valores essenciais). Nosso capítulo sobre gestão interna se encaixa bem com as descobertas de Schein, especialmente nossa discussão sobre Jack Welch, da GE. Kotter e Heskett exploraram a relação entre culturas fortes e desempenho organizacional, o que se encaixa com nossas descobertas sobre culturas baseadas em culto em organizações de alto desempenho.

P: VOCÊS ESTUDARAM O PASSADO. NÃO SE PREOCUPAM QUE SUAS CONCLUSÕES SEJAM OBSOLETAS PARA O SÉCULO XXI?

Não. Na verdade, acreditamos que nossas descobertas se aplicam até *mais* no século XXI do que no XX. Em particular, as ideias básicas que surgiram do nosso trabalho — a perspectiva de fazer a hora, a Filosofia do E, a preservação da essência, o fomento ao progresso e o equilíbrio — continuarão a ser conceitos-chave no futuro. Não conseguimos imaginar facilmente um cenário em que elas se tornariam obsoletas.

Pegue a postura de fazer a hora como exemplo. O conceito de focar a construção das características da organização em detrimento de ter uma grande ideia ou ser um grande líder carismático se tornará ainda mais importante. Com a taxa acelerada de mudança tecnológica, o aumento da concorrência global e os ciclos de vida de produto drasticamente mais curtos, a expectativa de vida de qualquer ideia específica continuará a diminuir. Não importa quão grande seja a ideia, ela se tornará obsoleta mais rapidamente do que em qualquer outra época no passado.

E quanto ao modelo de líder carismático, achamos que o mundo está indo exatamente na direção oposta. Basta olhar para o século XX. Quase todo o mundo avançou em direção à democracia. Democracia é um processo. A essência da democracia é evitar a excessiva dependência de um único líder e colocar o foco principal no processo. Até mesmo Churchill — talvez o maior líder do século XX —, secundário à nação e a seus processos, foi expulso do final da Segunda Guerra Mundial. Hitler, Stalin, Mussolini, Tōjō — esses eram líderes carismáticos que não entendiam que eles eram fundamentalmente menos importantes do que as instituições a que serviam. E mesmo que você não se convença com a analogia entre a mudança para a democracia e a evolução das corporações, o grande modelo de líder carismático tem uma norma fundamental que nunca irá embora — nem agora, nem no século XXI, nem em mil anos: *todos os líderes morrem*. E, para transcender essa realidade imutável, o foco deve ser, acima de tudo, construir as características da organização.

O conceito-chave de nossa estrutura, preservar a essência/fomentar o progresso, também se tornará cada vez mais importante no século XXI. Observe as tendências da organização empresarial: mais nítidas, mais descentralizadas, mais geograficamente dispersas, maior autonomia individual, mais trabalhadores do conhecimento e assim por diante. Mais do que em qualquer época do passado, as empresas não conseguirão se manter unidas aos métodos tradicionais de controle: hierarquia, sistemas, orçamentos e afins. Até ir para o escritório será menos relevante, pois a tecnologia permite que as pessoas trabalhem de locais remotos. O elo corporativo será cada vez mais *ideológico*. As pessoas ainda têm uma necessidade humana fundamental de pertencer a algo de que possam se orgulhar. Elas têm uma necessidade fundamental de ser guiadas por valores e por um senso de propósito que dê significado a sua vida e a seu trabalho. Elas têm uma necessidade fundamental de se conectar a outras pessoas, compartilhando com elas o elo comum de crenças e aspirações. Mais do que em qualquer outra época no passado, os colaboradores exigirão autonomia operacional e, ao mesmo tempo, exigirão que as organizações com as quais se conectam *representem* algo maior.

E observe as tendências do mundo exterior: fragmentação, segmentação, mudança caótica, imprevisibilidade, aumento do empreendedorismo e assim por diante. Apenas as empresas particularmente capazes de fomentar o progresso serão capazes de prosperar. As empresas precisarão se renovar continuamente, talvez por meio de incríveis GOAAs, a fim de permanecerem como lugares interessantes para se trabalhar. As empresas em busca de grandeza precisarão se esforçar implacavelmente por mudanças e melhorias *auto*induzidas *antes* que o mundo as exija. Empresas que imitam a evolução de espécies bem adaptadas — que testam várias abordagens e mantêm as que funcionam — têm maiores chances de sobreviver em um ambiente imprevisível e mutável; as outras provavelmente serão extintas. Achamos que as empresas visionárias do século XXI precisarão tornar-se cada vez mais fanáticas quanto à preservação de sua ideologia estrutural *e* se tornar cada vez mais agressivas ao conceder autonomia operacional a colaboradores individuais. Mais do que nunca, as empresas precisarão abraçar a dinâmica do yin e yang de preservar a essência e fomentar o progresso.

Dito isso, as empresas devem aplicar as descobertas gerais do nosso trabalho *com imaginação*. Optamos por não escrever um livro no estilo "programa de dez passos". Teria sido um terrível desserviço para nossos leitores e nossa pesquisa. Na verdade, a última coisa que uma empresa visionária faria é seguir uma receita para o sucesso, assim como Michelangelo não teria comprado um kit de caderno para colorir. Construir uma empresa visionária é uma questão de *projeto*, e grandes projetistas aplicam princípios gerais, não um dogma mecânico imutável. Qualquer instrução específica quase certamente se tornará obsoleta. Mas os conceitos gerais — adaptados, é claro, às condições em transformação — podem durar como princípios orientadores até o próximo século. Duvidamos que os elementos básicos subjacentes a empresas como Merck, Motorola, Procter & Gamble e 3M transformem-se nos próximos 100 anos. A forma, sem dúvida, mudará, mas não a substância.

QUESTÕES DA PESQUISA

"BRINCANDO COM FOGO" (E A FALÊNCIA DAS EMPRESAS VISIONÁRIAS?)

Nossa pesquisa não se concentraria em empresas que possuem característi-cas visionárias, mas que fracassaram. Será que uma porcentagem maior de empresas que compartilham as características visionárias vai à falência do que aquelas que não as compartilham? Para usar uma analogia, suponha que estudássemos as técnicas de escalada de dois grupos de alpinistas: "al-pinistas visionários" que escalam com sucesso o Monte Everest e "alpinistas de comparação" que não o fazem. Além disso, suponha que tenhamos en-contrado diferenças entre os dois grupos (filosofia, treinamento ou tomada de risco). É inteiramente possível que os "alpinistas visionários" morram a uma taxa mais frequente do que os "alpinistas de comparação", mas como estamos apenas estudando alpinistas que sobreviveram, não percebemos esse fato no estudo. Assim, embora possamos dar uma boa orientação sobre o que é preciso para ser um alpinista visionário, poderíamos (inconsciente-mente) também dar orientações que aumentassem as chances de morte. Da mesma forma, suponha que as características de uma empresa visionária resultem em uma taxa de 75% de falência (dando margem para que 25% se tornem instituições de primeira linha) e com uma empresa de comparação característica, em apenas 50% (que não possibilita aos 50% sobreviventes se tornarem instituições primeira linha). Sob essas circunstâncias, talvez al-guns gerentes gostariam de deixar de ser visionários e aumentar as chances de sobrevivência como uma empresa mais básica.

Temos duas respostas para essa preocupação. Primeiro, alguns alpinistas de fato morrem enquanto tentam escalar o Monte Everest, mas somente aqueles que tentam fazê-lo (quaisquer que sejam os riscos) chegam ao cume. Não podemos negar a possibilidade de que algumas empresas com características visionárias tenham morrido no cenário corporativo. Mas e daí? Não estamos escrevendo sobre mera sobrevivência neste livro. Não achamos que a mera sobrevivência seja um tópico muito interessante. Estamos interessados em como as empresas podem entrar nessa categoria especial de instituições de primeira linha, e admitimos prontamente que chegar lá exige um caminho um tanto arriscado.

No entanto — e esta é nossa segunda resposta — acreditamos (embora não possamos provar) que as características visionárias realmente aumentam tanto as chances de grandeza *quanto* as de sobrevivência. Voltamos novamente à perspectiva histórica. Não estamos escrevendo sobre empresas de um único sucesso aqui. Estamos escrevendo sobre empresas duradouras que enfrentaram grandes mudanças e prosperaram por décadas. Se ser visionário é arriscado, então por que esse risco não engolfou essas empresas e as aniquilou em algum momento durante suas vidas tão longas?

"VISIONÁRIO" SERIA SÓ OUTRA PALAVRA PARA "LUCRATIVO"?

Usar a pesquisa do CEO implica tacitamente sucesso financeiro. Nós reconhecemos isso logo de cara. Afinal, os CEOs descreveriam as empresas não lucrativas como altamente visionárias? Provavelmente não. Isso levanta uma questão legítima no estilo o ovo ou a galinha: simplesmente atribuímos o termo "visionário" a qualquer empresa lucrativa? Não. Existem muitas empresas bem-sucedidas financeiramente que não apareceram em nossa lista de empresas visionárias. Fizemos uma extensa análise do desempenho corporativo das empresas da *Fortune 500* na década anterior à pesquisa. Essa análise mostrou que as empresas visionárias não eram as *únicas* de grande sucesso no período. Na verdade, se você acabou de olhar as 18 maiores empresas nas listagens da *Fortune 500 Industrial* e da *Fortune 500 Service* em termos de retorno aos investidores durante o período 1978–1988 (a década que precede nossa pesquisa), a lista será bem diferente da nossa, como mostramos a seguir.

As 18 Principais Empresas Industriais e de Serviços da Fortune em Termos de Retorno aos Investidores, 1978–1988

1. Hasbro
2. The Limited
3. Wal-Mart*
4. Affiliated
5. Tele-Communications
6. Giant Food
7. Toys "R" Us
8. Marion Laboratories
9. State Street Boston Corp
10. Berkshire Hathaway
11. DCNY
12. Macmillan
13. Cooper Tire & Rubber
14. Tyson Foods
15. Philips Industries
16. MCI Communications
17. Dilard Departament Scores
18. Food Lion

As evidências sugerem que os CEOs com os quais conversamos entenderam uma empresa visionária como algo *mais* do que apenas uma empresa altamente lucrativa (caso contrário, teríamos simplesmente uma equivalência entre as que tiveram melhor desempenho financeiro em 1978–1988 e as respostas dos CEOs). É claro que, no período de 1926 a 1990, nossas empresas visionárias superaram praticamente todas. Isso sugere que, se os CEOs estavam pensando estritamente em termos de sucesso financeiro, estavam concentrados no sucesso em longo prazo, o que se encaixa em nossa imagem de empresa visionária como uma grande instituição feita para durar.

* Empresa visionária

PODEMOS CONFIAR NA PESQUISA DOS CEOS DE QUE AS EMPRESAS SELECIONADAS SÃO AS MELHORES?

Fazer uma pesquisa — até mesmo com pessoas altamente conscientes e conhecedoras, como CEOs — é sempre um método imperfeito. Nossa pesquisa tentou minimizar essa parcialidade, mas não a eliminou completamente. Por um lado, as empresas que receberam uma cobertura positiva significativa da imprensa na época da pesquisa podem ter recebido uma representação indevida nos resultados da pesquisa. Por exemplo, a American Express teve um foco fabuloso na imprensa — alguns a rotularam como empresa "visionária" — nos poucos meses imediatamente anteriores à pesquisa. Isso talvez tenha influenciado algumas das respostas dos CEOs e dado à American Express uma alta representação indevida nos dados. Ao compararmos com as outras da lista, a American Express compartilha menos características de empresa visionária.

Também reconhecemos que confiar em uma pesquisa pressupõe que as empresas visionárias são, por definição, amplamente conhecidas e admiradas. Isso, por sua vez, faz a balança pender para as grandes empresas de capital aberto. (Observe que todas as empresas do nosso conjunto de amostras final são negociadas publicamente.) Mas pode haver empresas altamente visionárias (talvez até mais visionárias do que as do nosso estudo) que prefiram permanecer pequenas ou fora do olhar do público? Por exemplo, a L.L. Bean e a Granite Rock (vencedora do prêmio de qualidade Malcolm Baldrige em 1992 — um grande feito para uma mineradora) parecem compartilhar muitas das características de nossas empresas visionárias, mas permanecem como instituições privadas e um pouco isoladas.

Embora reconheçamos essas arestas, ainda acreditamos que a pesquisa dos CEOs, mesmo imperfeita, foi o melhor método disponível para a construção de um conjunto de estudo. Como não sabíamos as principais características de uma empresa visionária (era isso o que estávamos tentando descobrir!), não poderíamos construir um dispositivo de triagem científica preciso. Mais importante, a pesquisa contou com a vantagem de termos uma ampla população de juízes perspicazes que não compartilhavam de nossos preconceitos idiossincráticos.

Em um ponto relacionado, alguns perguntaram se nossa pesquisa apenas recriou a lista das empresas mais admiradas da revista *Fortune* (que também usa uma pesquisa de CEOs), em vez de uma lista de "empresas visionárias". Não. Analisamos completamente as listas de "Mais Admiradas" da *Fortune* para os anos de 1983 a 1990, e, embora as empresas visionárias estejam bem representadas lá, não encontramos uma correlação idêntica. Em 1989, todas as empresas visionárias comuns a ambas as listas ficaram entre os primeiros 30% da lista da *Fortune*, mas as 18 melhores não são as mesmas em ambas as listas. (Apenas duas das empresas de comparação apareceram nos primeiros 30% da lista da *Fortune*.) É claro que as empresas visionárias são admiradas (como seria de se esperar), mas as empresas visionárias não são meramente uma regurgitação da lista de "Melhores" da *Fortune*.

CORRELAÇÕES VERSUS CAUSAS

Identificamos certas características que tendem a distinguir as empresas visionárias das de comparação nesse conjunto de amostras específico. Podemos, portanto, afirmar que existe uma *correlação* entre essas diferenças e as empresas visionárias. No entanto, não podemos reivindicar um nexo de *causalidade*. Não podemos *provar* que as características das empresas visionárias levarão necessariamente ao sucesso duradouro em todos os casos. Também não sabemos definitivamente que as empresas de nosso estudo descobriram uma abordagem irretocável para os negócios — talvez haja um número de empresas de capital fechado que ninguém estudou que foram ainda mais bem-sucedidas por períodos mais longos, mas que confiaram em um conjunto diferente de dinâmicas. Não podemos afirmar ter definitivamente encontrado a relação de causa e efeito. Experimentos rigidamente controlados simplesmente não existem no mundo real das corporações e, portanto, é impossível reivindicar causa e efeito com 100% de certeza. Nossas análises comparativas nos dão *maior* confiança de que identificamos causas e não apenas correlações aleatórias do que teríamos sem comparações, mas elas não são garantias plenas.

Gostaríamos de enfatizar, no entanto, que *os elementos básicos que encontramos para distinguir as empresas visionárias geralmente apareciam nas empresas muito antes de se tornarem instituições de grande sucesso.* O fato de tais características geralmente *precederem* o sucesso final (um fato que mostra novamente o poder da abordagem histórica) nos dá confiança de que encontramos mais do que correlações aleatórias.

TEMPOS DIFÍCEIS NAS EMPRESAS VISIONÁRIAS

No início dos anos 1990, a maioria das empresas visionárias de nosso estudo eram inegavelmente instituições de primeira linha em seus setores. No entanto, algumas delas estavam tendo dificuldades. Isso prejudica a validade geral de nossas descobertas? Nós não pensamos assim por duas razões.

Em primeiro lugar, é importante ter em mente que *todas* as empresas altamente visionárias de nosso estudo, mesmo as que se saíram bem nos anos 1990, tiveram manchas em alguns momentos de sua história. As empresas altamente visionárias não estão imunes a contratempos e tempos difíceis, mas mostram resiliência e constroem históricos extraordinários em longo prazo.

Considere a IBM, por exemplo. Quaisquer que fossem seus problemas nos anos 1990, a empresa tinha um impressionante histórico de sete décadas que incluía duas guerras mundiais, a Depressão e a invenção de computadores. Nenhuma empresa no setor de máquinas voltadas aos negócios igualou-se à IBM por um longo período de 70 anos. Mesmo nos momentos mais sombrios da IBM, a imprensa corporativa se referia a ela como "um tesouro nacional". Uma empresa não alcança esse status por acidente, e acreditamos que há muitas lições a serem aprendidas com sua história — seus sucessos *e* suas dificuldades. Quais lições a IBM deve aprender com o *próprio* passado? O que precisa fazer para recuperar seu status anterior?

Em segundo lugar, tenha em mente que, ao longo de todo o nosso estudo, comparamos continuamente uma empresa a outra. Assim, embora nenhuma empresa seja perfeita (todas têm suas arestas), algumas empresas alcançam um status superior em longo prazo. Por exemplo, quando Burroughs definhava e perdia a própria identidade, ninguém escreveu sobre o fim de "um tesouro nacional". Para a maioria das pessoas, a Burroughs era apenas mais uma empresa. Por que a IBM alcançou um status elevado, enquanto a Burroughs nunca alcançou nada semelhante na psique norte-americana nem na economia mundial? Quaisquer que sejam suas imperfeições, permanece o fato de que as empresas visionárias têm superado o mercado geral e um conjunto de controle cuidadosamente selecionado de empresas de comparação ao longo do longo curso da história. Podemos aprender muito com o contraste.

GRANDES EMPRESAS VERSUS PEQUENAS EMPRESAS

O estudo é voltado a grandes empresas? Sim e não. Sim, a lista consiste apenas em grandes corporações. Mas todas as empresas da lista *já foram uma pequena empresa*. Analisamos essas empresas não apenas quando eram grandes, mas também quando eram pequenas, e buscávamos obter insights que se aplicassem às pequenas e às grandes empresas. Tenha em mente que também pesquisamos CEOs de empresas de pequeno a médio porte (da *Inc. 500* e da *Inc. 100*); até os CEOs de pequenas empresas queriam aprender lições de empresas que se tornavam grandes.

INFORMAÇÕES PARCIAIS

A qualidade e a quantidade de informações históricas variavam entre as empresas. Algumas, como a Hewlett-Packard e a Merck, abriram seus arquivos para nós e forneceram várias caixas de materiais de fonte primária. A maioria das empresas (até mesmo as de comparação) cooperou de bom grado, embora a qualidade das informações variasse. Em alguns casos, entretanto, a empresa se recusou a cooperar no estudo e, portanto, dependemos inteiramente de fontes secundárias. Além disso, as fontes secundárias variaram em qualidade e quantidade entre as empresas. Por exemplo, não encontramos livros escritos especificamente sobre a Nordstrom, mas encontramos pilhas de livros sobre empresas como Ford, IBM, Disney e GE. Fizemos nosso melhor para localizar todas as fontes possíveis em cada empresa e só não encontramos fontes substanciais em uma (Kenwood). Não existe perfeição no que tange à informação. Mas, dada a magnitude das informações que temos, estamos confiantes de que nossas descobertas não mudariam de forma significativa se fosse possível encontrar a informação perfeita. Se houvesse, suspeitamos que seria complementada posteriormente.

IMPRESSÃO DOS ESTADOS UNIDOS

Pesquisamos apenas CEOs norte-americanos e apenas duas das empresas eu avaliamos não são norte-americanas (Sony versus Kenwood). Acreditamos que a *dinâmica básica* de ser uma empresa visionária se sustenta entre culturas e nacionalidades, mas também suspeitamos que *um tom* dessas dinâmicas varia — talvez dramaticamente — entre as culturas. Reconhecemos abertamente esse fato e incentivamos pesquisas futuras sobre diferenças culturais em empresas visionárias.

AS RAÍZES FUNDADORAS DAS EMPRESAS VISIONÁRIAS E DAS DE COMPARAÇÃO

3M[1]

Ano de Fundação: 1902

Fundadores: Cinco investidores de Minnesota — dois operadores ferroviários, um médico, um operador de mercado de açougue e um advogado.

Localização: Crystal Bay, MN.

Conceito de Fundação: Abrir e operar uma mina para extrair o coríndon como abrasivo para exportar para fabricantes de rebolos.

Primeiros Resultados: O negócio de mineração falhou depois de vender apenas uma tonelada de material; nenhum outro comprador poderia ser encontrado. A empresa tropeçou nas contas pessoais dos investidores e foi salva por um novo investidor (Louis Ordway), que ajudou a empresa a mudar para a produção de lixas em 1905. A 3M não pôde pagar a Edgar Ober, então presidente, um salário durante os primeiros 11 anos.

Norton[2]

Ano de Fundação: 1885

Fundadores: Sete gestores investidores de diversas origens empresariais

Localização: Worcester, MA.

Conceito de Fundação: Adquirir uma pequena empresa de rebolos de Frank Norton para capitalizar o crescente mercado de rebolos para o setor de ferramentas para máquinas, que estava em expansão.

Primeiros Resultados: Crescimento e sucesso iniciais; em seus 15 anos de operação pagou dividendos anuais estáveis em quase todos os anos (exceto em um), e multiplicou seu capital 15 vezes durante o mesmo período. Em 1990, a Norton tornou-se a empresa número um de seu setor.

American Express[3]

Ano de Fundação: 1850

Fundadores: Henry Wells, William Fargo e John Butterfield (todos de idade desconhecida).

Localização: Nova York, NY

Conceito de Fundação: Para eliminar a "concorrência perdulária" entre três empresas rivais (Wells & Company; Livingston, Fargo & Company; e Butterfield, Wasson & Company) no mercado de frete expresso, as três empresas concordaram em unir forças em uma só, um tanto quanto monopolista.

Primeiros Resultados: Lucros imediatos e crescimento acelerado (não surpreendentes sendo praticamente um monopólio).

Wells Fargo[4]

Ano de Fundação: 1852

Fundadores: Henry Wells e William Fargo (ambos de idade desconhecida)

Localização: São Francisco, CA

Conceito de Fundação: Fornecer serviços expressos (entrega de pacotes) e serviços bancários no mercado da Califórnia em expansão (devida à corrida do ouro).

Primeiros Resultados: Uma das únicas empresas a sobreviver ao abalo bancário da Califórnia em 1855, emergiu em uma forte posição com poucos concorrentes após o pânico. Expandida rapidamente de 1855 a 1866.

Boeing[5]

Ano de Fundação: 1915

Fundador: William E. Boeing (35 anos) *Localização*: Seattle, WA

Conceito de Fundação: De acordo com seus estatutos sociais: "Ser um negócio manufatureiro em geral para fabricar bens e mercadorias em geral de todo tipo, especialmente aviões e veículos de aviação para operar uma escola de voo e atuar como uma transportadora comum de passageiros e carga por navegação aérea." Bill Boeing entrou no setor como ex-comerciante de madeira.

Primeiros Resultados: O primeiro avião da Bill Boeing (o B&W) falhou nos testes da Marinha. A Boeing então vendeu 50 exemplares de seu segundo avião (o Modelo C) para a Marinha, mas não conseguiu prorrogar o contrato, e a empresa entrou em uma espiral descendente entre 1919 e 1920. A Boeing perdeu US$300 mil em 1920 e se manteve viva por meio de empréstimos da Bill Boeing e da fabricação de móveis e lanchas.

Outros comentários: Lucros imediatos e crescimento acelerado (não surpreendentes sendo praticamente um monopólio).

Douglas Aircraft[6]

Ano de Fundação: 1920

Fundador: Donald W. Douglas (28 anos) *Localização*: Los Angeles, CA

Conceito de Fundação: Projetar e construir uma aeronave para o primeiro voo sem escalas pelos Estados Unidos (o Cloudster). Empresa reorganizada em 1921 em uma nova corporação para transferir tecnologia da Cloudster para cumprir contrato de torpedos experimentais para a Marinha.

Primeiros Resultados: Contrato de quantidade fechado com sucesso com a Marinha para 18 torpedeiros e logo em seguida fechou novos contratos com os governos dos EUA e da Noruega. A empresa atingiu o sucesso inicial e cresceu a uma taxa anual média de 284% ao ano durante os primeiros quatro anos de operações.

Citicorp[7]

Ano de Fundação: 1812

Fundador: Samuel Osgood (idade desconhecida)

Localização: Nova York, NY

Conceito de Fundação: Essencialmente, uma união de crédito privada para seus proprietários de estabelecimentos, que o utilizavam para financiar os próprios empreendimentos.

Primeiros Resultados: Nenhuma estratégia coerente foi implementada e continuou a operar como um banco privado por quase 70 anos. Não começou o processo de se tornar um banco nacional até a década de 1890, sob a orientação de James Stillman.

Chase Manhattan[8]

Ano de Fundação: 1799 para o Bank of Manhattan e 1877 para o Chase Bank.

Fundadores: Aaron Burr (idade desconhecida) do Bank of Manhattan e John Thompson (idade desconhecida) do Chase Bank.

Localização: Nova York, NY

Conceito de Fundação: Ser um banco.

Primeiros Resultados: O Bank of Manhattan floresceu a partir de 1808. O Chase Bank não se tornou proeminente até 1911.

Outros comentários: Chase e Manhattan se fundiram em 1955.

Ford[9]

Ano de Fundação: 1903

Fundadores: Henry Ford (40 anos) e Alex Malcomson (idade desconhecida)

Localização: Detroit, MI

Conceito de Fundação: Fabricar automóveis baseados na perícia mecânica de Henry Ford e, em particular, capitalizar a partir da tecnologia de pistões verticais. Uma das 502 empresas fundadas nos Estados Unidos entre 1900 e 1908 para fabricar automóveis.

Primeiros Resultados: O primeiro carro, o modelo A, teve sucesso; atingiu vendas de mais de 600 unidades por mês até o final do primeiro ano de operações. Lançou cinco modelos (A, B, C, F e K) antes de lançar o Modelo T, em 1908, que revolucionou o setor e fez da Ford a principal fabricante de carros.

Outros Comentários: Embora Ford não tenha fundado a empresa especificamente para construir o Modelo T, parece que havia considerado a ideia do processo de fabricação da linha de produção em massa já em 1903.

General Motors[10]

Ano de Fundação: 1908

Fundador: William Durant (idade desconhecida)

Localização: Detroit, MI

Conceito de Fundação: Adquirir e organizar uma gama de montadoras menores em uma empresa, com a estratégia de fornecer uma variedade de carros para uma variedade de gostos e rendas e capitalizar ações financeiros e outros recursos.

Primeiros Resultados: Entre 1908 e 1910, Durant adquiriu 17 empresas — incluindo Oldsmobile, Cadillac e Pontiac — para complementar a Buick Motors. Adicionando a Chevrolet em 1918. Alguns percalços com forte crescimento, mas crises financeiras; Durant foi deposto em 1920.

Outros Comentários: De 1921 a 1927, a GM, sob a orientação de Alfred Sloan, ultrapassou a Ford e se tornou a principal montadora.

General Electric[11]

Ano de Fundação: 1892

Fundadores: Thomas Edison (45 anos), Elihu Thomson (39 anos) e Charles Coffin (48 anos)

Localização: Nova York, NY

Conceito de Fundação: Consolidação da Edison General Electric Company (fundada em 1878 para desenvolver e comercializar a pesquisa de eletricidade e iluminação de Edison) e da Thomson-Houston Electric Company (fundada em 1883 como um conglomerado de empresas relacionadas à eletricidade).

Primeiros Resultados: O primeiro ano obteve sucesso (ganhos de US$3 milhões em sete meses); dificuldades financeiras e escassez de dinheiro em 1893 devido à depressão nacional; recuperou-se e cresceu de forma constante ao longo das duas décadas seguintes, auxiliada, em parte, pela evolução do sistema AC.

Westinghouse[12]

Ano de Fundação: 1886

Fundador: George Westinghouse (39 anos)

Localização: Pittsburgh, PA

Conceito de Fundação: Desenvolver e comercializar a tecnologia de corrente alternada (CA) e o conceito de sistemas centrais de energia — uma tecnologia que acabou se revelando superior ao sistema de CC da Edison — e assim tornar o sistema de CA o sistema primário em todo o mundo.

Primeiros Resultados: O conceito superior de tecnologia levou a um sucesso inicial significativo, transformando a empresa na segunda do setor, e George Westinghouse conseguiu financiar o crescimento inicial por duas décadas sem perder o controle da empresa.

Outros Comentários: Problemas financeiros durante o pânico nacional de 1907 levaram os banqueiros a expulsar Westinghouse da própria empresa em 1910.

Hewlett-Packard[13]

Ano de Fundação: 1937

Fundadores: William Hewlett (26 anos) e David Packard (26 anos)

Localização: Palo Alto, CA

Conceito de Fundação: A abordagem inicial era "estritamente oportunista" dentro do "campo de rádio, eletrônica e engenharia elétrica" amplamente definido. Os produtos iniciais considerados nos primeiros anos incluíam equipamentos de solda, máquinas de choque para redução de peso, lavadores automáticos de urinóis, sensores de boliche, transmissores de rádio, sistemas de endereços públicos, equipamentos de ar-condicionado, relógios para telescópios, equipamentos médicos e osciloscópios.

Primeiros Resultados: Sobreviveu no primeiro ano por meio de contratos de trabalhos de engenharia e operações enxutas (em uma garagem). Em 1939, vendeu alguns osciloscópios de áudio. Primeiro ano de vendas: pouco acima de US$5.100 com um lucro de US$1.300. Mudou-se da garagem em 1940. Tinha 17 pessoas empregadas em 1941. A Segunda Guerra Mundial impulsionou o emprego para 144 pessoas; encolheu 20% no pós-guerra. Vendas em 1948: US$2,1 milhões.

Texas Instruments[14]

Ano de Fundação: 1930

Fundadores: Dr. J. Clarence Karcher (idade desconhecida) e Eugene McDermott (31 anos)

Localização: Newark, NJ

Conceito de Fundação: Começou a vida como a Geophysical Service, Inc.: "A primeira empresa independente a fazer levantamentos sismográficos de reflexão sobre potenciais campos de petróleo, e seus laboratórios no Texas desenvolveram e produziram instrumentos para esse trabalho." A empresa mudou-se para Dallas, no Texas, em 1934, para consolidar sua posição no negócio de exploração de petróleo. Mudou seu nome para Texas Instruments em 1951.

Primeiros Resultados: Rapidamente se tornou líder de mercado em negócios de exploração geofísica. Cresceu e prosperou no início e meados da década de 1930. Tropeçou no início dos anos 1940, quando tentou entrar diretamente no negócio de exploração de petróleo. Salvou-se aplicando a tecnologia sísmica para sinalizar a busca pelos militares. Recuperou-se bem durante a Segunda Guerra Mundial.

IBM[15]

Ano de Fundação: 1911 (1890 para as filiais)

Fundadores: Charles Flint (idade desconhecida)

Localização: Nova York, NY

Conceito de Fundação: Fusão de duas pequenas empresas em um mini-conglomerado de escalas de medição, relógios de ponto e máquinas de tabulação para balconistas e contadores (chamado de "Computing, Tabulating, Recording Company", ou CTR).

Primeiros Resultados: Lutou para sobreviver por três anos, e o conselho discutiu seriamente a liquidação. Em 1914, contratou Sr. Thomas J. Watson, que gradualmente melhorou a saúde da empresa e a tornou líder de mercado em máquinas de tabulação em 1930.

Outros Comentários: Teve seu nome alterado para International Business Machines Corporation em 1925.

Burroughs[16]

Ano de Fundação: 1892

Fundadores: William Burroughs e Joseph Boyer (ambos de idade desconhecida)

Localização: St. Louis, MO

Conceito de Fundação: William Burroughs inventou a primeira máquina de gravação e adição e formou uma empresa (denominada American Arithmometer Company) para comercializá-la.

Primeiros Resultados: Uma vez no mercado, o produto se mostrou um sucesso, e a empresa cresceu. A Burroughs consolidou sua posição no setor por meio de novos produtos e aquisições. Em 1914, a empresa tinha 90 produtos. Em 1920, era vista como um "pilar do setor de máquinas para escritório".

Outros Comentários: William Burroughs recebeu a Medalha John Scott do Instituto Franklin por sua invenção; ele morreu em 1898 de tuberculose; sua empresa foi renomeada para "Burroughs Adding Machine Company" em sua memória, em 1905.

Johnson & Johnson[17]

Ano de Fundação: 1886

Fundadores: Robert W. Johnson (41 anos), James Johnson, E. Mead Johnson (irmãos mais novos de Robert W., de idades desconhecidas)

Localização: New Brunswick, NJ

Conceito de Fundação: Fabricação de produtos médicos, com ênfase especial em pensos cirúrgicos antissépticos e emplastros médicos; o primeiro catálogo tinha 32 páginas "repletas de uma variedade de produtos".

Primeiros Resultados: A empresa começou com 14 funcionários, em 1886; em 1888, a empresa empregava 125 trabalhadores; em 1894, eram 400. O sucesso precoce se baseou em uma ampla gama de produtos inovadores, no surgimento de hospitais e no cultivo de uma forte imagem de marca.

Bristol-Myers[18]

Ano de Fundação: 1887

Fundadores: William McLaren e John Ripley Myers Bristol (ambos com cerca de 20 anos)

Localização: Clinton, NY

Conceito de Fundação: Adquirida por US$5 mil, "uma empresa falida de fabricação de medicamentos chamada Clinton Manufacturing Company". Nem Bristol nem Myers tinham experiência com produtos farmacêuticos.

Primeiros Resultados: Lutou cedo; em 1889, a empresa empregava apenas 9 funcionários; não obteve lucro durante os primeiros 12 anos de operação. A empresa só começou a crescer rapidamente em 1903, quando lançou produtos de sucesso: Sal Hepatica (um sal laxativo) e Ipana (o primeiro creme dental antisséptico).

Marriott[19]

Ano de Fundação: 1927

Fundadores: J. Willard Marriott (26 anos), Allie Marriott (22 anos)

Localização: Washington, D.C.

Conceito de Fundação: Estar no mercado por gostar. Começou com um stand de cerveja da A&W de nove lugares. Para atrair negócios adicionais, passaram a oferecer comida quente (principalmente mexicana) e nomeou o restaurante como Hot Shoppe.

Primeiros Resultados: Construída em 16 horas por dia, a loja mostrou-se lucrativa durante o primeiro ano, com uma receita bruta de US$16 mil. Em 1929, expandiu-se para três pontos de venda, funcionando 24 horas por dia. Expandiu-se para Baltimore em 1931. Em 1940, havia 18 Hot Shoppes.

Howard Johnson[20]

Ano de Fundação: 1925

Fundador: Howard Johnson (27 anos)

Localização: Wollaston, MA

Conceito de Fundação: Adquiriu uma máquina de refrigerante e adotou a fórmula de sorvete de sua mãe, que se mostrou um sucesso entre os habitantes da Nova Inglaterra.

Primeiros Resultados: Dentro de seis meses, a demanda excedeu sua capacidade de produção. Em 1928, as vendas de sorvete chegaram a US$240 mil. Em 1933, expandiu-se para os famosos restaurantes de ladrilhos laranja à beira da estrada. Construíram 125 unidades em 1940.

Outros Comentários: Uma vez que Howard Johnson criou o conceito básico de seus restaurantes de rua, expandiu e capitalizou completamente a ideia.

Merck[21]

Ano de Fundação: 1891

Fundador: George Merck (23 anos)

Localização: Nova York City, NY

Conceito de Fundação: Filial de vendas da empresa química alemã E. Merck. Traça raízes de volta ao laboratório da Família Merck em Darmstadt, Alemanha, em 1668.

Primeiros Resultados: Sucesso sólido de vendas (US$1 milhão em 1897) em produtos químicos importados da empresa matriz; não fabricou os próprios produtos químicos até a segunda década de vida. Começou a fabricação de iodetos e outros produtos farmacêuticos básicos em novas instalações em Rahway, Nova Jersey, por volta de 1903. Em 1910, a receita era de US$3 milhões.

Pfizer[22]

Ano de Fundação: 1849

Fundadores: Charles Pfizer (25 anos) e Charles Erhart (28 anos)

Localização: Brooklyn, NY

Conceito de Fundação: Fabricação de produtos químicos de alta qualidade que não são produzidos nos Estados Unidos, alavancando assim uma vantagem tarifária sobre as importações; o primeiro produto foi o Santonin, um composto para combater vermes parasitas.

Primeiros Resultados: O Santonin parece ter vendido bem, dando à empresa uma base para expansão; em 1855, a empresa começou a fabricar produtos à base de iodo e, em 1860, a empresa fabricou pelo menos cinco linhas de produtos. Em 1857, abriu um escritório no centro de Manhattan e, entre 1857 e 1888, comprou 72 lotes de terrenos para expansão.

Motorola[23]

Ano de Fundação: 1928

Fundador: Paul V. Galvin (33 anos)

Localização: Chicago, IL

Conceito de Fundação: Fazer eliminadores de bateria para rádios, incluindo um negócio de reparos para a Sears, eliminadores de baterias de rádio Roebuck que voltaram a Sears para manutenção sob garantia. Galvin "sabia que o eliminador não forneceria um mercado por muito tempo", então começou a procurar cedo outros mercados.

Primeiros Resultados: A empresa mal se manteve no primeiro ano no mercado de fabricação e reparo de eliminadores. Quase faliu no final de 1929. Concebeu o conceito de rádio para carros em 1930. Perdeu dinheiro em 1930, depois se tornou lucrativa em 1931 e cresceu de forma constante a partir de então.

Zenith[24]

Ano de Fundação: 1923

Fundador: Eugene F. McDonald (37 anos)

Localização: Chicago, IL

Conceito de Fundação: Vendas e marketing de rádios para capitalizar a emergente indústria de rádio (as transmissões de rádio comerciais começaram em 1920, e as rádios eram escassas); em 1923, conseguiu uma licença exclusiva para vender rádios feitos pelo Chicago Radio Lab; em 1924, lançou o primeiro rádio portátil do mundo.

Primeiros Resultados: As primeiras inovações impulsionaram o crescimento das vendas (1924: primeiro rádio portátil; 1926: primeiro rádio doméstico a funcionar a partir de uma tomada CA; 1927: primeiro ajuste por botão). No entanto, a administração negligente de ativos levou a problemas de liquidez e crédito em meados da década de 1920.

Nordstrom[25]

Ano de Fundação: 1901

Fundadores: John Nordstrom (30 anos), Carl Wallin (idade desconhecida)

Localização: Seattle, WA

Conceito de Fundação: Nas palavras de John Nordstrom: "Não tinha certeza do que queria fazer. Comecei a procurar algumas pequenas empresas para entrar. O Sr. Wallin era um sapateiro de comércio e montou uma oficina de sapato. Eu o visitava frequentemente em sua loja e um dia ele sugeriu que nos juntássemos a uma parceria e abríssemos uma loja de sapatos."

Primeiros Resultados: Tornou-se lucrativa cedo. Mudou de localização três vezes nos primeiros 15 anos, mas permaneceu como um negócio unificado até 1923, quando os parceiros adicionaram uma segunda loja.

Outros Comentários: John Nordstrom vendeu sua parte na empresa para dois de seus filhos (Everett e Elmer) em 1928.

Melville[26]

Ano de Fundação: 1892

Fundador: Frank Melville (idade desconhecida)

Localização: Nova York, NY

Conceito de Fundação: Frank Melville, um atacadista de sapatos, adquiriu três lojas de calçados "quando o proprietário deixou a cidade sem lhe pagar uma remessa de sapatos".

Primeiros Resultados: Parece ter sido lucrativa desde o início. Começou a expandir-se em um conceito de cadeia em 1895. Em 1923, contava com 31 lojas de varejo; em 1935, contava com 571 pontos de venda. Foi a maior varejista de calçados nos Estados Unidos no início dos anos 1930.

Procter & Gamble[27]

Ano de Fundação: 1837

Fundadores: William Procter (36 anos) e James Gamble (34 anos)

Localização: Cincinnati, OH

Conceito de Fundação: Procter, fabricante de velas, e Gamble, fabricante de sabão, confiavam nas mesmas matérias-primas de gordura animal para fabricar seus produtos; como cunhados, decidiram reunir seus esforços e formaram uma parceria para vender sabão e velas.

Primeiros Resultados: A empresa cresceu lentamente, precisando de 15 anos para se expandir de seu modesto escritório, instalação de produção e loja na "Main Street, 2ª porta da Sixth Street". Embora não tenha sido espetacular em crescimento, a empresa parece ter sido lucrativa; em 1847, a empresa ganhou US$20 mil. Duas décadas após a fundação, empregava 80 operários.

Outros Comentários: Na sua fundação, a P&G era uma das 18 empresas que vendiam sabão e/ou velas em Cincinnati.

Colgate[28]

Ano de Fundação: 1806

Fundador: William Colgate (23 anos)

Localização: Nova York, NY

Conceito de Fundação: Segundo o presidente da Colgate em 1956: "Naquele período da história norte-americana [1806], pelo menos 75% do sabão usado era feito em casa, um sabão grosseiro, cru, áspero para a pele e dificilmente agradável em aroma. William Colgate se comprometeu a fazer um sabão que fosse agradável aos sentidos e, ainda assim, acessível à pessoa comum."

Primeiros Resultados: Há pouca informação disponível; nenhuma indicação de que a empresa foi significativamente mais ou menos bem-sucedida do que a P&G durante suas duas primeiras décadas de vida.

Outros Comentários: Foi uma das primeiras empresas nos Estados Unidos a fabricar sabão para venda.

Philip Morris[29]

Ano de Fundação: 1847

Fundador: Philip Morris (idade desconhecida)

Localização: Londres, Inglaterra

Conceito de Fundação: Tabacaria na rua bond em Londres.

Primeiros Resultados: Permaneceu como uma simples loja de varejo até 1854, quando passou a produzir cigarros. Há pouca indicação de que teve um crescimento inicial substancial. Lançou seus cigarros nos Estados Unidos em 1902. Os investidores norte-americanos compraram os direitos da marca Philip Morris em 1919.

Outros Comentários: A marca Marlboro foi lançada como cigarro feminino, em 1924.

R.J. Reynolds[30]

Ano de Fundação: 1875

Fundador: Richard J. Reynolds (25 anos)

Localização: Winston, NC

Conceito de Fundação: Desenvolver e vender tabaco de mascar com base em um novo produtor que fez o "melhor tabaco curado de mascar".

Primeiros Resultados: No primeiro ano de operações, a empresa produziu 150 mil libras em produtos. "A partir de então, a cada dois anos, uma nova adição tinha que ser feita à fábrica para acompanhar uma nação de mascadores." Em meados da década de 1880, a R.J. Reynolds tinha acumulado uma fortuna pessoal superior a US$100 mil.

Outros Comentários: Lançou os cigarros da marca Camel em 1913; tornou-se a principal marca dos EUA em 1917.

Sony[31]

Ano de Fundação: 1945

Fundador: Masaru Ibuka (37 anos)

Localização: Tóquio, Japão

Conceito de Fundação: Nenhuma ideia clara além do conceito vago de aplicar tecnologia à criação de produtos de consumo.

Primeiros Resultados: Lutou com uma panela de arroz fracassada, falhou no sistema de gravador; sobreviveu comercializando almofadas de aquecimento e, em seguida, uma mistura de produtos sob contrato para a Japan Broadcasting, como voltímetros e consoles de controle para estúdios. Desenvolveu o primeiro produto de consumo de sucesso (rádio de bolso) em 1955. Levou uns 10 anos para chegar a 500 funcionários.

Kenwood[32]

Ano de Fundação: 1946

Fundadores: Não estavam elencados em sua história

Localização: Cidade Komagane, Japão

Conceito de Fundação: Ser um pioneiro especialista em tecnologia de áudio.

Primeiros Resultados: Rapidamente se estabeleceu como líder em tecnologia de áudio. Seus primeiros produtos, componentes de rádio especializados, tiveram sucesso e imediatamente consolidaram a empresa. Seu transformador de alta frequência é o primeiro produto fabricado no Japão a passar pelos padrões de aprovação da Japan Broadcasting Corporation (1949).

Wal-Mart[33]	**Ames**[34]
Ano de Fundação: 1945	*Ano de Fundação*: 1958
Fundador: Sam Walton (27 anos)	*Fundadores*: Milton Gilman (33 anos) e Irving Gilman (idade desconhecida)
Localização: Newport, AR	*Localização*: Southbridge, MA
Conceito de Fundação: Adquirir uma licença de franquia para uma loja de cinco andares e uma unidade de Ben Franklin em uma pequena cidade; nenhuma evidência de planos para ser nada além de uma loja única.	*Conceito de Fundação*: Fazenda familiar financiada especificamente para lançar redes de varejo de desconto em pequenas cidades.
Primeiros Resultados: Vendas do primeiro ano: US$80 mil; vendas do terceiro ano US$225 mil. Perdeu seu contrato em 1950 e, assim, perdeu sua loja. Mudou-se para Bentonville, Arkansas, e abriu uma pequena loja de cinco centavos chamada "Walton's". Expandido para duas unidades em 1952.	*Primeiros Resultados*: Vendas no primeiro ano de US$1 milhão; dentro de dois anos, Ames expandiu para a cadeia de múltiplas unidades em Nova York e Vermont.
Outros Comentários: Abriu a primeira loja de departamentos de descontos em grande escala em 1962.	*Outros Comentários*: abriu a primeira loja de departamentos de descontos em larga escala em 1958.

Walt Disney[35]

Ano de Fundação: 1923

Fundadores: Walter E. Disney (21 anos) e Roy O. Disney (27 anos)

Localização: Los Angeles, CA

Conceito de Fundação: Walt mudou-se de Kansas City para Los Angeles para entrar no ramo do cinema, mas não conseguiu emprego, então alugou uma câmera, fez uma animação, montou um estúdio na garagem do tio e decidiu entrar no mercado de animação por conta própria. De acordo com Schickel, biógrafo de Disney: "Ele estava pelo menos parcialmente convencido de que estava atrasado, talvez em cerca de seis anos, para entrar no mercado da animação, mas era a única área em que tinha um pouco de experiência."

Primeiros Resultados: A primeira série de filmes (*Alice*) forneceu apenas fluxo de caixa (devido a despesas frugais) para que pudesse continuar. O segundo produto (*Oswald, o Coelho*, 1927) saiu-se melhor, mas perdeu controle do produto por causa de um contrato ruim. Em 1928, ele criou o Mickey Mouse.

Columbia Pictures[36]

Ano de Fundação: 1920

Fundadores: Harry Cohn (29 anos) e Jack Cohn (idade desconhecida)

Localização: Los Angeles, CA

Conceito de Fundação: Harry e Jack Cohn fundaram a empresa em 1920 com a ideia de fazer desenhos animados e curtas-metragens que mostrassem as atividades de estrelas fora do cinema e para divulgar fotos dessas estrelas. Logo passou a fazer longas-metragens.

Primeiros Resultados: Obteve apenas um sucesso moderado com o conceito de curtas. Os primeiros filmes de longa-metragem mais bem-sucedidos: US$130 mil de renda por um custo de US$20 mil no primeiro; entre agosto de 1922 e dezembro de 1923, a empresa produziu dez longas-metragens lucrativos.

Resumo Raízes Fundadoras	Fundadas com uma "Grande Ideia"?*		Que companhia teve maior sucesso durante a fase empreendedora: a visionária ou a de comparação?
	Visionária	Comparação	
3M versus Norton	Não	Sim	Empresa de Comparação
American Express versus Fargo	Não	Não	Empresa Visionária
Boing versus Macdonnel Douglas	Não	Sim	Empresa de Comparação
Citicorp versus Chase	Não	Não	Indeterminado
Ford versus GM	Sim	Não	Empresa Visionária
GE versus Westinghouse	Sim	Sim	Indeterminado
HP verus TI	Não	Sim	Empresa de Comparação
IBM versus Burroughs	Não	Sim	Empresa de Comparação
Johnson & Johnson versus Bristol-Myers	Sim	Não	Empresa Visionária
Marriott versus Howard Johnson	Não	Não	Indeterminado
Merck versus Pfizer	Não	Sim	Indeterminado
Motorola versus Zenith	Não	Sim	Empresa de Comparação
Nordstrom versus Melville	Não	Não	Empresa de Comparação
Procter & Gamble versus Colgate	Não	Sim	Indeterminado
Philip Morris versus R.J. Reynolds	Não	Sim	Empresa de Comparação
Sony versus Kenwood	Não	Sim	Empresa de Comparação
Wal-Mart versus Ames	Não	Sim	Empresa de Comparação
Walt Disney versus Columbia	Não	Não	Empresa de Comparação
Visão Geral	13 "Sim" 15 "Não"	11 "Sim" 7 "Não"	3 Empresas Visionárias 5 Indeterminado 10 Empresas de Comparação

* Definida como um serviço ou produto específico, inovador e de alto sucesso.

NOTAS DO APÊNDICE 2

1. *Our Story So Far* (St. Paul, MN: 3M Company, 1977), 51–56.

2. Charles W. Cheape, *Norton Company: A New England Enterprise* (Cambridge, MA: Harvard University Press, 1985), 12.

3. Alden Hatch, *American Express 1850–1950* (Garden City, NY: Country Life Press, 1950); "About American Express", publicação corporativa; Peter G. Grossman, *American Express: The Unofficial History of the People Who Built the Great Empire* (Nova York: Crown, 1987).

4. *Diretório Internacional de Histórias Corporativas* (Chicago: St. James Press, 1988), 380.

5. E. E. Tauber, *Boeing in Peace and War* (Enumaclaw, WA: TABA, 1991), 19; Robert J. Serling, Legend e Legacy (Nova York: St. Martin's Press, 1992), 2–6.

6. René Francillon, *McDonnell Douglas Aircraft Since 1920* (Annapolis, MD: Naval Institute Press, 1988), 1–12.

7. Harold van B. Cleveland e Thomas F. Huertas, *Citibank 1812–1970* (Cambridge, MA: Harvard University Press, 1985); *Diretório Internacional de Histórias Corporativas* (Chicago: St. James Press, 1988), 253.

8. *Diretório Internacional de Histórias Corporativas* (Chicago: St. James Press, 1988), 247.

9. Alfred Chandler, *Giant Enterprise: Ford, General Motors, and the Automobile Industry* (Cambridge, MA: MIT Press, 1964); Arthur Kuhn, *GM Passes Ford, 1918–1938* (University Park, PA: Pennsylvania State University Press, 1986); Robert Lacey, *Ford: The Men and the Machine* (Nova York: Ballantine Books, 1986).

10. Alfred Sloan, *My Years with General Motors* (Nova York: AnchorBooks, 1972); Alfred Chandler, *Giant Enterprise: Ford, General Motors, and the Automobile Industry* (Cambridge, MA: MIT Press, 1964); Maryann Keller, *Rude Awakening* (Nova York: Morrow, 1986); Arthur Kuhn, *GM Passes Ford, 1918–1938* (University Park, PA: Pennsylvania State University Press, 1986); Arthur Pund, *The Turning Wheel: The Story of General Motors Through 25 Years, 1908–1933* (Garden City, NY: Doubleday Doarn, 1934).

11. *The General Electric Story* (Schenectady, NY: Hall of History Foundation, 1981), volumes 1–2.

12. Henry G. Prout, *A Life of George Westinghouse* (Nova York: American Society of Mechanical Engineers, 1921), 1–150.

13. Esses materiais foram cortesia dos arquivos da Hewlett-Packard Company.

14. "Research Packed with Ph.D.'s", *Business Week*, 22 de dezembro de 1956, 58; *Hoover's Handbook*, 1991, (Emeryville, CA: The Reference Press, 1990), 528; John McDonald, "The Men Who Made T.I.", *Fortune*, novembro de 1961, 118–119.

15. Thomas J. Watson Jr., *Father, Son & Company* (Nova York: Bantam Books, 1990), 13–17; *Diretório Internacional de Histórias Corporativas* (Chicago: St. James Press, 1988), 147.

16. *Diretório Internacional de Histórias Corporativas* (Chicago: St. James Press, 1988), 165.

17. Lawrence G. Foster, *A Company that Cares* (New Brunswick, NJ: Johnson & Johnson, 1986), 9–27.

18. 8. *Bristol-Myers Company — Special Report: The Next Century*, publicação da empresa (1987) 3–5.

19. Robert O'Brien, *Marriott: The J. Willard Marriott Story* (Salt Lake City: Deseret, 1987), 123–137.

20. "Glorified Road Stands Pay", *Business Week*, 17 de fevereiro de 1940; "The Howard Johnson Restaurants", *Fortune*, setembro de 1940.

21. *Values and Visions: A Merck Century* (Rahway, NJ: Merck, 1993), 13–15.

22. Samuel Mines, *Pfizer: An Informal History* (Nova York: Pfizer, 1978), 1–6.

23. Harry Mark Petrakis, *The Founder's Touch* (Nova York: McGraw-Hill, 1965), 62–111.

24. *Diretório Internacional de Histórias Corporativas* (Chicago: St. James Press, 1988), 123.

25. John W. Nordstrom, *The Immigrant in 1887* (Seattle: Dogwood Press, 1950), 44–50; "Nordstrom History", publicação da empresa, 26 de novembro de 1990.

26. Francis C. Rooner Jr., *Creative Merchandising in an Era of Change* (Nova York: Newcomen Society, 1970), 8–12; "Largest American Shoe Retailer", *Barron's*, 8 de abril de 1935; *Hoover's Handbook 1991* (Emeryville, CA: The Reference Press, 1990), 372.

27. "Procter & Gamble Chronology", publicação da empresa; Oscar Schisgall, *Eyes on Tomorrow: The Evolution of Procter & Gamble* (Nova York: Doubleday, 1981), 1–14; Alfred Lief, *It Floats: The Story of Procter & Gamble* (Nova York: Rinehart, 1958), 14–32; além de mais de 40 artigos externos sobre a empresa que remontam à década de 1920.

28. "Colgate Palmolive Company: Memorable Dates", publicação de empresa; "Colgate-Palmolive-Peet", *Fortune*, abril de 1936; William Lee Sims II, *150 Years... and the Future! Colgate-Palmolive (1806–1956)* (Nova York: Newcomen Society, 1956), 9–10.

29. *The Philip Morris History*, publicação da empresa (1988).

30. *R.J. Reynolds: Our 100th Anniversary*, publicação da empresa (1975).

31. Nick Lyons, *The Sony Vision* (Nova York: Crown, 1976), 1–35.

32. *Japan Electronics Almanac '88*, (Tóquio, Japão: DEMPA Publications, 1988), p. 282; Relatórios anuais de Kenwood.

33. Vance Trimble, *Sam Walton* (Nova York: Dutton, 1990), 45–72.

34. "Cornering the Market", *Forbes*, 23 de maio de 1983, 46. Veja também *Hoover's Handbook 1991* (Emeryville, CA: The Reference Press, 1990), 84.

35. Richard Schickel, *The Disney Version* (Nova York: Simon & Schuster, 1968), pp. 91–117.

36. Clive Hirschhorn, *The Columbia Story* (Nova York: Crown, 1989), pp. 7–16.

TABELAS

Tabela A.1

Categorias Rastreadas em Toda a História (desde a Data de Fundação até 1991) das Empresas Visionárias e das de Comparação em Nossa Pesquisa

Categoria 1: Arranjos Organizacionais. Itens "rígidos", como estrutura organizacional, políticas e procedimentos, sistemas, recompensas e incentivos, estrutura de propriedade e estratégias e atividades gerais de negócios da empresa (por exemplo, aquisições, mudanças significativas na estratégia, abertura de capital).

Categoria 2: Fatores Sociais. Itens abstratos, como práticas culturais da empresa, atmosfera, normas, rituais, mitologia e histórias, dinâmicas de grupo e estilo gerencial.

Categoria 3: Configuração Física. Aspectos significativos da maneira como a empresa lidava com o espaço físico, como layout de instalações e escritórios ou novas instalações. Isso incluiu quaisquer decisões significativas sobre a localização geográfica das principais partes da empresa.

Categoria 4: Tecnologia. Como a empresa usava a tecnologia: tecnologia da informação, processos e equipamentos de última geração, configurações avançadas de trabalho e itens relacionados.

Categoria 5: Liderança. Liderança da empresa desde a sua criação: a transição entre os primeiros formadores da organização e as gerações posteriores, a posse de liderança, o tempo que os líderes estavam com a organização antes de se tornarem CEOs (eles eram trazidos de fora ou cresciam dentro da empresa? Quando eles se juntaram?), processos e critérios de seleção de liderança.

Categoria 6: Produtos e Serviços. Produtos e serviços significativos na história da empresa. Como surgiu o produto ou serviço? O que guiou sua seleção e desenvolvimento? A empresa teve alguma falha no produto e como lidou com ela? A empresa liderou com novos produtos ou seguiu no mercado?

Categoria 7: Visão: Valores Essenciais, Propósito e Metas Visionárias. Essas variáveis estavam presentes? Se sim, como surgiram? A organização os possuía em certos pontos de sua história e não em outros? Qual papel desempenharam? Se tivesse valores e propósito fortes, permaneceriam intactos ou se diluiriam? Por quê?

Categoria 8: Análise Financeira. Análise da relação e planilha de todos os demonstrativos de resultados e balanços para cada ano desde a data em que a empresa se tornou pública: crescimento das vendas e lucro, margens brutas, retorno sobre ativos, retorno sobre vendas, retorno sobre o patrimônio líquido, índice dívida/patrimônio líquido, fluxo de caixa e capital de giro, índices de liquidez, taxa de pagamento de dividendos, aumento da propriedade bruta de plantas e equipamentos como porcentagem de vendas, giro de ativos. Também examinamos os retornos das ações e o desempenho geral delas em relação ao mercado.

Categoria 9: Mercados/Meio Ambiente. Aspectos significativos do ambiente externo da empresa: grandes mudanças no mercado, eventos nacionais ou internacionais drásticos, regulamentações governamentais, questões estruturais do setor, mudanças tecnológicas drásticas e itens relacionados.

Tabela A.2

Fontes de Informação para Nossa Pesquisa

- Materiais históricos obtidos diretamente das empresas: materiais de arquivo, documentos históricos (como prospectos de quando a empresa abriu seu capital), descrições históricas, publicações internas, filmagens, transcrições de entrevistas e discursos de líderes vivos e falecidos, documentos de políticas corporativas, históricos e declarações atuais de visão (valores, propósito, missão), manuais de funcionários, materiais de treinamento e socialização e materiais relacionados.

- Livros escritos sobre o setor, a empresa e/ou seus líderes publicados pela empresa ou por observadores externos. (Demos mais peso a livros escritos por pessoas de fora.) Obtivemos todos os livros (antigos e novos) disponíveis por meio do catálogo unificado de listagens de bibliotecas em Stanford, Universidade da Califórnia, Harvard, Yale e Oxford.

- Artigos escritos sobre a empresa. Fizemos extensas pesquisas bibliográficas desde a fundação da empresa até o presente e examinamos todos os principais artigos sobre cada empresa ao longo das décadas, a partir de fontes amplas como *Forbes, Fortune, Business Week, Wall Street Journal, Nation's Business, New York Times, US News, New Republic, Harvard Business Review, The Economist* e artigos selecionados de fontes específicas do setor ou do tópico, como *Discount Merchandiser, Marketing* e *Hotel and Restaurante Quarterly*.

- Relatórios corporativos anuais e balanços financeiros. Em alguns casos, isso envolveu quase 100 demonstrações de resultados e balanços separados para uma única empresa.

- Estudos de caso da Business School de Harvard e de Stanford e análises do setor. Obtivemos todos os estudos de caso de negócios disponíveis em cada empresa e em cada setor de nosso estudo.

- Bancos de dados financeiros, incluindo o Banco de Dados do Índice de Mercado do Centro de Pesquisa de Preços de Segurança (CRSP) da Universidade de Chicago, que nos deu retornos mensais de ações para cada empresa desde quando ficaram disponíveis pela primeira vez.

- Entrevistas com figurões importantes, funcionários, isentos e "especialistas" externos sobre a empresa ou a indústria (por exemplo, analistas e acadêmicos).

- Materiais de referência para empresas e indústrias, como o Dicionário Biográfico de Líderes Empresariais Americanos, o Diretório Internacional de Histórias de Empresas, Manual de Empresas da Hoover, Desenvolvimento de Indústrias Americanas e Almanaque da Indústria Cinematográfica.

Tabela A.3

Liderança* Como uma Variável Distintiva Durante os Estágios Formativos?

*A *liderança* é definida pela demonstração, por parte dos executivos superiores, de altos níveis de persistência, superação de obstáculos significativos, captação de pessoas dedicadas, influência a grupos de pessoas para a realização de metas e pelo desempenho de papéis importantes na orientação das empresas em episódios cruciais de sua história. NOTA: Na seleção das datas, procuramos cobrir o período em que o executivo ainda teve influência significativa sobre a direção da empresa; em alguns casos, o executivo detinha inúmeros títulos ao longo do tempo — por exemplo, presidente, CEO, presidente e gerente-geral. O objetivo desta tabela é mostrar que tanto as empresas visionárias quanto as de comparação tiveram tais pessoas durante os estágios formativos de sua evolução, e, portanto, a *liderança* assim definida não aparece como uma variável distintiva.

Par	Empresa Visionária	Empresa de Comparação	Variável diferenciadora?
3M x Norton	William McKnight (1914–1966)	Milton Higgins (1855–1912)	Não
American Express x Wells Fargo	Henry Wells e William Fargo (1850–1868)	Henry Wells e William Fargo (mesmas pessoas) 1852–186...)	Não
Boeing x McDonnell Douglas	William Boeing (1916–1934)	Donald Douglas (1920–1967) James McDonnell (1939–1980)	Não
Citicorp x Chase	James Stillman (1891–1918)	Albert Wiggin (1911–1933)	Não
Ford x GM	Henry Ford I (1899–1945)	Alfred P. Sloan (1923–1946)	Não
GE x Westinghouse	Charles Coffin (1892–1922)	George Westinghouse (1866–1909)	Não
Hewllet-Packard x Texas Instruments	Dave Packard e William Hewlett (1937–)	Eugene McDermott (1930–1948) Pat Haggarty (1958–1976)	Não
IBM x Burroughs	Thomas J. Watson (1914–1956)	Joseph Boyer (1898–1930)	Não
J&J x Bristol-Myers	R.W. Johnson(1886–1910)	William Bristol (1887–1915)	Não

Marriott x Howard Johnson	J. Willard Marriott (1927–1964)	Howard Johnson (1925–1959)	Não
Merck x Pfizer	George Merck (1895–1925)	Charles Pfizer (1849–1906)	Não
Motorola x Zenith	Paul Galvin (1926–1956)	Comandante Eugene F. McDonald Jr. (1923–1958)	Não
Nordstrom x Melville	John Nordstrom (1901–1928)	Frank Melville (1892–1930)	Não
Procter & Gamble x Colgate	William Procter e James Gamble(1837–187...)	William Colgate (1806–1857)	Não
Philip Morris x R.J. Reynolds	Nenhum em evidência	R.J. Reynolds (1875–1918)	Talvez a favor da empresa de comparação
Sony x Kenwood	Masaru Ibuka (1945–)	Não há informações suficientes	Não há informações suficientes
Wal-Mart x Ames	Sam Walton (1945–1992)	Irmãos Gilman (1958–1981)	Não
Walt Disney x Columbia	Walt Disney (1923–1966)	Harry Cohn (1920–1958)	Não

Tabela A.4

Evidências de Ideologia Estrutural

MÉTODO: Ao avaliar a natureza ideológica das empresas visionárias e das de comparação, consideramos as evidências em cada uma das seguintes dimensões:

A: Declarações de Ideologia

B: Continuidade Histórica da Ideologia

C: Ideologia Além dos Lucros

D: Coerência entre Ideologia e Práticas

Em cada categoria, atribuímos a cada empresa visionária e de comparação uma classificação baseada nas evidências que tínhamos disponíveis. Em seguida, calculamos um índice geral com base em uma somatória das classificações da empresa em todas essas dimensões, considerando cada "E" (elevado) como 3, cada "M" (médio) como 2 e cada "P" (pouco) como 1.

A: Declarações de Ideologia

E: Evidência significativa de que a empresa declarou uma ideologia (valores essenciais e/ou propósito, conforme nossas definições) com a intenção de usá-la como fonte de orientação. Evidências de que membros importantes da empresa falaram e/ou escreveram sobre a ideologia mais do que algumas vezes e que ela foi amplamente comunicada às pessoas em toda a organização.

M: Algumas evidências de que a empresa declarou uma ideologia (valores essenciais e/ou propósito, conforme nossas definições) com a intenção de usá-la como fonte de orientação. Algumas evidências de que membros importantes da empresa falaram e/ou escreveram sobre a ideologia, mas talvez apenas uma ou algumas vezes, e algumas evidências de que a ideologia foi comunicada às pessoas da organização, mas menos do que aquelas que receberam um "E" nessa dimensão.

P: Pouca ou nenhuma evidência de que a empresa fez qualquer tentativa séria de esclarecer e declarar uma ideologia (valores essenciais e/ou propósito, conforme nossas definições).

B: Continuidade Histórica da Ideologia

E: Evidência de que a ideologia declarada discutida na Parte A mudou pouco e tem sido continuamente enfatizada em toda a história da empresa desde o momento em que foi articulada pela primeira vez.

M: Evidência de que a ideologia declarada discutida na Parte A mudou substancialmente e/ou de que a empresa tem recorrido de forma esporádica à ideologia ao longo da história desde que ela foi articulada pela primeira vez.

P: Pouca evidência de qualquer continuidade de uma ideologia ao longo da história da empresa.

C: Ideologia Além dos Lucros

E: Evidências de que há discussões explícitas sobre o papel da lucratividade ou riqueza dos acionistas apenas como uma parte dos objetivos da empresa, e não como o objetivo principal orientador. Uso explícito de frases como retornos "razoáveis", retornos "adequados", retornos "justos", "rentabilidade como uma condição necessária para perseguir outros objetivos", em vez de retornos "máximos" ou "mais altos".

M: Evidência de que lucratividade e retorno para os acionistas são altamente importantes — iguais ou maiores que outros objetivos e valores. As preocupações ideológicas também são importantes, mas notavelmente menores (em relação aos motivos de lucro) do que as empresas que receberam um "E" nessa dimensão.

P: Evidência de que a empresa é altamente lucrativa ou rica em acionistas, com preocupações ideológicas profundamente subordinadas a ganhar dinheiro. Evidência de que a empresa vê a maximização da riqueza como a razão da existência e a meta número um, bem à frente de quaisquer outras preocupações.

D: Coerência entre Ideologia e Práticas

E: Evidência significativa de que a ideologia da empresa tem sido mais do que palavras no papel. Evidências significativas (de forma coerente ao longo da história da empresa) de grandes decisões estratégicas (como produto, mercado ou investimento) e/ou estruturais (como a estrutura em si, sistemas de incentivo, políticas) sendo guiadas e coerentes com a ideologia declarada.

M: Algumas evidências de que a ideologia da empresa tem sido mais do que palavras no papel. Alguma evidência de grandes decisões estratégicas (produto, mercado, investimento) e/ou de design organizacional (estrutura, sistemas de incentivo, políticas) sendo guiadas e coerentes com a ideologia declarada ou que isso tem sido menos coerente ao longo da história do que aquelas empresas que recebem um "E" nesta dimensão.

P: Pouca evidência de qualquer orientação pela ideologia e coerência entre ideologias declaradas e ações corporativas.

Empresas Visionárias	"A"	"B"	"C"	"D"	Nota	Diferença	Nota	"A"	"B"	"C"	"D"	Empresas de Comparação
3M	E	E	M	E	11,00	3,00	8,00	M	M	M	M	Norton
American Express	M	M	M	M	8,00	2,00	6,00	M	P	P	M	Wells Fargo
Boeing	E	E	M	E	11,00	5,00	6,00	M	P	P	M	McDonnell Douglas
Citicorp	M	M	M	M	8,00	0,00	8,00	M	P	E	M	Chase Manhattan
Ford	E	M	E	M	10,00	4,00	6,00	M	P	P	M	GM
General Electric	E	M	M	M	9,00	2,00	7,00	M	L	M	M	Westinghouse
Hewlett-Packard	E	E	E	E	12,00	6,00	6,00	M	P	P	M	Texas Instruments
IBM	E	E	M	M	10,00	6,00	4,00	P	P	P	P	Burroughs
Johnson & Johnson	E	E	E	E	12,00	5,00	7,00	M	P	M	M	Bristol-Myers Squibb
Marriott	E	E	E	E	12,00	6,00	6,00	M	P	M	P	Howard Johnson
Merck	E	E	E	E	12,00	5,00	7,00	M	P	M	M	Pfizer
Motorola	E	E	E	E	12,00	5,00	7,00	M	P	M	M	Zenith
Nordstrom	E	E	M	E	11,00	3,00	8,00	M	M	M	M	Melville
Philip Morris	M	P	M	E	8,00	1,00	7,00	M	P	M	M	RJR Nabisco
Procter & Gamble	E	E	M	E	11,00	3,00	8,00	E	P	M	M	Colgate
Sony	E	E	E	E	12,00	5,00	7,00	M	P	M	M	Kenwood
Wal-Mart	M	E	M	E	10,00	6,00	4,00	P	P	P	P	Ames
Walt Disney	E	E	M	E	11,00	7,00	4,00	P	P	P	P	Columbia

Frequência											
Nº de Es	14	13	7	13				1	0	1	0
Nº de Ms	4	4	11	5				14	2	10	14
Nº de Ps	0	1	0	0				3	16	7	4
Total	18	18	18	18				18	18	18	18
EV>EC	14	17	12	14		17					
EV=EC	4	1	5	4		1					
EV<EC	0	0	1	0		0					
Total	18	18	18	18		18					

Tabela A.5
Evidência dos GOAAs

MÉTODO: Ao avaliar a adoção de GOAAs nas empresas visionárias e nas de comparação, consideramos as evidências em cada uma das seguintes dimensões:

A: Adoção de GOAAs

B: Ousadia dos GOAAs

C: Padrão Histórico dos GOAAs

Em cada categoria, atribuímos a cada empresa visionária e de comparação uma classificação baseada nas evidências que tínhamos disponíveis. Em seguida, calculamos um índice geral com base em um somatório das classificações das empresa em todas essas dimensões, atribuindo 3 para cada "E", e para cada "M" e 1 para cada "P".

A: Adoção de GOAAs

E: Evidência significativa de que a empresa usou GOAAs para fomentar o progresso.

M: Algumas evidências de que a empresa usou GOAAs para fomentar o progresso, mas menos claras ou proeminentes do que aquelas que receberam "E".

P: Pouca ou nenhuma evidência de que a empresa fez algum tipo de uso sério dos GOAAs em sua história.

B: Ousadia dos GOAAs

E: Evidências significativas de que seus GOAAs eram altamente "impetuosos" (evidência de que eram muito difíceis de alcançar e/ou altamente arriscados).

M: Evidências de que os GOAAs eram "impetuosos", mas significativamente menos arriscadas ou difíceis de alcançar do que aquelas que receberam "E" nessa dimensão.

P: Pouca evidência de que os objetivos eram altamente audaciosos.

C: Padrão Histórico dos GOAAs

E: Evidência de que a empresa tinha um padrão histórico repetitivo de GOAAs, ou estabelecia GOAAs que transcendiam múltiplas gerações de liderança.

M: Menos evidências (do que aquelas que receberam "E") de um padrão histórico repetitivo de GOAAs, ou adoção de GOAAs que transcenderam múltiplas gerações de liderança.

P: Pouca evidência de um padrão de GOAAs em sua história.

Empresas Visionárias	"A"	"B"	"C"	Nota	Diferença	Nota	"A"	"B"	"C"	Empresas de Comparação
3M	M	M	P	5,00	0,00	5,00	M	M	P	Norton
American Express	M	M	P	5,00	1,00	4,00	M	P	P	Wells Fargo
Boeing	E	E	E	9,00	4,00	5,00	M	M	P	McDonnell Douglas
Citicorp	E	E	E	9,00	4,00	5,00	M	M	P	Chase Manhattan
Ford	E	E	M	8,00	1,00	7,00	E	E	P	GM
General Electric	E	E	M	8,00	1,00	7,00	E	E	P	Westinghouse
Hewlett-Packard	M	E	P	6,00	-2,00	8,00	E	E	M	Texas Instruments
IBM	E	E	M	8,00	5,00	3,00	P	P	P	Burroughs
Johnson & Johnson	M	M	M	6,00	0,00	6,00	M	M	M	Bristol-Myers Squibb
Marriott	E	M	M	7,00	3,00	4,00	M	P	P	Howard Johnson
Merck	E	E	M	8,00	2,00	6,00	M	M	M	Pfizer
Motorola	E	E	E	9,00	3,00	6,00	E	M	E	Zenith
Nordstrom	M	M	M	6,00	0,00	6,00	M	M	M	Melville
Philip Morris	E	E	P	7,00	1,00	6,00	M	M	M	RJR Nabisco
Procter & Gamble	H	H	M	8,00	2,00	6,00	M	M	M	Colgate
Sony	E	E	E	9,00	4,00	5,00	M	M	P	Kenwood
Wal-Mart	E	E	E	9,00	4,00	5,00	M	M	P	Ames
Walt Disney	E	E	M	8,00	3,00	5,00	M	M	P	Columbia

Frequência

	"A"	"B"	"C"				"A"	"B"	"C"	
Nº de Es	13	13	5				4	3	0	
Nº de Ms	5	5	9				13	12	6	
Nº de Ps	0	0	4				1	3	12	
Total	18	18	18				18	18	18	
EV>EC	10	12	10		14					
EV=EC	7	6	6		3					
EV<EC	1	0	2		1					
Total	18	18	18		18					

Tabela A.6
Evidência do Cultismo

MÉTODO: Ao avaliar o cultismo nas empresas visionárias e de comparação, consideramos evidências que indicam que a empresa busca criar um intenso senso de lealdade e dedicação e influenciar o comportamento das pessoas dentro da empresa para que sejam coerentes com a ideologia da empresa. Examinamos as evidências em três dimensões-chave de ambientes baseados em cultos:

A: Condicionamento
B: Rigidez na Adequação
C: Cultura de Grupo

Em cada categoria, atribuímos a cada empresa visionária e de comparação uma classificação baseada na evidência que tínhamos disponível. Em seguida, calculamos um índice geral com base em uma somatória das classificações da empresa em todas essas dimensões, considerando cada "E" como um 3, cada "M" como um 2 e cada "P" como um 1.

A: Condicionamento

E: Evidência significativa de que a empresa tem um histórico de processos formais e/ou tangíveis para condicionar os colaboradores. Esses processos podem incluir:

— Programas de orientação que ensinam valores, normas comportamentais, ideologia corporativa, história e tradição.
— "Treinamento" contínuo com teor ideológico.
— Publicações internas: livros, jornais e periódicos que reforçam a ideologia.
— Socialização ideológica "nas atividades" por colegas, supervisores imediatos e outros.
— Membros da empresa se tornando o principal grupo social para novos funcionários; funcionários sendo incentivados a se socializarem principalmente entre si.
— Cantar músicas corporativas, gritar brados corporativos.
— Exposição a uma mitologia de "feitos heroicos" de funcionários exemplares.
— Uso de linguagem e terminologia únicas que reforçam um quadro de referência
— Promessas ou afirmações.

— Contratação de jovens, promoção interna, moldar a mentalidade do colaborador desde a tenra idade; todos começando de baixo, para forçar as pessoas a "crescerem" na ideologia.

M: Algumas evidências de que a empresa tem uma longa história de processos formais e tangíveis de condicionamento de funcionários em torno da ideologia central, mas menos proeminente e/ou menos coerente historicamente do que aqueles que receberam um "E".

P: Pouca ou nenhuma evidência de que a empresa tenha uma longa história de processos formais e/ou tangíveis de condicionamento de funcionários em torno da ideologia estrutural.

B: Rigidez na Adequação

E: Evidências significativas de que a empresa impôs historicamente uma "rigidez de adequação" — as pessoas tendem a se adaptar bem à empresa ou a não se encaixar; as fronteiras da "adequação" são muito restritas (especialmente no que diz respeito à ideologia da empresa). A empresa usa uma variedade de métodos tangíveis para reforçar a adequação, o que pode incluir:

— Reconhecimento e recompensas tangíveis para aqueles que se encaixam e reforços negativos tangíveis e penalidades para aqueles que não se encaixam (aqueles que se encaixam parecem felizes, recompensados, valorizados; aqueles que não se encaixam parecem infelizes, desvalorizados, "deixados para trás").
— Tolerância a erros que não violam a ideologia da empresa ("não pecados"); penas severas para aqueles que violam a ideologia ("pecados").
— Processos de triagem rígidos, durante a contratação ou nos primeiros anos.
— Expectativas severas de lealdade; penalidades e/ou sentimento de traição por
"Falta de lealdade".
— Normas comportamentais excessivas e controle de comportamento intrusivo que tende a repelir aqueles que não se encaixam.
— Expectativas de zelo de comportamento e adoção da ideologia.
— Procura de adesão (como um investimento financeiro ou de tempo), que tenderá a repelir aqueles que não estão dispostos a "aderir".

M: Algumas evidências de que a empresa impôs historicamente "rigidez de adequação", mas menos proeminente e/ou menos coerente historicamente do que aquelas que receberam "E".

P: Pouca ou nenhuma evidência de que a empresa impôs historicamente "rigidez de adequação".

C: Cultura de Grupo

E: Evidência significativa de que a empresa historicamente reforçou o sentimento de pertencer a algo especial e superior. Ambas as partes são importantes — tanto o pertencimento quanto a ideia de especial. Isso pode ser reforçado de várias maneiras, como:

— Ênfase verbal e escrita contínua em fazer parte de um grupo especial, as elites.

— Uma obsessão com o sigilo e o controle sobre a informação, especialmente em relação ao mundo exterior.

— Celebrações para reforçar sucessos, pertencimento e especialização.

— Uso de nomes ("Motorolans", "Nordies", "Proctoids", "Cast Members") e linguagem especial para reforçar a participação em um grupo especial.

— Muita ênfase em um "sentimento de família" — todos pertencem a "uma família grande e feliz".

— Isolamento físico; ou seja, a empresa possui as próprias instalações (correios, restaurantes, academias, locais de encontro social), o que minimiza a necessidade de os funcionários lidarem com o mundo exterior.

M: Menos evidências (do que aquelas que receberam um "E") de que a empresa historicamente reforçou um sentimento de pertencimento a algo especial e superior.

P: Pouca ou nenhuma evidência de que a empresa tenha historicamente reforçado um sentimento de pertencimentos a algo especial e superior.

Empresas Visionárias	"A"	"B"	"C"	Nota	Diferença	Nota	"A"	"B"	"C"	Empresas de Comparação
3M	M	E	E	8,00	2,00	6,00	M	M	M	Norton
American Express	P	M	M	5,00	0,00	5,00	P	M	M	Wells Fargo
Boeing	M	M	M	7,00	2,00	5,00	M	P	M	McDonnell Douglas
Citicorp	M	M	E	7,00	0,00	7,00	M	M	E	Chase Manhattan
Ford	M	M	E	7,00	0,00	7,00	M	M	E	GM
General Electric	E	M	E	8,00	4,00	4,00	E	M	M	Westinghouse
Hewlett-Packard	E	E	E	9,00	2,00	7,00	E	M	M	Texas Instruments
IBM	E	E	E	9,00	5,00	4,00	P	P	M	Burroughs
Johnson & Johnson	E	M	E	8,00	2,00	6,00	M	M	M	Bristol-Myers Squibb
Marriott	E	E	E	9,00	3,00	6,00	M	M	M	Howard Johnson
Merck	E	E	E	9,00	4,00	5,00	P	M	M	Pfizer
Motorola	E	M	M	7,00	3,00	4,00	P	P	M	Zenith
Nordstrom	E	E	E	9,00	4,00	5,00	P	M	M	Melville
Philip Morris	M	M	M	6,00	0,00	6,00	M	M	M	RJR Nabisco
Procter & Gamble	E	E	E	9,00	3,00	6,00	M	M	M	Colgate
Sony	E	M	E	8,00	3,00	5,00	M	P	M	Kenwood
Wal-Mart	E	M	E	8,00	4,00	4,00	P	P	M	Ames
Walt Disney	E	E	E	9,00	5,00	4,00	P	M	P	Columbia
Frequência										
Nº de Es	12	8	15				1	0	2	
Nº de Ms	5	10	3				9	12	15	
Nº de Ps	1	0	0				8	6	1	
Total	18	18	18				18	18	18	
EV>EC	11	13	13		14					
EV=EC	7	5	5		4					
EV<EC	0	0	0		0					
Total	18	18	18		18					

Tabela A.7
Evidência de Evolução Proposital

MÉTODO: Ao avaliar o uso do progresso evolutivo nas empresas visionárias e de comparação, consideramos as evidências coletadas no decorrer de nosso estudo que indicariam uma evolução intencional para fomentar o progresso. Avaliamos evidências em três dimensões:

A: Adoção Consciente do Progresso
B: Autonomia Operacional para Incentivar e Viabilizar a Variação
C: Outros Mecanismos para Incentivar e Viabilizar a Variação e a Seleção

Em cada categoria, atribuímos a cada empresa visionária e de comparação uma classificação baseada na evidência que tínhamos disponível. Em seguida, calculamos um índice geral com base em um somatório das classificações da empresa em todas essas dimensões, considerando cada "E" como um 3, cada "M" como um 2 e cada "P" como um 1.

A: Adoção Consciente do Progresso

E: Evidência significativa de que a empresa tem um histórico de conscientemente adotar o conceito de progresso por meio de um processo evolutivo de variação e seleção. Embora a empresa também possa adotar outras formas de progresso (como os GOAAs e o autoaperfeiçoamento), também deve ter feito uso consciente dos processos evolutivos. Evidências de que a empresa, de fato, fez algumas mudanças e movimentos estratégicos significativos decorrentes do uso desse tipo de progresso.

M: Algumas evidências de que a empresa tem um histórico de abraçar conscientemente o conceito de progresso por um processo evolucionário de variação e seleção, mas adoção consciente menos proeminente e/ou menos historicamente coerente do que aquelas que receberam um "E".

P: Pouca ou nenhuma evidência de que a empresa tenha um histórico de abraçar conscientemente o conceito de progresso por meio de um processo evolutivo de variação e seleção.

B: Autonomia Operacional

E: Evidência significativa de que a empresa fez uso histórico da autonomia operacional como meio de permitir a variação. A autonomia operacional significa que os funcionários têm ampla discrição pessoal sobre como cumprir suas responsabilidades por meio de estruturas organizacionais descentralizadas e projetos de trabalho que permitem a liberdade operacional.

M: Algumas evidências de que a empresa fez uso histórico da autonomia operacional como meio de possibilitar a variação, mas adoção consciente menos proeminente e/ou menos historicamente coerente do que aquelas que receberam um "E".

P: Pouca ou nenhuma evidência de que a empresa fez uso histórico da autonomia operacional como meio de permitir a variação.

C: Outros Mecanismos

E: Evidência significativa de que a empresa tem um histórico de usar uma variedade de mecanismos além da autonomia operacional para incentivar e possibilitar o progresso evolutivo por meio de variação e seleção. Esses mecanismos podem ser projetados para estimular a criatividade e novas ideias, experimentação, aproveitar oportunidades (ação rápida e vigorosa em resposta a oportunidades inesperadas), ausência de penalização (ou recompensas reais) por erros, recompensas por inovações e novos rumos, iniciativa individual e incentivos para criar oportunidades para a organização.

M: Algumas evidências de que a empresa tem um histórico de usar uma variedade de mecanismos para estimular e possibilitar o progresso evolucionário via variação e seleção, mas adoção consciente menos proeminente e/ou menos historicamente consistente do que aqueles que receberam um "E".

P: Pouca ou nenhuma evidência de que a empresa tenha um histórico de empregar uma variedade de mecanismos para estimular e possibilitar o progresso evolucionário via variação e seleção.

Empresas Visionárias	"A"	"B"	"C"	Nota	Diferença	Nota	"A"	"B"	"C"	Empresas de Comparação
3M	E	E	E	9,00	5,00	4,00	P	M	P	Norton
American Express	E	M	M	7,00	2,00	5,00	M	M	P	Wells Fargo
Boeing	M	M	P	5,00	2,00	3,00	P	P	P	McDonnell Douglas
Citicorp	M	E	M	7,00	3,00	4,00	M	P	P	Chase Manhattan
Ford	M	M	M	6,00	0,00	6,00	M	M	M	GM
General Electric	M	M	M	6,00	1,00	5,00	M	M	P	Westinghouse
Hewlett-Packard	E	E	E	9,00	3,00	6,00	M	M	M	Texas Instruments
IBM	M	M	M	6,00	3,00	3,00	P	P	P	Burroughs
Johnson & Johnson	E	E	M	8,00	2,00	6,00	M	M	M	Bristol-Myers Squibb
Marriott	E	M	M	7,00	3,00	4,00	M	P	P	Howard Johnson
Merck	M	M	M	6,00	-2,00	8,00	E	E	M	Pfizer
Motorola	E	E	E	9,00	5,00	4,00	M	P	P	Zenith
Nordstrom	M	E	P	6,00	0,00	6,00	M	E	P	Melville
Philip Morris	M	M	P	5,00	1,00	4,00	M	P	P	RJR Nabisco
Procter & Gamble	M	M	P	5,00	1,00	4,00	M	P	P	Colgate
Sony	E	E	M	8,00	2,00	6,00	M	M	M	Kenwood
Wal-Mart	E	E	E	9,00	6,00	3,00	P	P	P	Ames
Walt Disney	M	P	M	5,00	1,00	4,00	M	P	P	Columbia

Frequência

	"A"	"B"	"C"				"A"	"B"	"C"	
Nº de Es	8	8	4				1	2	0	
Nº de Ms	10	9	10				13	7	5	
Nº de Ps	0	1	4				4	9	13	
Total	18	18	18				18	18	18	
EV>EC	10	12	10		15					
EV=EC	7	5	8		2					
EV<EC	1	1	0		1					
Total	18	18	18		18					

Tabela A.8 $^{\text{?}}$
Evidência de Continuidade da Gestão

MÉTODO: Ao avaliar a continuidade da gestão nas empresas visionárias e de comparação, consideramos as evidências nas seguintes dimensões:

A: Diretores Executivos Internos versus Externos

B: Nenhum "Vácuo Após o Líder Heroico" nem "Síndrome de Salvador"

C: Programas Formais de Desenvolvimento e Mecanismos de Gestão

D: Planejamento Cuidadoso de Sucessão e Mecanismos de Seleção de CEOs

Em cada categoria, demos a cada empresa visionária e de comparação uma visão baseada nas evidências que tínhamos disponíveis. Em seguida, calculamos um índice geral com base em um somatório das classificações da empresa em todas essas dimensões, considerando cada "E" como um 3, cada "M" como um 2 e cada "P" como um 1.

A. Interno/Externo

E: Evidência significativa de que a empresa tem um histórico de seleção de diretores executivos apenas interna.

M: Evidência de que a empresa tem um histórico de seleção de diretores executivos principalmente interna, mas um ou dois desvios à regra.

P: Evidência de que a empresa se desviou da regra "somente interno" mais de duas vezes.

B: Nenhum "Vácuo Após o Líder Heroico" nem "Síndrome de Salvador"

E: Não há evidências de que a empresa tenha experimentado um "vácuo após o líder heroico" (uma escassez de sucessores altamente qualificados após a saída de um CEO forte) nem a "Síndrome do Salvador" (olhando para o exterior em momentos difíceis para encontrar um "salvador" que chegará e revitalizará a empresa).

M: Evidência de que a empresa tenha experimentado um "vácuo após o líder heroico" ou a "Síndrome do Salvador" pelo menos uma vez em sua história.

P: Evidência de que a empresa passou pelo vácuo ou pela síndrome pelo menos duas vezes em sua história.

C: Mecanismos de Gestão

E: Evidência significativa de que a empresa tem um histórico de atenção consciente ao desenvolvimento gerencial por meio de programas de treinamento em gestão interna, programas de rodízio, uso consciente de experiências no trabalho para desenvolver gerentes, exposição a questões e pensamentos da alta gerência e assim por diante.

M: Algumas evidências de que a empresa tem um histórico de atenção consciente para o desenvolvimento gerencial, mas adoção consciente menos proeminente e/ou menos histórica do que aquelas que receberam um "E".

P: Pouca ou nenhuma evidência de que a empresa tenha um histórico de atenção consciente ao desenvolvimento gerencial.

D: Planejamento de Sucessão e Seleção de CEOs

E: Evidência significativa de que a empresa possui um histórico de planejamento de sucessão cuidadosa e mecanismos formais de seleção de CEOs.

M: Algumas evidências de que a empresa tem um histórico de cuidadoso planejamento de sucessão e mecanismos formais de seleção de CEOs, mas adoção consciente menos proeminente e/ou menos historicamente consistente do que aquelas que receberam um "E".

P: Pouca ou nenhuma evidência de que a empresa tenha um histórico de planejamento cuidadoso de sucessão e mecanismos formais de seleção de CEOs.

Empresas Visionárias	"A"	"B"	"C"	"D"	Nota	Diferença	Nota	"A"	"B"	"C"	"D"	Empresas de Comparação
3M	E	E	M	E	11,00	3,00	8,00	M	E	P	M	Norton
American Express	E	M	M	M	9,00	3,00	6,00	P	M	M	P	Wells Fargo
Boeing	E	E	M	E	11,00	4,00	7,00	E	M	P	P	McDonnell Douglas
Citicorp	E	E	E	M	11,00	5,00	6,00	P	P	M	M	Chase Manhattan
Ford	E	M	M	M	9,00	0,00	9,00	M	M	E	M	GM
General Electric	E	E	E	E	12,00	5,00	7,00	P	M	M	M	Westinghouse
Hewlett-Packard	E	E	E	E	12,00	3,00	9,00	E	M	M	M	Texas Instruments
IBM	E	M	E	M	10,00	4,00	6,00	M	M	P	P	Burroughs
Johnson & Johnson	E	E	E	M	11,00	1,00	10,00	E	E	M	M	Bristol-Myers Squibb
Marriott	E	E	M	M	10,00	4,00	6,00	P	M	P	M	Howard Johnson
Merck	E	E	M	M	10,00	0,00	10,00	E	E	M	M	Pfizer
Motorola	E	E	E	E	12,00	7,00	5,00	M	P	P	P	Zenith
Nordstrom	E	E	M	E	11,00	2,00	9,00	E	M	M	M	Melville
Philip Morris	P	M	M	M	7,00	0,00	7,00	P	M	M	M	RJR Nabisco
Procter & Gamble	E	E	E	E	12,00	6,00	6,00	M	P	M	P	Colgate
Sony	E	E	M	M	10,00	2,00	8,00	M	M	M	M	Kenwood
Wal-Mart	E	E	M	M	10,00	5,00	5,00	M	P	P	P	Ames
Walt Disney	M	P	M	P	6,00	2,00	4,00	P	P	P	P	Columbia

Frequência											
Nº de Es	16	13	7	7				5	3	1	0
Nº de Ms	1	4	11	10				7	10	10	11
Nº de Ps	1	1	0	1				6	5	7	7
Total	18	18	18	18				18	18	18	18
EV>EC	12	10	12	10		15					
EV=EC	6	8	5	8		3					
EV<EC	0	0	1	0		0					
Total	18	18	18	18		18					

Tabela A.8 Dados de Backup
Estatísticas do CEO
1806-1992

Empresas Visionárias	Nº de CEOs	Mandato Médio	Nº de externos	Nº de externos	Mandato Médio	Nº de CEOs	Empresas de Comparação
3M	12	7,50	0	1	8,92	12	Norton
American Express	9	15,78	0	4	9,33	15	Wells Fargo
Boeing	8	9,63	0	0	14,40	5	McDonnell Douglas
Citicorp	20	9,00	0	4	11,50	10	Chase Manhattan
Ford	5	17,80	0	2	7,00	12	GM
General Electric	7	14,29	0	3	8,15	13	Westinghouse
Hewlett-Packard	3	18,00	0	0	7,75	8	Texas Instruments
IBM	6	13,50	0	1	10,00	10	Burroughs
Johnson & Johnson	7	15,14	0	0	21,00	5	Bristol Myers Squibb
Marriott	2	32,50	0	3	13,40	5	Howard Johnson
Merck	5	20,20	0	0	13,00	11	Pfizer
Motorola	3	21,33	0	1	11,50	6	Zenith
Nordstrom	3	30,33	0	0	20,00	5	Melville
Philip Morris	12	12,08	3	3	8,36	14	RJR Nabisco
Procter & Gamble	9	17,22	0	1	16,91	11	Colgate
Sony	2	23,50	0	1	11,50	4	Kenwood
Wal-Mart	2	23,50	0	2	8,50	4	Ames
Walt Disney	6	11,50	1	5	9,00	8	Columbia
Médias	6,72	17,38			11,68	8,78	Médias
Totais	121		4	31		158	
Nº de CEOS nos casos com dados internos versus dados externos	113					140	
% de externos sobre o total	3,54%					22,14%	

Tabela A.9

Classificações de Desempenho das Eras de Diretores Executivos da General Electric

Classificação	Era do Diretor Executivo da GE	Média do Retorno Anual sobre o Patrimônio Líquido Antes dos Impostos
1	Wilson, 1940-49	46,72%
2	Cordiner, 1950-63	40,49%
3	Jones, 1973-80	29,70%
4	Borch, 1964-72	27,52%
5	Welch, 1981-90	26,29%
6	Coffin, 1915-21	14,52%
7	Swope/Young, 1922-39	12,63%

Classificação	Média do Retorno Acionário Cumulativo Anual em Relação ao Mercado em Geral	Classificação	Média do Retorno Acionário Cumulativo Anual em Relação à Westinghouse
1	Swope/Young, 1929–39	1	Cordiner, 1950–63
2	Welch, 1981–90	2	Jones, 1973–80
3	Cordiner, 1950–63	3	Swope/Young, 1926–39
4	Borch, 1964–72	4	Wilson, 1940–49
5	Wilson, 1940–49	5	Welch, 1981–90
6	Jones, 1973–80	6	Borch, 1964–72

Cifras do Retorno Acionário

Retornos Acionários Cumulativos	Nº de Anos	GE no Início	GE no Fim	Mercado no Início	Mercado no Fim	Westighouse no Início	Westighouse no Fim
Swope/Young	13	US$1,00	US$2,93	US$1,00	US$1,69	US$1,00	US$2,83
Wilson	10	US$2,93	US$4,88	US$1,69	US$4,22	US$2,83	US$5,04
Cordiner	14	US$2,93	US$4,88	US$50,96	US$31,63	US$5,04	US$17,60
Borch	9	US$50,96	US$108,23	US$31,63	US$68,18	US$17,60	US$56,39
Jones	8	US$108,23	US$99,15	US$68,18	89,71	US$56,39	US$38,57
Welch	10	US$99,15	679,25	US$89,71	US$415,18	US$38,57	US$345,94

Notas da Tabela A.9

1. Calculado como lucro antes dos impostos dividido pelo patrimônio líquido do final do ano.

2. Nosso banco de dados de retorno sobre patrimônio foi cortado em 1990. No entanto, usando relatórios anuais de 1991 e 1992, descobrimos que a ordem de classificação não era alterada acrescentando-se esses anos adicionais. O ROE de Welch de 1980–1992 sai em 26,83%. (Para o ROE de 1991, excluímos a mudança na contabilização de benefícios pós-aposentadoria de nossos cálculos.)

3. Retorno no banco de dados de patrimônio remonta apenas a 1915; Coffin ingressou no escritório em 1892.

4. Swope e Young atuaram como diretores executivos.

5. Calculado como a razão entre o retorno cumulativo de ações da GE durante a era do CEO dividido pelo retorno acumulado do estoque geral do mercado durante a era do CEO da GE.

6. Nosso banco de dados de retorno de ações vai de janeiro de 1926 a dezembro de 1990.

7. Calculado como a razão entre o retorno cumulativo de ações da GE durante a era do CEO dividido pelo retorno acumulado do estoque geral do mercado ou o retorno cumulativo de ações da Westinghouse durante a era do CEO da GE.

8. Dadas as dificuldades da Westinghouse e o sucesso da GE em 1988–1993, prevemos que a GE sob Welch aumentaria significativamente nessa dimensão.

Tabela A.10

Evidências de Autoaperfeiçoamento

MÉTODO: Ao avaliar o autoaperfeiçoamento nas empresas visionárias e de comparação, consideramos as evidências nas seguintes dimensões:

A: Investimentos de Longo Prazo (PP&E, P&D, Lucros, Reinvestimentos)

B: Investimento em Capacidades Humanas: Recrutamento, Treinamento e Desenvolvimento

C: Adoção Preliminar de Novas Tecnologias, Métodos, Processos

D: Mecanismos para Fomentar a Melhoria

Em cada categoria, atribuímos a cada empresa visionária e de comparação uma classificação baseada na evidência que tínhamos disponível. Em seguida, calculamos um índice geral com base em um somatório das classificações da empresa em todas essas dimensões, considerando cada "E" como um 3, cada "M" como um 2 e cada "B" como um 1.

A. Investimentos de Longo Prazo

E: Evidência significativa de que a empresa tem um histórico de reinvestimento de lucros para crescimento de longo prazo, com base no índice PP&E como porcentagem de vendas, despesas com P&D e índices de pagamento de dividendos.

M: Algumas evidências de que a empresa tem um histórico de reinvestimento de lucros para crescimento de longo prazo.

P: Evidência de que a empresa negligenciou investimentos para crescimento de longo prazo.

B: Investimento em Capacidades Humanas

E: Evidência significativa de que a empresa tem um histórico de investimento em recrutamento de funcionários, treinamento e desenvolvimento profissional — mesmo em períodos de declínio.

M: Algumas evidências de que a empresa tem um histórico de investimento em recrutamento de funcionários, treinamento e desenvolvimento profissional — mesmo em períodos de declínio.

P: Poucas evidências de que a empresa tem um histórico de investimento em recrutamento de funcionários, treinamento e desenvolvimento profissional — mesmo em períodos de declínio.

C: Adoção Preliminar

E: Evidências significativas de que a empresa tem um histórico de adoção preliminar de, por exemplo, novas tecnologias, processos ou métodos de gestão.

M: Algumas evidências de que a empresa tem um histórico de adoção preliminar de novas tecnologias, processos e métodos de gestão.

P: Evidência de que a empresa tem um histórico de adoção tardia de novas tecnologias, processos e métodos de gestão.

D: Mecanismos

E: Evidência significativa de que a empresa tem um histórico de "mecanismos de desconforto" tangíveis que impulsionam a mudança e a melhoria interna, antes que o ambiente externo exija mudanças e melhorias.

M: Algumas evidências de que a empresa tem um histórico de "mecanismos de desconforto" tangíveis que impulsionam a mudança e a melhoria interna antes que o ambiente externo exija mudanças e melhorias.

P: Pouca ou nenhuma evidência de que a empresa tem um histórico de "mecanismos de desconforto" tangíveis que impulsionem a mudança e a melhoria de dentro para que o ambiente externo exija mudanças e melhorias.

Empresas Visionárias	"A"	"B"	"C"	"D"	Nota	Diferença	Nota	"A"	"B"	"C"	"D"	Empresas de Comparação
3M	M	E	M	E	11,00	4,00	7,00	P	M	M	M	Norton
American Express	M	M	P	P	6,00	0,00	6,00	M	M	P	P	Wells Fargo
Boeing	M	M	E	E	10,00	3,00	7,00	M	L	M	M	McDonnell Douglas
Citicorp	M	E	E	M	10,00	4,00	6,00	M	M	P	P	Chase Manhattan
Ford	M	M	M	M	8,00	1,00	7,00	M	M	M	P	GM
General Electric	M	E	E	E	11,00	4,00	7,00	M	P	M	M	Westinghouse
Hewlett-Packard	E	E	M	E	11,00	2,00	9,00	M	M	E	M	Texas Instruments
IBM	E	E	M	P	9,00	4,00	5,00	M	P	P	P	Burroughs
Johnson & Johnson	M	M	E	M	9,00	2,00	7,00	M	P	M	M	Bristol-Myers Squibb
Marriott	E	E	M	E	11,00	4,00	7,00	M	P	M	M	Howard Johnson
Merck	E	E	M	E	11,00	3,00	8,00	M	M	M	M	Pfizer
Motorola	M	E	E	E	11,00	6,00	5,00	P	P	P	M	Zenith
Nordstrom	E	M	M	E	10,00	2,00	8,00	M	M	M	M	Melville
Philip Morris	M	M	M	M	8,00	3,00	5,00	P	M	P	P	RJR Nabisco
Procter & Gamble	M	E	E	E	11,00	5,00	6,00	P	M	M	P	Colgate
Sony	M	M	M	M	8,00	0,00	8,00	M	M	M	M	Kenwood
Wal-Mart	M	M	E	E	10,00	5,00	5,00	M	P	P	P	Ames
Walt Disney	E	E	E	P	10,00	6,00	4,00	P	P	P	P	Columbia

Frequência

	"A"	"B"	"C"	"D"				"A"	"B"	"C"	"D"	
Nº de Es	6	10	9	10				0	0	1	0	
Nº de Ms	12	8	8	5				13	10	10	10	
Nº de Ps	0	0	1	3				5	8	7	8	
Total	18	18	18	18				18	18	18	18	
EV>EC	10	13	11	13		16						
EV=EC	8	5	6	5		2						
EV<EC	0	0	1	0		0						
Total	18	18	18	18		18						

Tabela A.10 Dados de Backup

Aumento Médio Anual do PP&E Bruto
Como Porcentagem de Vendas

Par	Empresa Visionária	Empresa de Comparação	Anos Comparados
3M/Norton	3,50%	1,44%	1961–1986
American Express/Wells Fargo	NA	NA	NA
Boeing/McDonnell Douglas	0,70%	11,84%	1967–1986
Citicorp/Chase Manhattan	NA	NA	NA
Ford/General Motors	2,19%	1,80%	1950–1986
General Electric/Westinghouse	1,23%	1,43%	1915–1987
Hewlett-Packard/Texas Instruments	4,13%	2,89%	1957–1990
IBM/Burroughs	8,03%	3,28%	1934–1988
Johnson & Johnson/Bristol–Myers	2,38%	2,23%	1943–1988
Marriott/Howard Johnson	9,29%	4,20%	1960–1978
Merck/Pfizer	3,59%	3,54%	1941–1990
Motorola/Zenith	2,66%	0,72%	1942–1990
Nordstrom/Melville	5,03%	1,23%	1971–1988
Philip Morris/R.J. Reynolds	2,11%	1,13%	1937–1990
Procter & Gamble/Colgate	2,32%	1,15%	1928–1988
Sony/Kenwood	NA	NA	NA
Wal-Mart/Ames	2,53%	2,33%	1970–1989
Walt Disney/Columbia	7,00%	0,34%	1939–1980

Tabela A.10 Dados de Backup
Relação Média Anual de Pagamento de Dividendos

Par	Empresa Visionária	Empresa de Comparação	Anos Comparados
3M/Norton	0,50	0,50	1961–1986
American Express/Wells Fargo	NA	NA	NA
Boeing/McDonnell Douglas	0,27	0,17	1967–1986
Citicorp/Chase Manhattan	0,40	0,47	1954–1989
Ford/General Motors	0,36	0,65	1950–1986
General Electric/Westinghouse	0,65	0,51	1915–1987
Hewlett-Packard/Texas Instruments	0,1O	0,23	1957–1990
IBM/Burroughs	0,50	0,64	1934–1988
Johnson & Johnson/Bristol-Myers	0,32	0,52	1943–1988
Marriott/Howard Johnson	0,20	0,27	1960–1978
Merck/Pfizer	0,55	0,47	1941–1990
Motorola/Zenith	0,32	0,52	1942–1990
Nordstrom/Melville	0,15	0,34	1971–1988
Philip Morris/R.J. Reynolds	0,54	0,63	1937–1990
Procter & Gamble/Colgate	0,79	0,70	1926–1988
Sony/Kenwood	NA	NA	NA
Wal-Mart/Ames	0,10	0,12	1970–1989
Walt Disney/Columbia	0,06	0,27	1950–1980

apêndice **4**

NOTAS DOS CAPÍTULOS

CAPÍTULO 1

1. Entrevista com o autor, 19 de novembro de 1990.
2. "The Character of Procter & Gamble", texto do discurso de John G. Smale, 7 de novembro de 1986.
3. Usamos o Centro de Pesquisa em Banco de Dados do Índice de Mercado de Valores Mobiliários (CRSP) como fonte de nossos dados de retorno de ações. A carteira de "mercado geral" consiste na média ponderada (com base no valor de mercado) de todas as ações negociadas na NYSE a partir de 1926, AMEX a partir de 1962 e NASDAQ a partir de 1972. A análise não inclui Nordstrom versus Melville e Sony versus Kenwood (dados não disponíveis no CRSP), o que teria melhorado o desempenho das empresas visionárias. Fomos confrontados com uma decisão sobre como lidar com a Texas Instruments, que se fundiu com a Intercontinental Rubber Company em 1953. Para manter a coerência em toda a fonte de dados, optamos por usar os dados da CRSP diretamente — já que foi isso que fizemos com todas as outras empresas na análise. No entanto, para garantir que o TI não distorça indevidamente os dados, calculamos os retornos usando dados de TI somente após a fusão de 1953. Isso produziu uma comparação total de US$1.024, portanto, não mudando drasticamente o resultado geral; as empresas visionárias ainda superaram as de comparação em mais de seis vezes.
4. Utilizamos estatística descritiva, histogramas, intervalos de confiança e testes-t. Examinamos:

   - População versus retornos. Retornos esperados com base em: (número de empresas sediadas em cada estado na população) vezes (número total de retornos)/(população total), em comparação com os retornos reais.
   - População versus amostra. Amostra esperada baseada em: (número de empresas sediadas em cada estado na população) vezes (amostra total/população total), em comparação com a amostra real por estado.
   - Amostra versus devoluções. Retornos esperados com base em: (número de empresas sediadas em cada estado) vezes (número total retornado)/(amostra total), em relação aos retornos reais por estado.
   - Em todos os três casos anteriores, a diferença nas pontuações não foi significativamente diferente de zero.

5. *Fortune 500 Industrial*: 23%; *Fortune 500 Service*: 23%; *Inc. 500 Private*: 27%; *Inc. 100 Public*: 25%.

6. Darwin não viu as tartarugas e *imediatamente* teve o lampejo que levou a sua teoria da evolução (na verdade, ele deixou os Galápagos ainda como criacionista). Mas as tartarugas (e outras variações nas espécies) que não se encaixavam perfeitamente nas suposições sobre as espécies plantaram uma minúscula semente de dúvida e descontentamento, que mais tarde germinou em sua teoria evolutiva de variação e seleção natural. (Veja o livro de Stephen J. Gould *The Flamingo's Smile*, "Darwin no Mar", Norton, 1985.)

7. Jerry I. Porras, *Stream Analysis — A Powerfull Way to Diagnose and Manage Organizational Change* (Reading, MA: Addison-Wesley, 1987).

CAPÍTULO 2

1. Schickel, Richard, *The Disney Version* (Nova York: Simon & Schuster, 1968), 44, 363.

2. Sam Walton e John Huey, *Sam Walton: Made in America* (Nova York: Doubleday, 1992), 234.

3. A inspiração original para essa analogia veio de uma série de palestras sobre história intelectual e a revolução newtoniana, intitulada *The Origin of the Modern Mind*, proferida por Alan Charles Kors, professor de história da Universidade da Pensilvânia, registrada em fita cassete como parte do Superstar Teacher Series, da Teaching Company, Washington, D.C.

4. Arquivos da Hewlett-Packard Company, "An Interview with Bill Hewlett", 1987, 4.

5. "Research Packed with Ph.Ds", *Business Week*, 22 de dezembro de 1956, p. 58.

6. John McDonald, "The Men Who Made T.I.", *Fortune*, novembro de 1961, 118.

7. Akio Morita, *Made in Japan* (Nova York: Dutton, 1986), 44–57.

8. Nick Lyons, *The Sony Vision* (Nova York: Crown, 1976), 4–5.

9. Akio Morita, *Made in Japan* (Nova York: Dutton, 1986), 44–57.

10. *Japan Electronics Almanac*, 1988, 282.

11. Vance Trimble, *Sam Walton* (Nova York: Dutton, 1990), 121.

12. Sam Walton e John Huey, *Sam Walton: Made in America* (Nova York: Doubleday, 1992), 35.

13. *Hoover's Handbook of Corporations*, 1991.

14. Vance Trimble, *Sam Walton* (Nova York: Dutton, 1990), 102–104.

15. Ibid., 121–122.

16. Robert O'Brien, *Marriott: The J Willard Marriott* (Salt Lake City: Deseret, 1987).

17. John W. Nordstrom, *The Immigrant in 1887* (Seattle: Dogwood Press, 1950), 44–50; "Nordstrom History", publicação da empresa, 26 de novembro de 1990.

18. *Values and Visions: A Merck Century* (Rahway, NJ: Merck, 1993), 13–15.

19. "Procter & Gamble Chronology", publicação da empresa; Oscar Schisgall, *Eyes on Tomorrow: The Evolution of Procter & Gamble* (Nova York: Doubleday, 1981), 1–14; Alfred Lief, *It Floats: The Story of Procter & Gamble* (Nova York: Rinehart, 1958), 14–32.

20. Harry Mark Petrakis, *The Founder's Touch* (Nova York: McGraw-Hill, 1965), 62-63.

21. *The Philip Morris History*, publicação da empresa, 1988.

22. *Our Story So Far* (St. Paul, MN: 3M Company, 1977),

23. Charles W. Cheape, *Norton Company: a New England Enterprise* (Cambridge, MA: Harvard University Press, 1985), 12.

24. Robert J. Serling, *Legend and Legacy* (Nova York: St.Martin's Press, 1992), 2–6.

25. "Take off for the Business Jet", *Business Week*, 28 de setembro de 1963.

26. René J. Francillon, *McDonnell Douglas Aircraft Since 1920*, (Annapolis, MD: Naval Institute Press, 1988), 1–12

27. Richard Schickel, *The Disney Version* (Nova York: Simon & Schuster, 1968), 106-107.

28. Clive Hirschhorn, *The Columbia Story* (Nova York: Crown, 1989), pp. 7–16.

29. Grover e Lagai, *Development of American Industries*, 4ª edição, 1959, 491.

30. Robert Lacey, *Ford: The Men and the Machine* (Nova York: Ballantine Books, 1986), 47-110.

31. *Centennial Review*, documento Interno da Westinghouse, 1986.

32. Ibid.

33. Leonard S. Reich, *The Making of American Industrial Research: Science and Business at GE and Bell*, 1876-1926 (Cambridge: Cambridge University Press, 1985), 69-71. (*Nota dos autores*: Não conseguimos confirmar que o laboratório da GE foi efetivamente o primeiro dos Estados Unidos, mas sabemos que precedeu o Bell Labs, um dos outros primeiros, por 25 anos.)

34. Discurso interno de Bill Hewlett, 1956. Cortesia dos arquivos da Hewlett-Packard.

35. Dave Packard, "Industry's New Challenge: The Management of Creativity", Western Electronic Manufacturers' Association, San Diego, 23 de setembro de 1964, cortesia dos arquivos da Hewlett-Packard.

36. "Hewlett-Packard Chairman Built Company by Design, Calculator by Chance", *The AMBA Executive*, setembro de 1977, 6-7.

37. Harry Mark Petrakis, *The Founder's Touch* (Nova York: McGraw-Hill, 1965), x-63.

38. Oscar Schisgall, *Eyes on Tomorrow: The Evolution of Procter & Gamble* (Nova York: Doubleday, 1981), xii.

39. "National Business Hall of Fame Roster of Past Laureates", *Fortune*, 5 de abril de 1993, 116.

40. *Hoover's Handbook*, 1991, 381.

41. *Our Story So Far* (St. Paul, MN: 3M Company, 1977),

42. Mildred Houghton Comfort, *William L. McKnight, Industrialist* (Minneapolis: TS Denison, 1962), 35, 45, 182, 194, 201.

43. Akio Morita, *Made in Japan* (Nova York: Dutton, 1986),

44. Oscar Schisgall, *Eyes on Tomorrow: The Evolution of Procter & Gamble* (Nova York: Doubleday, 1981), 1-15.

45. Robert J. Serling, *Legend and Legacy: The Story of Boeing and Its People* (Nova York: St. Martin's Press, 1992), 70.

46. *Values and Visions: A Merck Century* (Rahway, NJ: Merck, 1993), 12.

47. Camille B. Wortman e Elizabeth F. Loftus, *Psychology* (Nova York: McGraw-Hill, 1992), 385- 418.

48. Harold van B. Cleveland e Thomas F. Huertas, *Citibank, 1812-1970* (Cambridge, MA: Harvard Universtity Press, 1985), 32.

49. *Citibank, 1812-1970*, 301.

50. Harold van B. Cleveland e Thomas F. Huertas, *Citibank, 1812-1970* (Cambridge, MA: Harvard Universtity Press, 1985), 41, 301; e John Donald Wilson, *The Chase* (Boston: Harvard Business School Press, 1986), 25.

51. *Citibank, 1812-1970*, 54.

52. Anna Robeson Burr, *Portrait of a Banker: James Stillman, 1850-1918* (Nova York: Duffield, 1927), 249.

53. "Wiggin Is the Chase Bank and the Chase Bank Is Wiggin", *Business Week*, 30 de abril de 1930.

54. Vance Trimble, *Sam Walton* (Nova York: Dutton, 1990), veja pp. 1-45, para um bom relato do início da vida de Walton.

55. Sam Walton e John Huey, *Sam Walton: Made in America* (Nova York: Doubleday, 1992), pp. 78-79.

56. "America's Most Successful Merchant", *Fortune*, 23 de setembro de 1991.

57. Grande parte dos detalhes dessa seção vem de: Sam Walton e John Huey, *Made in America* (Nova York: Doubleday, 1992), 225-232.

58. Vance Trimble, *Sam Walton* (Nova York: Dutton, 1990),

59. Sam Walton e John Huey, *Made in America* (Nova York: Doubleday, 1992), 225.

60. Vance Trimble, *Sam Walton* (Nova York: Dutton, 1990),

61. "Industry Overview", *Discount Merchandiser*, junho de 1977.

62. "Gremlins are Eating up the Profits at Ames", *Business Week*, 19 de outubro de 1987.

63. "David Glass Won't Crack Under Fire", *Fortune*, 8 de fevereiro de 1993, 80.

64. "Pistner discusses Ames Strategy", *Discount Merchandiser*, julho de 1990.

65. "James Harmon's Two Hats", *Forbes*, 28 de maio de 1990.

66. Metas para o ano 2000 de uma carta que recebemos de um diretor do Wal-Mart em 1991. Veja nosso capítulo sobre visão para saber mais detalhes.

67. Harry Mark Petrakis, *The Founder's Touch* (Nova York: McGraw-Hill, 1965), 49, 61.

68. Ibid., 69, 88.

69. Ibid., 114–15.

70. Ibid., p. XI.

71. Robert W. Galvin, *The Idea of Ideas* (Schaumburg, IL: Motorola University Press, 1991), 45, 65.

72. "Zenith Bucks the Trend", *Fortune*, dezembro de 1960.

73. "At the Zenith and on the Spot", *Forbes*, 1º de setembro de 1961.

74. "Zenith Bucks the Trend", *Fortune*, dezembro de 1960;

75. "Irrepressible Gene McDonald", *Reader's Digest*, julho de 1944; e "Commander McDonald of Zenith", *Fortune*, junho de 1945.

76. *Diretório Internacional de Histórias Corporativas* (Chicago: St. James Press, 1988), 123.

77. "Zenith Bucks the Trend", *Fortune*, dezembro de 1960.

78. Ibid.

79. Galvin morreu em novembro de 1959; McDonald, em maio de 1958.

80. *Diretório Internacional de Histórias Corporativas* (Chicago: St. James Press, 1988), Volume 2, 135.

81. *Diretório Internacional de Histórias Corporativas* (Chicago: St. James Press, 1988), Volume 2, 135.

82. Clive Hirschhorn, *The Columbia Story* (Nova York: Crown, 1989).

83. Schickel, Richard, *The Disney Version* (Nova York: Simon & Schuster, 1968), 362.

84. *The Disney Studio Story* (Hollywood: Walt Disney, 1987), 18.

85. *The Disney Studio Story* (Hollywood: Walt Disney, 1987); e Schickel, Richard, *The Disney Version* (Nova York: Simon & Schuster, 1968), 180.

86. *The Disney Studio Story* (Hollywood: Walt Disney, 1987), p. 42.

87. *Personnel*, dezembro de 1989, 53.

88. John Taylor, *Storming the Magic Kingdom* (Nova York: Ballantine Books, 1987), 14.

89. Ibid., P. viii.

90. Parafraseamos para esse parágrafo da série de palestras "The Origin of the Modern Mind", de Alan Charles Kors, professor de história da Universidade da Pensilvânia.

91. Para a melhor cobertura da teoria da evolução, sugerimos *Biology*, de Norman K. Wessels e Janet L.

92. Hopson (Nova York: Random House, 1988), Capítulos 9–15, 19, 41–43.

93. Para uma excelente descrição das personalidades e processos da convenção constitucional veja *Miracle at Philadelphia — The Story of the Constitutional Convention: May to September, 1787*, de Catherine Drinker Bowen (Boston: Little, Brown, 1966).

INTERLÚDIO

1. F. Scott Fitzgerald, *The Crack-up* (1936).

CAPÍTULO 3

1. Entrevista com o autor, 17 de abril de 1992.

2. Merck & Company, Guia de Gestão, Declaração de Política Corporativa, 3 de fevereiro de 1989, cortesia da Merck.

3. Escrito pessoalmente por Don Petersen quando revisou nosso manuscrito, em janeiro de 1994.

4. George W. Merck, "An Essential Partnership—The Chemical Industry and Medicine", discurso apresentado à Divisão de Química Medicinal da American Chemical Society, 22 de abril de 1935.

5. Merck & Company, Relatório Anual de 1991, Inside Cover.

6. David Bollier e Kirk O. Hansen, *Merk & Co.* (A–D), Business Enterprise Trust Case, Nº 90–013.

7. David Bollier e Kirk O. Hansen, *Merk & Co.* (A–D), Business Enterprise Trust Case, Nº 90–013, caso D, 3.

8. George W. Merck, discurso no Medical College of Virginia, em Richmond, 1º de dezembro de 1950, cortesia dos arquivos históricos da Merck.

9. "Chas Pfizer: Successful Upstart", *Forbes*, 15 de dezembro de 1962.

10. Akio Morita, *Made in Japan* (Nova York: Dutton, 1986), pp. 43–44.

11. Há um debate sobre a tradução exata do prospecto do japonês para o inglês. Confiamos em duas fontes para captar a essência dessa parte do prospecto: o livro de Nick Lyons, *The Sony Vision* (Nova York: Crown, 1976), 1–18; e uma tradução de um de nossos alunos japoneses, Tsuneto Ikeda, a quem somos gratos por sua perspectiva sobre o documento.

12. Nick Lyons, *The Sony Vision* (Nova York: Crown, 1976),

13. Akio Morita, *Made in Japan* (Nova York: Dutton, 1986), 147–148.

14. Ibid., 79.

15. Ranganath Nayak e John M. Ketteringham, *Breakthroughs!* (Nova York: Rawson Associates, 1986), 130–150; e Nick Lyons, *The Sony Vision* (Nova York: Crown, 1976), xv-xvii.

16. Robert L. Shook, *Turnaround: The New Ford Motor Company* (Nova York: Prentice-Hall, 1990), 94.

17. Robert L. Shook, *Turnaround: The New Ford Motor Company* (Nova York: Prentice-Hall, 1990), 96.

18. Detroit News, 14 de novembro de 1916, citado em Lacey, 179.

19. Robert Lacey, *Ford — The Men and the Machine* (Nova York: Ballantine Books, 1986), 179.

20. Ibid., 128.

21. Ibid., 129.

22. Peter F. Drucker, *Concept of the Corporation* (Nova York: John Day, 1972), 305–307.

23. Peter F. Drucker, *Management: Tasks, Responsibilities, Practices* (Nova York: Harper & Row, 1985), 808.

24. David Packard, discurso proferido ao grupo de treinamento da HP em 8 de março de 1960, cortesia dos arquivos da Hewlett-Packard.

25. David Packard, discurso de "A Management Code of Ethics", apresentado à American Management Association, São Francisco, CA, em 24 de janeiro de 1958, cortesia dos arquivos da Hewlett-Packard.

26. Ibid.

27. Watt's Current, newsletter interna de funcionários, *From Our President's Desk*, novembro de 1961, cortesia dos arquivos da Hewlett-Packard.

28. Dave Packard, "Objectives of the Hewlett-Packard Company", janeiro de 1957; cortesia dos arquivos da Hewlett-Packard.

29. Entrevista do autor com John Young, 17 de abril de 1992.

30. John McDonald, "The Men Who Made TI", *Fortune*, novembro de 1961, p. 123.

31. "Running Things With a Slide Rules", *Business Week*, 27 de abril de 1968.

32. "The Men Who Made TI", *Fortune*, novembro de 1961.

33. " Running Things With a Slide Rule", *Business Week*, 27 de abril de 1968.

34. "Texas Instruments: Pushing Hard into Consumer Markets", *Business Week*, 24 de agosto de 1974.

35. "Japanese Heat on the Watch Industry", *Business Week*, maio de 1980.

36. Discurso interno da HP proferido por David Packard enfatizando aos gerentes de divisão a importância de pensar em termos de contribuição, não em termos de participação de mercado ou proporção, cortesia dos arquivos da Hewlett-Packard.

37. "How TI Beat the clock on its US$20 digital watch", *Business Week*, 31 de maio de 1976; "Japanese Heat on the Watch Industry", *Business Week*, 5 de maio de 1980; discurso interno de arquivos da HP por David Packard, 11 de fevereiro de 1974; entrevista com John Young, abril de 1992.

38. Lawrence G. Foster, *A Company that Cares* (New Brunswick, NJ: Johnson & Johnson, 1986), 17.

39. Ibid, 64-67.

40. Ibid, 65.

41. R.W. Johnson Jr., *Try Reality*, um panfleto que ele escreveu em 1935.

42. Lawrence G. Foster, *A Company that Cares* (New Brunswick, NJ; Johnson & Johnson, 1986), 108-109.

43. Francis J. Aguilar e Arvind Bhambri, "Johnson & Johnson (A)", caso da Harvard Business School nº 384-053, 4.

44. Warren Bennis, *On Becoming a Leader* (Reading, MA: Addison-Wesley, 1989), 192.

45. Francis J. Aguilar e Arvind Bhambri, "Johnson & Johnson (A)", caso da Harvard Business School nº 384-053, 3.

46. Francis J. Aguilar e Arvind Bhambri, "Johnson & Johnson (A)" caso da Harvard Business School nº 384-053.

47. Ibid, 5.

48. "Bristol-Meyers Prescription for Profits", *Dun's Business Month*, dezembro de 1982.

49. Veja E. E. Tauber, *Boeing in Peace and War* (Enumaclaw, WA: TABA, 1991); Robert J. Serling, *Legend and Legacy: The Story of Boeing and Its People* (Nova York: St. Martin's Press, 1992); Harold Mansfield, *Vision* (Nova York: Popular Press, 1966).

50. De "Gamble in the Sky", *Time*, 19 de julho de 1954, e "Accelerating the Jet Age", *Nation's Business*, agosto de 1967.

51. Robert J. Serling, *Legend and Legacy: The Story of Boeing and Its People* (Nova York: St. Martin's Press,1992), 285.

52. Harry Mark Petrakis, *The Founder's Touch* (Nova York: McGraw-Hill, 1965), 134, 153.

53. Ibid., 111.

54. Robert W. Galvin, *The Idea of Ideas* (Schaumburg, IL: Motorola University Press, 1991).

55. "For Which We Stand — A Statement of Purpose, Principles, and Ethics", publicação Interna da Motorola, 1988.

56. Robert O'Brien, *Marriott: The J Willard Marriott Story* (Salt Lake City: Deseret, 1987), p. 324.

57. Ibid., 320.

58. "Staying Power", *Vis a Vis*, fevereiro de 1981, p. 60.

59. Robert O'Brien, *Marriott: The J Willard Marriott Story* (Salt Lake City: Deseret, 1987), 256.

60. "Money, Talent, and the Devil by the Tail: J. Willard Marriott", *Management Review*, janeiro de 1985.

61. Ibid.

62. Relatório Anual do Marriott 1988, 3.

63. "Howard Johnson Tries a Little Harder", *Business Week*, 29 de setembro de 1973; "HoJos Will Repaint Its Roofs", *Business Week*, 13 de dezembro de 1982; "How a Great American Franchise Lost Its Way", *Forbes*, 30 de dezembro de 1985; "The Sad Case of the Dwindling Orange Roofs", *Forbes*, 3 de dezembro de 1985.

64. "HoJos Will Repaint Its Roofs", *Business Week*, 13 de dezembro de 1982; "How a Great American Franchise Lost Its Way", *Forbes*, 30 de dezembro de 1985.

65. Entrevista com Ross Millhauser, *New York Times*, 25 de janeiro de 1979, D1.

66. "Voyage into the Unknown", *Forbes*, 1 de dezembro de 1971, 41.

67. *Fortune*, 8 de maio de 1989.

68. Discussão com os autores em uma conferência na Universidade de Stanford, em outubro de 1991.

69. "Philip Morris: Unconventional Wisdom", *Forbes*, 1º de janeiro de 1971.

70. "How Philip Morris Diversified Right", *Fortune*, 23 de outubro de 1989.

71. "Can He Keep Philip Morris Growing", *Fortune*, 6 de abril de 1992.

72. "How Philip Morris Diversified Right", *Fortune*, 23 de outubro de 1989.

73. Antes do início da década de 1950, a Philip Morris parece não ter tido uma ideologia coerente; essa discussão refere-se a meados da década de 1950 em diante. A Philip Morris é a única empresa visionária em nosso estudo em que a ideologia só aparece relativamente tarde na história da empresa.

74. Mildred Houghton Comfort, *William L. McKnight, Industrialist* (Minneapolis: T. S. Denison, 1962); Virginia Huck, *Brand of the Tartan — The 3M Story* (Nova York: Appleton-Century-Crofts, 1955); *Our Story So Far* (St. Paul, MN: 3M Company, 1977); vários artigos históricos de negócios; "Getting to KnowUs", publicação da 3M.

75. Alden Hatch, *American Express 1850-1950: A Century of Service* (Garden City, NY: Country Life Press, 1950); Jon Friedman e John Meechan, *House of Cards: Inside the Trouble Empire of American Express* (Nova York: Putnam, 1992); "Eight Principles: Lou Gerstner Discusses the Staying Power of Corporate Philosophy" *TRS Express* (American Express Publication), dezembro de 1987; Peter Grossman, *American Express: The Unofficial History*.

76. E. E. Tauber, *Boeing in Peace and War* (Enumaclaw, WA: TABA, 1991), Robert J. Serling, *Legend e Legacy* (Nova York: St. Martin's Press, 1992); Harold Mansfield, *Vision* (Nova York: Popular Press, 1966); declaração de missão e valores da Boeing, cortesia da Boeing; "Accelerating the Jet Age", *Nation's Business*, agosto de 1967.

77. Harold van B. Cleveland e Thomas F. Huertas, *Citibank 1812-1970* (Cambridge, MA: Harvard Universtity Press, 1985); Richard B. Miller, *Citicorp: The Story of a Bank in Crisis* (Nova York: McGraw-Hill, 1993); Robert B. Levering, *The 100 Best Companies to Work for in America* (New York: New American Library, 1984), 43; "Our Future" e "Ethical Choices", publicações internas do Citicorp.

78. Henry Ford II, *The Human Environment and Business* (Nova York: Weybright & Talley, 1970); Robert L. Shook, *Turnaround: The NewFord Motor Company* (Nova York: Prentice-Hall, 1990); Anne Jardin, *The First Henry Ford* (Colonial Press, 1970); Robert Lacey, *Ford — The Men and the Machine* (Nova York: Ballantine Books, 1986); *American Legend* e *This Is the Ford Motor Company*, publicações corporativas da Ford; *Ford at Fifty* (Nova York: Simon & Schuster, 1953).

79. Ronald G. Greenwood, *Managerial Decentralization: A Study of the General Electric Philosophy* (Lexington, MA: Lexington Books, 1974); Robert Conot, *Thomas A. Edison — A Streak of Luck* (Nova York: Da Capo Press, 1979); *The General Electric Story* (Schenectady, NY: Hall of History Foundation, 1981), volumes 1 e 2; Noel M. Tichy e Stratford Sherman, *Control Your Destiny or Someone Else Will* (Nova York: Moeda Doubleday, 1993); "1956 Statement of GE's Comapny Objectives", cortesia da General Electric.

80. "Objectives of the Hewlett-Packard Company", janeiro de 1957, cortesia dos arquivos da Hewlett-Packard; entrevistas com William Hewlett e John Young; várias publicações internas.

81. Thomas J. Watson Jr., *Father, Son, & Company* (Nova York: Bantam Books, 1990), 302; Thomas J. Watson Jr., *A Business and Its Beliefs* (Nova York: McGraw-Hill, 1963); "IBM Yesterday and Today", publicação corporativa; Lou Mobley e Kate McKeown, "Beyond IBM; IBM 75th Anniversity", *Think*, setembro de 1989.

82. "Our Credo", cortesia da Johnson & Johnson; Francis J. Aguilar e Arvind Bhambri, "Johnson & Johnson (B)", caso da Harvard Business School n° 384-054; James E. Burke, carta "One Hundred Years", publicada em *A Company that Cares* (New Brunswick, NJ: Johnson & Johnson, 1986), 163; vários artigos e boletins internos da empresa.

83. Robert O'Brien, *Marriott: The J Willard Marriott Story* (Salt Lake City: Deseret, 1987); Relatório Anual da Marriott 1988; vários artigos.

84. Merck & Company, "Statement of Corporate Objectives", cortesia da Merck & Company; *Values and Visions: A Merck Century* (Rahway, NJ: Merck, 1993); vários artigos e documentos dos arquivos da Merck.

85. *For Which We Stand — A Statement of Purpose, Principles, and Ethics*, publicação interna da Motorola, 1988; Robert W. Galvin, *The Idea of Ideas* (Schaumburg, IL: Motorola University Press, 1991); Harry Mark Petrakis, *The Founder's Touch* (Nova York: McGraw-Hill, 1965); vários artigos.

86. Extraído da "Nordstrom History", publicação da empresa, palestra de Bruce Nordstrom na Stanford Business School, 1991; vários artigos.

87. (Nota: Antes do início da década de 1950, a Philip Morris parece não ter uma ideologia muito coerente; essa lista é de meados da década de 1950.) Fontes: "How Philip Morris Diversified Right", *Fortune*, 23 de outubro de 1989; "Voyage into the Unknown", *Forbes*, 1° de dezembro de 1971; "Philip Morris; Unconventional Wisdow", *Forbes*, 1° de janeiro de 1971; "Can He Keep Philip Morris Growing", *Fortune*, 6 de abril de 1992; entrevista com Ross Millhauser, *New York Times*, 25 de janeiro de 1979, D1; "The Two Tier Market Still Lives", *Forbes*, 1° de março de 1974; "A Machine That Will Sell Anything", *Business Week*, 4 de março de 1967.

88. "Facts about Procter & Gamble", publicação da empresa, 1988, 6; Oscar Schisgall, *Eyes on Tomorrow: The Evolution of Procter & Gamble* (Nova York: Doubleday, 1981); *It Floats: The Story of Procter & Gamble* (Nova York: Rinehart, 1958).

89. Akio Morita, *Made in Japan* (Nova York: Dutton, 1986), especialmente as páginas 147–148; Nick Lyons, *The Sony Vision* (Nova York: Crown, 1976), Capítulo 1; *Genryu — Sony Challenge 1946-1968*, coleção especial da Sony Management Newsletters, edição do 40° aniversário (Tóquio: Sony, 1986).

90. Sam Walton e John Huey, *Sam Walton: Made in America* (Nova York: Doubleday, 1992); Vance Trimble, *Sam Walton* (Nova York: Dutton, 1990); entrevistas da empresa.

91. "The Wonderful Worlds of Walt Disney", publicação da empresa, 1966; Schickel, Richard, *The Disney Version* (Nova York: Simon & Schuster, 1968); John Taylor, *Storming the Magic Kingdom* (Nova York: Ballantine Books, 1987); Disney University Employee Brochure and Course Offerings; de *In Search of Excellence Video* em Disney, o Grupo Tom Peters, Palo Alto, CA; Joe Fowler, *Prince of the Magic Kingdom: Micheal Eisner and the Re-Making of Disney* (Nova York: Wiley, 1991); Marc Eliot, *Walt Disney: Holywwod's Dark Prince* (Nova York: Birch Lane Press, 1993); entrevistas com o autor.

92. Robert B. Cialdini, *Influence* (Nova York: Quill, 1984); Philip G. Zimbardo e Michael R. Leippe, *The Psychology of Attitude Change and Social Influence* (New York: McGraw-Hill, 1991).

93. Memorando de John F. Welch para os executivos da GE, 4 de outubro de 1991.

94. "Feisty P&G Profile", *Publishers Weekly*, 2 de agosto de 1993.

95. Francis J. Aguilar e Arvind Bhambri, "Johnson & Johnson (A)", caso da Harvard Business School n°384-053, 5.

96. Thomas J. Watson Jr., *A Business and Its Beliefs* (Nova York: Columbia University Press, 1963), pp. 5–6, 72–73.

97. Sam Walton e John Huey, *Sam Walton: Made in America* (Nova York: Doubleday, 1992), 183, 233.

98. "Memorable Yearsin P&G History", publicação da empresa, 7.

99. Entrevista do autor com John Young, 17 de abril de 1992.

100. Thomas J. Watson Jr., *A Business and Its Beliefs* (Nova York: Columbia University Press, 1963), 12-13.

101. David Packard, discurso de formatura, Colorado College, 1 de junho de 1964, cortesia dos arquivos da Hewlett-Packard.
102. *Values and Visions: A Merck Century* (Rahway. NJ: Merck, 1993), 173.
103. "Disney's Philosophy", *New York Times Magazine*, 6 de março de 1938; Richard Schickel, *The Disney Version* (Nova York: Simon & Schuster, 1968); Walt Disney, discurso sobre a abertura da Disneylândia, 18 de julho de 1955; John Taylor, *Storming, o Magic Kingdom* (Nova York: Ballantine Books, 1987); Christopher Finch, *Walt Disney's America* (Nova York: Abbeville Press, 1978).
104. Formal/explícito: H-P, J&J, Merck, Motorola, Sony, Walt Disney; Implícito/informal: 3M, Boeing, Ford, GE, Marriott, Philip Morris, Wal-Mart.
105. Lawrence G. Foster, *A Company that Cares* (New Brunswick, NJ: Johnson & Johnson, 1986), 17.

CAPÍTULO 4

1. Parafraseando Robert W. Galvin, *The Idea of Ideas* (Schaumburg, IL: Motorola University Press, 1991), 16–34
2. Oscar Schisgall, *Eyes on Tomorrow: The Evolution of Procter & Gamble* (Nova York: Doubleday, 1981), 269.
3. Sam Walton e John Huey, *Sam Walton: Made in America* (Nova York: Doubleday, 1992), 249.
4. Thomas J. Watson Jr., *A Business and Its Beliefs* (Nova York: McGraw-Hill, 1963), pp. 5–6, 72-73.
5. Robert O'Brien, *Marriott: The J Willard Marriott Story* (Salt Lake City: Deseret, 1987), 307, 326.
6. Robert W. Galvin, *The Idea of Ideas* (Schaumburg, IL: Motorola University Press, 1991), 165–166.
7. Placa de bronze na parede da sede corporativa da Boeing.
8. Anotações nos cadernos de Henry Ford. Dos Arquivos do Instituto Edison, citados em Robert Lacey, *Ford: The Men and the Machine* (New York: Ballantine Books, 1986), 141.
9. "Nordstrom Gets the Cold", *Stores*, janeiro de 1990.
10. Um dos autores trabalhou diretamente com esse gerente de marketing da Hewlett--Packard.

CAPÍTULO 5

1. *Bartlett's Familiar Quotations*, Décima Quinta Edição, 686.
2. Tsueneto Ikeda, "Masaru Ibuka", trabalho de pesquisa não publicado, Graduate School of Business da Universidade de Stanford, novembro de 1992.
3. Schickel, Richard, *The Disney Version* (Nova York: Simon & Schuster, 1968), 171.
4. "How Boeing Bet tha Company and Won", Audacity, Winter 1993.
5. Robert J. Serling, *Legend and Legacy: The Story of Boeing and Its People* (Nova York: St. Martin's Press, 1992), 72–79.
6. De acordo com "How Boeing Bet the Company and Won", em *Audacity,* e Serling (página 122), o projeto custaria entre US$15 milhões e US$16 milhões. Voltamos e comparamos o valor de US$15 milhões com as demonstrações de resultados e balanços da Boeing para o período de 1947–1951.
7. "How Boeing Bet the Company and Won", *Audacity*, Winter 1993.
8. H. Ingells, *The McDonnell Douglas Story*, 121.
9. "Zooming Airlines Grab for New Jets", *Business Week*, 22 de maio de 1964.
10. Robert J. Serling, *Legend and Legacy: The Story of Boeing and Its People* (Nova York: St. Martin's Press, 1992), 31.

11. Ibid., 180-192.
12. Ibid., 285-290.
13. Daniel J. Boorstin, *The Americans: The Democratic Experience* (Nova York: Vintage Books, 1974), 593–597
14. Ibid., 596.
15. Noel M. Tichy e Stratford Sherman, *Control Your Destiny ou Someone Else Will* (Nova York: Doubleday Currency, 1993), pp. 245–246.
16. Robert Slater, *The New GE* (Homewood, IL: Richard D. Irwin, 1993), 77-93.
17. Ibid., 77-93.
18. Relatório anual de 1989 da Westinghouse.
19. "Reynolds Gets a Bang out of the Cigarette Explosion", *Fortune*, outubro de 1976.
20. "Bad News Can Mean Good Growth", *Forbes*, 15 de novembro de 1968.
21. Daniel J. Boorstin, *The Americans: The Democratic Experience* (New York: Vintage Books, 1974), 548.
22. Robert Lacey, *Ford: The Men and the Machine* (Nova York: Ballantine Books, 1986), pp. 89–100.
23. Ibid., 89–100.
24. *Genryu — Sony Challenge 1946-1968*, coleção especial da Sony Management Newsletters, edição do 40° aniversário (Tóquio: Sony, 1986), 131.
25. Akio Morita, *Made in Japan* (Nova York: Dutton, 1986),
26. Para uma boa cobertura geral desses eventos, leia Akio Mori ta, *Made in Japan*, *Genryu — Sony Challenge 1946-1968* e *The Sony Vision*.
27. Akio Morita, *Made in Japan* (Nova York: Dutton, 1986), 66–69.
28. *Genryu — Sony Challenge 1946-1968*, coleção especial da Sony Management Newsletters, edição do 40° aniversário (Tóquio: Sony, 1986), 98.
29. Ibid., 98.
30. Ibid., 98.
31. Sam Walton e John Huey, *Sam Walton: Made in America* (Nova York: Doubleday, 1992), 22.
32. Ibid., 29.
33. Vance Trimble, *Sam Walton* (Nova York: Penguin Books, 1990).
34. Ibid., 306.
35. E. E. Bauer, *Boeing in Peace and War* (Enumclaw, WA: TABA, 1991), 288.
36. John Taylor, *Storming, the Magic Kingdom* (Nova York: Ballantine Books, 1987), pp. 8–12.
37. Relatório Anual da Walt Disney, 1992, 1.
38. "Close Encounters at Columbia Pictures", *Fortune*, 1° de dezembro de 1978.
39. T.A. Heppenheimer, "How IBM Did It", *Audacity*, inverno de 1994, 59.
40. Thomas J. Watson Jr., *Father, Son, & Company* (Nova York: Bantam, 1990), 346-351.
41. "Anatomy of a Turnaround", *Forbes*, 1° de novembro de 1968, 28.
42. Thomas J. Watson Jr., Father, Son, & Company (Nova York: Bantam, 1990), 16.
43. 75° aniversário da IBM, *Think*, setembro de 1989, p. 23.
44. Thomas J. Watson, Jr., Pai, Filho & Companhia (Nova York: Bantam, 1990), 28.
45. Oscar Schisgall, *Eyes on Tomorrow: The Evolution of Procter & Gamble* (Nova York: Doubleday, 1981), 87–98
46. Ibid., 98.
47. Ibid., 200.
48. "Where Management Style Sets the Strategy", *Business Week*, 23 de outubro de 1978.
49. Nick Lyons, *The Sony Vision* (Nova York: Crown, 1976),
50. Ibid., 152.

51. Harld van B. Cleveland e Thomas F. Huertas, *Citibank 1812-1970* (Cambridge, MA: Harvard University Press, 1985), 32.

52. "James Stillman", *Cosmopolitan*, julho de 1903, p. 334.

53. Richard B. Miller, *Citicorp: The Story of a Bank in Crisis* (Nova York: McGraw-Hill, 1993), 1.

54. Harold van B. Cleveland e Thomas F. Huertas, *Citibank 1812-1910* (Cambridge, MA: Harvard Universtity Press, 1985), 89.

55. Richard B. Miller, *Citicorp: The Story of a Bank in Crisis* (Nova York: McGraw-Hill, 1993), 59.

56. Ibid., 80.

57. Ibid., 4.

58. Harold van B. Cleveland e Thomas F. Huertas, *Citibank 1812-1910* (Cambridge, MA: Harvard Universtity Press, 1985), 88.

59. Richard B. Miller, *Citicorp: The Story of a Bank in Crisis* (Nova York: McGraw-Hill, 1993), 82.

60. Harry Mark Petrakis, *The Founder's Touch* (New York: McGraw-Hill, 1965), 170-171.

61. Robert W. Galvin, *The Idea of Ideas* (Schaumburg, IL: Motorola University Press, 1991), folheto inteiro.

62. Ibid., 24.

63. "Motorola Gets Closer to Orbit", *Business Week*, 6 de agosto de 1993, p. 36.

64. "Zenith Corporation (C)", Caso da Harvard Business School nº 9–674–095, Rev. 8/77, p.

65. Artigo sobre a revolução da General Electric mantido confidencial a pedido do autor.

CAPÍTULO 6

1. Sam Walton e John Huey, *Sam Walton: Made in America* (Nova York: Doubleday, 1992), 223.

2. De *In Search of Excellence Video* na IBM, Tom Peters Group, Palo Alto, CA.

3. Robert Levering, Milton Moskowitz e Michael Katz, *The 100 Best Companies to Work for in America* (Nova York: New American Library, 1985), 243-245.

4. "Nordstrom's Push East Will Test Its Renown For Service", *Wall Street Journal*, 1º de agosto de 1979, A 1.

5. "Nordstrom", caso da Harvard Business School nº 9-191-002 e 1-192-027, rev. 9/6/91.

6. "Why Rivals as Quaking as Nordstrom Heads East", *Business Week*, 15 de junho de 1987.

7. William Davidow e Bro Utall, *Total Customer Service* (Nova York: Harper & Row, 1989), 91.

8. Entrevista transcrita da discussão com Jim Nordstrom pela equipe do *Reporter*, da Graduate School of Business de Stanford, 1991.

9. Entrevista do autor com um gerente da Nordstrom, em maio de 1993.

10. *60 Minutes*, entrevista na emissora CBS, 6 de maio de 1990.

11. Robert Levering e Milton Moskowitz, *The 100 Best Companies to Work for in America* (Nova York: Doubleday Currency, 1993), 327–332.

12. "The Secrets Behind Nordstrom's Service", San Francisco Chronicle, 24 de dezembro de 1992.

13. Pacote de orientação Nordstrom.

14. Robert Levering e Milton Moskowitz, *The 100 Best Companies to Work for in America* (New York Doubleday Currency, 1993), 327–332.

15. "At Nordstrom Stores, Service Comes First — But at a Big Price", *Wall Street Journal*, 20 de fevereiro de 1990.

16. "The Other Nordstrom", *Los Angeles Times*, 4 de fevereiro de 1990, seção de negócios.

17. Ron Zemke e Dick Schaaf, *The Service Edge* (Nova York: New American Library, 1989), 352-355; William Davidow e Bro Utall, *Total Customer Service* (Nova York: Harper & Row, 1989), 86–87.

18. "Nordstrom's Push East Will Test Its Renown For the Best Service", *Wall Street Journal*, 1º de agosto de 1979, A1; William Davidow e Bro Utall, *Total Customer Service* (Nova York: Harper & Row, 1989), 130.

19. Entrevista com o autor com um gerente da Nordstrom, em maio de 1993.

20. "Nordstrom", caso da Harvard Business School nº 9–191–002 e 1–192–027, rev. 9/6/91.

21. Ron Zemke e Dick Schaaf, *The Service Edge* (Nova York: New American Library, 1989), 352–355.

22. Robert Levering, Milton Moskowitz e Michael Katz, *The 100 Best Companies to Work for in America* (Nova York: New American Library, 1985), 243–245.

23. Robert Levering, Milton Moskowitz e Michael Katz, *The 100 Best Companies to Work for in America* (Nova York: New American Library, 1985), 243–245.

24. *Wall Street Journal*, 20 de fevereiro de 1990.

25. "Nordstrom" caso da Harvard Business School nº 9–191–002 e 1–192–027, rev. 9/6/91.

26. Wall Street Journal, 20 de fevereiro de 1990.

27. Entrevista com o autor com um gerente da Nordstrom, em maio de 1993.

28. *Wall Street Journal*, 20 de fevereiro de 1990.

29. Entrevista do autor com um gerente Nordstrom, maio de 1993.

30. Relatório Anual de Nordstrom de 1990, 12.

31. *Wall Street Journal*, 20 de fevereiro de 1990

32. Relatório Anual de Nordstrom de 1988, 9.

33. *Wall Street Journal*, 1º de agosto de 1989.

34. Relatório Anual de 1988 da Nordstrom, 5.

35. *Wall Street Journal*, 1º de agosto de 1989.

36. Ibid.

37. A natureza secreta da Nordstrom ficou clara a partir de uma variedade de fontes, incluindo alguns dos artigos já citados, nossas discussões com um gerente da Nordstrom e o fato de que ela foi uma das poucas empresas visionárias de nossa pesquisa a se recusar a nos auxiliar em nossas atividades na empresa.

38. *Wall Street Journal*, 20 de fevereiro de 1990.

39. Ibid.

40. Robert Levering, Milton Moskowitz e Michael Katz, *The 100 Best Companies to Work for in America* (Nova York: New American Library, 1985), 243–245.

41. Ibid., 318–322.

42. "How Disney Does It", *Newsweek*, 3 de abril de 1989.

43. Contamos com as seguintes fontes na literatura sobre o estudo dos cultos:

   - John J. Collins, *The Cult Experience: An Overview of Cults, Their Traditions, and Why People Join Them* (Springfield, IL: Thomas Books, 1991).
   - Marc Galanter, MD, *Cults and the New Religious*
   - *Movements* (Washington, D.C.: American Psychiatric Association, 1989).
   - Marc Galanter, MD, "Cults and Zealous Self-Help Movemenst: A Psychiatric Perspective", *American Journal of Psychiatry*, maio de 1990.
   - Willa Appel, *Cults in America* (Nova York: Holt, Rinehart, 1983).
   - Robert B. Cialdini, *Influence — The New Psychology of Modern Persuasion* (Nova York: Quill Press, 1984).
   - Susan Landa, "Children and Cults: A Pratice Guide", *Journal of Family Law*, Volume 29, 1990–

- Literatura do programa International Cult Education, Gracie Station, NY.
- Literatura da Cult Awareness Network, Chicago.

44. Thomas J. Watson Jr., *Father, Son & Company* (Nova York: Bantam Books, 1990), 82.
45. Robert Sobel, *IBM: Colossus in Transition* (Nova York: Truman Talley Books, 1981), 58–69.
46. Robert Sobel, *IBM: Colossus in Transition* (Nova York: Truman Talley Books, 1981), 58–69.
47. Thomas J, Watson, Jr., *Father, Son & Company* (Nova York: Bantam Books, 1990), 68.
48. Ibidem, 68–71.
49. "IBM: A Special Company", edição especial do *Think*, setembro de 1989, IBM Corporation.
50. Robert Levering, Milton Moskowitz e Michael Katz, *The 100 Best Companies to Work for in America* (Nova York: New American Library, 1985), pp. 163–168.
51. Ibid.
52. Ibid., 165.
53. FG "Buck" Rodgers com Robert L. Shook, *The IBM Way* (Nova York: Harper & Row, 1986), 48.
54. Robert Sobel, *IBM: Colossus in Transition* (Nova York: Truman Talley Books, 1981), 59.
55. "IBM: A Special Company", edição especial do *Think*, setembro de 1989, IBM Corporation, 78–79.
56. *Training*, agosto de 1989, 38.
57. Ofertas de brochuras e cursos para funcionários da Disney University.
58. Ron Zemke e Dick Schaaf, *The Service Edge* (Nova York: New American Library, 1989), 526-533.
59. Schickel, Richard, *The Disney Version* (Nova York: Simon & Schuster, 1968), 319.
60. "How Disney Does It", *Newsweek*, 3 de abril de 1989.
61. Marc Eliot, *Walt Disney: Hollywood' Dark Prince* (Nova York: Birch Lane Press, 1993), 89.
62. Schickel, Richard, *The Disney Version* (Nova York: Simon & Schuster, 1968), 319.
63. De *In Search of Excellence Video* na Disney, o grupo de Tom Peters, Palo Alto, CA.
64. Ibid.
65. Schickel, Richard, *The Disney Version* (Nova York: Simon & Schuster, 1968), 318.
66. Ron Zemke e Dick Schaaf, *The Service Edge* (Nova York: New American Library, 1989), 526–533.
67. *Training*, agosto de 1989, 38.
68. De um trabalho de uma aluna em Walt Disney, da Stanford University Graduate School of Business, que pediu para manter seu nome no anonimato.
69. Entrevista com o veterano há 13 anos do setor de imaginação da Disney.
70. Relatórios anuais da Walt Disney, 1987–1992.
71. Joe Flower, *Prince of the Magic Kingdom: Micheal Eisner and the Re-Making of Disney* (Nova York: Wiley, 1991), 3.
72. Observação do autor.
73. Joe Flower, *Prince of the Magic Kingdom: Micheal Eisner and the Re-Making of Disney* (Nova York: Wiley, 1991), 3.
74. Para um excelente relato do relacionamento de Walt com seus funcionários, veja Marc Eliot, *Walt Disney: Hollywood's Dark Prince* (Nova York: Birch Lane Press, 1993).
75. Marc Eliot, *Walt Disney: Hollywood's Dark Prince* (Nova York: Birch Lane Press, 1993), p. 85.
76. Ibid., 89.

77. Ibid., Capítulo 10 e página xviii; Schickel, Capítulo 8.

78. Richard Schickel, *The Disney Version* (Nova York: Simon & Schuster, 1968), 319.

79. Robert Levering e Milton Moskowitz, *The 100 Best Companies to Work for in America* (Nova York: Doubleday Currency, 1993), 372–376.

80. Robert Levering, Milton Moskowitz e Michael Katz, *The 100 Best Companies to Work for in America* (Nova York: New American Library, 1985), 286–290.

81. Entrevistas do autor com recrutadores da P&G; Oscar Schisgall, *Eyes on Tomorrow: The Evolution of Procter & Gamble* (Nova York: Doubleday, 1981), introdução e 165.

82. Documentos fornecidos pela Procter & Gamble.

83. Oscar Schisgall, *Eyes on Tomorrow: The Evolution of Procter & Gamble* (Nova York: Doubleday, 1981), 116.

84. Robert Levering, Milton Moskowitz e Michael Katz, *The 100 Best Companies to Work for in America* (Nova York: New American Library, 1985), 288.

85. Alecia Swasy, *Soap Opera: The Inside Story of Procter & Gamble* (Nova York: Times Books, 1993), 21.

86. "Memorable Years in P&G History", publicação corporativa da P & G, 17-19; Robert Levering e Milton Moskowitz, *The 100 Best Companies to Work for in America* (Nova York: Doubleday Currency, 1993), 375; Alecia Swasy, *Soap Opera: The Inside Story of Procter & Gamble* (Nova York: Times Books, 1993), pp. 6–7.

87. "Memorable Years in P&G History", publicação corporativa da P & G, 17-19.

88. Ibid.

89. Entrevista com o autor, outubro de 1993.

90. "The Character of Procter & Gamble", discurso de John G. Smale, 7 de novembro de 1986.

91. Alecia Swasy, *Soap Opera: The Inside Story of Procter & Gamble* (Nova York: Times Books, 1993), Capítulo 1; entrevistas com os gerentes de marca da P&G formados pela Stanford Business School.

92. "The Character of Procter & Gamble ", texto do discurso de John G. Smale, 7 de novembro de 1986; Oscar Schisgall, *Eyes on Tomorrow: The Evolution of Procter & Gamble* (Nova York: Doubleday, 1981).

93. Comentário de Rick Tranquilli sobre a "Operação Tide Ones", do discurso de Smale, página 7.

94. "A Policy that Guided 118 Years of Steady Growth", *System — The Magazine of Business*,, dezembro de 1924, 717–720.

95. "How to Be Happy Thought #2", *Forbes*, 15 de julho de 1976; "The Morning After", *Forbes*, 22 de janeiro de 1979.

96. Sam Walton e John Huey, *Sam Walton: Made in America* (Nova York: Doubleday, 1992), 157.

97. Veja o Capítulo 7

98. Parafraseado da visita de John Nordstrom a Stanford Business School.

CAPÍTULO 7

1. Darwin, Charles, *Origin of Species* (Buffalo, NY: Prometheus Books, 1991), 222. (Publicado no Brasil como *A Origem das Espécies*.)

2. Esse é mais um lema do que uma citação e aparece sob várias formas ao longo dos materiais da 3M. Parafraseamos essa versão de *Our Story So Far* (St. Paul, MN: 3M Company, 1977), 107.

3. Lawrence G. Foster, *A Company that Cares* (New Brunswick, NJ: Johnson & Johnson, 1986), 116.

4. Ibid., 32.

5. Elyse Tanouye, "Johnson & Johnson Stays Fit by Shuffling Its Mix of Businesses", *Wall Street Journal*, 22 de dezembro 1992, A1.

6. Lawrence G. Foster, *A Company that Cares* (New Brunswick, NJ: Johnson & Johnson, 1986), 82.

7. Robert O'Brien, *Marriott: The J. Willard Marriott Story* (Salt Lake City: Deseret, 1987), p. 182.

8. Ibid., 180-184.

9. Alden Hatch, *American Express 1850-1950: A Century of Service* (Garden City, NY: Country Life Press, 1950), Capítulo 6; Jon Friedman e John Meechan, *House of Cards: Inside the Troubled Empire of American Express* (Nova York: Putnam, 1992), Capítulo 3; "About American Express", publicação histórica da empresa.

10. Alden Hatch, *American Express 1850-1950: A Century of Service* (Garden City, NY: Country Life Press, 1950),

11. Jon Friedman e John Meechan, *House of Cards: Inside the Trouble Empire of American Express* (Nova York: Putnam, 1992), 52.

12. Ibid., 106.

13. "About American Express", publicação histórica da empresa; Alden Hatch, *American Express 1850-1950: A Century of Service* (Garden City: Country Life Press, 1950), pp. 96–108.

14. Alden Hatch, *American Express 1850–1950: A Century of Service* (Garden City, NY: Country Life Press, 1950),

15. Entrevista com o autor.

16. "How Hewlett-Packard Entered the Computer Business", documento dos arquivos da Hewlett-Packard.

17. Entrevista com o autor.

18. "Riding the Electronics Boom", *Business Week*, 27 de fevereiro de 1960; Harry Mark Petrakis, *The Founder's Touch* (Nova York: McGraw-Hill, 1965), 215-218.

19. Jon Friedman e John Meechan, *House of Cards: Inside the Trouble Empire of American Express* (Nova York: Putnam, 1992), p. 53.

20. *Diretório Internacional de Histórias Corporativas* (Chicago: St. James Press, 1988), 395; Alden Hatch, *American Express 1850–1950: A Century of Service* (Garden City, NY: Country Life Press, 1950), 133.

21. "About American Express", publicação histórica da empresa; Alden Hatch, *American Express 1850-1950: A Century of Service* (Garden City, NY: Country Life Press, 1950), Capítulo 11.

22. *A Company that Cares* (New Brunswick, NJ: Johnson & Johnson, 1986), 38, 116, 119.

23. Elyse Tanyoue, "Johnson & Johnson Stays Fit by Shuffling Its Mix of Business", *Wall Street Journal*, 22 de dezembro de 1992, A1.

24. Ibid.

25. Sam Walton e John Huey, *Made in America* (Nova York: Doubleday, 1992), 70.

26. Citações de Darwin retiradas de *Origino of Species*.

27. Entrevista do autor com o executivo de operações do Wal-Mart que participou do Stanford Executive Program in Organization Change.

28. Noel M. Tichy e Stratford Sherman, *Control Your Own Destiny ou Someone Else Will* (Nova York: Doubleday, 1993), p. 52.

29. Virginia Huck, *Brand of the Tartan — The 3M Story* (Nova York: Appleton-Century-Crofts, 1955), 23.

30. Mildred Houghton Comfort, *William L. McKnight, Industrialist* (Minneapolis: TS Denison, 1962), Capítulo 5; *Our Story So Far* (St. Paul, MN: 3M Company, 1977), 60.

31. Virginia Huck, *Brand of the Tartan — The 3M Story* (Nova York, Appleton-Century-Crofts, 1955), Capítulos 3–8.

32. "Product Directory 1990", 3M Corporation, 261.

33. *Our Story So Far* (St. Paul, MN: 3M Company, 1977), 58.

34. Virginia Huck, *Brand of the Tartan — The 3M Story* (Nova York: Appleton-Century--Crofts, 1955), capítulo 12.

35. Ibid.

36. *Our Story So Far* (St. Paul, MN: 3M Company, 1977), 56–58.

37. Mildred Houghton Comfort, *William L. McKnight, Industrialist* (Minneapolis: TS Denison, 1962), 127.

38. De todas as fontes da 3M, com ênfase particular em *William L. McKnight, Industrialist* e *Our Story So Far.*

39. *Our Story So Far* (St. Paul, MN: 3M Company, 1977), 12.

40. Virginia Huck, *Brand of the Tartan — The 3M Story* (Nova York, Appleton-Century--Crofts, 1955), Capítulo 15.

41. Ibid., 134; *Our Story So Far*, 70; Conforto, 138

42. Virginia Huck, *Brand of the Tartan — The 3M Story* (Nova York, Appleton-Century Crofts, 1955), pp. 189–190.

43. *Our Story So Far* (St. Paul, MN: 3M Company, 1977), 113–115.

44. Robert Levering e Milton Moskowitz, *The 100 Best Companies to Work for in America* (Nova York:

45. Moeda de Doubleday, 1993), 299.

46. *Our Story So Far* (St. Paul, MN; 3M Company, 1977), 93.

47. Ibid., 112.

48. P. Ranganth Nayak e John M. Ketteringham, *Breakthroughs!* (Nova York: Rawson Associates, 1986), 55–56.

49. "Keeping the Fire Lit Under the Innovators", *Fortune*, 28 de março de 1988, 45; Relatório Anual 3M de 1992, 3.

50. "Masters of Innovation", *Business Week*, 10 de abril de 1989, 58.

51. *Our Story So Far* (St. Paul, MN: 3M Company, 1977), 5.

52. "Masters of Innovation", *Business Week*, 10 de abril de 1989, 62.

53. *Our Story So Far* (St. Paul, MN: 3M Company, 1977), 12.

54. Ibid., 101.

55. "Masters of Innovation", *Business Week*, 10 de abril de 1989, 60.

56. *Geeting to Know Us*, publicação corporativa da 3M.

57. Robert Levering e Milton Moskowitz, *The 100 Best Companies to Work for in America* (Nova York: Doubleday Currency, 1993), 299.

58. *Our Story So Far* (St. Paul, MN: 3M Company, 1977), 4.

59. Ibid., 7

60. Relatório Anual 3M de 1992, 3.

61. Relatório Anual 3M de 1989; Robert Levering e Milton Moskowitz, *The 100 Best Companies to Work for in America* (Nova York: Doubleday Currency, 1993), 299.

62. Virginia Huck, *Brand of the Tartan — The 3M Story* (Nova York, Appleton-Century--Crofts, 1955), 115–118.

63. P. Ranganth Nayak e John M. Ketteringham, *Breakthroughs!* (Nova York: Rawson Associates, 1986), 63,

64. Ibid., 57.

65. Ibid., 54.

66. Charles W. Cheape, *Family Firm to Modern Multinational: Norton Company, A New England Enterprise* (Boston: Harvard University Press, 1985), Capítulo 2.

67. Uma frase que Tom Peters costuma usar para descrever a 3M.

68. Charles W. Cheape, *Family Firm to Modern Multinational: Norton Company, A New England Enterprise* (Boston: Harvard University Press, 1985), Capítulo 2.
69. Ibid., 145.
70. Ibid., 159.
71. Ibid., 145.
72. Ibid., 235.
73. Ibid., 264.
74. Ibid., 291.
75. "It's no Longer Just Grind, Grind at Norton", *Fortune*, agosto de 1963, 120.
76. Charles W. Cheape, *Family Firm to Modern Multinational: Norton Company, A New England Enterprise* (Boston: Harvard University Press, 1985), 264.
77. Ibid., 263.
78. Paul B. Brown, "See Spot Run", *Forbes*, 10 de maio de 1982, 140.
79. Charles W. Cheape, *Family Firm to Modern Multinational: Norton Company, A New England Enterprise* (Boston: Harvard University Press, 1985), 313.
80. P. Ranganth Nayak e John M. Ketteringham, *Breakthroughs!* (Nova York: Rawson Associates, 1986), 72.
81. Charles W. Cheape, *Family Firm to Modern Multinational: Norton Company, A New England Enterprise* (Boston: Harvard University Press, 1985), 307.
82. P. Ranganth Nayak e John M. Ketteringham, *Breakthroughs!* (Nova York: Rawson Associates, 1986), 65;
83. Paul B. Brown, "See Spot Ru", *Forbes*, 10 de maio de 1982,
84. Charles W. Cheape, *Family Firm to Modern Multinational: Norton Company, A New England Enterprise* (Boston: Harvard University Press, 1985), 356.
85. *Our Story So Far* (St. Paul, MN: 3M Company, 1977), 23.
86. Nick Lyons, *The Sony Vision* (Nova York: Crown, 1976), pp. 147–149.
87. "The Three Year Deadline at David's Bank", *Fortune*, julho de 1977; entrevistas com o autor.
88. Suzanna Andrews, "Deconstructing the Mind of America's Most Powerful Businessman", *Manhattan Inc.*, 1989.
89. "Things Are Adding Up Again at Burroughs", *Business Week*, 11 de março de 1967; "Anatomy of a Turnaround", *Forbes*, 1º de novembro de 1968; "Burroughs's Wild Ride with Computers ", *Business Week*, 1º de julho de 1972; "How Ray McDonald's Growth Theory Created IBM's Toughest Competitor", *Fortune*, janeiro de 1977.
90. "Texas Instruments Cleans up Its Act", *Business Week*,
91. Setembro de 1983.
92. Bro Uttal, "Texas Instruments Regroups", *Fortune*, 9 de agosto de 1982.
93. Thomas J. Peters e Robert H. Waterman, *In Search of Excellence* (Nova York: Harper & Row, 1982), 15.
94. *Our Story So Far* (St. Paul, MN: 3M Company, 1977), 7.

CAPÍTULO 8

1. Robert Slater, *The New GE* (Homewood, IL: Irwin, 1993),
2. Robert W. Galvin, *The Idea of Ideas* (Schaumburg, IL: Motorola University Press, 1991), pp. 51–52.
3. "A Master Class in Radical Change", *Fortune*, 13 de dezembro de 1993.
4. Welch nasceu em 19 de novembro de 1935 (Slater, 27). Começou a trabalhar na GE em 17 de outubro de 1960 (Slater, 33). O conselho o elegeu e nomeou CEO em 19 de dezembro de 1980; ele assumiu o cargo quatro meses depois (Tichy, 58).
5. Robert Slater, *The New GE* (Homewood, IL: Irwin, 1993), 24.

6. *The General Electric Story* (Schenectady, NY: Fundação Hall of History, General Electric, 1981), volume 4, 81; Robert Slater, *The New GE* (Homewood, IL: Irwin, 1993), 25.

7. A GE, sob Jones, obteve um crescimento nos lucros antes dos impostos a uma taxa anual média de 14,06%; sob Welch, a 8,49%. Usando uma combinação de retorno sobre o patrimônio, retorno sobre as vendas e retorno sobre os ativos, Jones atingiu uma média de 17,32%; Welch, 16,03%.

8. *The General Electric Story* (Schenectady, NY: Fundação Hall of History, General Electric, 1981), volume 4, 28-31.

9. Noel M. Tichy e Stratford Sherman, *Control Your Own Destiny or Someone Else Will* (Nova York: Doubleday, 1993), 256.

10. *The General Electric Story* (Schenectady: Fundação Hall of History, General Electric Company, 1981), volume 4, 23.

11. Noel M. Tichy e Stratford Sherman, *Control Your Own Destiny or Someone Else Will* (Nova York: Doubleday, 1993), 39.

12. Calculado como lucro antes dos impostos dividido pelo patrimônio líquido do final do ano. Construímos planilhas do Excel datando de 1915 usando relatórios anuais e relatórios de análise financeira da Moody's.

13. Calculado como a razão entre o retorno cumulativo de ações da GE durante a era do CEO dividido pelo retorno acumulado do estoque geral do mercado ou o retorno cumulativo de ações da Westinghouse durante a era do CEO da GE.

14. Noel M. Tichy e Stratford Sherman, *Control Your Own Destiny or Someone Else Will* (Nova York: Doubleday, 1993), p. 42.

15. Robert Slater, *The New GE* (Homewood, IL: Irwin, 1993), Capítulo 4.

16. Noel M. Tichy e Stratford Sherman, *Control Your Own Destiny or Someone Else Will* (Nova York: Doubleday, 1993), pp. 56–58.

17. Robert Slater, *The New GE* (Homewood, IL: Irwin, 1993), Capítulo 4.

18. Noel M. Tichy e Stratford Sherman, *Control Your Own Destiny or Someone Else Will* (Nova York: Doubleday, 1993), p.

19. *Centennial Review*, documento interno da Westinghouse, 1986.

20. Gwilym Price havia sido contratado dois anos antes para negociar contratos militares de guerra. Sucedeu Andrew Robertson. Fonte: *Diretório Internacional de Histórias Corporativas* (Chicago: St. James Press, 1988).

21. "Westinghouse's New Warrior", *Business Week*, 12 de julho de 1993, 38; Relatório anual de 1992 da Westinghouse.

22. Um "outsider" é alguém que não trabalhou dentro da empresa antes de se tornar executivo-chefe. As empresas usam diferentes títulos oficiais em diferentes momentos da história: presidente, gerente-geral, diretor executivo, líder do conselho do administrativo e outros. O CEO é na verdade um termo relativamente novo, não usado extensivamente nos negócios até a década de 1970. Escolhemos a pessoa que detinha o papel efetivo de chefe-executivo operacional, independentemente do título exato. Contamos as transições do CEO durante e após aquisições ou fusões em nossas tabulações.

23. Sidney M. Colgate, "A Policy that Guided 118 Years of Ateady Growth", *System: The Magazine of Business*, dezembro de 1924, p. 717.

24. "Colgate-Palmolive-Peet", *Fortune*, abril de 1936, 120–

25. Ibid.

26. Shields T. Hardin, *The Colgate Story* (Nova York: Vantage Press, 1959), pp. 71–75.

27. Calculamos um retorno médio das vendas das duas empresas nos três primeiros anos do mandato de Pearce (1928-1930) e comparamos com um retorno médio sobre as vendas nos dois últimos anos de seu mandato (1931-1933).

28. A ideologia central de Colgate antes de Pearce está bem documentada em "A Policy that Guided 118 Years of Ateady Growth", *System: The Magazine of Business,* dezembro de 1924, p. 717.

29. "Colgate-Palmolive-Peet", *Fortune*, abril de 1936, 120–

30. Ibid.

31. As vendas da P&G cresceram a um total de 178,58%, e as vendas da Colgate, 87,52% durante o período de 1934 a 1943. O lucro acumulado antes de impostos no período de 1934 a 1943 foi de US$285 milhões na P&G e de US$74 milhões na Colgate.

32. *Business Week*, 4 de maio de 1957, 120.

33. "Colgate vs. P&G", *Forbes*, 1º de fevereiro de 1966.

34. "More for Lesch?", *Forbes*, 1º de março de 1969.

35. Hugh D. Menzies, "The Changing of the Guard", *Fortune*, setembro de 1979.

36. Ibid.

37. Oscar Schisgall, *Eyes on Tomorrow: The Evolution of Procter & Gamble* (Nova York: Doubleday, 1981), 76–78, 108-109.

38. "The Character of Procter & Gamble", discurso de John G. Smale, 7 de novembro de 1986.

39. "P&G: 'We Grow Our Own Managers'", *Dun's Review,* dezembro de 1975, p. 48.

40. "Neil McElroy of Procter & Gamble", *Nation's Business*, agosto de 1970, p. 61.

41. Ibid.

42. Richard Hammer, "Zenith Bucks the Trend", *Fortune*, dezembro de 1960.

43. Ibid.

44. "Zenith Radio Corporation (C)", caso da Harvard Business nº 9-674-095, rev. 8/77, 3.

45. Bob Tamarkin, " Zenith's New Hope", *Forbes*, 31 de março de 1980.

46. "Underpromise, Overperform", *Forbes*, 30 de janeiro 1984.

47. " Bob Galvin's Angry Campaign Against Japan",

48. *Business Week*, 15 de abril de 1985.

49. Robert W. Galvin, *The Idea of Ideas* (Schaumburg, IL: Motorola University Press, 1991), 63.

50. Harry Mark Petrakis, *The Founder's Touch* (Nova York: McGraw-Hill, 1965), Capítulos 17–18.

51. Robert W. Galvin, *The Idea of Ideas* (Schaumburg, IL: Motorola University Press, 1991), 45.

52. Robert W. Galvin, *The Idea of Ideas* (Schaumburg, IL: Motorola University Press, 1991), 64–65.

53. Barnaby J. Feder, "Motorola Will Be Just Fine, Thanks",

54. *NewYork Times*, 31 de outubro de 1993, seção 3.

55. "Melville Show", *Forbes*, 1º de fevereiro de 1969, 22.

56. Roger Beardwood, "Melville Draws a Bead on the US$50 Billion Fashion Market", *Fortune*, dezembro de 1969.

57. Wilbur H. Morrison, *Donald Douglas — A Heart With Wings* (Ames, IA: Iowa State University Press, 1991), 252.

58. "Remarkable Revival of RJR Industries", *Business Week*, 17 de janeiro de 1977.

59. "When Marketing Takes Over at R.J. Reynolds",

60. *Business Week*, 13 de novembro de 1978.

61. "The Burroughs Syndrome", *Business Week*, 12 de novembro de 1979; "A 'tough street kid' steps in at Burroughs", *Business Week*, 29 de outubro de 1979.

62. John Taylor, *Storming, o Magic Kingdom* (Nova York: Ballantine Books, 1987), p. 203.

63. Entrevista com o autor.

64. Vance Trimble, *Sam Walton* (Nova York: Dutton, 1990),

65. "Employee Development, 1958", documento interno da HP, cortesia dos arquivos da Hewlett-Packard.

CAPÍTULO 9

1. George Plimpton, *The Writer's Chapbook* (Nova York: Viking Penguin, 1989), 31.
2. *Business Month*, dezembro de 1987, p. 46.
3. Robert O'Brien, *Marriott* (Salt Lake City: Deseret, 1987), 10, 11, 315.
4. Oscar Schisgall, *Eyes on Tomorrow: The Evolution of Procter & Gamble* (Nova York: Doubleday, 1981), Capítulo 1.
5. Não conseguimos encontrar a data específica em que a Colgate instituiu um processo de gerenciamento de marca concorrente. Ao analisar todos os artigos, livros e publicações da empresa, não encontramos menção específica a nada parecido com o mecanismo da P&G até a década de 1960.
6. Louis Galambos e Jeffrey L. Sturchio, "The Origins of an Innovative Organization: Merck & Co., Inc., 1891–1960", artigo de seminário entregue na Johns Hopkins University, 5 de outubro de 1992, 34-35.
7. Itzkik Goldberger, estudo de pesquisa não publicado sobre a Motorola, ALZA Corporation Organization Design Project, verão de 1992.
8. Jill Bettner, "Underpromise, Overperform", *Forbes*, 30 de janeiro de 1984.
9. Itzkik Goldberger, estudo de pesquisa não publicado sobre a Motorola, ALZA Corporation Organization Design Project, verão de 1992.
10. Robert Slater, *The New GE* (Homewood, IL: Irwin, 1993), Capítulo 13.
11. Robert J. Serling, *Legend & Legacy* (Nova York: St. Martin's Press, 1992), 448.
12. Sam Walton e John Huey, *Made in America* (Nova York: Doubleday, 1992), 240 (foto).
13. "Nordstrom", caso da Harvard Business School nº 9–191–002 e 1–192–027, rev. 9/6/91.
14. Transcrição da entrevista com *The Reporter*, da Stanford Graduate School of Business, 1991.
15. Baseado na experiência pessoal do autor como funcionário da HP.
16. "Human Resources at Hewlett-Packard", caso da Harvard Business School nº 482–125, 5.
17. Sessão de videotape da Hewlett-Packard com Bill Hewlett e Dave Packard, agosto–março de 1980–1981. Transcrição cortesia dos arquivos da Hewlett-Packard, parte 3, 3–4.
18. Ibid., 13–14.
19. Ibid., 3–4.
20. Ibid.
21. David Packard, comentários na reunião anual corporativa de acionistas, 24 de fevereiro de 1976.
22. "On Managing HP for the future", David Packard, em 18 de março de 1975, memo de Dave Kirby sobre "HP Executive Seminars"; cortesia dos arquivos da Hewlett-Packard.
23. "Perspectives on HP", David Packard, reunião do gerente-geral, 17 de janeiro de 1989, cortesia dos arquivos da Hewlett-Packard.
24. "The Men Who Made TI", *Fortune*, novembro de 1961, p. 121.
25. "Texas Instruments Wrestles with the Consumer Market", *Fortune*, 3 de dezembro de 1979.
26. "Texas Instruments: Pushing Hard into the Consumer Markets", *Business Week*, 24 de agosto de 1974; "The Great Digital Watch Shakeout", *Business Week*, 2 de maio de 1977; "Texas Instruments Wrestles with the Consumer Market", *Fortune*, 3 de dezembro de 1979; "When Marketing Failed at Texas Instruments", *Business Week*, 22 de junho de 1981; "Texas Instruments Regroups", *Fortune*, 9 de agosto de 1982; "TI: Shot Full of Holes and Trying to Recover", *Business Week*, 5 de outubro de 1984.
27. Quatro casos vieram diretamente dos itens da demonstração de resultados: Boeing, IBM, Johnson & Johnson e Merck. Quatro outros, de uma variedade de fontes publicadas que nos levaram a uma conclusão convincente: HP, 3M, Motorola e Procter & Gamble.

28. Com base na análise das demonstrações financeiras e uma ampla variedade de artigos sobre o setor farmacêutico.

29. Itzkik Goldberger, estudo de pesquisa não publicado sobre a Motorola, ALZA Corporation Organization Design Project, verão de 1992.

30. Ibid.

31. *Values and Visions: A Merck Century* (Rahway, NJ: Merck, 1991), 121.

32. Nancy A. Nichols, "Scientific Management at Merck", *Harvard Business Review*, janeiro de 1994.

33. Bryan Burrough e John Helyar, *Barbarians at the Gate* (Nova York: Harper-Perennial, 1991), Capítulos 2–3.

34. Schickel, Richard, *The Disney Version* (Nova York: Simon & Schuster, 1968), 107.

35. Bryan Burrough e John Helyar, *Barbarians at the Gate* (Nova York: Harper-Perennial, 1991), Capítulos 2–3.

36. Ibid.

37. "Where Management Style Sets the Strategy", *Business Week*, 23 de outubro de 1978.

38. "Colgate vs. P&G", *Forbes*, 1º de fevereiro de 1966.

39. "More for Lesch?" *Forbes*, 1º de março de 1969.

40. Hugh D. Menzies, "The Changing os the Guard", *Fortune*, setembro de 1979.

41. John A. Byrne, "Becalmed", *Forbes*, 20 de dezembro de 1982.

42. H. John Steinbreder, "The Man Brushing Up Colgate's Image", *Fortune*, 11 de maio de 1987.

43. Gretchen Morgenson, "Is Efficciency Enough?" *Forbes*, março de 1991

44. *Business Week*, 2 de julho de 1966, 46.

45. John Merwin, "The Sad Case of the Dwinfling Orange Roofs", *Forbes*, 30 de dezembro de 1985, 76.

46. "The Individual Star Performer Is in Trouble", *Forbes*, 15 de maio de 1975.

47. John Merwin, "The Sad Case of the Dwinfling Orange Roofs", *Forbes*, 30 de dezembro de 1985, 79.

48. Ibid., 75.

49. "HoJo's Will Repaint Its Roofs", *Business Week*, 13 de dezembro de 1982, p. 109.

50. John Merwin, "The Sad Case of the Dwinfling Orange Roofs", *Forbes*, 30 de dezembro de 1985, p. 75.

51. "Howard Johnson Tries a Little Harder", *Business Week*, 29 de setembro de 1973, p. 82.

52. John Merwin, "The Sad Case of the Dwinfling Orange Roofs", *Forbes*, 30 de dezembro de 1985, 79.

53. S. M. Sullivan, "Money, Talent, and the Devil by the Tail", *Management Review*, janeiro de 1985, p. 21.

54. Ron Zemke e Dick Schaaf, *The Service Edge*, (Nova York: New American Library, 1989), 117-120.

55. S, M. Sullivan, "Money, Talent, and the Devil by the Tail: J. Willard Marriott", *Management Review*, janeiro de 1985.

56. "The Marriott Story", *Forbes*, 1º de fevereiro de 1971, 22.

57. Ibid.

58. Ron Zemke e Dick Schaaf, *The Service Edge*, (Nova York: New American Library, 1989), 117-120; documentos da empresa.

59. No artigo de fevereiro de 1971 da *Forbes*, a Marriott afirmou gastar US$1 milhão por ano em desenvolvimento de gestão. Em 1970, os lucros antes dos impostos foram um pouco menores que US$20 milhões.

60. "The Marriott Story", *Forbes*, 1º de fevereiro de 1971, 23.

61. *Success*, outubro de 1989, 10.

62. "Ames Has a plan", *Discount Merchandiser*, julho de 1991, 10.

63. Caso da Harvard Business School nº 9-384-024, 12.

CAPÍTULO 10

1. Discurso proferido em 10 de novembro de 1942.
2. Robert L. Shook, *Turnaround: The New Ford Motor Company* (Nova York: Prentice-
   -Hall, 1990), 131.
3. Ibid., 99–100.
4. Ibid., 90, 193.
5. Ibid., 207.
6. Ibid., 123.
7. Ibid., 136.
8. Ibid., Capítulo 6.
9. Ibid., Capítulo 7.
10. Discurso de boas-vindas de George W. Merck dedicado ao Laboratório de Pesquisa da Merck, em 25 de abril de 1933. Cortesia dos arquivos da Merck & Co.
11. Meta claramente evidente no início dos anos 1930. A citação vem do discurso de George Merck, 22 de abril de 1935. Cortesia dos arquivos da Merck & Co.
12. Laboratórios criados na década de 1930. Citação de George W. Merck no Medical College of Virginia, em 1º de dezembro de 1950. Cortesia dos arquivos da Merck & Co.
13. *Values and Visions: A Merck Century* (Rahway, NJ: Merck, 1991), 23.
14. Louis Galambos e Jeffrey L. Sturchio, "The Origins of na Innovative Organization: Merck & Co., Inc., 1891–1960", 19, 27.
15. Há muitas referências a isso em documentos internos e externos. Embora não tivéssemos conseguido precisar a data real dessa prática, acreditamos que remonta à década de 1960, pelo menos, talvez antes.
16. "Profiles: Scientist in Basic Biology and Chemistry, Merck Sharp & Dohme Research Laboratories", cortesia dos arquivos da Merck & Co.
17. Discurso de boas-vindas de George W. Merck dedicado ao Laboratório de Pesquisa da Merck, em 25 de abril de 1933, cortesia da Merck & Co., arquivos; *Values and Visions: A Merck Century* (Rahway, NJ: Merck, 1991); Louis Galambos e Jeffrey L. Sturchio, "The Origins of na Innovative Organization: Merck & Co., Inc., 1891–1960".
18. Discurso de boas-vindas de George W. Merck dedicado ao Laboratório de Pesquisa Merck, 25 de abril de 1933, cortesia dos arquivos da Merck & Co.
19. Citação de Vagelos, MIT Management, Fall 1988; quase idêntico a um comentário que fez durante uma visita ao corpo docente da Stanford Business School, em 1990.
20. Não sabemos exatamente quando essa prática começou. Pode ter sido muito mais cedo do que nos anos 1970. Citação de "The Miracle Company", *Business Week*, 19 de outubro de 1987.
21. "Merck Has Made Biotech Work", *Fortune*, reimpressão a partir do artigo de 1987.
22. *Business Week*, 19 de outubro de 1987, p. 87.
23. Meta claramente evidente no início dos anos 1930. A citação vem do discurso de George Merck, 22 de abril de 1935, cortesia dos arquivos da Merck & Co.
24. *Values and Visions: A Merck Century* (Rahway, NJ: Merck, 1991), 29.
25. *Forbes*, 26 de novembro de 1979.
26. *Wall Street Journal*, 23 de junho de 1989.
27. Nancy A. Nichols, "Scientific Management at Merck", Harvard Business Review, janeiro de 1994, 90-91.
28. *Values and Visions: A Merck Century* (Rahway, NJ: Merck, 1991), 51.
29. Ibid., 41.
30. Ibid., 51.
31. Ibid.
32. Nancy A. Nichols, "Scientific Managment at Merck", *Harvard Business Review*, janeiro de 1994, p. 89.

33. David Bollier e Kirk O. Hansen, Merck & Co. (AD), Business Enterprise Trust, caso nº 90-013.
34. Ibid.
35. *Values and Visions: A Merck Century* (Rahway, NJ: Merck, 1991), 168.
36. Mais uma vez, não está claro quando a prática começou exatamente. Nós, como professores de Stanford, tivemos que escrever algumas dessas recomendações; elas são diferentes de qualquer outro que encontramos no setor.
37. Há muitas referências a isso em documentos internos e externos. A taxa de rotatividade vem da *Merck World*, julho de 1989.
38. Entrevista com o autor.
39. Memorando de David Packard para funcionários da "Watt's Current", novembro de 1961, cortesia dos arquivos da Hewlett-Packard.
40. Carta ao IEEE Awards Board, 23 de maio de 1972, cortesia dos arquivos da Hewlett--Packard.
41. Cortesia dos arquivos da Hewlett-Packard.
42. Documentos cedidos dos arquivos da Hewlett-Packard; citação de Packard de 22 de Março de 1982.
43. Memorando para os funcionários da HP que participaram do prospecto da HP em 1957.
44. Discurso de David Packard em 25 de março de 1982. Confirmado por outros documentos, cortesia dos arquivos da Hewlett-Packard.
45. Começou como um desdobramento das demissões de 1945 no final da Segunda Guerra Mundial.
46. Primeiramente articulado durante a transferência da Divisão de Osciloscópios de Palo Alto para Colorado Springs, em 1964. Cortesia dos arquivos da Hewlett-Packard.
47. A HP implementou isso com a recessão no início dos anos 1970.
48. Discurso de Packard, 25 de março de 1982, cortesia dos arquivos da Hewlett-Packard.
49. Baseado na entrevista do autor com Bill Hewlett, 1991.
50. Carta ao IEEE Awards Board, 23 de maio de 1972, cortesia dos arquivos da Hewlett--Packard.
51. Discurso de Bill Hewlett, 1956, cortesia dos arquivos da Hewlett-Packard.
52. Experiência pessoal do autor.
53. Discurso de David Packard, 23 de setembro de 1964, cortesia dos arquivos da Hewlett--Packard; "Turning R&D Into Real Products", *Fortune*, 2 de julho de 1990.
54. Ao longo da história da HP. Citação de Bill Hewlett, 20 de abril de 1977, cortesia dos arquivos da Hewlett-Packard.
55. Experiência direta do autor.
56. Ao longo da história da HP. Citação de Bill Hewlett, 20 de abril de 1977, cortesia dos arquivos da Hewlett-Packard.
57. Discurso de David Packard, 23 de setembro de 1964, cortesia dos arquivos da Hewlett-t-Packard.
58. Cortesia dos arquivos das Hewlett-Packard.
59. Ibid.
60. Discurso de David Packard, 8 de outubro de 1959, descrito por David Packard em 19 de setembro de 1963, cortesia dos arquivos da Hewlett-Packard.
61. Ao longo da história da HP. Citação de Bill Hewlett, 20 de abril de 1977, cortesia dos arquivos da Hewlett-Packard.
62. Bill Hewlett, 20 de abril de 1977, cortesia dos arquivos da Hewlett-Packard.
63. "Human Resources at Hewlett-Packard", caso da Harvard Business School nº 482-125, 5.
64. Karl Schwarz, gerente-geral da HP, "HP Grenoble, a Case Study in Technlogy Transfer", maio de 1988, cortesia dos arquivos da Hewlett-Packard.
65. Das transcrições de vídeo da HP de Bill Hewlett e David Packard, 1980-1981, cortesia dos arquivos da Hewlett-Packard.

66. Baseado nos comentários de David Packard no início do novo programa de treinamento em gestão, em 17 de março de 1985, cortesia dos arquivos da Hewlett-Packard.

67. Entrevista d o autor com John Young, 1992.

68. Discurso de Dave Packard, 1974, cortesia dos arquivos da Hewlett-Packard.

69. As primeiras versões publicadas aparecem por volta de 1958. Citação de Packard de 25 de março de 1982, cortesia dos arquivos da Hewlett-Packard.

70. Citação da entrevista com David Packard, 20 de agosto de 1981. Outras fontes indicam que o programa começou no início dos anos 1960. Cortesia dos arquivos da Hewlett-Packard.

71. Entrevista do autor com Bill Hewlett, 1990.

72. Carta ao IEEE Awards Board, 23 de maio de 1972, cortesia dos arquivos da Hewlett-Packard.

CAPÍTULO 11

1. Charles Burress e Mark Simon, "David Packard Dies",

2. *San Francisco Chronicle*, 27 de março de 1996, 1.

3. Entrevista com o autor, New Brunswick, NJ, fevereiro de 1995.

4. Akio Morita, *Made in Japan* (Nova York, NY: EP Dutton, 1986), 147-148.

5. Entrevista com o autor.

6. William Manchester, *The Last Lion*, (Boston, MA: Little Brown, 1988), 686.

ÍNDICE